Horizonte 8
Geschichte Gymnasium Bayern

Herausgegeben von
Dr. Ulrich Baumgärtner
Dr. Diethard Hennig
Dr. Herbert Rogger
Dr. Wolf Weigand

Erarbeitet von
Dr. Christopher Andres
Dr. Ulrich Baumgärtner
Dr. Hans-Jürgen Döscher
Dr. Diethard Hennig
Gregor Meilchen
Dr. Herbert Rogger
Dr. Christine Stangl
Stefan Stadler
Dr. Wolf Weigand
Barbara Weiß
Dr. Wolfgang Woelk
Isabel Zeilinger

Fachwissenschaftliche Beratung
Dr. Wolfgang Piereth

westermann

Eine kommentierte Linkliste finden Sie unter:
www.westermann.de/gymnasium/geschichte.xtp

© 2006 Bildungshaus Schulbuchverlage
Westermann Schroedel Diesterweg Schöningh Winklers GmbH, Braunschweig
www.westermann.de

Das Werk und seine Teile sind urheberrechtlich geschützt. Jede Nutzung in anderen als den gesetzlich zugelassenen Fällen bedarf der vorherigen schriftlichen Einwilligung des Verlages. Hinweis zu § 52 a UrhG: Weder das Werk noch seine Teile dürfen ohne eine solche Einwilligung gescannt und in ein Netzwerk eingestellt werden. Dies gilt auch für Intranets von Schulen und sonstigen Bildungseinrichtungen. Auf verschiedenen Seiten dieses Buches befinden sich Verweise (Links) auf Internet-Adressen. Haftungshinweis: Trotz sorgfältiger inhaltlicher Kontrolle wird die Haftung für die Inhalte der externen Seiten ausgeschlossen. Für den Inhalt dieser externen Seiten sind ausschließlich deren Betreiber verantwortlich. Sollten Sie bei dem angegebenen Inhalt des Anbieters dieser Seite auf kostenpflichtige, illegale oder anstößige Inhalte treffen, so bedauern wir dies ausdrücklich und bitten Sie, uns umgehend per E-Mail davon in Kenntnis zu setzen, damit beim Nachdruck der Verweis gelöscht wird.

Druck A^1 / Jahr 2006
Alle Drucke der Serie A sind im Unterricht parallel verwendbar.

Redaktion: Christoph Meyer, Dorle Bennöhr
Herstellung: Nicole Hotopp
Typografie: Thomas Schröder
Satz: pva, Druck und Medien-Dienstleistungen GmbH, Landau
Druck und Bindung: westermann druck GmbH, Braunschweig

ISBN 978-3-14-**111029**-6
    alt: 3-14-**111029**-8

Inhalt

1. Europa im Zeitalter der Revolutionen ... 6

Revolution in Frankreich ... 8
Wie kam es zur Revolution? ... 12
Vertiefung: Leben und Werk eines Philosophen ... 18
Die Revolution hat Erfolg ... 20
Die Revolution geht weiter ... 24
Methode: Umgang mit schriftlichen Quellen ... 28
Die Revolution ufert aus ... 30
Die Revolution scheint beendet und weitet sich aus ... 34
Die Bedeutung der Französischen Revolution ... 38
Napoleon: Vom Landadeligen zum Kaiser ... 40
Europa verändert sein Gesicht ... 44
Das Neue Bayern ... 48
Vertiefung: Preußische Reformpolitik
im Vergleich mit Bayern ... 52
Das Ende Napoleons ... 56
Methode: Umgang mit darstellenden Texten ... 60
Methode: Umgang mit politischen Karikaturen ... 62
Neuordnung Europas auf dem Wiener Kongress ... 64
Liberale und nationale Bewegung in Deutschland ... 68
Auf dem Weg zur Revolution ... 72
Die Revolution von 1848 ... 76
Die Revolution scheitert ... 80
Zusammenfassung ... 86

2. Die Industrialisierung ... 88

Die Industrielle Revolution beginnt in Engand ... 90
Anfänge der Industrialisierung in Deutschland ... 96
Deutschland auf dem Weg zum Industriestaat ... 100
Deutschland – ein Industriestaat ... 104
Methode: Umgang mit Statistiken und Diagrammen ... 110
Soziale Folgen der Industrialisierung ... 112
Lösungsversuche der Sozialen Frage ... 118
Zusammenfassung ... 124

3. Das deutsche Kaiserreich ... 126

Die Errichtung eines deutschen Nationalstaats ... 128
Methode: Umgang mit Historiengemälden ... 134
Zwischen Demokratie und Obrigkeitsstaat ... 136
Die Innenpolitik im Zeitalter Bismarcks ... 142
Das Deutsche Reich unter Wilhelm II. ... 146
Vertiefung: Deutsche Außenpolitik in verschiedenen Epochen ... 150
Gesellschaftlicher Wandel im Kaiserreich ... 156
Zusammenfassung ... 162

Inhalt

4. Imperialismus und Erster Weltkrieg 164

Das Zeitalter des Imperialismus.. 166
Britischer Imperialismus.. 170
Deutschland als Kolonialmacht 174
Methode: Umgang mit dem Internet................................... 178
Der Weg in den Ersten Weltkrieg 180
Krieg in Europa.. 184
Kriegswende und Kriegsende.. 188
Die Russische Revolution 192
Die Kommunisten an der Macht... 196
Zusammenfassung.. 200

5. Die Weimarer Republik... 202

Die Deutsche Revolution 1918/19 204
Die Gründung der Weimarer Republik............................... 208
Der Versailler Vertrag... 212
Methode: Umgang mit Geschichtskarten 216
Vertiefung: Revolution in Bayern.. 218
Methode: Umgang mit politischen Plakaten...................... 222
Die schwierigen Anfänge 224
Das Krisenjahr 1923... 228
Außenpolitik der Weimarer Republik (1919–1929)........... 234
Die ruhige Zwischenphase der Weimarer Republik 238
Zusammenfassung.. 242

Vertiefung: Geschichte der Medizin 244

Minilexikon 248

Register.. 253

Bildnachweis 256

Inhalt

Methodenseiten im Überblick:

Umgang mit schriftlichen Quellen	28
Umgang mit darstellenden Texten	60
Umgang mit politischen Karikaturen	62
Umgang mit Statistiken und Diagrammen	110
Umgang mit Historiengemälden	134
Umgang mit dem Internet	178
Umgang mit Geschichtskarten	216
Umgang mit Plakaten	222

Vertiefungen im Überblick:

Leben und Werk eines Philosophen	18
Preußische Reformpolitik im Vergleich mit Bayern	52
Deutsche Außenpolitik in verschiedenen Epochen	150
Revolution in Bayern	218
Geschichte der Medizin	244

Grundwissensbegriffe sind **halbfett** gedruckt.

1. Europa im Zeitalter der Revolutionen

Arc de Triomphe in Paris, erbaut 1806 bis 1836

Paris am 14. Juli 2003

Hinrichtung Ludwigs XVI. im Jahre 1793

1760 1770 1780 1790 1800 1810 1820 1830 1840 1850 1860

Barrikadenkampf in Berlin, 1848

Napoleon als Imperator, 1810

Europa im Zeitalter der Revolutionen

Revolution in Frankreich

Ein weltgeschichtliches Ereignis

Der französische Nationalfeiertag wird jedes Jahr am 14. Juli mit Aufmärschen und Paraden gefeiert. Er erinnert daran, dass Pariser Bürger an diesem Tag des Jahres 1789 die Bastille, das französische Staatsgefängnis, gewaltsam eroberten. Deshalb gilt der 14. Juli 1789 oft als Beginn der Französischen Revolution – eines der wichtigsten weltgeschichtlichen Ereignisse. Danach verbreitete sich die Revolution in ganz Frankreich, führte zum Ende des Absolutismus und schließlich zur Ausrufung der Republik und Hinrichtung des Königs Ludwig XVI.

Die Revolution begann jedoch früher. Im August 1788 berief der französische König die Generalstände ein, die seit 1614 nicht mehr getagt hatten. Es handelte sich dabei um eine Versammlung der Vertreter einzelner Bevölkerungsgruppen: des Adels, des Klerus, das heißt der kirchlichen Würdenträger, und des Bürgertums, das die Mehrheit der Bevölkerung vertrat. Da der französische Staat hoch verschuldet war, sollten die Steuern erhöht werden. Dafür war die Zustimmung der Generalstände erforderlich.

Als die Versammlung am 5. Mai 1789 in Versailles zusammentrat, hatten der erste und zweite Stand je 300, der dritte Stand 600 Vertreter.

M 1 **Sturm auf die Bastille** am 14. Juli 1789, zeitgenössisches Gemälde

Ursprünglich sollten den dritten Stand nur 300 Abgeordnete vertreten, doch wurde die Zahl nach Protesten bürgerlicher Abgesandter verdoppelt. Nach der feierlichen Eröffnung kam es zum Streit über das Abstimmungsverfahren: Sollte nach Ständen oder nach Köpfen abgestimmt werden? Im ersten Fall hätten Adel und Klerus, im zweiten Fall das Bürgertum nicht überstimmt werden können.

Der „Ballhausschwur"

Als es zu keiner Einigung kam, beanspruchten die Vertreter des Dritten Standes für das ganze Volk zu sprechen und erklärten sich am 17. Juni 1789 zur **Nationalversammlung,** das heißt zur Vertretung der ganzen französischen **Nation.** Als der König sie aussperren wollte, zogen sie am 20. Juni in ein Ballspielhaus und schworen, erst wieder auseinander zu gehen, wenn eine Verfassung verabschiedet sei.

Dieser „Ballhausschwur" bildete eine wichtige Station in der weiteren Entwicklung. Der Versuch, die finanziellen Schwierigkeiten mithilfe der Generalstände zu bewältigen, war gescheitert. Die Krise hatte sich sogar verschärft.

Bisher war Versailles der Schauplatz der Ereignisse, nun wurde es Paris. Aus Angst vor einem militärischen Eingreifen des Königs bildete sich eine Bürgerwehr, die sich bewaffnete und am 14. Juli 1789 die Bastille stürmte. Der König kam drei Tage später nach Paris und gestand den Revolutionären die Beratung einer Verfassung zu. Aufgrund dieser Ereignisse flohen die ersten Adligen ins Ausland. Die Revolution verbreitete sich in ganz Frankreich.

M 2 **Der Ballhausschwur** am 20. Juni 1789, Gemälde von Jacques-Louis David

Europa im Zeitalter der Revolutionen

M 3 Der Sturm auf die Bastille

a) Als das wichtigste Ereignis der Französischen Revolution gilt heute der Sturm auf die Bastille. Aber auch schon damals sah man die Eroberer des Staatsgefängnisses als Helden an. Damit niemand zu Unrecht diese Ehre für sich in Anspruch nahm, wurden Beweise gefordert. In diesem Zusammenhang entstand am 12.8.1789 die Aussage eines Beteiligten, des Uhrmachers Humbert:

Jeder von uns gab ungefähr sechs Schüsse ab. Dann wurde ein Papier durch ein ovales Loch geschoben, das ein paar Zoll breit war. Wir stellten das Feuer ein; einer von uns löste sich aus der Reihe und holte aus der Küche ein Brett, um das Papier in Empfang nehmen zu können. Wir schoben das Brett über die Schutzwehr; viele von uns stellten sich darauf, um ein Gegengewicht zu bilden; einer wagte sich auf das Brett vor, aber in dem Moment, wo er nach dem Papier griff, traf ihn ein Gewehrschuss tödlich, und er fiel in den Graben.
Sofort ließ ein Standartenträger seine Fahne fallen und holte das Papier, das laut und verständlich vorgelesen wurde. Da der Inhalt, eine Aufforderung zur Kapitulation, uns nicht zufriedenstellte, beschlossen wir, das Artilleriefeuer zu eröffnen; jeder stellte sich auf, um die Kanonenkugel durchzulassen.
In dem Augenblick, als wir die Lunte anzünden wollten, wurde die kleine Zugbrücke heruntergelassen; kaum dass sie unten war, besetzten wir sie; ich etwa als zehnter. Wir fanden die Tür verschlossen; nach etwa zwei Minuten machte ein Invalide auf und fragte, was wir wollten: „Man soll die Bastille übergeben", antwortete ich mit den anderen zusammen; da ließ er uns hinein. Als erstes rief ich, man solle die [große] Brücke herunterlassen, was auch geschah.

Die französische Revolution. Ein Lesebuch mit zeitgenössischen Berichten und Dokumenten, ausgew., übers. u. komm. v. Chris E. Paschold und Albert Gier, Stuttgart 1989, S. 80.

b) Der Historiker Ernst Schulin fasst die Ereignisse so zusammen:

Für die Ausrüstung dieser Bürgerwehr wurde von den Bürgern nach Waffen und Munition gesucht, – am 14. Juli zunächst im Hôtel des Invalides, dann in der Bastille; – bei der letzteren kam dann allerdings hinzu, dass dieses berüchtigte Staatsgefängnis für die Pariser eine militärische Bedrohung und vor allem der Inbegriff des „Despotismus" war. Die Bastille wurde belagert, es kam zu viel zu langen Verhandlungen, man drang ein, der Kommandant ließ schießen, es gab 98 Tote, 73 Verwundete unter den Bürgern, die entsprechend aufgebracht waren. Daraus ist nach dem Fall der Bastille zu erklären, dass man sieben Garnisonsleute erschlug und den Kommandanten lynchte. Insofern wurde dies das erste der schaurigen Ereignisse der Revolution, als solches von den Gegnern übertrieben, aber nicht hinwegzuleugnen, und der Anfang späterer Gewaltmaßnahmen.
Auf der anderen Seite wurde dieser Bastillesturm durch seinen sensationellen Erfolg sofort zum Mythos des Volkes, das seine Ketten zerbricht. Der Erfolg war wirklich erstaunlich. Der nie sehr schnelle König gab sofort nach, so als sei ihm der gegenrevolutionäre Versuch von vornherein unsympathisch gewesen; er bat die Nationalversammlung, die er dabei zum erstenmal so nennt, ihm bei der Wiederherstellung der Ordnung zu helfen.

Ernst Schulin, Die Französische Revolution, 4. Aufl., München 2004, S. 73.

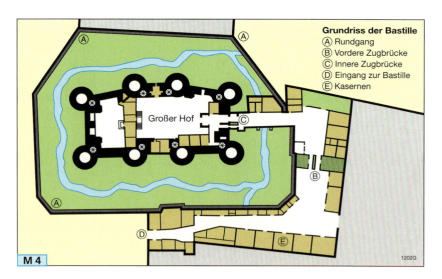

Grundriss der Bastille
Ⓐ Rundgang
Ⓑ Vordere Zugbrücke
Ⓒ Innere Zugbrücke
Ⓓ Eingang zur Bastille
Ⓔ Kasernen

M 4

M 5 Der Ballhausschwur

Am 20. Juni 1789 leisteten die Vertreter des dritten Standes den Eid, sich erst dann wieder zu trennen, wenn eine Verfassung verabschiedet sei. Von diesem Ereignis gibt es eine Fülle von Berichten und bildlichen Darstellungen. Berühmt ist das Bild von Jacques-Louis David (1748–1825). Die gleiche Szene schilderte zwei Jahre später der Schriftsteller Nicolas-Sébastien Chamfort, der für den dritten Stand Mitglied der Generalstände war:

Die Abgeordneten der Nation werden vom Sitzungsort abgedrängt. Der Präsident, M. Bailly, erscheint und verlangt den wachhabenden Offizier. Dieser hat die Frechheit, ihm zu befehlen, niemanden in den Saal der Generalstände hineinzulassen. „Ich protestiere gegen solche Befehle", antwortet der Präsident, „und ich werde die Versammlung davon unterrichten." Die Abgeordneten kommen in Scharen, bilden in der Avenue verschiedene Gruppen, erregen sich und äußern ihre Empörung. [...]
Unter diesem Geschrei und Tumult hatte der Präsident einen Ort gesucht, wo man ruhig und vernünftig beraten könnte. Ein Ballspielhaus wird vorgeschlagen. Die Umstände machten jeden Ort erhaben, der der Nationalversammlung Asyl zu gewähren vermochte. Man fordert einander auf, dorthin zu gehen. Die Anordnung wird gegeben, alle eilen dorthin. Einer der Abgeordneten, der krank war und sich von Stunde zu Stunde über die Vorgänge in der Versammlung unterrichten ließ, springt aus dem Bett und lässt sich hintragen; er ist bei dem Aufruf zugegen, auf den der nationale Eid folgt; er bittet darum, die Reihenfolge möge mit Rücksicht auf seinen Zustand umgekehrt werden, sodass er als einer der ersten diesen Eid leisten könne. Seinem Wunsch wird entsprochen; er spricht die Eidesformel mit lauter Stimme: „Dem Himmel sei Dank!", sagt er beim Weggehen, „wenn ich sterbe, hat mein letzter Eid meinem Vaterland gegolten!"
Hier das Dekret, das über das Geschick Frankreichs entschieden hat: „Die Nationalversammlung hat beschlossen – in der Erwägung, dass angesichts ihres Auftrags, die Verfassung des Reiches festzulegen, die öffentliche Ordnung wiederherzustellen und die wahren Grundsätze der Monarchie aufrechtzuerhalten, nichts sie hindern kann, ihre Beratungen fortzusetzen und das bedeutende Werk zu vollbringen, zu dem sie sich versammelt hat, wo auch immer sie sein mag zu tagen, ferner, dass überall dort, wo ihre Mitglieder sich versammeln, die Nationalversammlung ist –, dass alle ihre Mitglieder auf der Stelle den Eid leisten, sich niemals zu trennen, so lange bis die Verfassung des Reiches und die Sanierung der allgemeinen Lage erreicht und auf feste Grundlagen gestellt worden sind, und dass nach der Eidesleistung alle Abgeordneten, jeder für sich, durch ihre Unterschrift diese unumstößliche Entschließung bestätigen."
Der Präsident leistete der Versammlung als erster diesen Eid und unterzeichnete ihn. Die Mitglieder leisteten ihn in die Hand ihres Präsidenten, und jeder setzte seine Unterschrift unter dieses bedeutende Dokument. Wer könnte glauben, dass an einem so ruhmvollen Tag ein Mann die Ewigkeit seiner Schande durch Verweigerung der Unterschrift sicherstellen wollte? Er war der einzige. Möge er die Früchte seiner Feigheit genießen!

Die Französische Revolution. Ein Lesebuch mit zeitgenössischen Berichten und Dokumenten, ausgew. v. Chris E. Paschold u. Albert Gier, Stuttgart 1989, S. 70.

Aufgaben

1. a) Weshalb wurde die Bastille von den Aufständischen angegriffen?
   b) Fasse mit eigenen Worten zusammen, wie die Erstürmung der Bastille verlief.
   c) Worin bestand die historische Bedeutung dieser Aktion?
   → Text, M1, M3, M4

2. a) Vergleiche den Bericht der Erstürmung mit der bildlichen Darstellung. Welche Phase ist zu sehen?
   b) Informiere dich, seit wann der 14. Juli 1789 Nationalfeiertag ist und ob es noch Spuren der Bastille im heutigen Paris gibt.
   → M1, M3, M4, Lexikon, Internet

3. a) Erkläre den Begriff „Ballhausschwur".
   b) Erläutere, wie es zum Auszug der Abgeordneten kam.
   c) Untersuche, wie der Maler David die Dramatik der Situation darstellt. Achte auf den Bildaufbau und die Farbgebung.
   → Text, M2, M5

Europa im Zeitalter der Revolutionen

Wie kam es zur Revolution?

Schwierigkeiten historischer Erklärung

Die Frage nach den Gründen der Revolution ist bis heute aktuell. Die seit 1789 gefundenen Antworten fielen dabei ganz unterschiedlich aus. Manchmal waren sie zu einfach, wenn zum Beispiel alles auf eine große Weltverschwörung zurückgeführt wurde; manchmal erwiesen sie sich als nicht ausreichend, wenn zum Beispiel nur wirtschaftliche Entwicklungen angeführt wurden. Die Schwierigkeiten, auf die Geschichtswissenschaftler stoßen, wenn sie historische Ereignisse und Entwicklungen zu erklären versuchen, lassen sich am Beispiel der Französischen Revolution gut verdeutlichen.

Es handelte sich nämlich nicht um ein ganz bestimmtes, leicht überschaubares Ereignis, wie zum Beispiel den Sturm auf die Bastille am 14. Juli 1789, sondern um eine Fülle verschiedener Entwicklungen, die sich über mehrere Jahre erstreckten. Deshalb gab es auch eine unüberschaubare Zahl von Beteiligten und Beobachtern, die vom König in Versailles bis zum Revolutionsführer in Paris und vom Bauern in Südfrankreich bis zum interessierten Zeitgenossen im Ausland reichten.

Folglich ist eine Vielzahl von Quellen überliefert. Hierzu zählen unter anderem Zeitungsartikel, Briefe, Gesetze, Lieder und Bilder. Schließlich war die Französische Revolution von Anfang an heftig umstritten. Es gab glühende Verfechter und erbitterte Feinde. Bei den Erklärungen der Historiker spielten mitunter auch die persönlichen Einstellungen eine Rolle.

Gleichwohl hat sich in jahrzehntelanger Forschung die Meinung herausgebildet, dass ein Zusammenwirken vieler Gründe für den Ausbruch und den Verlauf der Revolution verantwortlich waren.

Wirtschaftliche Gründe

Unmittelbar vor Beginn der Revolution herrschte in Frankreich eine große Hungersnot. Dies verführte dazu, das Elend der Bevölkerung als wichtigste Ursache zu sehen. Genauere Forschungen haben jedoch ergeben, dass die Hungersnot nicht ganz Frankreich erfasste und nicht alle Gruppen der Bevölkerung gleichermaßen betraf.

Außerdem beteiligten sich neben tatsächlich sehr armen Gruppen, wie zum Beispiel die arbeitslosen Unterschichten in Paris, auch andere Schichten an der Revolution, denen es nicht so schlecht ging. Insgesamt war die wirtschaftliche Situation Frankreichs im Vergleich zu anderen europäischen Staaten sogar recht gut.

Allerdings kam es im 18. Jh. zu einschneidenden Veränderungen: Die Bevölkerung stieg kontinuierlich an, in der Landwirtschaft versuchten die Grundeigentümer mehr zu erwirtschaften und verlangten von ihren Bauern höhere Abgaben. Allmählich setzte sich der freie Handel innerhalb Frankreichs und mit anderen Ländern durch. Das System des Merkantilismus löste sich schrittweise auf.

Textilimporte aus England gefährdeten die Arbeitsplätze der französischen Spinner und Weber. Eine schlechte Ernte und der Export von Getreide führten zur Knappheit von Brot und ließen vor Ausbruch der Revolution die Preise dieses Grundnahrungsmittels explodieren. Diese wirtschaftlichen Veränderungen verunsicherten viele Franzosen.

M 1 Ein Bauer zahlt Abgaben
Zeitgenössischer Stich

Soziale Ursachen

Auch wenn es die drei Stände Adel, Klerus und Bürgertum gab, war der Aufbau der Gesellschaft in Frankreich komplizierter.

- Der Adel bildete zwar die politisch bestimmende Schicht, war aber in sich nicht einheitlich. Er bestand aus dem alten, so genannten Schwertadel, der seine herausgehobene Stellung noch dem früheren Kriegsdienst verdankte, und dem neuen, so genannten Amtsadel, der durch Übertragung staatlicher Aufgaben sozial aufgestiegen war. Es gab reiche und arme, mächtige und unbedeutende Familien, solche, die von ihrem großen Grundbesitz lebten oder ihr Geld auch in der Wirtschaft investierten, und solche, die auf die Gunst des Königs angewiesen waren.
- Der Klerus war schon eher ein geschlossener Stand. Die entscheidenden Stellungen wie Kardinäle, Bischöfe und Äbte hatten Adlige inne. Diese verfügten über beträchtlichen Besitz, waren von der Steuer befreit und hatten großen politischen Einfluss. Zum Klerus zählten aber auch einfache Dorfpfarrer und Mönche.
- Das **Bürgertum** wiederum setzte sich aus ganz unterschiedlichen Gruppen zusammen. Hierzu zählten Beamte, freiberuflich Tätige wie Rechtsanwälte, Ärzte, Wissenschaftler, Unternehmer und Grundbesitzer. Manche von ihnen suchten den sozialen Aufstieg und strebten ein Adelsprädikat an.
- Hinzu kamen meist arme Bauern, die einem Grundherrn unterstanden, von denen einige aber auch über eigenen Besitz verfügten.
- Schließlich gab es die Unterschichten, vor allem in Paris. Dazu zählten unter anderem Tagelöhner, Bettler und die wenig angesehenen Manufakturarbeiter.

Im 18. Jahrhundert verhärtete sich diese Ständegesellschaft. Viele Adlige versuchten ihre Stellung zu stärken, um die wirtschaftlichen Verän-

M 2 Festtracht der drei Stände
Zeitgenössische Darstellung

derungen auszugleichen und sich von den Bürgern abzugrenzen. Das ging auf Kosten der Bauern, die sich gegen ihre adligen Grundherren wandten. Die wachsende Schicht der Bürger nahm Anstoß an den Vorrechten des Adels und der Kirche und kritisierte die Ungerechtigkeit etwa bei den Steuern. Die Unzufriedenheit wuchs.

Politische Ursachen

Den verantwortlichen Politikern blieb diese Situation nicht verborgen, aber ihre Reformversuche scheiterten. Woran lag das?

Im Absolutismus beanspruchte der König zwar die alleinige Macht, war aber zur Durchsetzung seiner Entscheidungen auf diejenigen angewiesen, die in seinem Namen handelten. Die Ämter, die oft mit einer Rangerhöhung oder einem Adelstitel verbunden waren, konnten gekauft werden, was dem König viel Geld einbrachte, jedoch eine wirksame Kontrolle erschwerte.

So gelang es den französischen Königen und ihren Ministern immer weniger, ihre Entscheidungen durchzusetzen. Auch Versuche, den Ämterkauf einzudämmen oder gar abzuschaffen, scheiterten. Adel und Kirche konnten somit immer wieder eine gerechtere und für sie höhere Besteuerung verhindern und ihre Vorrechte bewahren.

Hinzu kam, dass sich der Staat zusehends verschuldete, mehr ausgab als er einnahm und schließlich kurz vor dem Bankrott stand. Diese Unfähigkeit des Staates zu Reformen stieß auf Kritik.

Kulturelle Ursachen

Im 18. Jh. hatte sich in Frankreich die geistige Strömung der **Aufklärung** entwickelt und ausgebreitet. Die Forderung der Aufklärer, die politischen Verhältnisse mittels der Vernunft zu hinterfragen, führte zur Kritik an der Ständegesellschaft Frankreichs und besonders an der Stellung der Kirche.

Diese Gedanken wurden zuerst von Einzelnen formuliert und von Wenigen gelesen. Allmählich entstanden jedoch bürgerliche Kreise, die solche Gedanken aufgriffen, diskutierten und verbreiteten. In den „Salons" trafen sich auf Einladung vornehmer Damen Künstler, Schriftsteller, Wissenschaftler, Politiker und andere interessierte Menschen. Es entstanden Akademien der Künste und Wissenschaften, ferner politische Clubs, in denen aktuelle Fragen diskutiert wurden. In diesen Zirkeln fanden sich Adlige und Bürgerliche zusammen, ohne dass soziale Unterschiede eine Rolle spielten. Die Ständegesellschaft war hier überwunden.

M 3 **Ein Salon in Paris**
Ein Schriftsteller liest um 1775 aus seinem Roman im Salon der Madame Necker, Holzstich, 19. Jh.

Allmählich entwickelte sich eine öffentliche Diskussion in Zeitungen, Magazinen, Flugblättern, Broschüren und Büchern. Die Zensur, also das Verbot kritischer Schriften, wirkte immer weniger, sodass in Frankreich seit 1770 praktisch Pressefreiheit herrschte.

Schließlich galt die Entwicklung in Amerika als Vorbild. Dort hatte man nicht nur die Unabhängigkeit erkämpft, sondern eine freiheitliche Staatsordnung auf der Basis der **Volkssouveränität** errichtet.

All diese Ursachen wirkten zusammen und führten schließlich zum Ausbruch der Französischen Revolution. Welche Ursachen nun im Einzelnen entscheidend oder nebensächlich waren, ist unter Geschichtswissenschaftlern bis heute umstritten.

M 4 Beschwerdebriefe

a) Im Frühjahr 1789 wurden die Vertreter der Generalstände gewählt. Die Stimmberechtigten stellten als Grundlage für die Beratungen so genannte Beschwerdehefte (Cahiers de doléances) zusammen, die die Probleme im jeweiligen Gebiet auflisteten. Aus dem Cahier der Gemeinde Etrépagny (Département Eure) vom 22./25. März 1789:

3. Das Kriminalgerichtsverfahren soll reformiert werden, der Angeklagte soll einen Rechtsbeistand und das Protokoll seines Verhörs bekommen und nach der Verhandlung volle Akteneinsicht neh-
5 men können, und vor der Vollstreckung des Urteils soll ihm ein Aufschub gewährt werden. [...]
6. Alle Richterämter sollen nicht mehr käuflich sein; sie sollen nach Verdienst verliehen werden, nach der Entscheidung der Bürger, die dadurch
10 das Recht bekommen, die Richter des Gebiets zu wählen, in dem sie leben. [...]
12. Alle finanziellen Privilegien des geistlichen Standes und des Adels sollen abgeschafft werden, sodass alle Franzosen durch eine Geldabgabe und
15 Kopfsteuer den Satz entrichten, der für den Grund und Boden festgesetzt wird, und somit jede Steuer für die drei Stände von Bürgern gleich ist. [...]
17. Kein Bürger im Alter zwischen zwanzig und dreißig Jahren soll davon befreit sein, am Losent-
20 scheid über die Einberufung zur Miliz teilzunehmen, es sei denn, er hat eine wichtige Stellung in der Gesellschaft oder ist verheiratet. [...]
25. Im Abstand von je vier Meilen sollen Balkenwaagen errichtet werden, um die Wagen mit ihrer Ladung zu wiegen, damit sie das festzusetzende 25 Gewicht nicht überschreiten.
26. Alle Gehölze, Baumgruppen und jedes Gebüsch am Rand der Landstraßen oder Seitenwege soll beseitigt werden, weil diese Orte oft als Unterschlupf für Verbrecher dienen. 30
27. Es soll verboten sein, Kaninchen anders als in mit Mauern umgebenen Gehegen zu halten, und die wilden Kaninchen in den Wäldern des Königs sollen ausgerottet werden.
28. Frankreich soll nur ein einziges Recht, ein 35 Gesetz, die gleichen Maße und Gewichte und eine einheitliche Eichabgabe haben.
35. Die Generalstände sollen das Recht haben, alle zwanzig Jahre zu tagen, um Missstände zu beseitigen und dem Herrscher ihre Vorstellungen zu 40 unterbreiten.
36. In allen Provinzen sollen alle drei Jahre Abgeordnete bestimmt werden, um die Generalstände in kleinerem Rahmen zu repräsentieren; sie sollen sich an dem Ort versammeln, den der Herrscher 45 ihnen zuweist, und jeder Bürger soll diesen Abgeordneten seine Ansichten und Beschwerden vortragen können.
37. Diesen Abgeordneten soll das Recht zugestanden werden, alle Pensionen zu bewilligen oder 50 abzulehnen, die vom Herrscher erbeten werden.

Die französische Revolution. Ein Lesebuch mit zeitgenössischen Berichten und Dokumenten, ausgew., übers. u. komm. v. Chris E. Paschold und Albert Gier, Stuttgart 1989, S. 53 ff.

M 5 **Bäuerliche Beschwerden über grundherrliche Belastungen**, zeitgenössische anonyme Kupferstiche

Europa im Zeitalter der Revolutionen

M 6 „Das wird nicht ewig dauern." Karikatur von 1789

M 7 Lastenträger
Karikatur von 1789

M 8 Der Schwur auf die Krone
Karikatur von 1789

| 1760 | 1770 | 1780 | **1790** | **1800** | **1810** | 1820 | 1830 | 1840 | 1850 | 1860 |

M 9 Was ist der Dritte Stand?

Emmanuel-Joseph Sieyès (1748–1836), ein Geistlicher aus Chartres, beeinflusste mit seiner im Januar 1789 veröffentlichten Flugschrift „Qu'est-ce que le Tiers Etat?" („Was ist der Dritte Stand?") die öffentliche Meinung nachhaltig und spielte eine wichtige Rolle in der Nationalversammlung:

Was ist der Dritte Stand?
Der Plan dieser Schrift ist sehr einfach. Wir müssen uns drei Fragen stellen.
1. Was ist der Dritte Stand? – ALLES.
2. Was ist er bis jetzt in der politischen Ordnung gewesen? – NICHTS.
3. Was verlangt er? – ETWAS ZU SEIN.

Wer wagt also zu behaupten, dass der Dritte Stand nicht alles in sich hat, was erforderlich ist, um eine vollständige Nation zu ergeben? Er ist der starke und kräftige Mann, dessen einer Arm noch angekettet ist. Wenn man den privilegierten Stand wegnähme, wäre die Nation nicht etwas weniger, sondern etwas mehr. Also, was ist der Dritte Stand? Alles, aber ein gefesseltes und unterdrücktes Alles. Was wäre er ohne den privilegierten Stand? Alles, aber ein freies und blühendes Alles. Nichts geht ohne ihn; alles ginge unendlich viel besser ohne die anderen. [...]

Erste Forderung:
Die Vertreter des Dritten Standes sollen nur aus den Bürgern gewählt werden, die wirklich zum Dritten Stand gehören.

Zweite Forderung:
Seine Abgeordneten sollen an der Zahl denen der beiden privilegierten Stände entsprechen.

Dritte und letzte Forderung des Dritten Standes:
Die Generalstände sollen nicht nach Ständen, sondern nach Köpfen abstimmen.

Die französische Revolution. Ein Lesebuch mit zeitgenössischen Berichten und Dokumenten, ausgew. v. Chris E. Paschold und Albert Gier, Stuttgart 1989, S. 49 u. 51.

Aufgaben

1. a) Erläutere, welche Schwierigkeiten Historiker haben, wenn sie die Ursachen der Französischen Revolution benennen wollen.
   b) Erstelle eine tabellarische Übersicht der Ursachen der Französischen Revolution. Notiere zu den einzelnen Gründen die wichtigsten Stichworte.
   → Text

2. a) Lege zwei Spalten an: Schreibe in die linke die in dem Beschwerdebrief erhobene Forderung, in die rechte den damit zusammenhängenden Missstand.
   b) Welche Beschwerden werden auf den Bildern von den Bauern erhoben?
   → M4, M5

3. a) Nenne die zentralen Forderungen, die Sieyès in seiner Flugschrift erhebt.
   b) Erkläre, bei welchem Ereignis seine Forderungen eine entscheidende Rolle spielten.
   c) Achte auf die Sprache der Flugschrift. Welche Formulierungen können die große Wirkung des Textes erklären?
   → M9

4. a) Beschreibe, wie auf den einzelnen Bildern die drei Stände äußerlich dargestellt werden.
   b) Bestimme, wie der Zeichner jeweils das Verhältnis der drei Stände zueinander sieht.
   → M2, M6–M8

Vertiefung: Leben und Werk eines Philosophen

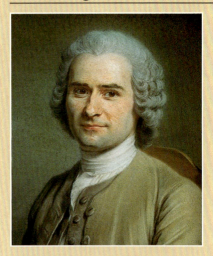

M1 **Jean-Jacques Rousseau (1712–1778)**, zeitgenössisches Gemälde

Rousseau – ein Denker der Aufklärungszeit

Die Epoche der „Aufklärung"
Die Aufklärung war eine gesamteuropäische Bewegung, die sich in einzelnen Ländern unterschiedlich ausprägte. In seinem berühmten Aufsatz „Was ist Aufklärung?" aus dem Jahr 1783 forderte der Königsberger Philosoph Immanuel Kant: „Habe Muth, dich deines eigenen Verstandes zu bedienen!" Dies gilt als Leitspruch der Aufklärung. Jeder Mensch sollte sich seine eigene Meinung bilden und nicht vorgefasste Einstellungen übernehmen. Insofern konnte er auch bislang fraglos akzeptierte Autoritäten wie die Kirche oder die Herrscher in Frage stellen. Der Vernunftgebrauch führte so zur Kritik an bestehenden Missständen.

Jean-Jacques Rousseau
Einer dieser Kritiker war Jean-Jacques Rousseau, der am 28. Juni 1712 in Genf geboren wurde. Seine Mutter starb bald nach seiner Geburt. Sein Vater, ein Uhrmacher, verließ Genf und ließ den Zehnjährigen in der Obhut von Verwandten zurück. Jean-Jacques' Kindheit und Jugend verlief deshalb unstet und unsicher, wie auch sein ganzes Leben.

Schon mit zweieinhalb Jahren soll Jean-Jacques Rousseau Lesen gelernt haben. Mit zwölf Jahren wurde er Lehrling bei einem Gerichtschreiber, später bei einem Graveur. 1727 entschloss er sich, auf Wanderschaft zu gehen. Diese sollte vier Jahre andauern. In deren Verlauf lernte er die Baronin de Waren kennen, trat zum Katholizismus über, besuchte kurze Zeit ein Priesterseminar und beschloss Musiker zu werden. Auch diese Ausbildung beendete er nicht. Schließlich kehrte er 1731 zur Baronin de Waren zurück. Hier verbrachte er acht Jahre. Danach machte er sich auf nach Paris, wo er unter anderem den berühmten Schriftsteller Denis Diderot kennen lernte und Zutritt zu den Pariser Salons erhielt. Vor diesen Kreisen verbarg er seine Beziehung zu seiner Geliebten, Thérèse Levasseur, ein Mädchen aus dem Proletariat. Mit ihr hatte er vermutlich sechs Kinder, die er alle in ein Waisenhaus steckte. Die Motive für sein Handeln sind unklar, führten aber noch zu seinen Lebzeiten zu Schmähschriften.

Das lag auch daran, dass er, der als Erzieher offenbar vollkommen versagt hatte, 1762 ein grundlegendes Werk zur modernen Pädagogik geschrieben hatte, den Erziehungsroman „Émile". Auch als Verfasser der staatstheoretischen Schrift „Le Contrat Sozial" (Der Gesellschaftsvertrag, 1762) hatte Rousseau ein enormes Echo in der Öffentlichkeit. Wegen seiner Schriften von der Obrigkeit verfolgt, von verschiedenen Gönnern unterstützt, führte er weiterhin ein unruhiges Leben. Rousseau starb am 2. Juli 1778 in Ermenonville bei Paris.

Staatslehren der Aufklärung
Eine der am Ende des 18. Jahrhunderts viel erörterten Fragen war: Wie lässt sich staatliche Herrschaft rechtfertigen? Da die religiöse Rechtfertigung an Überzeugungskraft verlor, versuchten die aufklärerischen Denker die Regeln des menschlichen Zusammenlebens mithilfe der Vernunft zu begründen. So hatte man auf den Entdeckungsreisen gelernt, dass Naturvölker in ganz anderen Formen zusammenlebten als in Europa. Man folgerte, dass die damaligen europäischen Staatswe-

sen also nicht natürlich waren. Wie konnte es aber dazu kommen, dass sich Menschen zu einem komplexen Staatswesen zusammenschlossen? Verstandesmäßig betrachtet, bot sich folgender Gedanke als Lösung an: Die Menschen traten, damit ein Gemeinwesen entstehen kann, in einem Vertrag ihre uneingeschränkte Freiheit an eine übergeordnete Macht ab. Diese sorgt wiederum für den Schutz der Mitglieder. Der Engländer Thomas Hobbes (1588–1679) lieferte damit die Rechtfertigung für die absolutistische Herrschaft des Königs. Andere Denker wie sein Landsmann John Locke (1632–1679) forderten, dass vor allem die Rechte des Einzelnen in einem solchen Herrschaftsvertrag geschützt werden müssten. Auch der Herrscher müsse sich an Regeln halten, die in einer Verfassung festgeschrieben werden sollten.

Der Franzose Charles de Montesquieu (1689–1755) glaubte, dass die Aufteilung der Staatsmacht auf verschiedene sich gegenseitig kontrollierende Gewalten die Freiheit des Einzelnen besser sichern könnte. In seiner Lehre der Gewaltenteilung unterschied er zwischen der gesetzgebenden, der ausführenden und der richterlichen Gewalt.

Rousseaus Lehre von der Volkssouveränität
Rousseau schließlich veränderte die Idee vom Gesellschaftsvertrag grundlegend: Das Volk schließt seiner Meinung nach keinen Vertrag mit einem Herrscher ab, es regelt seine Angelegenheiten selbst. Alle Menschen können ihr Recht auf Freiheit und Gleichheit verwirklichen, wenn sie sich freiwillig der Gemeinschaft unterwerfen. Diese Lehre von der Volkssouveränität stellte die Monarchie grundsätzlich in Frage, beeinflusste den Verlauf der Französischen Revolution entscheidend und wirkt bis in die Gegenwart.

M2 Der Gesellschaftsvertrag

In seinem Werk „Der Gesellschaftsvertrag" von 1762 schreibt Jean-Jacques Rousseau:

Jeder von uns stellt gemeinschaftlich seine Person und seine ganze Kraft unter die oberste Leitung des allgemeinen Willens, und wir nehmen jedes Mitglied als untrennbaren Teil des Ganzen auf. An die Stelle der einzelnen Person jedes Vertragsabschließers setzt solcher Gesellschaftsvertrag sofort einen geistigen Gesamtkörper, dessen Mitglieder aus sämtlichen Stimmabgebenden bestehen und der durch eben diesen Akt seine Einheit, sein gemeinsames Ich, sein Leben und seinen Willen erhält.
Diese öffentliche Person, die sich auf solche Weise aus der Vereinigung aller übrigen bildet, wurde ehemals Stadt genannt und heißt Republik oder Staatskörper. Seine Mitglieder nennen ihn im [...] Staat, [...] im Vergleiche mit anderen seiner Art Macht. Die Gesellschaftsgenossen führen als Gesamtheit den Namen Volk und nennen sich einzeln als Teilhaber der höchsten Gewalt Staatsbürger.

Alfons Fitzek, Staatsanschauungen im Wandel der Jahrhunderte II., Paderborn 1977, S. 87 f.

Aufgaben

1. Erläutere mit eigenen Worten den Begriff „Aufklärung".
   → Text

2. Erkläre, wie sich Rousseau das Verhältnis zwischen dem Einzelnen und der Gemeinschaft vorstellt.
   → M2

3. Prüfe, inwiefern die Staatslehren der Aufklärung in der Verfassung von 1791 Berücksichtigung fanden.
   → Text, M1, S. 20

Die Revolution hat Erfolg

Das Ende des Absolutismus

Nach dem 14. Juli 1789 brach die absolutistische Herrschaft Stück für Stück zusammen. Die Bauern setzten ihre Forderungen häufig gewaltsam durch, indem sie ihre Herren davonjagten und deren Schlösser zerstörten. Unter dem Eindruck der Bauernunruhen schaffte die Nationalversammlung am 4. August die „Feudalität" ab, d.h. die Vorrechte des Adels. Er verlor die Rechtsprechung über die bäuerlichen Untertanen, die Käuflichkeit der Ämter wurde aufgehoben und jeder sollte – unabhängig von seiner durch Geburt erworbenen Stellung – Zugang zu allen Ämtern haben. Am 26. August 1789 verabschiedete die Nationalversammlung die Erklärung der **Menschenrechte** nach dem Vorbild der USA.

In der Folge fasste sie noch weitere grundlegende Beschlüsse: Die Einführung der Gewerbefreiheit bedeutete, dass jeder Beruf ergriffen und jedes Gewerbe ausgeübt werden durfte. Grundsätzlich änderte sich die Stellung der Kirche, die die Herrschaft des Königs gestützt hatte. Ihr Besitz wurde am 2. November 1789 verstaatlicht und die kirchlichen Würdenträger verloren ihre Vorrechte. Frankreich wurde schließlich neu gegliedert und in Departements eingeteilt.

Eine Verfassung für Frankreich

Den Abschluss dieser Reformen bildete die **Verfassung** vom 3. September 1791. Sie beruhte auf den Prinzipien der **Gewaltenteilung,** an die auch der König gebunden war, und machte Frankreich zur konstitutionellen Monarchie. Wahlberechtigt waren nur etwa 4 Millionen Bürger mit hohem Steueraufkommen, so genannte Aktivbürger. Ohne Stimmrecht blieben 3 Millionen Passivbürger, ferner alle Frauen sowie Männer unter 25 Jahren. Die Wahlordnung schloss damit über zwei Drittel der Bevölkerung von politischer Mitwirkung aus.

M 1

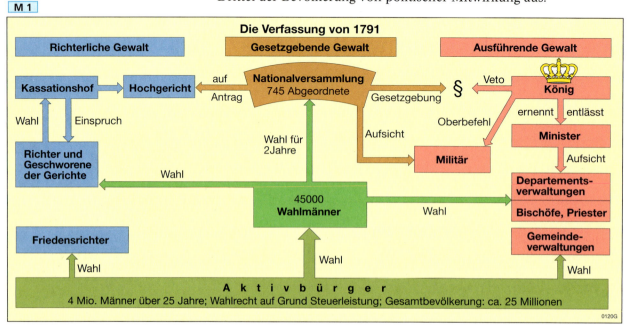

M 2 Symbole der Revolution
„Einheit, Unteilbarkeit der Republik", zeitgenössisches Plakat

Die Rolle des Königs

Ludwig XVI. verhielt sich seit Ausbruch der Revolution zwiespältig. Einerseits machte er den Revolutionären neue Zugeständnisse, wie zum Beispiel nach dem Sturm auf die Bastille; andererseits versuchte er die Entwicklung zu bremsen oder gar aufzuhalten.

Der König blieb zunächst in Versailles und konnte so die Ereignisse in Paris nicht beeinflussen. Seine Weigerung, das Gesetz über die Abschaffung der Stände zu unterzeichnen, verschärfte die Lage. Als dann Gerüchte aufkamen, Ludwig XVI. ziehe Truppen zusammen, und zudem das Brot in Paris knapp wurde, kam es zu einem Aufruhr. Am 5. Oktober 1789 zogen Tausende von Frauen aus allen Bevölkerungsschichten nach Versailles und zwangen den König nach Paris überzusiedeln. Dort stand er künftig unter Beobachtung der Öffentlichkeit und unter Kontrolle der Revolutionäre.

Im Juni 1791 versuchte der König mit seiner Familie zu fliehen, wurde aber kurz vor der Grenze bei Varennes entdeckt und unter demütigenden Umständen zurückgebracht. Er und seine Frau Marie Antoinette – eine Tochter der österreichischen Kaiserin Maria Theresia – hatten ihr Ansehen in der Öffentlichkeit verspielt. Daher gab es Diskussionen, den König abzusetzen und eine Republik einzuführen. Um seinen Thron zu retten leistete Ludwig XVI. den Eid auf die neue Verfassung vom 3. September 1791, die Frankreich zur konstitutionellen Monarchie machte.

Offiziell stand der König damit an der Spitze des Staates, dessen neue Ordnung er aber innerlich ablehnte und derzurfolge er nach den vergangenen Ereignissen nur noch geringen politischen Einfluss besaß.

Die politischen Kräfte

„Liberté – Égalité – Fraternité" – „Freiheit – Gleichheit – Brüderlichkeit" lauteten die Parolen der Französischen Revolution. Auf diese allgemeinen Ziele konnten sich die Revolutionäre einigen. Allerdings zeigte die weitere Entwicklung, dass die politischen Vorstellungen zum Teil weit auseinander gingen.

Zunächst gab es nur Gegner oder Befürworter der Revolution. Das zeigte sich auch in der Nationalversammlung. Im Unterschied zu heute gab es damals allerdings keine Parteien, sondern verschiedene Gruppen mit eigenen politischen Zielen, die sich immer wieder veränderten. Um sie genauer bezeichnen zu können, orientierte man sich an der Sitzordnung im Versammlungssaal, ob sie „rechts" oder „links" vom Vorsitzenden saßen.

Auf der rechten Seite saßen Gegner der Revolution, die entweder die alte Ordnung wieder herstellen oder nur einzelne Reformen durchführen wollten. Auf der linken Seite saßen die Anhänger der Revolution, die sich jedoch im Lauf der Zeit zu verschiedenen Gruppen zusammenschlossen und unterschiedliche politische Ziele verfolgten. Zunächst hatten einzelne Politiker großen Einfluss.

So spielte zum Beispiel Lafayette, der im amerikanischen Unabhängigkeitskrieg mitgekämpft hatte und Chef der Pariser Nationalgarde war, eine wichtige Rolle. Er suchte den Ausgleich zwischen dem König und der Nationalversammlung, konnte aber die weitere Entwicklung immer weniger beeinflussen.

M 3 Marquis de Lafayette **(1757–1834).** Der gemäßigte Politiker wurde von den Radikalen verdrängt und floh 1792 nach Österreich.

Europa im Zeitalter der Revolutionen

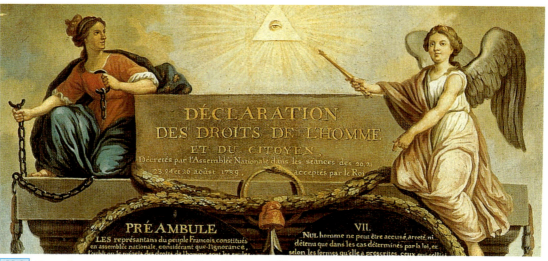

M 4 Menschen- und Bürgerrechte, Gemälde von 1790

M 5 Erklärung der Menschenrechte

Die im August 1789 verabschiedete Erklärung hat folgenden Wortlaut:

Daher erkennt und erklärt die Nationalversammlung, in Gegenwart und unter dem Schutz des Höchsten Wesens, folgende Menschen- und Bürgerrechte:

Artikel 1. Die Menschen werden frei und gleich an Rechten geboren und bleiben es für immer. Standesunterschiede dürfen nur im allgemeinen Nutzen begründet sein.

Art. 2. Das Ziel jeder politischen Vereinigung ist die Erhaltung der natürlichen und unveräußerlichen Rechte des Menschen. Diese Rechte sind Freiheit, Eigentum, Sicherheit und Widerstand gegen Unterdrückung.

Art. 3. Der Ursprung jeder Souveränität liegt wesentlich in der Nation. Keine Körperschaft, kein Individuum kann eine Gewalt ausüben, die nicht ausdrücklich von ihr ausgeht.

Art. 4. Die Freiheit besteht darin, alles tun zu können, was einem anderen nicht schadet. So haben die natürlichen Rechte jedes Menschen keine anderen Grenzen als die, die den anderen Mitgliedern der Gesellschaft den Genuss der gleichen Rechte sichern. Diese Grenzen können nur durch das Gesetz bestimmt werden.

Art. 6. Das Gesetz ist der Ausdruck des allgemeinen Willens. Alle Bürger haben das Recht, persönlich oder durch ihre Vertreter an seiner Formulierung Anteil zu nehmen. Es soll für alle gleich sein, sowohl wenn es beschützt, als auch wenn es bestraft. Da alle Bürger in seinen Augen gleich sind, sind sie gleichermaßen zu allen Würden, Posten und öffentlichen Ämtern nach ihren Fähigkeiten zugelassen, ohne andere Unterschiede als die, die sich aus ihren Tugenden und Talenten ergeben. […]

Art. 9. Da jeder Mensch so lange für unschuldig gehalten wird, bis er schuldig gesprochen worden ist, soll, wenn seine Verhaftung als unumgänglich betrachtet wird, jede Härte, die nicht unabdingbar ist, um sich seiner Person zu versichern, durch das Gesetz streng unterdrückt werden.

Art. 10. Niemand darf wegen seiner Meinungen, selbst in religiösen Fragen, behelligt werden, solange ihre Äußerung nicht die durch das Gesetz festgelegte öffentliche Ordnung stört.

Art. 11. Der freie Austausch der Gedanken und Meinungen ist eines der kostbarsten Menschenrechte. Jeder Bürger kann also frei reden, schreiben, drucken, mit der Einschränkung, dass er die Verantwortung für den Missbrauch dieser Freiheit in den durch das Gesetz bestimmten Fällen übernehmen muss.

Art. 17. Da das Eigentum ein unverletzliches und heiliges Recht ist, kann es niemandem weggenommen werden, wenn es nicht die nach dem Gesetz festgestellte, öffentliche Notwendigkeit offensichtlich erfordert, und auch dann nur unter der Bedingung einer gerechten Entschädigung im Voraus.

Die französische Revolution. Ein Lesebuch mit zeitgenössischen Berichten und Dokumenten, ausgew., übers. u. kommentiert v. Chris E. Paschold und Albert Gier, Stuttgart 1989, S. 96 ff.

M 6 Frauenrechte

Die Schriftstellerin Olympe de Gouges (1748–1793) verfasste während der Revolution zahlreiche Flugschriften. Die Erklärung „Die Rechte der Frau" wurde im September 1791 veröffentlicht:

Infolgedessen erkennt und erklärt das an Schönheit und Mut angesichts der Schmerzen der Mutterschaft überlegene Geschlecht, in Gegenwart und unter dem Schutz des Höchsten Wesens, folgende Rechte der Frau und Bürgerin:

Artikel 1. Die Frau ist von Geburt frei und bleibt dem Manne gleich an Rechten. Soziale Unterschiede dürfen nur im gemeinen Nutzen begründet sein.

Art. 2. Das Ziel jeder politischen Vereinigung ist die Erhaltung der natürlichen und unveräußerlichen Rechte von Mann und Frau. Diese Rechte sind Freiheit, Eigentum, Sicherheit und Widerstand gegen Unterdrückung.

Art. 3. Der Ursprung jeder Souveränität ruht wesentlich in der Nation, die nur die Gemeinschaft aller Frauen und Männer ist. Keine Körperschaft, kein Individuum können eine Gewalt ausüben, die nicht ausdrücklich von ihr ausgeht.

Art. 4. Freiheit und Gerechtigkeit bestehen darin, den anderen alles zurückzugeben, was ihnen gehört. So wird die Frau in der Ausübung ihrer natürlichen Rechte nur durch die fortdauernde Tyrannei beschränkt, die der Mann ihr entgegensetzt. Diese Beschränkungen müssen durch Gesetze der Natur und Vernunft abgeschafft werden. [...]

Art. 6. Das Gesetz ist der Ausdruck des allgemeinen Willens. Alle Bürgerinnen und Bürger sollen persönlich oder durch ihre Vertreter an seiner Formung mitwirken. Es soll für alle gleich sein: Da alle Bürgerinnen und Bürger in seinen Augen gleich sind, sollen sie gleichermaßen zu allen Würden, Posten und öffentlichen Ämtern nach ihren Fähigkeiten zugelassen werden, ohne andere Unterschiede als die ihrer Tugenden und Talente.

_{Die französische Revolution. Ein Lesebuch mit zeitgenössischen Berichten und Dokumenten, ausgew., übers. u. komm. v. Chris E. Paschold und Albert Gier, Stuttgart 1989, S. 185.}

M 7 Olympe de Gouges
Zeitgenössisches Porträt

Aufgaben

1. a) Erkläre den Begriff „konstitutionelle Monarchie".
   b) Untersuche anhand des Verfassungsschemas, wem die größte Macht zukam.
   c) Wieso stimmte die Einteilung in Aktiv- und Passivbürger nicht mit den Menschen- und Bürgerrechten überein? Vgl. mit Art. 1 und 6.
   → Text, M1

2. a) Suche für jeden Artikel der Erklärung der Menschenrechte einen passenden Begriff.
   b) Weshalb war eine Erklärung der Menschenrechte mit dem Prinzip der Ständegesellschaft unvereinbar?
   c) Die Verfassung der Bundesrepublik ist das Grundgesetz. Informiere dich, welche Rechte der Erklärung von 1789 in Deutschland gelten.
   d) Erläutere die Illustration der Menschenrechtserklärung.
   → M4, M5, Grundgesetz der Bundesrepublik

3. a) Vergleiche die Erklärung „Die Rechte der Frau" mit der Erklärung der Menschenrechte. Nenne Gemeinsamkeiten und Unterschiede.
   b) Wie sieht Olympe de Gouges die Rolle der Frauen?
   c) Begründe, ob ihre Erklärung deiner Meinung nach heute noch aktuell ist.
   → M5, M6

Europa im Zeitalter der Revolutionen

Die Revolution geht weiter

Das Ende der Monarchie

Mit der Verabschiedung der Verfassung am 3. September 1791 war die Revolution nicht beendet – im Gegenteil. In der neu gewählten Nationalversammlung waren Anhänger der alten Ordnung und diejenigen, die wie Lafayette einen Ausgleich mit dem König suchten, nicht mehr vertreten. Den größten Einfluss hatten hier die Jakobiner. Die Bezeichnung geht zurück auf ihren Versammlungsort, das ehemalige Kloster St. Jakob in Paris. Hier trafen sich die meisten Anhänger der Revolution, um aktuelle Ereignisse zu besprechen und das weitere Vorgehen zu diskutieren.

Von den Jakobinern getrennt hatten sich die Feuillants. Sie trafen sich ebenfalls in einem verlassenen Kloster, dem des Mönchsordens der Feuillants, die zu den Zisterziensern gehörten. Für sie war die Revolution mit dem Inkrafttreten der Verfassung beendet, während die Jakobiner die Revolution fortsetzen wollten.

Zwei Fragen bestimmten in diesen Monaten die politische Diskussion: Sollte die Monarchie erhalten bleiben? Und: Sollte Krieg geführt werden? Die Revolutionäre befürchteten nämlich ein militärisches Eingreifen ausländischer Mächte, was die aus Frankreich geflohenen Adligen seit langem forderten.

Den europäischen Monarchen schien die Entwicklung in Frankreich eine bedenkliche Richtung zu nehmen, denn sie sahen die Herrschaft des französischen Königs gefährdet. Ludwig selbst erhoffte sich von einem Krieg das Ende der Revolution. Aber auch viele Revolutionäre stimmten für einen Angriffskrieg, weil sie die Bedrohung von außen abwehren wollten und eine Ausbreitung der Revolution in Europa erhofften. Im April 1792 erklärte Frankreich Österreich den Krieg, da man dort das Zentrum der Revolutionsgegner sah.

M 1

Die Tuilerien und ihre Umgebung

- Ⓐ Tuilerienschloss
- Ⓐ1 Sitz des Königs bis 1792
- Ⓐ2 Nationalkonvent
- Ⓐ3 Wohlfahrtsausschuss
- Ⓑ Manège: Nationalversammlung
- Ⓒ Jakobinerclub
- Ⓓ Club der Feuillants

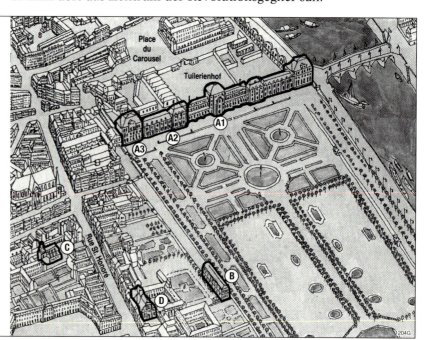

In Frankreich wuchs die Kritik an Ludwig XVI. und Königin Marie Antoinette unterdessen weiter, da er zunächst mit den gemäßigten Anhängern der Revolution zusammengearbeitet, sich dann aber von ihnen getrennt hatte.

Das Misstrauen entlud sich am 10. August 1792. Eine aufgebrachte Menge stürmte das Pariser Stadtschloss, die Tuilerien. Bei den Kämpfen gab es viele Tote und Verletzte. Die königliche Familie wurde gefangen genommen, die Monarchie am 21. September 1792 abgeschafft.

Die Herrschaft des Konvents

Nach der Gefangennahme des Königs wurde die seit einem Jahr bestehende Nationalversammlung aufgelöst und durch einen Nationalkonvent ersetzt. Dieser wurde nach dem allgemeinen Wahlrecht bestimmt und sollte eine neue Verfassung ausarbeiten. Anhänger der Monarchie waren nicht mehr vertreten.

Unter den Anhängern der Revolution hatten sich inzwischen verschiedene politische Gruppen herausgebildet:
- Die gemäßigten Jakobiner wurden nach der Herkunft ihrer Führer aus der Gironde, einer Landschaft in Südwestfrankreich, „Girondisten" genannt. Sie waren für den Krieg und betrachteten die Revolution mit der Abschaffung der Monarchie als beendet.
- Die radikalen Jakobiner wurden nach ihren Plätzen im oberen Teil des Versammlungssaals als „Montagnards", als „Bergpartei", bezeichnet. Sie wollten die Revolution noch weiter treiben. Führende Vertreter waren Danton, Marat und Robespierre, die in der Folgezeit eine entscheidende Rolle spielten.
- Daneben gab es eine Gruppe nicht organisierter Abgeordneter.

Der Konvent setzte die Verfassung wegen des Krieges nie in Kraft. Es wurde deshalb auch keine Regierung gebildet, sondern einzelne Ausschüsse des Konvents übten die Macht aus. Vor allem der so genannte „Wohlfahrtsausschuss" hatte großen Einfluss.

Zwischen 1792 und 1794 war die politische Situation sehr unübersichtlich. Es herrschte Krieg und es kam immer wieder zu Aufständen und Machtkämpfen zwischen einzelnen Gruppen.

M 2 Georges Jacques Danton (1759–1794)

M 3 Maximilien Robespierre (1758–1794)

M 4 Louis Antoine Saint-Just (1767–1794)

M 5 Jean Paul Marat (1743–1793)

M 6 Camille Desmoulins (1760–1794)

Europa im Zeitalter der Revolutionen

M 7 Die Marseillaise

Der „Chant de guerre pour l'armée du Rhin", wie das Lied zunächst hieß, wurde Ende April 1792 nach der Kriegserklärung an Österreich von Claude-Joseph Rouget de Lisle (1760–1836) gedichtet. Die Freiwilligen aus Marseille brachten es im Juli nach Paris. Es ist heute die Nationalhymne:

Vorwärts, Kinder des Vaterlandes,
der Tag des Ruhms ist da.
Gegen uns hat die Tyrannei
ihre blutigen Standarten erhoben.
5 Hört ihr im Gelände
die wilden Soldaten brüllen?
Sie kommen,
um unsere Söhne und Frauen in unseren Armen zu töten.
10 Zu den Waffen, Bürger! Stellt eure Bataillone auf;
wir wollen marschieren, unreines Blut soll unsere
Acker tränken.

Was will diese Horde von Sklaven,
15 von Verrätern und Königen, die sich verschworen haben?
Für wen sind diese schändlichen Fesseln,
Die seit langem vorbereiteten Ketten bestimmt?
Für uns Franzosen; oh, was für eine Beleidigung!
20 Wie muss sie unser Blut in Wallung bringen!
Man wagt daran zu denken, gerade uns
wieder in die alte Sklaverei zu bringen.

Was denn! diese ausländischen Kohorten
25 sollten in unserer Heimat gebieten!
Was denn! Söldnerscharen
sollten unsere stolzen Krieger niederwerfen!
Großer Gott! von gebundenen Händen
sollte unsere Stirn unter das Joch gebeugt werden!
30 Gemeine Despoten sollten
die Herren über unser Schicksal werden!

Zittert, Tyrannen, und ihr, Verräter,
der Schandfleck aller Parteien:
35 Zittert, eure verruchten Pläne
werden endlich ihren Lohn empfangen.
Alles ist Soldat, um euch zu bekämpfen;
wenn unsere jungen Helden fallen,
bringt Frankreich neue hervor,
40 die bereit sind, gegen euch zu streiten. [...]

Heilige Liebe zum Vaterland,
führe und stärke unsere rächenden Arme;
Freiheit, süße Freiheit, kämpfe an der Seite deiner Verteidiger.
45 Der Sieg möge beim männlichen Klang deiner Stimme
unter unsere Fahnen eilen.
Deine sterbenden Feinde
sollen deinen Triumph und unseren Ruhm sehen.
50

Die französische Revolution. Ein Lesebuch mit zeitgenössischen Berichten und Dokumenten, ausgew., übers. u. komm. v. Chris E. Paschold und Albert Gier, Stuttgart 1989, S. 210 ff.

M 8 Reaktionen auf die Marseillaise

a) Die Zeitung „Cronique de Paris" schrieb am 20.8.1792:

Man hört, dass gegenwärtig in allen Theatern das Lied: „Allons enfants de la Patrie" verlangt wird. Die Melodie [...] ist zugleich ergreifend und kriegerisch. Die Verbündeten haben es von Marseille, wo es sehr in Mode war, mitgebracht. Sie singen 5 es sehr wirkungsvoll, und die Stelle, wo sie ihre Hüte und Säbel schwingen und im Chor rufen: „Aux armes, Citoyens!" lässt einen wirklich erschauern. Sie haben das Lied in allen Dörfern gesungen, durch die sie gezogen sind, und auf 10 diese Weise haben die neuen Barden vaterländische und kriegerische Gefühle entfacht. Oft wird das Lied im Palais-Royal, manchmal auch in den Theatern zwischen den beiden Stücken gesungen.

Die französische Revolution., a.a.O., S. 142.

b) Der französische General Thiébault (1769–1846) schrieb über seine Eindrücke:

Es war am 30. Juli, als diese scheußlichen Verbündeten, der Auswurf von Marseille, in Paris ankamen. Das Eindringen der Briganten [Aufständischen] entfesselte den Pöbel und das Verbrechen vollends. Ich glaube, man kann sich nichts 5 Abscheulicheres vorstellen als diese fünfhundert tollen Menschen, die zu drei Vierteln betrunken sind, fast alle in roten Mützen, mit nackten Armen und zerlumpt [...].
In dieser Weise gaben die Marseiller den Ton an, 10 und wenn Paris seit dem 20. Juli jeden Tag trister wurde, so ist es seit dem Erscheinen dieser höllischen Sippschaft schauerlich geworden. Sie vollführte ihr Mordwerk mit Gebrüll von „Ça ira" und der Marseillaise, Liedern, von denen das erste für 15 das Vergnügen des Tanzes und das zweite für einen würdigeren Zweck gemacht war.

Die Französische Revolution in Augenzeugenberichten, hrsg. von G. Pernoud u. S. Flaissier, 7. Aufl., München 1989, S. 142 f.

M 9 Ludwig XVI.
Gemälde von Duplessis, um 1777

M 10 Der König im Käfig der Verfassung
Zeitgenössische Karikatur

M 11 Die Hinrichtung Ludwigs XVI.
am 21. Januar 1793, zeitgenössisches Gemälde

Aufgaben

1. a) Erläutere, wie es zum Ende der Monarchie kam.
   b) Welche Bedeutung hatte das Verhalten des Königs, welche die außenpolitische Lage bei dieser Entwicklung?
   → Text
2. Informiere dich über die wichtigsten Revolutionäre.
   → M2–M6, Lexikon, Internet
3. a) Stelle die Begriffe zusammen, die in der Marseillaise für die revolutionären Franzosen und die für die Gegner der Revolution verwendet werden.
   b) Erkläre anhand sprachlicher Besonderheiten die mitreißende Wirkung der Hymne.
   c) Welche Einstellung gegenüber der Hymne kommt in den zeitgenössischen Berichten zum Ausdruck?
   → M7, M8
4. a) Beschreibe, wie Ludwig XVI. auf den einzelnen Abbildungen dargestellt wird.
   b) Vergleiche die Bilder untereinander. Achte auf den jeweiligen Bildtyp.
   c) Stelle anhand der Abbildungen wichtige Ereignisse der Revolution dar.
   d) Beurteile die Rolle des Königs.
   → M9–M11

Methode: Umgang mit schriftlichen Quellen

M 1 Ludwig XVI. an seinen Bruder

Am 12. August schrieb Ludwig XVI. (1754–1793) einen Brief an seinen Bruder. Obwohl er ihn in einem Stück Brot versteckte, wurde der Brief an der Grenze entdeckt:

Mein Bruder, ich bin nicht mehr König; die öffentliche Kundmachung werde Ihnen die grausamste Katastrophe mitteilen – ich bin der unglücklichste Gatte und Vater – ich bin das Opfer meiner Güte,
5 der Furcht, der Hoffnung: es ist ein unfassbares Geheimnis der Unbill! Man hat mir alles genommen; man hat meine Getreuen ermordet; man hat mich mit List fern von meinem Palaste entführt, und man klagt mich an! Ich bin Gefangener; man
10 wirft mich ins Gefängnis; die Königin, meine Kinder, Madame Elisabeth teilen mein trauriges Los. Ich kann nicht mehr daran zweifeln! Die Franzosen haben sich gegen mich einnehmen lassen, ich bin für sie ein Gegenstand des Hasses.

Geschichte in Quellen, Bd. 4, München 1981, S. 308 f.

M 2 Desmoulins an seinen Vater

Der Anwalt Camille Desmoulins (1760–1794) wurde nach dem Sturm auf die Tuilerien zum führenden Beamten im Justizministerium bestimmt. Sein Freund Danton wurde Justizminister:

Mein lieber Vater!
Aus den Zeitungen haben Sie die Nachricht vom 10. August erfahren. Es bleibt mir nur übrig, Ihnen mitzuteilen, was mich angeht. Mein Freunde Dan-
5 ton ist von der Kanone Gnaden Justizminister geworden; dieser blutige Tag musste, zumal für uns beide, so enden, dass wir zusammen erhöht wurden: zur Macht oder zum Galgen. Er hat es in der Nationalversammlung gesagt: „Wäre ich
10 besiegt worden, so wäre ich ein Verbrecher." Die Sache der Freiheit hat gesiegt.

Geschichte in Quellen, Bd. 4, München 1981, S. 308.

M 3 Marat im „Volksfreund"

Jean-Paul Marat (1743–1793) gab die Zeitschrift „L'Ami du Peuple", eines der wichtigsten Blätter der Revolution, heraus:

Der ruhmreiche Tag des 10. August 1792 kann für den Triumph der Freiheit entscheidend sein, wenn ihr euren Vorteil zu benutzen versteht.
Viele Tyrannenknechte liegen tot im Staub, eure
5 unversöhnlichen Feinde scheinen gelähmt, aber sie werden nicht säumen, aus ihrer Erstarrung aufzuwachen und sich furchtbarer als je zu erheben. […] Niemand verabscheut das Blutvergießen mehr als ich; aber um zu verhindern, dass das Blut in Strömen fließt, dringe ich in euch, einige Tropfen 10 zu vergießen. […].
Vor allem aber haltet den König, sein Weib und seinen Sohn als Geiseln fest und sorgt dafür, dass man ihn, bis das endgültige Urteil über ihn gesprochen ist, jeden Tag viermal dem Volke zeigt. Und 15 da es nur von ihm abhängt, unsere Feinde für immer zu entfernen; erklärt ihm, dass wenn die Österreicher und die Preußen nicht binnen vierzehn Tagen zwanzig Meilen von unsren Grenzen entfernt sind, um sich nicht mehr bei uns sehen zu 20 lassen, sein Kopf ihm vor die Füße rollen wird.

W. Grab (Hg.), Die Französische Revolution. Eine Dokumentation, München 1973, S. 117 f.

M 4 Peltier in einem Bericht aus dem Exil

Jean-Gabriel Peltier (1765–1825) gab eine Zeitschrift heraus, die der Revolution kritisch gegenüberstand. Den Bericht über den Sturm auf die Tuilerien, aus dem der folgende Auszug entnommen ist, veröffentlichte er im Exil in London:

Um halb sechs bat man den König, alle Posten abzugehen und durch seine Gegenwart die tapferen Männer zu ermutigen, die ihn, seine Familie, die Krone und die Verfassung verteidigen sollten. Er hatte die ganze Nacht lang nicht geschlafen, 5 seine Haare hingen wirr herunter; trotzdem hatte er sich nicht umgezogen. In einem einfarbigen, violetten Rock […] suchte er zunächst die Posten im Schloss auf; die Königin, die Kinder […] und einige andere Damen begleiteten ihn auf diesem 10 ersten Rundgang. Augenzeugen haben mir berichtet, dass er sehr mitgenommen aussah, aber immer noch gutmütig erschien, feuchte Augen hatte und dennoch lächelte. Er sprach genau diese Worte, mit gebrochener Stimme: „Nun denn! Es 15 heißt, sie kommen […] Ich weiß nicht, was sie wollen […] Ich werde die guten Bürger nicht verlassen, meine Sache ist auch die ihre […]." Obwohl man nicht auf den genauen Wortlaut dieser Sätze achtete, die von den Antworten der Offiziere oft 20 unterbrochen wurden, war die Wirkung, die sie bei der Nationalgarde hatten, etwa folgende: „Diesmal bin ich damit einverstanden, dass meine Freunde mich verteidigen, wir wollen alle zusammen untergehen oder uns retten." 25

Die französische Revolution. Ein Lesebuch, ausgew. von C. E. Paschold und A. Gier, Stuttgart 1989, S. 219.

Ein bedeutsamer Tag im Spiegel der Quellen

Am 10. August 1792 kam es zur Erstürmung der Tuilerien, das heißt zur Besetzung der Residenz des Königs in Paris. Nach einem Feuergefecht mit der Palastwache, der Schweizergarde, floh die königliche Familie und begab sich in den Schutz der Nationalversammlung. Sie wurde daraufhin unter Hausarrest gestellt.

Über die Ereignisse dieses Tages gibt es viele Berichte, aus denen sich der Ablauf des Geschehens ableiten lässt. Allerdings nahmen die Autoren den Tag ganz unterschiedlich wahr und hielten ganz Verschiedenes für berichtenswert. Auch wichen sie in ihren Bewertungen erheblich voneinander ab. Deshalb sind die überlieferten Texte kritisch zu beurteilen.

Da der 10. August 1792 ein besonders ereignis- und folgenreicher Tag war, lässt er sich unter verschiedenen Aspekten betrachten. Wie erlebte der König den Tag? Wie bewerteten die Revolutionäre die Entwicklung? Welche Folgen hatte die Erstürmung der Tuilerien? Wie nahm die Pariser Bevölkerung das Geschehen wahr? Die Ergiebigkeit der jeweiligen Quelle richtet sich nach der Fragestellung, also danach, was von Interesse ist. Sinnvoll ist es eine Übersicht zu erstellen, in der zu jeder Quelle der Verfasser, seine Stellung, die Art der Quelle, der Inhalt des Textes und die Absicht des Verfassers eingetragen wird.

M 5 **Sturm auf die Tuilerien** am 10. August 1792, zeitgenössischer Stich (Ausschnitt)

Fragen an schriftliche Quellen

1. Entstehung der Quelle
a) Überlege, aus welchem Anlass die einzelnen Quellen entstanden.
b) Erstelle eine Übersicht, in die du den Namen des Verfassers und seine Stellung einträgst.

2. Art der Quelle
a) Um welche Arten von Texten handelt es sich? Suche für jede Quelle einen passenden Begriff.
b) Vervollständige die Übersicht mit diesen Angaben.

3. Inhalt der Quelle
a) Fasse den Inhalt der Quellen jeweils in einem Satz knapp zusammen.
b) Ergänze deine Übersicht mit diesen Angaben.
c) Welche Ereignisse des 10. August 1792 werden in den Mittelpunkt gestellt, welche werden übergangen?
d) Wie wird die Erstürmung der Tuilerien in den einzelnen Quellen beurteilt? Suche Belege im Text.

4. Glaubwürdigkeit der Quelle
a) Vergleiche die einzelnen Texte. Welche sind deiner Meinung objektiver, welche subjektiver?
b) Erschließe die Absicht, die der jeweilige Verfasser mit seinem Text verfolgt.

5. Bedeutung der Quelle
a) Formuliere zu jedem Text eine Frage, zu der die jeweilige Quelle besonders ergiebige Informationen enthält.
b) Welche dieser Fragen findest du am interessantesten?
c) Was interessiert dich im Hinblick auf den 10. August 1792 besonders?
d) Welcher Text ist für deine Frage besonders aufschlussreich?

Europa im Zeitalter der Revolutionen

M 1 Sansculotten

Die radikalen Revolutionäre aus den Unterschichten

Die Revolution ufert aus

Krieg und Bürgerkrieg

Nach der Gefangennahme des Königs und der Abschaffung der Monarchie stellte sich die Frage, was mit Ludwig XVI. geschehen sollte. Gegen die Girondisten, die einen Prozess ablehnten, da sie ein Eingreifen des Auslands befürchteten, setzten sich die Montagnards durch. So wurde der König im Dezember 1792 angeklagt und am 21. Januar 1793 durch die Guillotine hingerichtet.

Die Tötung eines Monarchen empfanden die europäischen Herrscher als Bedrohung und bildeten eine Koalition gegen Frankreich. Zugleich nahm der Widerstand im Innern zu. In der Vendée und anderen Gegenden Frankreichs kam es zu Aufständen gegen die Herrschaft des Konvents. Es herrschte Bürgerkrieg. Die Revolutionsregierung war 1793 von innen und außen massiv bedroht.

Hinzu kam, dass Teile der Pariser Bevölkerung radikalere Maßnahmen forderten und den Konvent unter Druck setzten. Es handelte sich dabei um die Sansculotten, die anders als Adel und Bürgertum „sans culottes", das heißt „ohne Bundhosen", auftraten, und „pantalons", d.h. lange Hosen trugen. Sie waren kompromisslose Anhänger der Revolution, zu denen Handwerker ebenso gehörten wie Bettler. Sie forderten vor allem eine Verbesserung ihrer wirtschaftlichen Lage und unterstützten die nun entstehende „Schreckensherrschaft".

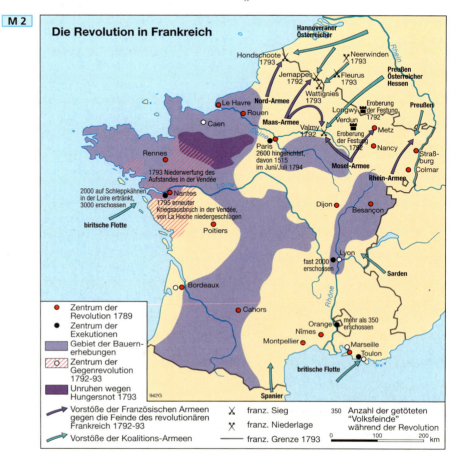

M 2 Die Revolution in Frankreich

Vendémiaire	Brumaire	Frimaire	Nivôse	Pluviôse	Ventôse	1 Monat = 30 Tage = 3 Dekaden zu 10 Tagen – letzter Tag einer Dekade: Ruhetag; Feiertage 17.-21.09.
„Weinlese"	„Nebel"	„Frost"	„Schnee"	„Regen"	„Wind"	
22.9. - 21.10.	22.10. - 20.11.	21.11. - 20.12.	21.12. - 19.01.	20.01. - 18.02.	19.02. - 20.03.	
Germinal	Floréal	Prairial	Messidor	Thermidor	Fructidor	
„Saat"	„Blüten"	„Wiesen"	„Ernte"	„Hitze"	„Früchte"	
21.03. - 19.04.	20.04. - 19.05.	20.05. - 18.06.	19.06. - 18.07.	19.07. - 17.08.	18.08. - 16.09.	

M 3 Der Revolutionskalender
Mit dem Sturz des Königs am 22. September 1792 ließen die Revolutionäre das Jahr I beginnen.

Die Schreckensherrschaft

In dieser Situation griff die Revolutionsregierung zum Mittel des Terrors und richtete im März 1793 das Revolutionstribunal ein: einen Gerichtshof, der Gegner der Revolution, aber auch Preistreiber verurteilte. In den Jahren 1793 und 1794 wurden Tausende hingerichtet, auch dann noch, als die innere und äußere Bedrohung nachgelassen hatte. Die Todesurteile vollstreckte die Guillotine, ein vom Arzt Guillotin erfundenes Fallbeil.

Zwischen den verschiedenen Revolutionsparteien brach in dieser angespannten Situation ein mörderischer Machtkampf aus. Zuerst wurden die Girondisten verfolgt und größtenteils hingerichtet, danach Danton mit seinen Anhängern sowie weitere Gruppen, sodass schließlich der Kreis um Robespierre die alleinige Macht besaß.

Bevor Robespierre am 28. Juli 1794 selbst gestürzt und hingerichtet wurde, kam es im letzten Monat seiner Regierung noch zu einer Steigerung der Schreckensherrschaft, der „Grande Terreur". Gleichzeitig versuchte er eine neue Religion zu begründen: Im Juni 1794 fand eine aufwändige Feier zu Ehren des „Höchsten Wesens" statt, das die menschliche Vernunft verkörperte. Auf diese Weise sollte ein Ersatz für die christliche Religion geschaffen werden.

Die Bewertung der Schreckensherrschaft war stets umstritten. Gegner der Revolution sahen in ihr eine logische Fortsetzung der Entwicklung seit 1789, Anhänger hingegen erblickten darin einen Verrat an den ursprünglichen Idealen.

M 4 Opfer der Terrorherrschaft
Abtransport von Hingerichteten 1793, zeitgenössisches Gemälde

Europa im Zeitalter der Revolutionen

Die Schrifttafeln lauten:
Clergé;
Parlement;
Noblesse;
Constituante;
Legislature;
Convention;
Peuple

M 5 Karikatur von 1794

M 6 Gedanken eines Henkers

Die Familie Sanson stellte seit dem 17. Jahrhundert die Henker von Paris. In der Familiengeschichte, die ein Nachkomme verfasste, sind die Aufzeichnungen von Charles-Henri Sanson enthalten. Dieser war in der Zeit der Französischen Revolution als Henker tätig:

29. Prairial [17. Juni 1794]. Ein schrecklicher Tag! Die Guillotine hat vierundfünfzig vernichtet! Ich bin mit meinen Kräften am Ende und wäre beinahe ohnmächtig geworden. Man zeigte mir eine
5 Karikatur, die in der Stadt kursiert und auf der ich dargestellt bin, wie ich mich inmitten einer Ebene, die, soweit das Auge reicht, mit Leichen ohne Köpfe und mit Köpfen ohne Körper bedeckt ist, selbst guillotiniere. Wenn nur mein Hals nötig wäre, um
10 die Guillotine zu beseitigen, ich bin bereit, und der Zeichner soll nicht gelogen haben. Ich rühme mich nicht einer Sensibilität, die ich nicht besitzen kann; ich sah zu oft und aus zu großer Nähe die Leiden und den Tod meiner Mitmenschen mit an, als dass ich leicht zu beeindrucken wäre. 15 Wenn mein Gefühl aber nicht Mitleid ist, dann muss es das Ergebnis einer Nervenkrankheit sein; vielleicht straft mich die Hand Gottes für meinen feigen Gehorsam gegen 20 etwas, was so wenig der Gerechtigkeit ähnelt, der zu dienen ich geboren war?

Die französische Revolution. Ein Lesebuch mit zeitgenössischen Berichten und Dokumenten, ausgew., übers. u. komm. v. Chris E. Paschold und Albert Gier, Stuttgart 1989, S. 356.

M 7 Eine Rede Robespierres

Robespierre hielt am 5.2.1794 im Konvent die folgende Rede:

Was ist also das grundlegende Prinzip der demokratischen Regierung oder der Volksregierung, das heißt, was ist die wichtigste Kraft, die sie unterstützen und antreiben soll? Es 5 ist die Tugend! Und ich meine damit die öffentliche Tugend, die in Griechenland und Rom so viele Wunder vollbracht hat und die noch weit Erstaunlicheres im republikanischen 10 Frankreich vollbringen soll. Ich meine jene Tugend, die nichts anderes ist, als die Liebe zum Vaterland und zu seinen Gesetzen. [...]
Von außen werden wir von allen Tyrannen umzingelt; 15 im Innern konspirieren [sich verschwören] alle Freunde der Tyrannen gegen uns: sie werden solange konspirieren, bis dem Verbrechen jede Hoffnung genommen ist. Man muss die inneren und äußeren Feinde der Republik beseitigen oder 20 mit ihr untergehen. Deshalb sei in der gegenwärtigen Lage der erste Grundsatz eurer Politik, das Volk durch Vernunft und die Volksfeinde durch Terror zu lenken.
Wenn in friedlichen Zeiten der Kraftquell der 25 Volksregierung die Tugend ist, so sind es in Zeiten der Revolution Tugend und Terror zusammen. Ohne die Tugend ist der Terror verhängnisvoll, ohne den Terror ist die Tugend machtlos. Der Terror ist nichts anderes als die unmittelbare, strenge 30 und unbeugsame Gerechtigkeit; er ist also eine Emanation [hier: Ergebnis] der Tugend.

Maximilien Robespierre, Ausgewählte Texte, Hamburg 1971, S. 587 f., S. 594 f.

M 8 Die Beurteilung der Schreckensherrschaft

a) Der deutsche Schriftsteller Adolph von Knigge (1752–1796) beurteilte die Entwicklungen in Frankreich in einer Schrift aus dem Jahr 1794 folgendermaßen:

Alle Gewalttätigkeiten aber, die vorgegangen sind, alle Ermordungen, alle Plünderungen, Mordbrennereien, Ausschweifungen und überhaupt alle gesetzlosen Handlungen sind, in Vergleichung
5 mit den Unordnungen und Greueln, womit von jeher ähnliche, ja! viel geringere Vorfälle bezeichnet gewesen, für nichts zu rechnen. Die Revolution ist eine große, beispiellose und, sie falle aus, wie sie wolle, sie sei rechtmäßig oder widerrechtlich
10 unternommen worden, der ganzen Menschheit wichtige Begebenheit. Ein Krieg, den irgendein ehrgeiziger Despot zur Befriedigung seiner kleinen Leidenschaften führt, [...] kostet tausendmal mehr Blut und unschuldiges Blut, und zu welchem
15 Zwecke? Ob Gibraltar den Engländern oder den Spaniern gehört, das ist gewiss für die Welt und vielleicht für das wahre Glück der beiden streitenden Nationen selbst ein ziemlich unbedeutender Umstand; und dennoch hat der Kampf um diesen
20 Felsen [im Spanischen Erbfolgekrieg, der 1713 beendet wurde] in einigen Stunden mehr Menschen, die gar nicht dabei interessiert waren, das Leben geraubt als ein jahrelanger Kampf um Freiheit und Gesetze in Frankreich.

<small>Adolph Freiherr Knigge, Josephs von Wurmbrand politisches Glaubensbekenntnis mit Hinsicht auf die Französische Revolution, hrsg. von G. Steiner, Frankfurt/M. 1968, S. 53 f.</small>

b) Der berühmte deutsche Dichter Friedrich Schiller (1759–1805) nahm in einem Brief aus dem Jahre 1793 zu den Ereignissen in Frankreich Stellung:

Der Versuch des französischen Volkes, sich in seine heiligen Menschenrechte einzusetzen und eine politische Freiheit zu erringen, hat bloß das Unvermögen und die Unwürdigkeit desselben an den Tag gebracht und nicht nur dieses unglückliche 5 Volk, sondern mit ihm auch einen beträchtlichen Teil Europas, und ein ganzes Jahrhundert, in Barbarei und Knechtschaft zurückgeschleudert. Der Moment war der günstigste, aber er traf eine verderbte Generation, die ihn nicht wert war und 10 weder zu würdigen noch zu benutzen wusste. Der Gebrauch, den sie von diesem großen Geschenk des Zufalls macht und gemacht hat, beweist unwidersprechlich, dass [...] das liberale Regiment der Vernunft da noch zu frühe kommt, wo man kaum 15 damit fertig wird, sich der brutalen Gewalt der Tierheit zu erwehren [...]. In den niederen Klassen sehen wir nichts als rohe gesetzlose Triebe, die sich nach aufgehobenem Band der bürgerlichen Ordnung entfesseln und mit unlenksamer Wut ihrer 20 tierischen Befriedigung zueilen. [...] Es waren also nicht freie Menschen, die der Staat unterdrückt hatte, nein, es waren bloß wilde Tiere, die er an heilsame Ketten legte.

<small>Brief Friedrich Schillers an den Herzog Friedrich Christian von Augustenburg, in: Briefe deutscher Klassiker, Leipzig 1946, S. 281 f.</small>

Aufgaben

1. Erläutere die Bedeutung des Begriffs „Schreckensherrschaft" im Zusammenhang mit der Französischen Revolution.
   → Text
2. a) Weshalb wurde in Frankreich eine Kalenderreform durchgeführt und die Jahreszählung neu begonnen?
   b) Erläutere den Sinn der Monatsnamen im Revolutionskalender.
   c) Versuche, deinen Geburtstag „umzurechnen".
   → M3
3. Vergleiche die Karikatur mit dem Tagebuch des Henkers und erläutere die Zusammenhänge.
   → M5, M6
4. Wie begründete Robespierre die Notwendigkeit des Terrors?
   → M7
5. Fasse die Bewertungen der Schreckensherrschaft – der „Terreur" – kurz zusammen.
   → M8

Europa im Zeitalter der Revolutionen

Die Revolution scheint beendet und breitet sich aus

Die Herrschaft des Direktoriums

Mit dem Ende der Schreckensherrschaft endete der Schrecken keineswegs. Zwar stellte man die Verfolgung und Hinrichtung vermeintlicher Feinde der Revolution ein, doch kam es nun zur grausamen Rache an den Jakobinern. Der Bürgerkrieg währte noch bis Ende 1795, erst dann kehrte allmählich Ruhe ein.

Im September 1795 erhielt Frankreich eine neue Verfassung, die wieder Gewaltenteilung vorsah. Sie machte das Wahlrecht der Bürger erneut vom Einkommen abhängig und beschränkte den Einfluss ärmerer Bevölkerungsschichten. Somit profitierten vor allem reiche Bürger vom Sturz des Terrorregimes. An der Spitze des Staats stand ein fünfköpfiges Direktorium, Girondisten und Monarchisten kehrten in die Politik zurück. Das gesellschaftliche Leben blühte wieder auf, Theater und Restaurants boten jede Art von Abwechslung. So wurde nach dem Zusammenbruch der radikalen revolutionären Phase wieder das Bürgertum zur bestimmenden politischen Kraft.

Die Ausbreitung der Revolution in Europa

Seit 1789 gab es in den Ländern Europas Anhänger der Französischen Revolution. Allerdings kam es in keinem anderen Land zu einer ähnlichen Entwicklung. Dies änderte sich nach 1792, als Krieg zwischen Frankreich und den anderen europäischen Mächten ausbrach.

M 1

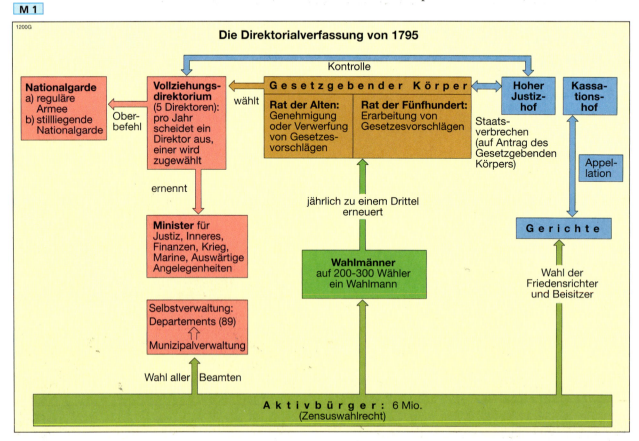

Die Direktorialverfassung von 1795

Diese hatten sich zu einer Koalition, zu einem Bündnis, zusammengeschlossen und waren zunächst erfolgreich. Spätestens seit 1794 gelangen jedoch der französischen Armee glänzende Erfolge. Deshalb war die Regierungszeit des Direktoriums 1795 bis 1799 vor allem von kriegerischen Ereignissen geprägt. Die eroberten Länder wurden in Republiken umgewandelt, die Schweiz zum Beispiel in die Helvetische Republik. So konnten nun auch außerhalb Frankreichs die Ziele der Französischen Revolution verwirklicht werden.

Eine revolutionäre Armee
Die militärischen Siege lassen sich darauf zurückführen, dass in Frankreich zu dieser Zeit ein modernes Militärwesen entstand. Das einstige Heer des Königs wurde zum „Volksheer". 1793, als die Revolution von außen bedroht war, wurde die „levée en masse" eingeführt. Das heißt: Für alle Männer zwischen 18 und 25 Jahren galt die allgemeine Wehrpflicht. Auf diese Weise verfügte Frankreich über eine große Zahl von Soldaten, die an die Ziele der Revolution glaubten und mit Überzeugung und Begeisterung für Frankreich kämpften.

Dies ermöglichte auch eine aggressive neue Taktik, da die französischen Soldaten bereit waren, für das Vaterland Gefahren auf sich zu nehmen. Außerdem kamen die Befehlshaber nicht mehr nur aus dem Adel. Auch ehrgeizige Soldaten aus dem Bürgertum, die sich in Schlachten bewährt hatten, konnten zu Offizieren und Generälen aufsteigen. Der berühmteste von ihnen war Napoleon Bonaparte.

M 2 Kanonade von Valmy, 1792
Zeitgenössisches Gemälde

Europa im Zeitalter der Revolutionen

M 3 Ein politisches Manifest

Der Herzog von Braunschweig, Führer der gegen Frankreich aufgebotenen Armeen, erließ am 25.7.1792 folgenden Aufruf. An der Abfassung waren französische Emigranten beteiligt. Der Text wurde am 28.7.1792 in Paris bekannt:

Nachdem diejenigen, die die Zügel der Macht [in Frankreich] an sich gerissen haben, den deutschen Fürsten ihre Rechte und Besitzungen im Elsass und in Lothringen willkürlich entrissen, im Inneren die Ordnung gestört, die rechtmäßige Regierung gestürzt und gegen die geheiligte Person des Königs und seine erlauchte Familie Anschläge und Gewalttätigkeiten verübt haben, die sich noch täglich fortsetzen und wiederholen, haben sie schließlich das Maß vollgemacht, indem sie Seiner Majestät dem Kaiser einen ungerechten Krieg erklärt haben; einige Besitzungen des Deutschen Reiches sind in diese Übergriffe einbezogen worden [...].

Seine Majestät der König von Preußen, der Seiner kaiserlichen Majestät durch ein enges Verteidigungsbündnis alliiert und selbst ein mächtiges Mitglied des deutschen Reichsverbands ist, konnte daher nicht davon absehen, seinem Verbündeten und den übrigen Staaten zu Hilfe zu kommen; aus diesem doppelten Grund übernimmt er die Verteidigung des Kaisers und Deutschlands.

Mit diesen bedeutsamen Interessen verbindet sich noch ein gleich wichtiges Ziel, das den beiden Monarchen am Herzen liegt: der Anarchie im Innern Frankreichs ein Ende zu machen, den Angriffen auf Thron und Altar entgegenzutreten, die rechtmäßige Macht wieder einzusetzen, dem König seine Freiheit und Sicherheit wiederzugeben, deren er beraubt ist, und ihn in den Stand zu setzen, die gesetzmäßig ihm zukommende Autorität auszuüben.

Die Französische Revolution, Stuttgart 2000, S. 215 f.

M 4 Die Kanonade von Valmy

a) Der deutsche Dichter Johann Wolfgang Goethe erinnert sich an seine Kriegserlebnisse während des Feldzuges. Am 20.9.1792 kam es zur so genannten Kanonade von Valmy, der Entscheidungsschlacht des Krieges, die die Franzosen gewannen:

So war der Tag hingegangen; unbeweglich standen die Franzosen, Kellermann hatte auch einen bequemen Platz genommen; unsere Leute zog man aus dem Feuer zurück, und es war eben, als wenn nichts gewesen wäre. Die große Bestürzung verbreitete sich über die Armee. Noch am Morgen hatte man nicht anders gedacht, als die sämtlichen Franzosen anzuspießen und aufzuspeisen, ja mich selbst hatte das unbedingte Vertrauen auf ein solches Heer, auf den Herzog von Braunschweig zur Teilnahme an dieser gefährlichen Expedition gelockt; nun aber ging jeder vor sich hin, man sah sich nicht an, oder wenn es geschah, so war es um zu fluchen, oder zu verwünschen. Wir hatten, eben als es Nacht werden wollte, zufällig einen Kreis geschlossen, in dessen Mitte nicht einmal wie gewöhnlich ein Feuer konnte angezündet werden, die meisten schwiegen, einige sprachen, und es fehlte doch eigentlich einem jeden Besinnung und Urteil. Endlich rief man mich auf, was ich dazu denke, denn ich hatte die Schar gewöhnlich mit kurzen Sprüchen erheitert und erquickt; diesmal sagte ich:

„Von hier und heute geht eine neue Epoche der Weltgeschichte aus, und ihr könnt sagen, ihr seid dabei gewesen."

Goethes Werke, Band 10, Hamburg 1959, S. 234 f.

b) Ein preußischer Offizier zog die Schlussfolgerung aus den Enttäuschungen, die die Verbündeten erfuhren. Auszug aus einem Brief, der bei einem Toten 1792 gefunden wurde:

Die französischen Emigranten haben unseren guten König und alle Ausländer auf infame Weise getäuscht. Sie hatten versichert, die Gegenrevolution würde stattfinden, sobald wir uns zeigten; sie hatten gesagt, die Linientruppen seien ein Haufen hergelaufenes Gesindel und die Nationalgarden liefen beim ersten Schuss davon. Nichts davon ist wahr. Die Emigranten haben uns nichts geliefert, und die französischen Truppen ähneln keineswegs dem Bild, das man uns von ihnen entworfen hatte. Wir haben schöne Menschen gefunden und vollendet gut berittene Kavallerie. Ihre Disziplin ist ebenso gut wir die unserer Truppen; wir haben sie Manöver ausführen sehen, die unsere Generäle nur bewundern konnten. Ihre Artillerie wird sehr gut bedient; das haben wir am 20. September [dem Tag, an der die so genannte Kanonade von Valmy stattfand] erfahren, denn sie hat viele tapfere Leute von uns getötet.

Zit. nach: Die Französische Revolution in Augenzeugenberichten, hrsg. von Georges Pernoud und Sabine Flaissier, a.a.O.

M 5 Verteidigung der Verfassung
Die Bildunterschrift lautet: Das Heilige Bataillon der 500 000 Republikaner verteidigt unsere Verfassung gegen die Sklaven der vereinigten Tyrannen (zeitgenössischer Stich).

Aufgaben

1. Erkläre den Begriff „Koalitionskrieg".
   → Text
2. Vergleiche die Verfassung von 1795 mit der von 1791. Nenne die wichtigsten Unterschiede.
   → M1 und S. 20, M1
3. a) Fasse den Inhalt des Aufrufes des Herzogs von Braunschweig zusammen.
   b) Der Aufruf stieß in Frankreich auf Empörung. Suche Erklärungen dafür.
   → M3
4. Erläutere die Bemerkung Goethes, „Von hier und heute geht eine neue Epoche der Weltgeschichte aus...".
   → M4
5. a) Fasse zusammen, wie Goethe die Ereignisse in Valmy beurteilt.
   b) Wie nahm der preußische Offizier die Schlacht in Valmy wahr?
   c) Erläutere, worin sich die beiden Einschätzungen unterscheiden.
   → M4
6. a) Vergleiche die Bilder über die französische Armee.
   b) Beurteile die Aussagekraft der beiden Quellen.
   → M2, M5

Europa im Zeitalter der Revolutionen

M 1 Nationalfeiertag in Paris
Militärparade zum 14. Juli 2003

Die Bedeutung der Französischen Revolution

Worin liegt die historische Bedeutung der Revolution?

Politisch gesehen trat an die Stelle der absoluten Monarchie zunächst eine konstitutionelle. Dann wurde die Monarchie ganz abgeschafft und es entstand eine Republik. Heute sind Frankreich und viele andere europäische Staaten Republiken. Aber auch dort, wo es in Europa noch Monarchien gibt, treffen Parlamente die Entscheidungen.

Die Nationalversammlung und die französische Verfassung von 1791 galten lange Zeit als Vorbild. Besonders die Erklärung der Menschen- und Bürgerrechte und die in der Verfassung verankerte Volkssouveränität hatten nachhaltige Auswirkungen.

Politische Aspekte

Die Entwicklung in Frankreich seit 1789 hat nicht nur die Zeitgenossen auf das Heftigste bewegt. Auch in der Folgezeit ging der Streit um die Französische Revolution weiter und führte dazu, dass sich politische Strömungen und später Parteien bildeten, die für das 19. und 20. Jahrhundert bestimmend blieben:

- Die Konservativen waren Gegner der Revolution und überzeugte Anhänger einer starken Monarchie.
- Die Liberalen bekannten sich zu den Zielen der Anfangsphase. Für sie war eine konstitutionelle Monarchie, wie sie die Verfassung von 1791 vorsah, das Ideal.
- Die Sozialisten wollten nicht nur die politische Freiheit, sondern auch die soziale Gleichheit erreichen. Für sie war die Französische Revolution unvollendet geblieben.

Soziale, wirtschaftliche und kulturelle Aspekte

Sozial betrachtet bedeutete die Französische Revolution das Ende der Ständegesellschaft. Durch Geburt erworbene Vorrechte wurden immer unwichtiger, Leistung und Reichtum gewannen eine immer größere Bedeutung. Damit löste sich eine Gesellschaftsordnung auf, die seit Beginn des Mittelalters, also seit einem Jahrtausend bestimmend war.

Damit veränderte sich auch das Wirtschaftsleben. Die Bauern wurden aus ihrer Abhängigkeit von den Grundherren befreit und konnten selbstständig wirtschaften. Das galt auch für ehrgeizige Bürger, die leichter Handel treiben und Betriebe aufbauen konnten. Das war eine wichtige Voraussetzung für die Industrialisierung.

Schließlich gab es auch umfassende kulturelle Veränderungen: Neue Kleidersitten, neue Formen von Festen und Feiern sowie die gestiegene Bedeutung von Symbolen und nationalen Liedern sind Beispiele dafür. Die Begriffe „Vaterland" und „Nation" gewannen an Bedeutung. Frankreich erlebte eine politische, soziale, wirtschaftliche und kulturelle Umwälzung von bis dahin nicht gekanntem Ausmaß.

Diese Umwälzungen blieben nicht auf Frankreich beschränkt, sondern erfassten viele Länder Europas – und darüber hinaus! Allerdings vollzogen sich die Veränderungen nicht auf einen Schlag und es kam im 19. Jahrhundert zu ganz unterschiedlichen Entwicklungen.

So ist die Französische Revolution ein entscheidender Schritt auf dem Weg zur modernen Welt, wie wir sie heute kennen.

M 2 Die Beurteilung der Revolution

a) Der englische Politiker Thomas Paine (1737–1809) hatte sich für die amerikanische Unabhängigkeit eingesetzt und äußerte sich in einer Schrift zur Französischen Revolution:

Eine der ersten Taten der Französischen Revolution war es, dass sie eine Erklärung der Menschenrechte veröffentlichte, auf deren Grundlage die neue Verfassung errichtet werden sollte […].
In der Präambel, die der Erklärung der Rechte vorangestellt ist, erscheint die Nation feierlich und eindrucksvoll, und sie bekennt sich unter der Schirmherrschaft Gottes zu ihrem Auftrag, eine Regierung zu schaffen. Das ist ein derart neues und in der europäischen Welt völlig beispielloses Ereignis, dass das Wort „Revolution" seinem Charakter nicht angemessen ist; es handelt sich vielmehr um eine „Wiedergeburt des Menschen".

Thomas Paine, Rights of Man, 1. Teil, Februar 1791, in: Common Sense and Other Political Writings, New York 1953, S. 95 ff.

b) Der französische Politiker Joseph de Maistre (1753–1821) emigrierte 1792 und veröffentlichte seine Schrift „Betrachtungen zur Französischen Revolution" in London:

Was die Französische Revolution kennzeichnet und zu einem einzigartigen Ereignis in der Geschichte macht, ist, dass sie durch und durch böse ist; nicht eine Spur von Gutem mag den Schmerz des Betrachters zu mildern; sie hat den höchsten Grad der Verderbtheit erreicht, sie ist reinster Schmutz. Auf welcher Seite der Geschichte findet man eine derartige Fülle von Lastern verzeichnet, die sich auf dem gleichen Schauplatz austoben? Welch grauenvolle Ansammlung von Gemeinheit und von Grausamkeit! Welch äußerste Sittenlosigkeit!

Joseph de Maistre, Considérations sur la France, Ausgabe von Johannet und Vermale, Paris 1936, S. 56 ff.

c) Der deutsche Schriftsteller Ernst Moritz Arndt (1769–1860) äußerte sich 1806 zur Französischen Revolution:

Ich lasse es mir daher nicht nehmen, dass die ersten Jahre der Revolution wirklich ein höherer und enthusiastischer Geist im Volke war, dass viele entschlossen waren und hofften, es werde und solle eine besondere und glückliche Verfassung aus dem Chaos der Verwirrung und dem Kampf so mancher Ideen hervorgehen. […]
Der Geist des Bösen, der so reichlich in allen Revolutionen ist und aus so wenigen wirklich das Gute und Große kommen lässt, begann nach einigen Jahren zu herrschen und herrschte bis 1795 wütend. Er fuhr in das große Volk und versteckte sich hinter einer Masse von Millionen. Nachdem Thron, Adel und Priestertum und der Bau der ersten losen Verfassung mit allem Alten gestürzt und vernichtet war, da machte die Revolution den Pöbel zum Herrn, jenes Ungeheuer, […] das zuweilen mit hunderttausend Armen alles umwirft, zuweilen mit hunderttausend Füßen nur kriecht. Es ist unmöglich, aus jener abscheulichen Zeit Licht und Klarheit zu finden und Schuld und Unschuld auseinander zu flechten und zu enträtseln. Solche Epoche klärt keine Geschichte auf. Wahn und Absicht, Schwärmerei und Bosheit, Zufall und Plan, Heroismus und Niederträchtigkeit liegen einander oft so nahe, dass nur ein Gott das Urteil sprechen möchte.

Ernst Moritz Arndt, Geist der Zeit, 1. Band, Berlin 1806, S. 172 ff.

Aufgaben

1. Stelle die wichtigsten Folgen der Französischen Revolution zusammen.
   → Text
2. a) Nenne die drei politischen Strömungen, die für das 19. Jahrhundert wichtig wurden, und erläutere ihre Einstellung gegenüber der Französischen Revolution.
   b) Informiere dich, welche deutschen Parteien als konservativ, liberal und sozialistisch gelten.
   → Text, Lexikon, Internet
3. a) Fasse die Urteile der drei Autoren in kurzer Form zusammen.
   b) Welche Unterschiede und welche Gemeinsamkeiten gibt es bei den Bewertungen?
   c) Ordne die Autoren den im Text genannten politischen Strömungen zu.
   d) Formuliere ein eigenes Urteil über die Bedeutung der Französischen Revolution.
   → M2

Europa im Zeitalter der Revolutionen

Napoleon – vom Landadligen zum Kaiser

Ein grandioser Aufstieg

1804 krönte sich Napoleon Bonaparte zum Kaiser der Franzosen und begründete damit das **Kaisertum Napoleons.** Er stammte aus einer verarmten korsischen Adelsfamilie und hatte keine Verbindung zu Europas Königshäusern. Wie war ein solch grandioser Aufstieg möglich? Um diese Frage zu beantworten, muss man den Lebensweg Napoleons und die damalige Situation in Frankreich betrachten. Erst das Zusammenspiel von persönlichem Ehrgeiz und sozialem Aufstieg, den nur die Revolution ermöglichte, kann seine Karriere erklären.

Napoleons Lebensweg

Der 1769 auf Korsika geborene Napoleon erhielt mit 10 Jahren ein Stipendium an der Militärschule von Brienne, wechselte wegen guter Leistungen nach Paris und wurde 1785 Leutnant. Danach verbrachte er einige Jahre auf Korsika und kehrte 1793 ohne feste Anstellung nach Paris zurück. Als begeisterter Anhänger der Revolution erhielt er ein militärisches Kommando und eroberte die Hafenstadt Toulon von den Royalisten zurück. Wegen dieser glänzenden militärischen Leistung beförderte ihn Robespierre 1794 – also mit 25 Jahren – zum General. Napoleon verdankte seinen Aufstieg somit der Revolution.

Da auch das Direktorium fähige Offiziere brauchte, erhielt Napoleon schon 1796 den Oberbefehl über die Italienarmee. Seine mitreißenden Reden, die Ruhm und Reichtum verkündeten, motivierten die Soldaten so sehr, dass die französische Armee die österreichischen Truppen aus Norditalien verdrängen konnte.

Ohne Rücksprache mit dem Direktorium schloss Napoleon 1797 den Frieden von Campoformio und errichtete in Oberitalien Republiken, die Frankreich kontrollierte. Der Sieg in Italien und die ihm treu ergebene Italienarmee bildeten die Grundlage seiner Macht.

Nach Paris zurückgekehrt, forderte er einen Feldzug nach Ägypten, um Englands Handel mit Indien zu stören. Napoleons Armee begleiteten Wissenschaftler, die Ägyptens Kultur erforschen und Errungenschaften der Aufklärung vermitteln sollten. Zwar konnte die Armee Ägypten erobern, doch vernichtete der englische Admiral Lord Nelson die französische Flotte 1798 bei Abukir im Mittelmeer.

Napoleon wird Konsul

Inzwischen geriet das Direktorium in Bedrängnis, da österreichische und russische Truppen Erfolge erzielten. Zudem gelang es nicht, den Aufständen der Royalisten und der Wirtschaftskrise Herr zu werden. Diese äußere und innere Krise führte am 9. November 1799 zum Sturz des Direktoriums, an dem sich Napoleon aktiv beteiligte.

Mit 30 Jahren wurde Napoleon „Erster Konsul" der neuen Regierung, was praktisch die Alleinherrschaft bedeutete. Denn Napoleon hatte das Ernennungsrecht der Minister und Mitkonsuln und ein Vorschlagsrecht bei Gesetzen. Obwohl die Revolution nicht lang zurücklag, zeigte sich ein Großteil der Bevölkerung mit Napoleons Alleinherrschaft einverstanden. Besonders das Besitzbürgertum wünschte eine starke Regierung, die den Schutz des Eigentums garantierte.

M 1 Napoleon als Erster Konsul
Gemälde von Jean-A.-Dominique Ingres, 1804

Eine Politik des Ausgleichs

Napoleon gelang es, durch verschiedene Maßnahmen sowohl Befürworter wie Gegner der Revolution für sich zu gewinnen:
- Der **„Code civil"** (auch: Code Napoleon), ein auf Napoleon zurückgehendes fortschrittliches Gesetzbuch, sicherte revolutionäre Errungenschaften wie Freiheitsrechte des Einzelnen und Rechtsgleichheit.
- Das Verbot von Arbeitervereinigungen, die Wiedereinführung der Sklaverei in den Kolonien, die Einführung von Schutzzöllen sowie günstige Kredite für Betriebe erfüllten Forderungen der wohlhabenden Besitzbürger.
- Ein Konkordat, das heißt ein Vertrag mit dem Papst, führte zum Ausgleich mit der Kirche. Der katholische Glaube wurde zwar als offizielle Staatsreligion anerkannt, aber der Treueid der Geistlichen auf die Verfassung, die Einsetzung der Bischöfe durch Napoleon und die Entlohnung der Geistlichen durch den Staat sicherten die staatliche Kontrolle über die Kirche.
- Geflohene Adlige erhielten das Recht zur Rückkehr.
- Staatliche Arbeitsbeschaffungsmaßnahmen, zum Beispiel der Bau von Straßen, linderten die wirtschaftliche Not vieler Franzosen.

Napoleon wird Kaiser

Schließlich ließ sich Napoleon 1804 zum „Kaiser der Franzosen von Gottes Gnaden und auf Grund der Konstitution der Republik" krönen. Damit kam er den Anhängern einer Republik entgegen. Um seine Macht zu sichern, erhob er verdiente Personen wie Minister, Militärs und Bischöfe in den Adelsstand.

Napoleon nutzte also die Umbruchsituation der Französischen Revolution für seinen persönlichen politischen Aufstieg. Dies gelang ihm nur, weil er militärisch außerordentlich erfolgreich war und durch politische Maßnahmen einen Ausgleich herbeiführen konnte. Als Kaiser wollte Napoleon seine Macht weiter steigern, die Vorrangstellung Frankreichs in Europa ausbauen und die Errungenschaften der Revolution verbreiten.

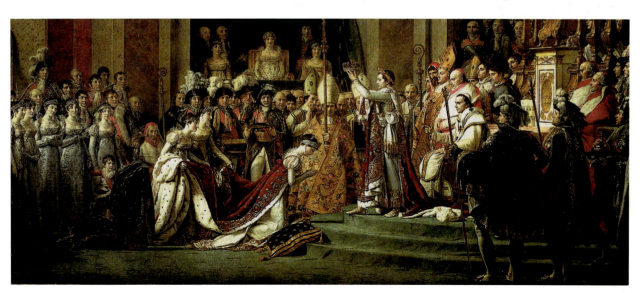

M 2 **Kaiserkrönung Napoleons** in der Kathedrale Notre-Dame zu Paris, 1804

Europa im Zeitalter der Revolutionen

M 3 Caesar
Statue, Rom, Ende des 1. Jahrhunderts v. Chr., Kapitolinisches Museum

M 4 Napoleon
Skizze der zerstörten Statue auf der Vendôme-Säule in Paris

M 5 Napoleons Erfolg

Der Historiker E. Weis schreibt über Napoleon:

Seine militärische Stärke lag in seiner Fähigkeit, mit Armeen von einer in Europa bis dahin unbekannten Größe von zweihunderttausend Mann oder mehr über Entfernungen von vielen hundert
5 Kilometern in kürzester Zeit zu operieren, diese Einheiten in günstige Ausgangspositionen zu manövrieren, um die feindlichen Heere entweder von den Flanken her zu umfassen oder sie im Zentrum auseinanderzubrechen und deren Bestand-
10 teile dann einzeln zu besiegen. [...]
Er hätte diese Erfolge wohl nicht erzielt, wäre er nicht in der Lage gewesen, sich meisterhaft auf die Psyche seiner Soldaten einzustellen und sie zu höchsten Leistungen mitzureißen. Hierzu trug bei,
15 dass er stets unter ihnen war, mit ihnen sprach und auch die Gefahren weitgehend mit ihnen teilte [...]. Bonaparte arbeitete häufig achtzehn Stunden am Tag; man schätzt, dass er in den fünfzehn Jahren seiner Herrschaft ungefähr achtzigtausend Briefe und Befehle diktiert hat. Auch während sei- 20
ner zahlreichen Feldzüge regierte er persönlich und mit Erfolg. Er konnte vier Sekretären gleichzeitig diktieren, ohne auch nur einen Augenblick die Übersicht zu verlieren. Seine vielleicht größte Stärke bestand darin, dass er alle Möglichkeiten, 25
die in einer Situation lagen, blitzschnell analysieren, entsprechende Pläne fassen und sofort detaillierte Befehle mit staunenswerter Sicherheit und Präzision erteilen konnte. [...]
Die Tatsache, dass er seine Schlachtpläne allein 30
entwarf und persönlich durchführte, hatte eine Kehrseite. Seine Truppenführer waren nur als Befehlsempfänger brauchbar; auf sich selbst gestellt, versagten sie, was sich besonders 1813/14 zeigte. 35

E. Weis, Der Durchbruch des Bürgertums, Frankfurt/M. 1992 (Nachdruck der 2. Aufl. 1981), S. 225 f.

M 6 Napoleon als General
Auf der Brücke von Arcole, 1796, Gemälde von Antoine-Jean Gros

M 7 Napoleon als Imperator
Im Krönungsornat, Gemälde von François Gérard, 1810

Aufgaben

1. a) Stelle Gründe für den Aufstieg Napoleons zusammen.
   b) Welche besondere Fähigkeit spricht der Historiker Eberhard Weis Napoleon zu?
   → Text, M5
2. a) Weise nach, dass Napoleon schon lange vor seinem Amt als Erster Konsul darauf bedacht war, eine eigenständige Rolle zu spielen.
   b) Welche Rolle spielt das Volk in der Konsulatsverfassung?
   → Text, M2
3. a) Vor welchem Problem stand Napoleon, als er sich zum Kaiser krönte? Wie versuchte er dieses Problem zu lösen?
   b) Erkläre den Kaisertitel, den sich Napoleon zulegte.
   → Text
4. Untersuche die Stellung der einzelnen Personen auf dem Krönungsbild.
   → M2
5. Wieso ließ sich Napoleon als römischer Imperator darstellen? Erläutere das Bild.
   → Text, M3, M4
6. a) Zeige auf, inwieweit Napoleon den Idealen der Französischen Revolution verbunden war.
   b) Ist Napoleon deiner Meinung nach Vollender oder Zerstörer der Revolution?
   → Text
7. Erläutere, wie sich die bildliche Darstellung Napoleons änderte.
   → M1–M4, M6, M7

Europa im Zeitalter der Revolutionen

Europa verändert sein Gesicht

Napoleon herrscht über Europa

Im Laufe weniger Jahre gelang es Napoleon, durch Feldzüge, Verträge und Bündnisse Frankreich zur führenden Macht des Kontinents zu machen. Viele Staaten Europas wurden von Frankreich abhängig. Allerdings musste Napoleon die französische Herrschaft über dieses gewaltig Gebiet sichern. Dabei wandte er verschiedene Methoden an, war aber nicht immer erfolgreich.

Territoriale Neuordnung: Das Beispiel Deutschland

Im Heiligen Römischen Reich Deutscher Nation, das aus einer Vielzahl von Herrschaften bestand, spielte Österreich die entscheidende Rolle. Nachdem die linksrheinischen Gebiete des Reichs 1801 an Frankreich gefallen waren, wurden im Frieden von Lunéville denjenigen deutschen Fürsten, die Verluste erlitten hatten, rechtsrheinische Länder als Entschädigung versprochen. Eine Kommission des Reichstags, eine so genannte Reichsdeputation, hatte die Vorgaben Napoleons umzusetzen und beschloss 1803 eine grundlegende Neuordnung Deutschlands in seinem Sinne. Die territorialen Veränderungen hatten zur Folge, dass von den über 300 eigenständigen Herrschaften nur noch 40 übrig blieben.

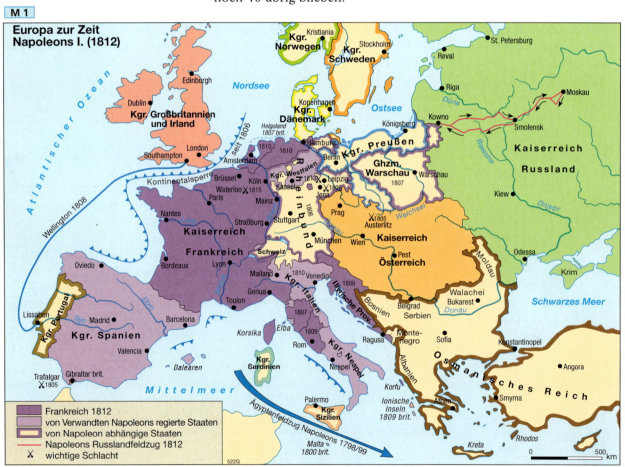

M 1 Europa zur Zeit Napoleons I. (1812)

Baden, Württemberg und Bayern wurden beträchtlich vergrößert, denn sie sollten künftig ein Gegengewicht zu Österreich und Preußen bilden. Dadurch machte Napoleon diese Staaten von sich abhängig, verdankten sie ihm doch ihren Machtzuwachs. Säkularisation und Mediatisierung waren die dabei angewandten Mittel:
- Säkularisation bedeutet die Auflösung geistlicher Herrschaften, in denen etwa ein Bischof oder Abt die politische Macht ausübte, und ihre Eingliederung in weltliche Fürstentümer. Kirchliches Eigentum wurde enteignet und in weltlichen Besitz überführt.
- Mediatisierung bedeutet die Beseitigung kleinerer weltlicher Herrschaften wie zum Beispiel Reichsstädte, Reichsritter oder Grafschaften. Sie kamen unter die Staatshoheit größerer Landesherrschaften.

Das Ende des Heiligen Römischen Reiches
Zur Auflösung des Reichs trugen die Bündnisse Badens, Württembergs und Bayerns mit Frankreich bei, da das Reich damit seine Geschlossenheit verlor. Mit der von Napoleon 1806 vorgenommenen Rangerhöhung Bayerns, Württembergs und Sachsens zu Königreichen gewannen diese Staaten größere Bedeutung. Die Auszeichnung war Napoleons Dank für die Unterstützung gegen Österreich.

1806 sagten sich 16 west- und süddeutsche Staaten vom Reich los und schlossen einen Bündnisvertrag mit Frankreich: den Rheinbund. Das war das Ende des Heiligen Römischen Reichs. Kaiser Franz II. legte daraufhin die deutsche Kaiserkrone nieder, nahm aber den Kaisertitel für Österreich an, um Napoleon ebenbürtig zu sein.

Auch Preußen geriet nach einer vernichtenden Niederlage bei Jena und Auerstedt 1806 unter die Kontrolle Napoleons. Um das Land als künftigen Gegner auszuschalten, musste Preußen alle Gebiete links der Elbe abtreten und eine hohe Kriegsentschädigung zahlen.

Europa im Zeitalter der Revolutionen

M 3 **Jerôme Bonaparte**
König von Westfalen, Gemälde von François Baron Gérard, 1811

Heiratspolitik

Um seine Herrschaft in Europa zu sichern, griff Napoleon auf ein bewährtes Mittel zurück: Er verheiratete Familienangehörige mit Mitgliedern führender Fürstenhäuser. Da er selbst eine Dynastie gründen wollte, trennte er sich von seiner ersten Frau Josephine, mit der er keine Kinder hatte, und heiratete Marie-Luise, eine Tochter des österreichischen Kaisers. Nun stand er mit einem der vornehmsten und mächtigsten europäischen Herrscherhäusern auf gleicher Stufe.

Reformpolitik

Napoleon wollte auch die Bevölkerung in den besetzten Gebieten für sich gewinnen. Deshalb drängte er die Verbündeten zur Einführung des Code Napoleon sowie zu Reformen. Das neu gegründete Königreich Westfalen, über das sein Bruder Jerôme herrschte, sollte als Musterstaat die anderen Länder von den Vorzügen der Französischen Revolution überzeugen. Hier wurde die erste Verfassung auf deutschem Boden erlassen und der Code Civil eingeführt. Allerdings war der Adel bei der Machtausübung unverzichtbar. So blieb die Reformpolitik Napoleons widersprüchlich: einerseits gesellschaftliche Neuerung, andererseits Erhaltung der privilegierten Stellung des Adels.

Wirtschaftskrieg gegen England

England blieb Napoleons großer Widersacher. Da nach der vernichtenden Niederlage in der Seeschlacht von Trafalgar 1805 ein militärisches Vorgehen ausschied, wollte er das Land wirtschaftlich schwächen. Napoleon verbot daher jeden Handel mit England und verhängte eine Wirtschaftsblockade: die Kontinentalsperre.

Die französische Wirtschaft sollte davon profitieren, dass die Verbündeten nun verstärkt französische Waren kaufen mussten. Zugleich schützte Napoleon die heimische Wirtschaft vor der Konkurrenz verbündeter Staaten durch Schutzzölle. Mit dieser Politik wollte der Kaiser die Kriegsbelastung der Franzosen verringern und die Bündnispartner wirtschaftlich abhängig machen. Allerdings gelang es nicht, den lebhaften Schmuggel mit englischen Waren zu unterbinden.

M 4 **Verbrennung geschmuggelter Waren in Frankfurt am Main 1810**
Geschmuggelt wurden neben Erzeugnissen aus englischen Kolonien (Kaffee, Zucker, Tee, Rum, Arrak, Tabak oder Seide) englische Tuche und hochwertige Stahlerzeugnisse wie zum Beispiel Rasiermesser.

M 5 Der Rheinbund

Der bayerische Minister Maximilian Graf von Montgelas (1759–1838) äußerte sich nach Napoleons Sturz folgendermaßen zum Rheinbund:

Nicht zu leugen ist, dass sich Deutschland fortan bei allen Kriegen Frankreichs auf dem Kontinent beteiligt fand, und diese Bestimmung hatte wohl allein unter allen übrigen etwas Missliches an sich;
5 hätte man aber bei der Machtstellung, zu welcher Frankreich emporgestiegen war, sich dieser Verpflichtung entziehen können, und war nicht jederzeit dasselbe als Freund oder als Feind in's Auge zu fassen? War nicht die im letzteren Fall
10 drohende Gefahr durch den Gang der Ereignisse hervorgetreten? Um einen politischen Entschluss unbefangen zu würdigen, muss man sich vor Allem in die Zeitverhältnisse, unter denen er gefasst wurde, zurückzuversetzen wissen. Übri-
15 gens wäre die Frage berechtigt, ob denn zu irgendeiner Zeit Deutschlands geografische Lage und politische Ohnmacht ihm gestatteten, sich diesen verderblichen Einwirkungen zu entziehen. Eher durfte man hoffen, dem Lande die Möglich-
20 keit dazu zu verschaffen, indem man ihm die Gewährschaft und den Schutz des damals so mächtigen Kaiserreiches verschaffte, welches hinreichend vergrößert erschien, um keinem ferneren Wunsch in dieser Beziehung mehr Raum zu
25 geben, und von dem man deshalb voraussetzen durfte, es werde allein bestrebt sein, das Bestehende zu erhalten und die schwächeren Staaten zu beschützen, durch welche es von jenen mächtigeren getrennt war, die etwa noch geneigt sein mochten, sich mit ihm zu messen. Die Missbräuche
30 des zugestandenen Einflusses waren freilich damals noch nicht so fühlbar geworden, wie dies später geschah.

Denkwürdigkeiten des Bayerischen Staatsministers Maximilian Grafen von Montgelas, übers. von M. v. Freyberg-Eisenberg, Stuttgart 1887, S. 142.

M 6 Der Rheinbund
Silbermedaille von 1806

Aufgaben

1. a) Erstelle eine Tabelle, in der du in der linken Spalte die Jahreszahlen und in der rechten Spalte die eroberten Gebiete einträgst.
   b) Erschließe, in welchen Phasen sich die Eroberungen Napoleons vollzogen.
   → Text, M1

2. a) Vergleiche die Situation in Deutschland vor und nach der durch Napoleon verursachten Gebietsveränderungen.
   b) Erkläre die Begriffe Säkularisation und Mediatisierung.
   → Text, M2

3. a) Erkläre den Begriff Rheinbund?
   b) Erkläre, wieso die Errichtung des Rheinbundes das Ende des Heiligen Römischen Reiches bedeutete.
   → Text, M5, M6

4. a) Wie beurteilte Montgelas den Rheinbund?
   b) Warum befinden sich in seinem Text so viele Fragen?
   → M5

5. Erläutere, warum Napoleon gegen England einen Wirtschaftskrieg führte.
   → Text, M4

Europa im Zeitalter der Revolutionen

Das Neue Bayern

Die Wurzeln des heutigen Bayern

Die heutige Ausdehnung und auch die innere Struktur Bayerns gehen zurück auf die napoleonische Zeit. Zwar hat sich seitdem noch vieles geändert, aber grundlegende Entscheidungen, die bis heute nachwirken, wurden Anfang des 19. Jahrhunderts getroffen.

Denn um die Existenz Bayerns zu retten, schloss der damalige Kurfürst Max IV. Joseph ein Bündnis mit Napoleon. Als Dank wurde Bayern 1806 ein selbstständiges Königreich mit deutlich größerem Territorium. Diese neue Situation brachte aber auch große Probleme mit sich, da die neuen Gebiete sich von den bisherigen zum Teil grundlegend unterschieden. In manchen Regionen gab es überwiegend Protestanten, es gab verschiedene Schulsysteme, es wurden andere Maße und Gewichte verwendet, es galten andere Rechtsgrundsätze. Diese Situation erforderte grundlegende Reformen, um ein einheitliches Königreich zu schaffen.

M1 König Max I. Joseph von Bayern
Gemälde von Moritz Kellerhoven

Eine „Revolution von oben"

Allerdings wollten bayerische Beamte, die von der Aufklärung beeinflusst waren, schon viel früher Reformen durchführen, um den Staat durch eine leistungsfähigere Verwaltung zu stärken und die Bevölkerung durch mehr Rechte an den Staat zu binden. So forderte der wichtigste Berater des Königs, Maximilian von **Montgelas,** zum Beispiel die Verbesserung der Verwaltung, Freiheitsrechte, ein Parlament und die Auflösung der Klöster. Doch den Anstoß für die Reformen, für die Montgelas verantwortlich war, gab Napoleon.

Neu im Vergleich zu den Maßnahmen des Reformabsolutismus war, dass nicht mehr die Macht des Fürsten ausgebaut werden sollte, sondern die des Staates, indem unter anderem die Verwaltung gestärkt wurde. Da die Reformen einen Bruch mit der Zeit zuvor darstellten, spricht man von einer „Revolution von oben". Mit ihnen wollte man auch eine „Revolution von unten" verhindern, da die Unzufriedenheit der Bevölkerung damals groß war und die Französische Revolution möglicherweise zur Nachahmung einlud.

Bayern wird ein moderner Staat

Sollte aus der Vielzahl der Gebiete ein Staat entstehen, mussten Verwaltung und Recht vereinheitlicht werden. So wurde der neue Staat nach französischen Vorbild in neue Verwaltungseinheiten, die so genannten Kreise, untergliedert, aus denen die heutigen Regierungsbezirke entstanden.

Ebenfalls nach französischem Vorbild wurden Fachministerien für Justiz, Finanzen oder Äußeres und eine leistungsfähige Verwaltung eingerichtet. Montgelas schuf das vom Staat abhängige moderne Berufsbeamtentum mit lebenslanger Anstellung, staatlicher Besoldung und Fürsorgepflicht auch für die Beamtenfamilien sowie Bestrafung der Beamten bei Vergehen.

Die Schaffung eines einheitlichen Rechts führte dazu, dass Bayern 1813 das damals fortschrittlichste deutsche Strafrecht erhielt, da es die Folter verbot und der Grundsatz „nulla poena sine lege" galt, das heißt

M2 Maximilian Joseph von Montgelas (1759–1838)
Porträt-Stich von C. Hess, 1816

M 3 Die bayerische Königskrone
Sie wurde 1806 in Paris gefertigt, Schatzkammer der Münchener Residenz.

„Keine Strafe ohne rechtliche Grundlage". Außerdem wurde die Rechtsgleichheit eingeführt, sodass adlige Vorrechte wie Steuerfreiheit oder die Besetzung höherer Beamtenstellen wegfielen und die Leibeigenschaft aufgehoben wurde. Der Integration der neuen Landesteile diente auch die rechtliche Gleichheit der Konfessionen.

Gefährdung der Selbstständigkeit

Durch die Erhebung zum Königreich, den Eintritt in den Rheinbund und den Austritt aus dem Heiligen Römischen Reich war Bayern ein eigenständiger Staat geworden. Doch diese Souveränität war durch Napoleon gefährdet, da er den Rheinbund in einen Staat mit gemeinsamer Verfassung umwandeln wollte, um ihn besser beherrschen zu können. Um dies zu verhindern, schuf Montgelas als weiteres Zeichen bayerischer Eigenständigkeit 1808 eine Verfassung, die die bisherigen Reformmaßnahmen zusammenfasste. Bayern wurde so zu einer konstitutionellen Monarchie, das heißt die Herrschaft des Königs war an die Verfassung gebunden.

Allerdings blieb die Unabhängigkeit Bayerns immer gefährdet, da Napoleon einerseits weiter reichende Pläne hatte. Die vielen Feldzüge konnten andererseits schnell zu grundlegenden Veränderungen und wechselnden Bündnissen führen. Gleichwohl überdauerten die territoriale Vergrößerung und die innere Umgestaltung trotz Änderungen im Einzelnen die turbulenten Ereignisse und prägen Bayern bis heute.

M 4

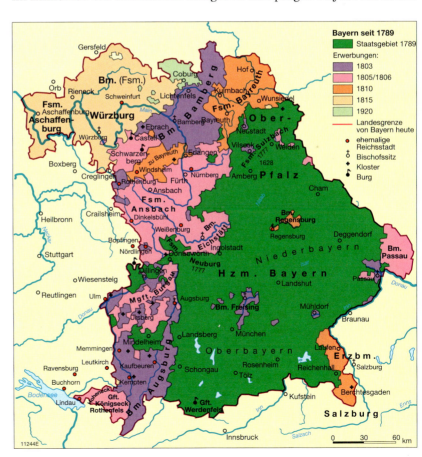

Europa im Zeitalter der Revolutionen

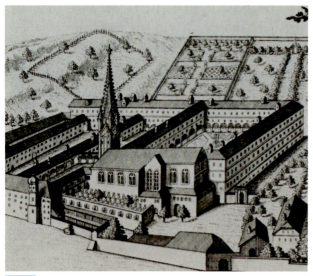 

M 5 Das Kloster St. Nicola in Passau, Kupferstiche, um 1720 und 1835

M 6 St. Nicola in Passau wird säkularisiert

a) Über die wirtschaftliche Bedeutung schreibt der Historiker D. Stutzer:

Der umfangreiche Kellerei- und Weinhandelsbetrieb, den das Stift auf dem Gebiet der Stadt Passau selbst unterhielt, besaß vor allem zusammen mit der Klosterbrauerei als gewerblicher Mittelpunkt erhebliche Bedeutung, und zwar auch als Kreditzentrum. […]
Keine geringere Bedeutung besaß Nikola auch als Beschäftigungszentrum. Im Kloster selbst und in den angegliederten Handwerksbetrieben waren insgesamt 108 Personen tätig, infolge der Stadtnähe meistens Handwerker, Tagelöhner […] mit eigenem Hausstand und eigenen Familien.
Die etwa 40 Handwerker […] erreichten mit Einkommen zwischen 280 und 430 Gulden im Jahr erheblich höhere Bezüge als ihre selbstständigen Kollegen auf bayerischem Gebiet. […]
Das alles hatte dazu geführt, dass Nikola selbst drei Elementarschulen und eine weiterführende Schule […] unterhielt. Hinzu kam das schon erwähnte Altersheim und die Versorgung mit ärztlichen und pharmazeutischen Leistungen. Besonderer Berühmtheit aber erfreute sich die Bibliothek von St. Nikola, von der der Aufhebungskommissar besonders die einfache und leicht verständliche Ordnung hervorhebt, […] um die Bibliothek auch dem Volke zugänglich zu machen.

D. Stutzer, Der Säkularisation 1803, Rosenheim 1978 (2. Aufl.) S. 245 ff.

b) Über die kulturelle Bedeutung schreibt Anton Landersdorfer:

Ein besonderes Augenmerk war […] auf die Bibliothek, die Gemälde und das Naturalienkabinett zu richten. Weil zu ihrer Begutachtung jeweils eigene Sachverständige abgeordnet wurden, traf Ende Mai 1803 der bedeutende Physiker, Geologe und Mineraloge Mathias Bartholomäus ein. […] Dabei zeigte er sich von […] „Vögel-, Amphibien-, Insekten und dahin gehörigen Tiersammlung" derart begeistert, dass er sie komplett zur kurfürstlichen Akademie der Wissenschaften in München verfrachten ließ. […].
Um eine Auswahl der im Stift reichlich vorhandenen Gemälde zu treffen, reiste Mitte Juni 1803 Galerieinspektor Georg von Dillis an; er entschied sich nach sorgfältiger Inspizierung für 117 Kupferstiche und 46 Bilder […] und ließ sie wenig später nach München einsenden. Am 19. Juli desselben Jahres erschien schließlich die […] Bibliothekskommission in St. Nikola. „Rasch, aber mit geübter Sorgfalt und Kennerblick" sahen sie die Bibliothek durch, mit dem Ergebnis, dass die Münchner Hofbibliothek sämtliche Inkunabeln [Druckerzeugnis aus der Frühzeit des Buchdruckes] und Handschriften sowie 1419 Bücher erhielt, die Landshuter Universitätsbibliothek dagegen 826, die Straubinger Provinz- und Gymnasiumsbibliothek 311 […].

Anton Landersdorfer (Hg.), Vor 200 Jahren – Die Säkularisation in Passau, Passau 2003, S. 38.

| 1760 | 1770 | 1780 | 1790 | 1800 | 1810 | 1820 | 1830 | 1840 | 1850 | 1860 |

M 7 Reformen in Bayern

In einem Brief an seinen Freund, den Grafen von Seinsheim, erläutert der spätere Reformminister Montgelas 1792 seine Vorstellungen über die in Bayern notwendigen Reformen:

Unseren höheren Ständen in Bayern wird hier [in Zweibrücken] ein Beispiel gegeben, das ich ihnen dringend rate, nachzuahmen. Gleichmäßigere Vertretung der Bevölkerung, Ausdehnung der
5 wesentlichen Menschenrechte auf alle Klassen der Gesellschaft, gleiche Verpflichtung zur Entrichtung von Steuern ohne alle Unterschiede – dies sind die weisen Opfer, die zu bringen ich nicht aufhöre, sie [die privilegierten Stände Bayerns] zu
10 ermahnen. Sie sind durch die Gerechtigkeit diktiert und durch die Umstände geboten. Der Angehörige der führenden Stände, der als erster den Mut haben wird, sich diesen Grundsätzen zu unterwerfen, wird sich ein unsterbliches Recht auf
15 die Dankbarkeit seines Vaterlandes erwerben.

Einladung ins 18. Jahrhundert. Ein Almanach aus dem Verlag C.H.Beck im 225. Jahr seines Bestehens, München 1988, S. 468 f.

M 8 Konstitution für das Königreich Bayern

In der Präambel der im Jahre 1808 erlassenen Verfassungsurkunde, mit der das Königreich Bayern eine konstitutionelle Monarchie wurde, heißt es:

[…] So haben wir beschlossen, sämtlichen Bestandteilen der Gesetzgebung und Verwaltung Unsers Reichs, mit Rücksicht auf die äußern und innern Verhältnisse desselben, durch organische Gesetze
5 einen vollständigen Zusammenhang zu geben, und hiezu den Grund durch gegenwärtige Konstitutions-Urkunde zu legen, die zur Absicht hat, durch entsprechende Anordnungen und Bestimmungen den gerechten, im allgemeinen Staats-
10 zwecke gegründeten Forderungen des Staats an seine einzelnen Glieder an den Staat, die Gewährleistung ihrer Erfüllung, dem Ganzen feste Haltung und Verbindung, und jedem Teile der Staatsgewalt die ihm angemessene Wirkungskraft nach den Be-
15 dürfnissen des Gesamtwohls zu verschaffen […].

Deutsche Geschichte in Quellen und Darstellung, hrsg. von Walter Demel und Uwe Puschner, Bd. 6, Stuttgart 1995, S. 119 f.

Aufgaben

1. a) Worin unterscheidet sich die geografische Gestalt Bayerns im 19. Jh. von der heutigen?
   b) Welche Gebiete gewann Bayern Anfang des 18. Jahrhunderts hinzu?
   c) Welche Probleme ergaben sich aus den Gebietsveränderungen?
   → Text, M4, Erdkunde-Atlas

2. a) Begründe, warum es sich bei Montgelas um einen aufgeklärten Beamten handelt, bei Max I. Joseph um einen aufgeklärten Monarchen.
   b) Erkläre den Begriff „Revolution von oben".
   → Text

3. a) Stelle die wichtigsten Reformen stichpunktartig zusammen.
   b) Welche Ziele waren mit der Verwaltungsreform verbunden?
   → Text

4. a) Notiere tabellarisch die drei Hauptfunktionen des Klosters St. Nicola mit Beispielen.
   b) Was geschah mit dem Klosterinventar?
   c) Wie wirkte sich die Umwandlung des Klosters in eine Kaserne auf das Aussehen der Gebäude und auf die Umgebung des Klosters aus?
   d) Was bedeutete die Aufhebung des Klosters für die Bevölkerung?
   → M5, M6

5. a) Welche Ziele verfolgte Montgelas?
   b) Stelle einen Bezug zwischen dem Inhalt des Briefes und seiner Entstehungszeit her.
   c) Beurrteile die Verlässlichkeit der Quelle. Achte auf die Art des Textes.
   → M7

6. a) Wie wird der Zweck der Verfassung begründet?
   b) Informiere dich, wann die heute geltende bayerische Verfassung entstand und von wem sie erlassen wurde.
   c) Wer erließ die Verfassung von 1808?
   → M8, Lexikon oder Internet

Vertiefung: Preußische Reformpolitik im Vergleich mit Bayern

Preußen zwischen Niederlage und Widerstand

Eine verheerende Niederlage

Auch in Preußen kam es um 1800 zu umfassenden Reformen. Allerdings war die Ausgangslage eine andere. Preußen hatte sich seit 1795 um Frieden mit Frankreich bemüht und Neutralität gewahrt. Als Napoleon den politischen Druck verstärkte, verlangte Preußen den Abzug aller französischen Truppen rechts des Rheins. Das bedeutete Krieg! Doch die als unbesiegbar geltende preußische Armee, die den Aufstieg zur Großmacht ermöglicht hatte, erlitt 1806 bei Jena und Auerstedt eine vernichtende Niederlage. Im Frieden von Tilsit musste Preußen alle Gebiete links der Elbe abtreten, aus denen Napoleon das Königreich Westfalen bildete.

Teile der preußischen Bevölkerung begrüßten den Einmarsch der Franzosen, da sie hofften, dass Napoleon auch in Preußen Reformen anstoßen würde. Doch regte sich bald Widerstand gegen die Fremdherrschaft: hohe Kriegsentschädigungen, die Folgen der Kontinentalsperre und Zwangsrekrutierungen riefen Unmut hervor.

M 1 **Übergabe Berlins**
Am 27.10.1806 übergeben Abgesandte Berlins Napoleon die Schlüssel der Stadt. Die bronzene Siegesgöttin auf dem Brandenburger Tor ließ Napoleon nach Paris bringen, zeitgenössisches Gemälde.

Das Ziel der Reformen

Preußens Zusammenbruch hatte gezeigt, dass nur radikale Reformen das Überleben des Staats und der Monarchie garantieren konnten. Befreiung von französischer Fremdherrschaft hieß das Ziel.

Die Reformen konzentrierten sich auf die Gesellschaft, die Wirtschaft und das Militär. Sie sollten bewirken, dass sich das Volk für den Staat und die Monarchie einsetzte. Der Einzelne sollte seine Fähigkeiten frei entfalten und Eigentum erwerben können, die so entstehende Konkurrenz zu wirtschaftlichem Aufschwung führen.

Auch war man davon überzeugt, dass ein Bürger, der über Eigentum und Rechte verfügt, die Vorteile eines starken Staats zu schätzen weiß, da nur dieser das Eigentum schützen kann. Deshalb würde er auch bereit sein, für diesen Staat zu kämpfen.

Nicht mehr der Untertan, sondern der Bürger war das Ziel.

M 2 Karl Freiherr vom Stein (1757–1831)

Die Reformmaßnahmen

Die wichtigsten Reformen leiteten zwei fortschrittliche hohe Beamte ein: Bis 1808 wirkte der preußische Staatsmann Karl Freiherr vom Stein, danach Staatskanzler Karl August von Hardenberg:

- Ein Edikt über die Bauernbefreiung hob die Erbuntertänigkeit der Bauern auf und beendete ihre Abhängigkeit vom Gutsherrn. Die Bauern mussten keine Abgaben und Dienste mehr leisten und konnten Beruf und Wohnort frei wählen. Sie hatten jedoch – falls sie Bauern blieben – dem ehemaligen Herrn eine Entschädigung zu zahlen, was viele Bauern für Jahrzehnte in Schulden stürzte.
- Eine Städteordnung verwirklichte den Gedanken der städtischen Selbstverwaltung und förderte das Engagement der Bürger.
- Die Einführung der Gewerbefreiheit erlaubte es den Bürgern, jedes Gewerbe und jeden Beruf auszuüben. Der seit dem Mittelalter bestehende Zunftzwang wurde aufgehoben.
- Eine Heeresreform wurde von General Scharnhorst vorangetrieben. Allgemeine Wehrpflicht, Abschaffung der Prügelstrafe und die Öffnung der Offizierslaufbahn auch für Bürgerliche beseitigten die schlimmsten Übelstände.
- Eine Bildungsreform leitete Wilhelm von Humboldt ein. Sie verbesserte die Lehrerausbildung, verankerte das Abitur als Studienvoraussetzung und förderte die Freiheit von Lehre und Forschung. Ziel war die Entfaltung der Anlagen und Fähigkeiten eines jeden Menschen.

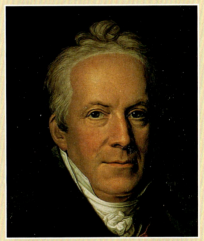

M 3 Karl August von Hardenberg (1750–1822)

Diese Maßnahmen waren mit denen Bayerns durchaus vergleichbar.

Bedeutung der Reformen

Die preußischen Reformen bildeten einen radikalen Einschnitt, denn sie lösten die Ständegesellschaft auf: Nicht mehr die Herkunft war künftig entscheidend, sondern die Leistung. Obwohl sich beim Adel Widerstand regte, blieb dem König angesichts der Notlage des Staates keine andere Wahl. Die Reformen sorgten für eine schnelle Erholung Preußens und bildeten die Grundlage für seinen wirtschaftlichen Aufschwung und seine künftige militärische Stärke. So kam es in verschiedenen Teilen Deutschlands aus unterschiedlichen Gründen zu umfassenden Reformen.

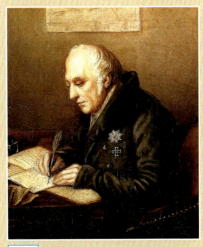

M 4 Wilhelm von Humboldt (1767–1835)

Vertiefung: Preußische Reformpolitik im Vergleich mit Bayern

M 5 Maueranschlag des Berliner Polizeipräsidenten nach der Niederlage der preußischen Armee bei Jena und Auerstedt.

> Der König hat eine Bataille verlohren. Jetzt ist Ruhe die erste Bürgerpflicht. Ich fordere die Einwohner Berlins dazu auf. Der König und seine Brüder leben!
>
> Berlin, den 17. October 1806.
>
> Graf v. d. Schulenburg.

M 6 Reorganisation des preußischen Staates

Reformdenkschrift von Karl August Freiherr von Hardenberg „Über die Reorganisation des Preußischen Staats", verfasst auf Befehl des preußischen Königs Friedrich Wilhelm III. vom 12. September 1807:

Die Französische Revolution, wovon die gegenwärtigen Kriege die Fortsetzung sind, gab den Franzosen unter Blutvergießen und Stürmen einen ganz neuen Schwung. Alle schlafenden
5 Kräfte wurden geweckt, das Elende und Schwache, veraltete Vorurteile und Gebrechen wurden – freilich zugleich mit manchem Guten – zerstört. Die Benachbarten und Überwundenen wurden mit dem Strome fortgerissen. […]
10 Der Wahn, dass man der Revolution am sichersten durch Festhalten am Alten und durch strenge Verfolgung der durch solche geltend gemachten Grundsätze entgegenstreben könne, hat besonders dazu beigetragen, die Revolution zu beför
15 dern und derselben eine stets wachsende Ausdehnung zu geben. Die Gewalt dieser Grundsätze ist so groß, sie sind so allgemein anerkannt und verbreitet, dass der Staat, der sie nicht annimmt, entweder seinem Untergange oder der erzwungenen
20 Annahme derselben entgegensehen muss. […] Also eine Revolution im guten Sinn, hinführend zu dem großen Zwecke der Veredelung der Menschheit, durch Weisheit der Regierung und nicht durch gewaltsame Impulsion von innen oder
25 außen, – das ist unser Ziel, unser leitendes Prinzip. Demokratische Grundsätze in einer monarchischen Regierung: dieses scheint mir die angemessene Form für den gegenwärtigen Zeitgeist. Die reine Demokratie müssen wir noch dem Jahre
30 2440 überlassen, wenn sie anders je für den Menschen gemacht ist. […]

Deutsche Geschichte in Quellen und Darstellung, hrsg. von Walter Demel und Uwe Puschner, Bd. 6, Stuttgart 1995, S. 87 f.

M 7 Bildung für alle

Der Reformer Wilhelm von Humboldt schrieb 1809:

Die Section des öffentlichen Unterrichts [...] berechnet ihren allgemeinen Schulplan auf die ganze Masse der Nation und sucht diejenige Entwicklung der menschlichen Kräfte zu fördern, welche allen Ständen gleich notwendig ist [...].
Es gibt schlechterdings gewisse Kenntnisse, die allgemein sein müssen, und noch mehr eine gewisse Bildung der Gesinnungen und des Charakters, die keinem fehlen darf. Jeder ist offenbar nur dann ein guter Handwerker, Kaufmann, Soldat und Geschäftsmann, wenn er an sich und ohne Hinsicht auf seinen besonderen Beruf ein guter, anständiger, seinem Stande nach aufgeklärter Mensch und Bürger ist.

Wilhelm von Humboldt, Schriften zur Politik und zum Bildungswesen, Bd. 4, Hrsg. v. A. Flitner u. K. Giel, Darmstadt 1969, S. 217 ff.

M 8 Die Einführung des Abiturs in Preußen

„Edict wegen Prüfung der zu den Universitäten übergehenden Schüler" vom 12. Oktober 1812:

Instruktion:
Der Zweck, einem nicht genugsam vorbereiteten Besuch der Universität bei der studierenden Jugend vorzubeugen, hat die Prüfungen der Schüler vor ihrer Entlassung zur Universität herbeigeführt, welche durch das Circulär vom 23. Dezember 1788 angeordnet sind. Die seitdem darüber gesammelten Erfahrungen und die neuerdings erteilte Freiheit, auch ausländische Universitäten besuchen zu dürfen, machen neue und vollständigere Bestimmungen über diese Prüfungen notwendig, welche durch gegenwärtige Instruktion gegeben werden.

§ 1. Wie es schon bei der frühern Verordnung nicht die Absicht war, das Abgehen eines zur Zeit noch unreifen Jünglings auf die Universität unbedingt zu verbieten, wenn dessen Eltern oder Vormünder sich dazu durch irgend einen ihrem Gewissen zu überlassenden Grund bestimmt glaubten, so soll auch fernerhin eine solche freie Wahl unbeschränkt bleiben, nur dass durch zweckmäßige Prüfungen und demnächst auszufertigende Zeugnisse die Beschaffenheit der jedes Mal zur Universität übergehenden Schüler bekannt werde. [...]
§ 3. Aus diesem Grunde wird die Erforderlichkeit eines, auf die gleich näher zu bestimmende Art erhaltenen und abgefassten, Entlassungs-Zeugnisses hiermit für alle von den Gymnasien und gelehrten Schulen des Preußischen Staats zur Universität abgehenden Jünglinge allgemein gemacht, und es werden deshalb die Abiturienten-Prüfungen auch bei allen denjenigen gelehrten Schulen ohne Ausnahme hierdurch angeordnet, bei welchen sie durch das Circulär vom 23. Dezember 1788 noch nicht eingeführt waren. [...]
§ 5. Die Entlassungs-Zeugnisse sind in drei Abstufungen, nach der unbedingten Tüchtigkeit, der bedingten Tüchtigkeit, und der Untüchtigkeit der Individuen, geteilt [...].

Deutsche Geschichte in Quellen und Darstellung, hrsg. von Walter Demel und Uwe Puschner, Bd. 6, Stuttgart 1995, S. 374 ff.

Aufgaben

1. a) Warum waren in Preußen Reformen notwendig?
   b) Vergleiche die Ausgangssituation der Reformen in Bayern und Preußen. → Text
2. Stelle in einer Tabelle die wichtigsten Reformen in Preußen und Bayern gegenüber. Benenne Gemeinsamkeiten und Unterschiede.
   → Text
3. Vergleiche den öffentlichen Aufruf mit der tatsächlichen Situation Preußens 1806.
   → Text, M5
4. a) Welche Ziele verfolgte Hardenberg mit seinen Reformen?
   b) Vergleiche die Zielsetzungen Hardenbergs mit denen von Montgelas.
   c) Wie beurteilten die beiden die Französische Revolution?
   → M6 und S. 51, M7
5. Die Reformen in Preußen und Bayern werden als „eine Revolution von oben" bezeichnet. Wie ist das zu verstehen?
   → Text
6. a) Welches Bildungsziel formulierte Wilhelm von Humboldt?
   b) Erläutere, weshalb sich seine Vorstellungen als „Allgemeinbildung" bezeichnen lassen.
   → M7
7. a) Warum wurde die Abiturprüfung eingeführt?
   b) Worin unterscheidet sich die heutige Abiturprüfung von der damaligen? → M8

Europa im Zeitalter der Revolutionen

Das Ende Napoleons

Guerillakrieg in Spanien

Der heute oft benutzte Begriff „Guerilla", das heißt wörtlich „kleiner Krieg", geht auf die Zeit Napoleons zurück. Als Napoleon 1808 Spanien besetzte, um die Kontinentalsperre gegen England besser überwachen zu können, zwang er den spanischen König zum Rücktritt. Stattdessen setzte er seinen Bruder Joseph Bonaparte auf den Thron. Die Unzufriedenheit der Spanier entlud sich in einem Aufstand, den britische Truppen unter dem Herzog von Wellington unterstützten.

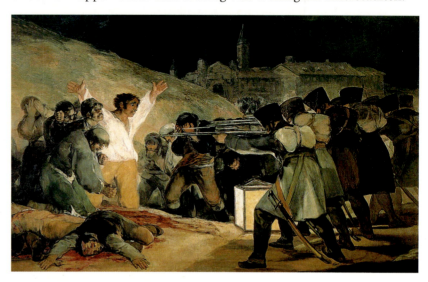

M 1 Das Massaker von Madrid
Am 3. Mai 1808 wurden 800 spanische Freiheitskämpfer von französischen Soldaten erschossen, zeitgenössisches Gemälde von Francisco José de Goya.

Trotz brutaler Unterdrückung gelang es den Aufständischen, Joseph Bonaparte zu vertreiben. Sie formierten sich dabei nicht als große Armee, sondern in kleinen beweglichen Kampfverbänden. So kam es nicht zu Schlachten, sondern zu einem „kleinen Krieg" mit begrenzten Gefechten, dem die Franzosen nichts entgegensetzen konnten.

So wurde das Jahr 1808 zu einem Wendepunkt für Napoleons Herrschaft: Ein spanischer Volksaufstand hatte sich gegen die französische Fremdherrschaft erhoben und der Kaiser erlitt erstmals eine militärische Niederlage. Napoleons Ruf der Unüberwindbarkeit war dahin.

Widerstand in Tirol

Der Versuch Österreichs, Napoleons Niederlage in Spanien auszunutzen, schlug fehl: Alle wichtigen deutschen Staaten gehörten dem Rheinbund an und Preußen litt noch unter seiner Niederlage. Allerdings kam es in Tirol zu einem Volksaufstand.

Tirol gehörte damals zu Bayern, das dieses Gebiet von Napoleon als Dank für seine Unterstützung im Kampf gegen Österreich erhalten hatte. Verschiedene Maßnahmen der bayerischen Regierung provozierten die Einheimischen zum Widerstand. Unter ihrem Anführer Andreas Hofer gelang es den Tirolern, die französischen und bayerischen Truppen mehrfach zu schlagen, doch unterlagen sie schließlich der französischen Übermacht. Andreas Hofer wurde durch Verrat gefangen genommen und 1810 in Mantua erschossen.

Katastrophe in Russland

Der Russlandfeldzug 1812 führte zum endgültigen Scheitern Napoleons. Er griff an, um Russland zum Wirtschaftsboykott gegen England zu zwingen. Denn der Zar erlaubte die Getreideausfuhr nach England, da das französische Exportverbot die russischen Bauern stark belastete. Napoleon bildete die „Große Armee" mit 610 000 Mann aus 20 Nationen – darunter 21 000 Sachsen – und marschierte im Juni 1812 in Russland ein. Nach der Einnahme Moskaus im September musste er jedoch den Rückzug antreten, da die Russen Moskau in Brand steckten, und kein Winterquartier mehr zur Verfügung stand.

M 2 Rückzug der Grande Armée
Zeitgenössisches Gemälde

Auf dem Rückmarsch erlitt Napoleons Armee gewaltige Verluste, denn der harte Winter forderte zahlreiche Opfer und russische Reitertruppen griffen ständig an. Besonders die Überquerung des Flusses Beresina geriet zur Katastrophe. Nur 40 000 Soldaten kehrten zurück.

Die Befreiungskriege

Nach dem Untergang der „Großen Armee" schlossen sich Russland, Österreich, Preußen, England und andere Staaten zu einer antifranzösischen Koalition zusammen. Auch der Rheinbund löste sich rasch auf. Die nun ausbrechenden Befreiungskriege wurden von einer patriotischen Begeisterung getragen, die alle Volksschichten ergriff, und an denen sich auch Freiwilligenverbände beteiligten.

Nach der Niederlage in der Völkerschlacht bei Leipzig 1813, in der über 500 000 Soldaten aus vielen Nationen kämpften, floh Napoleon nach Paris. Dort zwangen ihn einrückende Armeen zur Abdankung und er wurde auf die Insel Elba verbannt.

Napoleons Versuch, 1815 noch einmal zurückzukehren, scheiterte. Die Alliierten besiegten ihn in der Schlacht bei Waterloo. Danach wurde er auf die ferne Insel St. Helena im Atlantik verbannt, wo er 1821 starb. Seit 1840 befindet sich Napoleons Grab im Pariser Invalidendom.

M 3 Napoleon auf St. Helena
Zeitgenössisches Bild von Samuel William Reynolds

Europa im Zeitalter der Revolutionen

M 4 Kürassier im Schneesturm
Gemälde von Albrecht Adam, der selbst am Russlandfeldzug teilnahm.

M 5 Bericht über den Feldzug

Am 2. Dezember 1812 schreibt die junge Philippine von Griesheim in einem Brief:

Einige Zeilen von Werner, auf dem Schlachtfelde von Smolensk auf der Trommel geschrieben, benachrichtigen uns, dass er lebt, aber in der Schulter verwundet ist und nun fürchtet, dass
5 diese Blessur uns mit einigen Vergrößerungen geschildert wird, daher er selbst einige Worte schreibt. [...]
In seinen Briefen spricht sich Missmut aus, er, der sonst immer heldenmütig gegen die Lasten des
10 Lebens streitet, muss hier vielen Kummer zu ertragen haben. Er schreibt, dass sie nicht allein mit der großen Übermacht einer kolossalen Nation, sondern mit Unkenntnis des Landes, mit den Elementen und mit Hunger, Not, Mangel an Kräften und Lebensmitteln zu kämpfen hätten, sich daher selbst 15 ihr Grab bereiten müssten, ohne den raschen Lauf des Schicksals aufhalten zu können. Dennoch sprechen die Moniteurs von Siege auf Siege, die ihnen den Weg nach Moskau gebahnt haben

Und am 16. Dezember: 20

Allerdings sind die Glücksräder des Triumphwagens des Eroberers gebrochen und die Pferde beim Fackelzuge der Russen flüchtig geworden. Die Franzosen sind ohne Schwertschlag in Moskau eingerückt, doch was haben sie erobert? Nichts als 25 – Rauch und Dampf!!! Wie viele Opfer wird dieser Krieg noch fordern!
Ach, wäre doch mein armer Werner erst hier, wie sollte er gepflegt werden.

Zit. nach: Eckart Kleßmann (Hg.), Deutschland unter Napoleon in Augenzeugenberichten, München 1982 (2. Auflage), S. 398.

| 1760 | 1770 | 1780 | **1790** | **1800** | **1810** | 1820 | 1830 | 1840 | 1850 | 1860 |

M 6 Schaurig schön

In einem modernen Reiseführer steht zum Völkerschlachtdenkmal Folgendes:

Bedrohlich und düster thront das kompakte Mahnmal über Leipzigs Südosten. 300 000 Tonnen Stein lasten auf den tragenden Betonpfeilern. Die nachgedunkelte Verblendung aus heimi-
5 schem Granitporphyr mit den Kolossalfiguren gibt dem Denkmal sein martialisches [kriegerisches] Gesicht.
Kein Bauwerk der Stadt polarisiert seine Besucher so wie das Völkerschlachtdenkmal, das 1913, hun-
10 dert Jahre nach dem siegreichen Befreiungskampf gegen Napoleon, eingeweiht wurde. 1813 hatten die verbündeten preußischen, russischen, schwedischen und österreichischen Heere die Franzosen geschlagen. Schon mit der pompösen Einweihung
15 durch den deutschen Kaiser im Beisein anderer europäischer Staatsoberhäupter begann am Vorabend des Ersten Weltkrieges die ideologische Vereinnahmung des mit 91 Metern höchsten Denkmals in Deutschland. Das setzte sich fort in
20 der Zeit der Nationalsozialisten, in den Jahrzehnten der DDR bis in die Gegenwart, wenn Rechtsradikale vor dem Denkmal aufmarschieren.
Wer das Bauwerk unvoreingenommen besucht, kann sich weder innen noch außen seiner Ästhe-
25 tik entziehen. Der 68 Meter hohe Innenraum ist in drei Teile gegliedert: In der Krypta halten übermannshohe, auf Schwerter gestützte Krieger vor riesigen Masken Totenwache für die Gefallenen. Darüber liegen die Ruhmeshalle und die Kuppel-
30 halle. Der Aufstieg zur Aussichtsplattform führt über enge Steintreppen. Oben erwartet den Besucher ein grandioser Blick über Leipzig. Im Wasserbecken vor dem Denkmal, das die Tränen der Völker symbolisiert, findet jährlich im Juni das Internationale Badewannenrennen statt – ein Hap- 35
pening der besonderen Art.

Merian, Heft 4, 2004, Hamburg, S.125.

M 7 Das Völkerschlachtdenkmal
Erbaut 1913 in Leipzig

Aufgaben

1. Stelle zusammen, in welchen Etappen sich das Ende Napoleons vollzog.
   → Text
2. Erläutere, warum der Russlandfeldzug für die Armee Napoleons so folgenschwer war.
   → Text, M2
3. a) Wie ist der Feldzug auf dem Gemälde dargestellt?
   c) Welche Informationen über den Feldzug enthält der Brief der Frau?
   → M4, M5
4. a) Beschreibe das Völkerschlachtdenkmal in Leipzig mit eigenen Worten.
   b) Überlege, warum es 1913 errichtet wurde.
   c) Das Denkmal ist bis heute umstritten. Erkläre – ausgehend vom Text aus dem Reiseführer – die Gründe hierfür.
   d) Wie sollte man deiner Meinung nach heute mit dem Denkmal umgehen?
   → M6, M7
   e) Kennst du ein anderes Denkmal mit ähnlicher Wirkung wie das Völkerschlachtdenkmal?

Methode: Umgang mit darstellenden Texten

M 1 Ein Buch über Napoleon

Der folgende Auszug entstammt einer Biografie über Napoleon, die der Historiker Volker Ullrich im Jahr 2004 veröffentlicht hat. Der Text findet sich im letzten Kapitel, das die Überschrift „Die Legende" trägt:

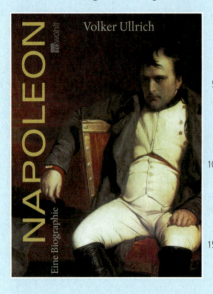

„Welch ein Roman ist doch mein Leben", soll Napoleon kurz vor seinem Tod ausgerufen haben.[253] Der Zwangsaufenthalt auf der Felseninsel gab ihm Gelegenheit, dieses Leben immer wieder in allen Facetten zu erzählen, und seine Gefolgsleute waren begierig, jedes seiner Worte aufzuschnappen, um sie der Nachwelt zu überliefern. Nicht dass die Napoleon-Legende erst auf Sankt Helena entstanden wäre – bereits seit den ersten Triumphen des jungen Feldherrn in Italien hatte die propagandistische Überhöhung seines Wirkens begonnen –, doch am Ort der Verbannung erhielt sie ihre endgültige, vom entmachteten Herrscher selbst fixierte Form. Die letzten Jahre seines Lebens galten der Organisation des Nachruhms.

Im Wesentlichen aus drei Elementen setzte sich das Bild zusammen, das Napoleon von sich selbst entwarf und das über seine Jünger, allen voran Las Cases, seinen „Eckermann", nach seinem Tod popularisiert wurde.[254] Erstens stilisierte sich der Überwinder der Revolution von 1789 zu ihrem Testamentsvollstrecker, der die Bewegung von ihren Kinderkrankheiten gereinigt und damit erst ihren eigentlichen Zwecken zugeführt habe: „Ich habe den Abgrund der Anarchie zugeschüttet, ich habe Ordnung in ein Chaos gebracht. Ich habe die Revolution geläutert, habe die Völker veredelt, die Könige auf ihrem Thron gesichert. Ich habe die guten Bestrebungen gefördert, jedes Verdienst belohnt, die Grenzen des Ruhms erweitert. Das ist doch immerhin etwas!"[255]

Zweitens machte sich der Eroberer, der zuallererst Frankreichs Großmachtinteressen im Auge gehabt hatte, nun zum Anwalt der „Völkerfreiheit". Seine Hegemonialpolitik wurde europäisch verbrämt und umgedeutet in ein zukunftsweisendes Konzept, das angeblich auf eine Konföderation gleichberechtigter Nationalstaaten gezielt habe.

Und drittens wurde Napoleon nicht müde zu betonen, dass der Krieg für ihn niemals Selbstzweck gewesen sei, sondern ein Mittel, dauerhaft Frieden zu stiften. „Ich wollte redlich den allgemeinen Frieden, er sollte ehrenvoll für alle sein und die Ruhe Europas sichern."[256] Der Verwirklichung dieses Wunsches habe sich jedoch die englische Politik in den Weg gestellt; sie habe ihm keine andere Wahl gelassen, als immer wieder zu den Waffen zu greifen.

Das alles war eine ziemlich dreiste Verdrehung der historischen Tatsachen. Die liberalen Freiheiten, die Napoleon abgeschafft, die nationalen Bestrebungen, die er bekämpft hatte – sie wurden nun als eigentliche Zielmarken seiner Politik ausgegeben. Offensichtlich spekulierten Napoleon und die eifrigen Verbreiter seiner Legenden auf die Vergesslichkeit des Publikums. Und tatsächlich setzte seit 1815 ein erstaunlicher Wandel im Urteil über den einstigen Franzosen-Kaiser ein. Seine Popularität nahm von Jahr zu Jahr zu. Daran hatten die Bourbonen selbst einen entscheidenden Anteil. Denn statt eine Politik der nationalen Versöhnung zu betreiben, übten sie kleinliche Rache. So wurde Marschall Ney, der in der Schlacht von Waterloo vergeblich den Tod gesucht hatte, hingerichtet, was in der französischen Bevölkerung heftigen Unmut auslöste. Vor allem unter den Veteranen der napoleonischen Armee, den „grognards", deren Loyalität zuletzt harte Belastungsproben ausgesetzt gewesen war, grassierte eine kultartige Verehrung des „petit caporal". Die Leiden der Feldzüge waren bald vergessen; es blieben die Erinnerungen an die glorreichen Schlachtensiege, die Weltgeschichte geschrieben hatten.

Volker Ullrich: Napoleon, Eine Biographie, Reinbek bei Hamburg 2004, S. 144 f.

Anmerkungen

253 Zit. n. E. Kleßmann: Napoleon [Ein Charakterbild, Weimar 2000], S. 5.

254 Vgl. zum Folgenden J. Willms: Napoleon [Verbannung und Verklärung, München 2000], S. 129–166.

255 Las Cases [Napoleon I. Tagebuch von St. Helena, übertragen und bearbeitet von Oskar Marschall von Bieberstein, 2 Bde.], Bd. 1, S. 146 (1.5.1816) […].

256 Montholon, [General: Geschichte der Gefangenschaft auf St. Helena, ins Deutsche übertragen und mit historischen Anmerkungen begleitet von A. Kühn, Leipzig 1846], S. 108 […].

Umgang mit darstellenden Texten

Den direkten Zugang zur Vergangenheit bieten Quellen, seien sie schriftlicher, bildlicher oder gegenständlicher Art. So greifen Geschichtswissenschaftler, wenn sie etwas erforschen, auf diese Überlieferung zurück. Ihre Ergebnisse präsentieren sie dann in selbstverfassten so genannten darstellenden Texten. Die von ihnen verwendeten Quellen finden sich darin nur in Auszügen. So genannte Anmerkungen – im Text durch hochgestellte Ziffern gekennzeichnet – geben Aufschluss über die Herkunft dieser Zitate.

Wer kein Historiker ist, kann geschichtliches Wissen nur selten aus Quellen selbst erarbeiten, sondern greift zu Darstellungen. Auch das Geschichtsschulbuch ist eine Darstellung, allerdings ergänzt um Quellen und andere Materialien. Aber auch Geschichtswissenschaftler greifen auf die Ergebnisse ihrer Kollegen zurück, denn oft sind die Quellen weit verstreut an verschiedenen Orten, nicht ohne weiteres zugänglich oder sehr umfangreich. So gibt es zu Napoleon unüberschaubar viel Material. Allein die Sammlung seiner privaten Briefe, die zwischen 1854 und 1870 erfolgte, umfasst insgesamt 32 Bände.

Darstellungen können umfangreiche Bücher oder kurze Aufsätze sein; sie richten sich an Experten oder historisch interessierte Leser. Deshalb sind oft Vorkenntnisse nötig und manchmal erschließt sich der Sinn des Textes erst bei genauem Lesen und etwas Nachdenken.

Fragen an darstellende Texte

1. Verständnisprobleme
 a) Lies den Text – eventuell mehrmals – aufmerksam durch.
 b) Was verstehst du nicht? Ziehe zur Erklärung das Minilexikon oder ein anderes Nachschlagwerk heran.

2. Thema der Darstellung
 a) Worum geht es in dem Text?
 b) Begründe, ob die Überschrift deiner Meinung nach passend ist.

3. Gliederung der Darstellung
 a) An welchen Stellen könnten noch zusätzliche Absätze eingefügt werden?
 b) Suche für jeden Abschnitt des Textes eine passende Zwischenüberschrift.
 c) Erstelle eine stickpunktartige Gliederung.

4. Inhalt und Aussage der Darstellung
 a) Aus welchen Elementen setzt sich das Bild zusammen, das Napoleon der Nachwelt vermitteln wollte?
 b) Wie beurteilt der Autor die Selbsteinschätzung Napoleons?
 c) Wie begründet er seine Meinung? Suche passende Textstellen.

5. Sprache der Darstellung
 a) Der Autor verwendet einen sachlichen Stil. Suche Beispiele.
 b) „Der Verwirklichung dieses Wunsches habe sich jedoch die englische Politik in den Weg gestellt" (Zeile 54). Um welche Art von Aussage handelt es sich?
 c) Suche die Stellen, an denen der Autor seine persönliche Meinung äußert. Weicht er hier von seinem sachlichen Stil ab?
 d) Suche im Text Aussagen, die von Napoleon selbst stammen.
 e) Weshalb verwendet der Autor solche Zitate?
 f) Welche Angaben finden sich in den Anmerkungen. Erläutere die Abkürzungen.

Methode: Umgang mit politschen Karikaturen

M1 Napoleons Stufenjahre

M2 Die europäische Barbierstube

Zu dieser Karikatur gibt es einen Brief des Berliner Polizeipräsidenten Lecoq:

„Von einem Stücke, 'Die europäische Barbierstube' bezeichnet, und 3 Figuren in Offiziersuniform vorstellend, brachte ich in Erfahrung, dass man im Publicum die allerhöchsten Personen der verbündeten Monarchen darunter zu verstehen glaube. Diese Vermutung war mir indessen genug, um sogleich die Verfügung zu erlassen, dass alle Exemplare sofort in Beschlag genommen und unverzüglich verbrannt werden."

Aus: G. Langemeyer u. a. (Hg.), Mittel und Motive der Karikatur, München 1984, S. 182

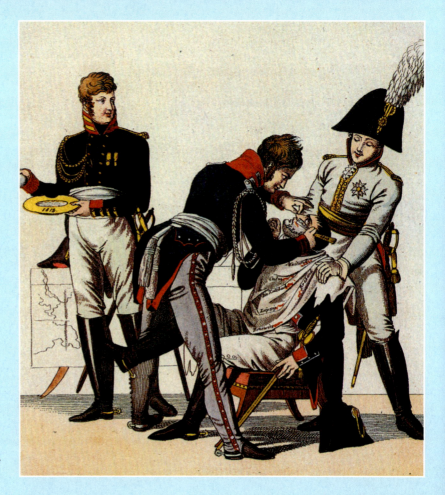

Wir analysieren eine politische Karikatur

Die politische Karikatur stellt Ereignisse oder gesellschaftliche Zustände in bewusst komischer oder satirischer Form dar. Komplizierte Zusammenhänge werden stark reduziert und auf eine Kernaussage zurückgeführt. Das geschieht häufig durch eine Kombination von Bild und Text, wobei die Bildaussage das Wesentliche bleibt.

Personen und Handlung einer Karikatur muss der Betrachter in die Wirklichkeit übertragen. Da sich die Karikatur oft auf aktuelle Ereignisse bezieht, muss man den politischen Hintergrund kennen, um die Zeichnung zu verstehen.

Zu Beginn des 19. Jh. wurde Napoleon ein beliebtes Objekt der Karikaturisten. Da das gefährlich war, veröffentlichen viele Zeichner ihre Karikaturen anonym. So verhält es sich auch mit der links abgebildeten Karikatur „Napoleons Stufenjahre", die 1814 anonym erschien, und Napoleons Aufstieg und Sturz zeigt.

Die 1813 von Johann Michael Voltz gezeichnete Karikatur „Die europäische Barbierstube" zeigt Napoleon, den preußischen König, den Kaiser von Österreich sowie den russischen Zaren.

Fragen an Karikaturen

1. Entstehung der Karikatur
 a) Wann sind die beiden Karikaturen entstanden?
 b) Welche Informationen über die Zeichner sind bekannt?
 c) Welche Reaktion rief die Karikatur „Die europäische Barbierstube" hervor?

2. Inhalt der Karikatur
 a) Welche Situationen werden in der Karikatur „Napoleons Stufenjahre" im Einzelnen dargestellt?
 b) Welche Personen sind in der Karikatur „Die europäische Barbierstube" dargestellt?
 c) Gibt es Ereignisse, die in beiden Karikaturen eine Rolle spielen?

3. Stil der Karikatur
 a) Wie ist die Karikatur „Napoleons Stufenjahre" aufgebaut?
 b) Wie werden die einzelnen Personen in der Karikatur „Die europäische Barbierstube" dargestellt? Wie stehen sie zueinander? Welche anderen Elemente spielen eine wichtige Rolle?
 c) Inwiefern unterscheiden sich die beiden Karikaturen in ihrem Bildaufbau?

4. Deutung der Karikatur
 a) Wie lässt sich der Titel „Napoleons Stufenjahre" erklären? Welche Absicht verfolgte der Zeichner mit seinem Bild?
 b) Wie ist der Titel „Die europäische Barbierstube" zu verstehen? Was beabsichtigte der Karikaturist?
 c) Welche Aussage über Napoleon ist den beiden Karikaturen zu entnehmen? Worin bestehen die Gemeinsamkeiten, worin die Unterschiede?

Europa im Zeitalter der Revolutionen

M1 Fürst von Metternich
(1773–1859)
Zeitgenössisches Gemälde

Neuordnung Europas auf dem Wiener Kongress

Ein internationale Konferenz

Nichts erscheint heute selbstverständlicher als der Frieden in Europa. Das war zu Beginn des 19. Jahrhunderts anders: Erst mit dem Sturz Napoleons bot sich die Chance eines dauerhaften friedlichen Miteinanders. Die europäische Allianz aus England, Russland, Österreich und Preußen ließ Frankreich als Großmacht bestehen. Die Herrscher verloren trotz ihrer eigenen Machtinteressen nie den Gesichtspunkt des europäischen Gleichgewichts aus den Augen. Die Neuordnung Europas nach dem Friedensschluss sollte auf dem Wiener Kongress gestaltet werden, der von September 1814 bis Juni 1815 stattfand.

Grundsätze der Neuordnung …

Die Konferenz erreichte wichtige Ergebnisse. Das lag vor allem an dem österreichischen Staatskanzler Fürst Metternich (1773–1859). Metternich wollte eine „Restauration", das heißt eine weit gehende Wiederherstellung der alten vorrevolutionären Verhältnisse in Europa. Sie waren durch die Französische Revolution in Politik und Gesellschaft in Frage gestellt.

Ein weiterer Grundsatz seiner Politik war die „Legitimität" der Herrschaft. Metternich ging davon aus, dass nur die Herrschaft legitim, also rechtmäßig sei, die sich auf die alten fürstlichen Familien stützte. Er vertrat somit die Idee des Gottesgnadentums.

M2 „Der große Wiener Friedens=Congress zur Wiederherstellung von Freiheit und Recht in Europa"
Satire von Josef Zutz, kolorierte Radierung, um 1815. Folgende Personen sind dargestellt: 1. Kaiser Franz, 2. Kaiser Alexander, 3. König v. Preußen, 4. Wellington für England, 5. König v. Dänemark, 6. König v. Bayern, 7. König v. Württemberg, 8. Kurfürst v. Hessen, 9. Herzog v. Braunschweig, 10. Talleyrand für Frankreich, 11. Mediatisierte Fürsten und Staatsminister.

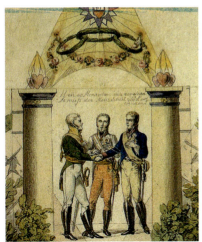

M 3 Heilige Allianz
Symbolische Darstellung der Allianz zwischen Zar Alexander I. (links), Kaiser Franz I. (Mitte) und König Friedrich Wilhelm III. (rechts), zeitgenössisches Bild.

Darüber hinaus waren sich die Kongressteilnehmer einig in ihrem Kampf gegen politische Freiheit oder nationale Einheit. Der Grundsatz der wechselseitigen Verpflichtung gegen die Revolution wird als „Solidarität" bezeichnet.

… und ihre Umsetzung

Die drei Grundsätze „Restauration", „Legitimität" und „Solidarität" wurden aber nicht vollkommen in die Tat umgesetzt. Die Veränderungen, die in Europa seit 1789 stattgefunden hatten, waren zu tief greifend. Dies galt sowohl für die territorialen Gegebenheiten als auch für die Regierungsformen. Nur dort, wo der Fürst über die nötige Macht verfügte, ließ sich eine absolute Regierung wieder aufrichten. Zudem bestand das wichtigste Ziel des Wiener Kongresses darin, ein politisches Gleichgewicht in Europa herzustellen, und das konnte nur mit Staaten erreicht werden, die politisch überlebensfähig waren. Das hatte zur Folge, dass Bayern, Württemberg und Baden ihre territorialen Gewinne weitgehend behalten durften. Preußen gewann Teile Sachsens und große Gebiete am Rhein. Österreich erhielt Gebiete in Norditalien, verzichtete aber auf Besitzungen in Südwestdeutschland. Russland erhielt Teile Polens, die man als Kongresspolen bezeichnete, da der Wiener Kongress dies Gebilde geschaffen hatte.

Um ihrem Kampf gegen die Ideale der Französischen Revolution Ausdruck zu verleihen, schlossen der preußische König, der österreichische Kaiser und der russische Zar die „Heilige Allianz". Sie verpflichteten sich zu gegenseitigem Beistand im Falle revolutionärer Erhebungen. Diesem Bündnis traten nach und nach die meisten europäischen Herrscher bei.

Der Deutsche Bund

Entsprechend den Grundsätzen des Wiener Kongresses entstand kein deutscher Nationalstaat, den sich viele erhofft hatten, sondern nur ein lockerer Zusammenschluss: der **Deutsche Bund.** Dieser Staatenbund von zunächst 34 Fürsten und vier Freien Städten besaß keine zentrale Regierungsgewalt. Sein einziges Organ war der Bundestag in Frankfurt, ein Gesandtenkongress, der die Politik koordinieren sollte. Die einzelnen Staaten waren grundsätzlich gleichberechtigt und blieben souverän, mussten also keine Rechte an eine übergeordnete Instanz abgeben. Preußen und Österreich gehörten überdies nur mit einem Teil ihres Gebietes dem Bund an. Zudem waren auch der König von England für Hannover, der König von Dänemark als Landesherr in Holstein und der König der Niederlande als Regent in Luxemburg Mitglieder im Deutschen Bund.

Mehr als dieses Bündnis war aufgrund der beginnenden Rivalität zwischen Preußen und Österreich und wegen des Widerstands der süddeutschen Staaten nicht möglich. Zudem hätte ein deutscher Nationalstaat in der Mitte Europas das mühsam erreichte Machtgleichgewicht empfindlich gestört.

Trotz aller Kritik an der Neuordnung ist bemerkenswert, dass der Deutsche Bund den Föderalismus, das heißt die Eigenständigkeit der einzelnen deutschen Staaten, festigte und dass Europa in der Folgezeit eine außergewöhnlich lange Friedenszeit erlebte.

Europa im Zeitalter der Revolutionen

M 4

M 5 Der Deutsche Bund

Auszug aus der Gründungsurkunde des Deutschen Bundes vom 8. Juni 1815:

Art. 1. Die souveränen Fürsten und freien Städte Deutschlands mit Einschluss ihrer Majestäten des Kaisers von Österreich und der Könige von Preußen, von Dänemark und der Niederlande […] vereinigen sich zu einem beständigen Bunde, welcher der deutsche Bund heißen soll.

Art. 2. Der Zweck desselben ist Erhaltung der äußeren und inneren Sicherheit Deutschlands und der Unabhängigkeit und Unverletzbarkeit der einzelnen deutschen Staaten.

Art. 3. Alle Bundesglieder haben als solche gleiche Rechte; sie verpflichten sich alle gleichmäßig, die Bundesakte unverbrüchlich zu halten. […]

Art. 11. Alle Mitglieder des Bundes versprechen, sowohl ganz Deutschland als jeden einzelnen Bundesstaat gegen jeden Angriff in Schutz zu nehmen und garantieren sich gegenseitig ihre sämtlichen unter dem Bunde begriffenen Besitzungen.

Bei einmal erklärtem Bundeskrieg darf kein Mitglied einseitige Unterhandlungen mit dem Feinde eingehen, noch einseitig Waffenstillstand oder Frieden schließen. Die Bundesglieder behalten zwar das Recht der Bündnisse aller Art, verpflichten sich jedoch, in keine Verbindungen einzugehen, welche gegen die Sicherheit des Bundes oder einzelner Bundesstaaten gerichtet wären.

Die Bundesglieder machen sich ebenfalls verbindlich, einander unter keinerlei Vorwand zu bekriegen, noch ihre Streitigkeiten mit Gewalt zu verfolgen, sondern sie bei der Bundesversammlung [in Frankfurt] anzubringen.

Zit. nach: W. Lautemann, M. Schlenke (Hg.), Geschichte in Quellen, Das bürgerliche Zeitalter 1815–1914, München 1980, S. 23 ff.

M 6 Bewertung des Deutschen Bundes

a) *Der Deutsche Bund wurde im Laufe der Zeit von Historikern unterschiedlich beurteilt. Heinrich von Treitschke schrieb in seiner 1879 erschienenen und weit verbreiteten „Deutschen Geschichte im Neunzehnten Jahrhundert":*

So entstand die Bundesakte, die unwürdigste Verfassung, welche je einem großen Kulturvolk von eingeborenen Herrschern auferlegt ward, ein Werk, in mancher Hinsicht noch kläglicher als das Gebäude des alten Reichs in den Jahrhunderten des Niedergangs. Ihr fehlte jene Majestät der historischen Größe, die das Reich der Ottonen noch im Verfalle umschwebte. Blank und neu stieg dies politische Gebilde aus der Grube, das Werk einer kurzlebigen, in sich versunkenen Diplomatie, die aller Erinnerungen des eigenen Volkes vergessen hatte; kein Rost der Jahrhunderte verhüllte die dürftige Hässlichkeit der Formen. Von Kaiser und Reich sang und sagte das Volk; bei dem Namen des Deutschen Bundes hat niemals ein deutsches Herz höher geschlagen. […] Die neue Bundesakte wusste gar nichts mehr von einem deutschen Volke; sie kannte nur Bayern, Waldecker, Schwarzburg-Sondershausener Untertanen jener deutschen Fürsten, welche nach Gefallen zu einem völkerrechtlichen Vereine zusammengetreten waren. Die Nation musste den Becher der Demütigung bis zur Hefe leeren; jene württembergische Mahnung: „man werde doch nicht aus verschiedenen Völkerschaften sozusagen eine Nation bilden wollen", hatte vollständig recht behalten. Die Deutschen standen außer jeder Beziehung zu der Bundesgewalt, waren nicht einmal verpflichtet, ihr zu gehorchen […].

Heinrich von Treitschke, Deutsche Geschichte im Neunzehnten Jahrhundert, Erster Teil, Leipzig, 1927, S. 690 f.

b) *Der Bielefelder Historiker Hans-Ulrich Wehler beurteilte 1987 im zweiten Band seiner „Deutschen Gesellschaftsgeschichte", einem Standardwerk der Geschichtswissenschaft, den Deutschen Bund so:*

Die ungeschriebenen Spielregeln des europäischen Staatensystems, die Interessenlagen sowohl der deutschen Einzelstaaten als auch der außerdeutschen Großmächte, nicht zuletzt aber die jahrhundertealten Traditionen einer lockeren, international garantierten Föderation der deutschen Staaten und Herrschaftsverbände bestimmten den Erfahrungshorizont der politisch handelnden Akteure. Insofern setzte sich mit innerer, interessenadäquater [mit den Interessen übereinstimmender] Konsequenz die staatenbündische Lösung durch. In veränderter Form knüpfte der neugegründete Bund an Kooperationsformen des alten Reichs und des Rheinbunds an, obwohl es in die Irre führt, in ihm nur eine Ausweitung und Verlängerung der Rheinbundverfassung in die neue Zeit hinein zu sehen. Der Heterogenität [Ungleichartigkeit] der Bundesmitglieder, zu denen Großmächte und Zwergstaaten, konstitutionelle Monarchien und Stadtrepubliken gehörten, entsprach der Staatenbund als allgemein akzeptable, zweckmäßige Verfassungsform. Sie wurde auch dem Stabilitätsprinzip und Sicherheitsbedürfnis der post[=nach]revolutionären deutschen und europäischen Staatengemeinschaft am ehesten gerecht, da diese Lösung der deutschen Frage – wie seit 1648 – unter die Garantie der umliegenden Staaten gestellt und damit ein potenzieller Krisenherd entschärft wurde.

Hans-Ulrich Wehler, Deutsche Gesellschaftsgeschichte, Bd. 2, München 1987, S. 325.

Aufgaben

1. Wie stellt sich der Wiener Kongress nach außen dar?
   → M1
2. a) Welche Staaten haben von den Entwicklungen in Deutschland in Hinblick auf Gebietserweiterungen gewonnen? Welche haben verloren?
   b) War der Gebietsbesitz für Preußen im Deutschen Bund zufriedenstellend? Begründe deine Meinung mithilfe der Karte.
   → M4
3. Fasse den Inhalt der Gründungsurkunde mit eigenen Worten zusammen. Inwiefern entsprechen die Regelungen den Prinzipien des Wiener Kongresses, inwiefern nicht?
   → M5, Text
4. Vergleiche die beiden Stellungnahmen zum Deutschen Bund. Welche Aspekte bilden jeweils den Schwerpunkt der Argumentation?
   → M6

Liberale und nationale Bewegung in Deutschland

Ein politischer Mord ...

Am 23. März 1819 erstach der Theologiestudent Carl Ludwig Sand den erfolgreichen Schriftsteller August von Kotzebue, bekannt als Gegner der deutschen Einheit, in dessen Mannheimer Wohnung. Er wollte damit einen angeblichen russischen „Spion und Vaterlandsverräter" beseitigen, um den Weg für Deutschlands Einheit und Freiheit zu ebnen. Sand, der für seine Tat hingerichtet wurde, galt als Symbolfigur und Märtyrer der Nationalbewegung, die die politische Einheit Deutschlands forderte. Wie war es dazu gekommen?

M 1 Hinrichtung des Attentäters Carl Ludwig Sand am 20. Mai 1820 in Mannheim. Sand wurde 1795 in Wunsiedel geboren und studierte seit 1814 evangelische Theologie in Tübingen, zeitgenössische Abbildung.

... und die Hintergründe

Aus Enttäuschung über den Deutschen Bund machten vor allem Studenten Front gegen die Restauration und das so genannte System Metternich. Ihre politische Einstellung war durch die Befreiungskriege gegen Napoleon geprägt. Da sie sich als Deutsche fühlten und vom Gedanken des **Nationalismus** erfüllt waren, schlossen sie sich nicht mehr nach regionalen Gesichtspunkten in Landsmannschaften wie Mecklenburger, Hessen oder Franken zusammen, sondern organisierten sich nun als eine nationale deutsche Burschenschaft.

Auch die Erwartungen der Studenten auf Gewährung von Freiheitsrechten wie Presse- oder Versammlungsfreiheit und auf politische Mitbestimmung hatten sich nicht erfüllt. Zwar sah Artikel 13 der Bundesakte für alle Staaten des Deutschen Bundes landständische Verfassungen vor, doch wollten die Fürsten ihre Macht von gewählten Volksvertretern nicht einschränken lassen.

Die Bürger, die Freiheitsrechte und Mitbestimmung forderten, galten als Vertreter des **Liberalismus,** was vom lateinischen Wort „liber" (= frei) abgeleitet ist. Immerhin erließen einige deutsche Fürsten in ihren Ländern Verfassungen, wie zum Beispiel 1816 der Herzog von Sachsen-Weimar, unter dem Johann Wolfgang von Goethe ein Ministeramt bekleidete, oder der König von Bayern, der seine „Verfassungsurkunde" 1818 ausstellte. Preußen und Österreich als größte deutsche Staaten ließen jedoch bis 1848 keine Verfassungen zu.

Ein nationales Fest ...

Für den 18. und 19. Oktober 1817 lud die Jenaer Burschenschaft Gleichgesinnte aus ganz Deutschland zu einem Fest auf die Wartburg. Sie wollten dort den vierten Jahrestag der Leipziger Völkerschlacht und den 300. Jahrestag der Reformation feiern. Luther galt mit seiner Bibelübersetzung, die eine einheitliche hochdeutsche Sprache förderte, als Vorkämpfer nationaler Einheit. 500 Teilnehmer aus elf Universitäten – unter ihnen Sand – kamen zusammen.

Am Abend entzündeten die Studenten ein Feuer und verbrannten symbolisch als „un-deutsch" und reaktionär bezeichnete Schriften wie den Code civil, einen Zopf sowie Uniformstücke, um gegen Fürstenwillkür zu protestieren.

... und die Reaktion

Das Wartburgfest ließ die Polizeibehörden in Preußen und Österreich aufmerksam werden: Teilnehmer wurden verhört, Polizeiakten angelegt. Der Mord an Kotzebue zwei Jahre später bot Metternich die Gelegenheit zur systematischen Überwachung und Verfolgung national und liberal Eingestellter. Dazu zählten vor allem Studenten, Professoren, Journalisten und Schriftsteller.

Metternich berief im gleichen Jahr die Karlsbader Konferenzen ein. Dort wurden Beschlüsse gefasst, die für den ganzen Deutschen Bund Gültigkeit hatten und alle liberalen und nationalen Bestrebungen unterdrückten. Betroffen waren vor allem Universitäten, Professoren und Studenten, denn die Freiheit der Lehre wurde eingeschränkt. Die Burschenschaften und die von Friedrich Ludwig Jahn (1778–1852) angeregten national eingestellten „Turnvereine" wurden verboten, Presse und Bücher unterlagen der Zensur. Oppositionelle verunglimpfte man als „Demagogen", das heißt als Volksverhetzer.

Revolutionen in Europa

Europaweit herrschte Unzufriedenheit mit den restaurativen politischen Zuständen. Das zeigte sich 1830: In Paris entbrannte die Julirevolution, weil Pressefreiheit und Wahlrecht eingeschränkt werden sollten. Die Abgeordneten setzten Louis Philippe (1773–1850) als „Bürgerkönig" anstelle des geflohenen Königs ein.

Von Paris sprang der Funke der Revolution auf das Königreich der Vereinigten Niederlande über. Katholiken und Liberale des Südens erhoben sich, setzten den König ab und erklärten ihren Landesteil zum souveränen Staat Belgien. In Italien gründete der Genuese Giuseppe Mazzini (1805–1872) den Geheimbund „Junges Italien", der sich die nationale Einheit Italiens zum Ziel setzte.

In Polen vertrieben patriotische Offiziere und Intellektuelle die Russen. Nach der Niederschlagung des Aufstands flohen über 9000 polnische Freiheitskämpfer nach Westeuropa und galten vielen Deutschen als Vorbild für den eigenen Freiheitskampf.

In Deutschland gab es Aufstände vor allem in jenen Staaten, die bislang ohne Verfassung geblieben waren: in Hannover, Hessen-Kassel, Sachsen sowie im Herzogtum Braunschweig.

Nach jahrelangem Freiheitskampf gelang es den Griechen, die Unabhängigkeit vom Osmanischen Reich zu erreichen.

M 2 **Die Freiheit führt das Volk an** Gemälde von Eugène Delacroix aus dem Jahr 1830, Ausschnitt

Europa im Zeitalter der Revolutionen

M 3 Wartburgfest
Studenten verbrennen die Wiener Bundesakte und den Schnürleib einer preußischen Ulanenuniform, zeitgenössische Abbildung.

M 4 Eine auf der Wartburg gehaltene Rede

Aus der Ansprache des Studenten Heinrich Herrmann Riemann als Vertreter der Jenaer Burschenschaft auf dem Wartburgfest am 18. Oktober 1817:

Vier lange Jahre sind seit jener Schlacht [bei Leipzig] verflossen; das deutsche Volk hatte schöne Hoffnungen gefasst, sie sind alle vereitelt; alles ist anders gekommen, als wir erwartet haben; viel Großes und Herrliches, was geschehen konnte und musste, ist unterblieben; mit manchem heiligen und edlen Gefühl ist Spott und Hohn getrieben worden. Von allen Fürsten Deutschlands hat nur einer sein gegebenes Wort gelöst, der, in dessen freiem Lande wir das Schlachtfest begehen. Über solchen Ausgang sind viele wackere Männer kleinmütig geworden, meinen, es sei eben nichts mit der viel gepriesenen Herrlichkeit des deutschen Volkes, ziehn sich zurück vom öffentlichen Leben, das uns so schön zu erblühen versprach, und suchen in stiller Beschäftigung mit der Wissenschaft Entschädigung dafür. Andere sogar ziehn vor, in ferneren Weltteilen, wo neues Leben sich regt, ein neues Vaterland zu suchen.

Nun frage ich euch, die ihr hier versammelt seid in der Blüte eurer Jugend, mit allen den Hochgefühlen, welche die frische junge Lebenskraft gibt, euch, die ihr dereinst des Volkes Lehrer, Vertreter und Richter sein werdet, auf die das Vaterland seine Hoffnung setzt, euch, die ihr zum Teil schon mit den Waffen in der Hand, alle aber im Geist und mit dem Willen für des Vaterlandes Heil gekämpft habt; euch frage ich, ob ihr solcher Gesinnung beistimmt? Nein! Nun und nimmermehr!

In den Zeiten der Not haben wir Gottes Willen erkannt und sind ihm gefolgt. An dem, was wir erkannt haben, wollen wir aber auch nun halten, solange ein Tropfen Bluts in unsern Adern rinnt; der Geist, der uns hier zusammengeführt, der Geist der Wahrheit und Gerechtigkeit, soll uns leiten durch unser ganzes Leben, dass wir, alle Brüder, alle Söhne eines und desselben Vaterlandes, eine eherne Mauer bilden gegen jegliche äußere und innere Feinde dieses Vaterlandes, dass uns in offner Schlacht der brüllende Tod nicht schrecken soll, den heißesten Kampf zu bestehen, wenn der Eroberer droht; dass uns nicht blenden soll der Glanz des Herrscherthrones, zu reden das starke freie Wort, wenn es Wahrheit und Recht gilt; dass nimmer in uns erlösche das Streben nach Erkenntnis der Wahrheit, das Streben nach jeglicher menschlichen und vaterländischen Tugend.

Mit solchen Grundsätzen wollen wir einst zurücktreten ins bürgerliche Leben, fest und unverrückt vor den Augen als Ziel das Gemeinwohl, tief und unvertilgbar im Herzen die Liebe zum einigen deutschen Vaterlande. Du Mann Gottes [Luther], du starker Fels der Kirche Christi, der du mit eisernem Mut gegen die Finsternis ankämpftest, der du auf dieser Burg den Teufel bezwangst, nimm unser Gelübde an, wenn dein Geist noch in Gemeinschaft mit uns steht! Euch, Geister unserer erschlagenen Helden [...], die ihr euer Herzblut vergossen habt für des deutschen Landes Herrlichkeit und Freiheit [...].

Verderben und Hass der Guten allen denen, die in niedriger schmutziger Selbstsucht das Gemeinwohl vergessen, die ein knechtisches Leben einem Grab in freier Erde vorziehn, die lieber im Staube kriechen, als frei und kühn ihre Stimme erheben gegen jegliche Unbill, die, um ihre Erbärmlichkeit und Halbheit zu verbergen, unserer heiligsten Gefühle spotten, Begeisterung und vaterländischen Sinn und Sitten für leere Hirngespinste, für überspannte Gedanken eines krankhaften Gemütes ausschreien! Ihrer sind noch viel; möchte bald die Zeit kommen, wo wir sie nicht mehr nennen dürfen! [...]

Deutsche Geschichte in Quellen und Darstellung, hrsg. von Wolfgang Hardtwig und Helmut Hinze, Bd. 7, Stuttgart 1997, S. 66 ff.

M 5 Der Denker-Club
Anonyme Karikatur, um 1820

Aufgaben

1. a) Welche Gründe im engeren wie im weiteren Sinn führten zum Mord an Kotzebue?
   b) Nimm Stellung, ob eine Person wie Kotzebue als positive Figur in der Geschichte gesehen werden kann.
   → Text
2. Erarbeite aus dem Text der Rede, warum sich die Studenten 1817 auf der Wartburg trafen.
   → M4
3. Bearbeite die Quelle zum Wartburgfest.
   a) Welche Ansprechpartner nennt der Redner?
   b) Gegen wen richtet sich seine Ansprache?
   c) Welche Ziele nennt der Redner?
   d) Wie sollen sie erreicht werden?
   → M4
4. a) Entziffere die Aufschriften der Karikatur. Welche Funktionen haben sie?
   b) Vergleiche die Aussagen der Texttafeln in der Karikatur mit den Gesten der Clubmitglieder.
   c) Was will der anonyme Autor mit seiner Karikatur aussagen?
   → M5

Europa im Zeitalter der Revolutionen

Auf dem Weg zur Revolution

Das Hambacher Fest

Am 27. Mai 1832 versammelten sich über 30 000 Bürger, Arbeiter und Bauern an der Ruine des Schlosses Hambach bei Neustadt a. d. Haardt. Wie war es in einer Zeit, in der es keine Massentransportmittel und keine elektronischen Medien gab, zu einem derartigen Volksauflauf gekommen?

Hambach lag in der Rheinpfalz, die erst durch den Wiener Kongress an Bayern gefallen war. Über ein Jahrzehnt hatte sie zur französischen Republik gehört, sodass die Bevölkerung mit politischen Freiheitsrechten vertraut war. Die wenig liberale bayerische Verfassung entsprach daher nicht den Vorstellungen der Einwohner.

Als im April 1832 in einigen Blättern Aufrufe zu einer Verfassungsfeier am Hambacher Schloss erschienen, nutzen das zwei liberale Journalisten, Johann Georg Wirth (1798–1848) und Jakob Siebenpfeiffer (1789–1845), um zu einer Gegenveranstaltung aufzurufen. Sie luden in Flugblättern zu einem Volksfest „Der deutsche Mai". Aus Angst vor revolutionären Umtrieben zunächst verboten, ließ die Obrigkeit dieses Fest schließlich doch zu.

Wie befürchtet, entwickelte sich die Veranstaltung zu einer politischen Demonstration: Um die Verbundenheit mit den polnischen Aufständischen des Jahres 1830 zu zeigen, hissten die Teilnehmer die polnische Flagge. Auch zogen sie die schwarz-rot-goldene Fahne auf und forderten die Gründung eines deutschen Nationalstaates. Er sollte auf einer Verfassung und der Volkssouveränität basieren und in ein friedliches und geeintes Europa eingebettet sein. Aus Angst vor einer revolutionären Bewegung reagierten die deutschen Staaten auf diese Demonstration äußerst scharf und verfolgten alle tatsächlichen oder vermeintlichen Anhänger der liberalen Nationalbewegung.

M 1 **Zug zum Hambacher Schloss**
Collage nach einem kolorierten Stahlstich von 1832.
Die Farben der schwarz-rot-goldenen Flagge werden mit den Uniformfarben des Lützowschen Freicorps während des Befreiungskriegs in Zusammenhang gebracht. Die Lützowschen Jäger trugen einen schwarzen Rock mit roten Säumen und goldenen Knöpfen. 1817 auf dem Wartburgfest dienten diese Farben als Erkennungszeichen der deutschen Burschenschaft. Im Revolutionsjahr bestimmte die Frankfurter Nationalversammlung Schwarz-Rot-Gold zur Fahne des Deutschen Bundes.

M2 **Frankfurter Wachensturm** am 3. April 1833. Nach Niederschlagung des Putschs gelang einigen die Flucht, die anderen erhielten lange Strafen. Die Freie Stadt Frankfurt wurde mit Bundestruppen belegt, was einer Besetzung gleichkam, zeitgenössische Abbildung.

Der Frankfurter Wachensturm

Demonstrierten Liberale beim Hambacher Fest für die Umgestaltung Deutschlands, so glaubten einige Revolutionäre die politischen Veränderungen im Handstreich herbeiführen zu können. Sie hofften, dass die Revolution losbrechen werde, wenn in Frankfurt – dem Sitz des Deutschen Bundestags – ein erfolgreicher Aufstand stattfände. Dabei zählten sie auf die Mithilfe der unzufriedenen ärmeren Bevölkerung Frankfurts und der hier untergekommenen polnischen Flüchtlinge. Etwa 50 Männer besetzten im April 1833 die Frankfurter Hauptwache, doch kam niemand den Revolutionären zu Hilfe, sodass die Aktion in wenigen Stunden zusammenbrach.

Die Göttinger Sieben

Als Königin Viktoria 1837 den englischen Thron bestieg, konnte sie im Königreich Hannover – das damals in Personalunion mit England verbunden war – nicht regieren. Das verbot das deutsche Fürstenrecht, das eine weibliche Erbfolge nicht zuließ. Deshalb gelangte 1837 Viktorias Onkel Ernst August auf den hannoverschen Thron. Dem ihm vorauseilenden schlechten Ruf schien er bald gerecht zu werden.
Er stellte die alte Verfassung von 1819 wieder her und entband seine Beamten vom Eid auf die neue liberale Verfassung. Sieben berühmte Professoren der Göttinger Universität – unter ihnen Jakob und Wilhelm Grimm – fühlten sich jedoch an ihren Eid gebunden. Der König entließ daraufhin alle sieben, vier von ihnen mussten innerhalb von drei Tagen das Land verlassen. Diese Willküraktion des Königs rief bei Radikalen, Liberalen und gemäßigten Konservativen im ganzen Deutschen Bund Mitleid, Bewunderung oder auch helle Empörung hervor. Der Ruf nach Veränderung erhielt neue Nahrung.

Der Aufstand der schlesischen Weber

Auch die wirtschaftlichen und sozialen Verhältnisse verlangten Veränderungen. Wer kein Vermögen oder Land besaß, verdiente sein Geld als Knecht, Besenbinder, Holzhacker, Tagelöhner oder als Fabrik- und Manufakturarbeiter. Bei wachsender Bevölkerung und Missernten kam es rasch zu Hungersnöten und Epidemien, was die Unterschichten in Armut und Elend stürzte, denn staatliche Hilfsprogramme wie heute gab es nicht.

Ein besonders wichtiges Produkt war Leinen. Die deutschen Weber konnten jedoch trotz langer Arbeitszeiten und der Mithilfe ihrer Kinder nicht mit den billigen, industriell gefertigten Baumwollstoffen aus England konkurrieren. Die Folge war, dass die Weber Not litten. Insbesondere in Schlesien drohten sie sogar zu verhungern, weil sie auch noch durch Abgaben an die Grundherren belastet waren.

Es kam zu einem Verzweiflungsakt: Etwa 300 Weber protestierten gegen die unhaltbaren Zustände, stürmten die Fabrik eines Textilunternehmers und zerschlugen Gebäude und Maschinen. Allerdings kam keine Person zu Schaden. Der Aufstand, der sich rasch ausbreitete, wurde unter Einsatz des Militärs blutig niedergeschlagen. Zehn Weber fanden den Tod, zahlreiche andere wurden verhaftet und verurteilt. Die Not der Weber und die brutale Beendigung der Hungerrevolte fanden überregionale Beachtung in der Öffentlichkeit.

Europa im Zeitalter der Revolutionen

M 3 Das Hambacher Fest

Aus der Festrede des demokratischen Publizisten Johann Georg August Wirth vom 27. Mai 1832 auf dem Hambacher Schloss:

Das Land, das unsere Sprache spricht, das Land, wo unsere Hoffnung wohnt, wo unsere Liebe schwelgt, wo unsere Freuden blühen, das Land, wo das Geheimnis aller unserer Sympathien und
5 all unserer Sehnsucht ruht, dieses schöne Land wird verwüstet und geplündert, zerrissen und entnervt, geknebelt und entehrt. Reich an allen Hilfsquellen der Natur, sollte es für alle seine Kinder die Wohnung der Freude und der Zufriedenheit sein,
10 allein ausgesogen von 34 Potentaten, ist es für die Mehrzahl seiner Bewohner der Aufenthalt des Hungers, des Jammers und des Elends. […]
Die Ursache der namenlosen Leiden der europäischen Völker liegt einzig und allein darin, dass die
15 Herzöge von Österreich und die Kurfürsten von Brandenburg den größten Teil von Deutschland an sich gerissen haben und unter dem Titel der Kaiser von Österreich und der Könige von Preußen nicht nur ihre eigenen Länder nach orientalischen For-
20 men beherrschen und deren Kräfte zur Unterdrückung der Freiheit und Volkshoheit der europäischen Nationen verwenden, sondern auch ihr Übergewicht über die kleineren Länder Deutschlands benützen, um auch die Kräfte dieser dem
25 Systeme fürstlicher Alleinherrschaft und despotischer Gewalt dienstbar zu machen.

Bei jeder Bewegung eines Volkes, welche die Errin-
gung der Freiheit und einer vernünftigen Staatsverfassung zum Ziel hat, sind die Könige von Preußen und Österreich durch Gleichheit der 30 Zwecke, Gesinnungen und Interessen an Russland geknüpft, und so entsteht jener furchtbare Bund, der die Freiheit der Völker bisher immer noch zu töten vermochte. […]
In dem Augenblick, wo die deutsche Volkshoheit 35 in ihr gutes Recht eingesetzt sein wird, in dem Augenblick ist der innigste Völkerbund geschlossen, denn das Volk liebt, wo Könige hassen, das Volk verteidigt, wo die Könige verfolgen, das Volk gönnt das, was es selbst mit seinem Herzblut zu 40 erringen trachtet, und, was ihm das Teuerste ist, die Freiheit, Aufklärung, Nationalität und Volkshoheit, auch dem Brudervolk: das deutsche Volk gönnt daher diese hohen, unschätzbaren Güter auch seinen Brüdern in Polen, Ungarn, Italien und 45 Spanien.
Wenn also das deutsche Geld und das deutsche Blut nicht mehr den Befehlen der Herzöge von Österreich und der Kurfürsten von Brandenburg, sondern der Verfügung des Volkes unterworfen 50 sind, so werden Polen, Ungarn und Italien frei, weil Russland dann der Ohnmacht verfallen ist und sonst keine Macht mehr besteht, welche zu einem Kreuzzug gegen die Freiheit der Völker verwendet werden könnte. 55

Deutsche Geschichte in Quellen und Darstellung, hrsg. von Wolfgang Hardtwig und Helmut Hinze, Bd. 7, Stuttgart 1997, S. 95 ff.

M 4 Das Lied der Deutschen

Heinrich Hoffmann von Fallersleben (1798–1874) dichtete das „Lied der Deutschen" 1841:

Deutschland, Deutschland über alles,
über alles in der Welt,
Wenn es stets zu Schutz und Trutze
brüderlich zusammenhält.
Von der Maas bis an die Memel,
von der Etsch bis an den Belt:
Deutschland, Deutschland über alles,
über alles in der Welt!

Deutsche Frauen, deutsche Treue,
deutscher Wein und deutscher Sang

Sollen in der Welt behalten
ihren alten schönen Klang.
Uns zu edler Tat begeistern,
unser ganzes Leben lang:
Deutsche Frauen, deutsche Treue,
deutscher Wein und deutscher Sang!

Einigkeit und Recht und Freiheit
für das deutsche Vaterland!
Danach lasst uns alle streben
brüderlich mit Herz und Hand!
Einigkeit und Recht und Freiheit
sind des Glückes Unterpfand:
Blüh' im Glanze dieses Glückes,
blühe, deutsches Vaterland!

M 5 Handschriftliche Fassung
von Hoffmann von Fallersleben, 1841

| 1760 | 1770 | 1780 | 1790 | 1800 | 1810 | 1820 | 1830 | 1840 | 1850 | 1860 |

Das Elend in Schlesien.

Hunger und Verzweiflung.

Offizielle Abhülfe.

M 6 „Das Elend in Schlesien und deren Ofizielle Abhülfe"
Holzschnitt aus: „Fliegende Blätter", 1848

Aufgaben

1. a) Erarbeite aus dem Text, wie Johann Georg Wirth die Lage Deutschlands sah.
   b) Welche Ursachen machte Wirth für den von ihm angeprangerten Zustand verantwortlich?
   c) Wie sollte die von ihm geforderte neue politische Ordnung aussehen? Gibt es heute Organisationen, die den Vorstellungen von Wirth entsprechen?
   → M3

2. a) Fasse jede der drei Strophen vom „Lied der Deutschen" mit eigenen Worten zusammen.
   b) Welcher politischen Richtung lässt sich Heinrich Hoffmann von Fallersleben aufgrund des Textes zuordnen?
   → M5

3. Nenne Übereinstimmungen und Unterschiede zwischen den Aussagen von Johann Georg Wirth und Heinrich Hoffmann von Fallersleben.
   → M4, M5

4. a) Am 11. August 1922 wurde auf Vorschlag des sozialdemokratischen Reichspräsidenten Friedrich Ebert „Das Lied der Deutschen" zur Nationalhymne erklärt. Im April 1991 wurde festgelegt, dass nur die dritte Strophe des Deutschlandliedes die Nationalhymne der Bundesrepublik Deutschland sein soll. Informiere dich, warum das Deutschlandlied erst so spät zur Nationalhymne erklärt wurde.
   b) Wieso wird heute nur noch die dritte Strophe bei offiziellen Anlässen gesungen?
   c) Entscheide: Soll man in der Schule die Nationalhymne auswendig lernen? Sind dergleichen nationale Symbole nötig oder überholt?

5. Vergleiche Zielsetzung und Ablauf des Hambacher Festes mit dem Wartburgfest.

Europa im Zeitalter der Revolutionen

Die Revolution von 1848

Der Ausbruch der Revolution

Die „Deutsche Tribüne", die der Mitorganisator des Hambacher Fests Johann Georg Wirth herausgab, prophezeite 1832, dass bis zum Jahr 1850 ein Kampf zwischen Reaktion und Liberalismus stattfinden werde: „1819: untätiges Murren; 1832: Widerstand; 1840 oder 1850: Sieg. So wird es kommen!" Den Kampf brachte das Jahr 1848 tatsächlich.

Am 23. Februar 1848 brach in Paris ein Aufstand aus: Kleinbürger, Arbeiter und Bauern forderten das allgemeine Wahlrecht und stürmten das Schloss. „Bürgerkönig" Louis Philippe (1773–1850), der 1830 selbst durch eine Revolution an die Macht gelangt war, floh nach England. Die Republik wurde ausgerufen und eine provisorische Regierung eingesetzt. Diese Nachricht verbreitete sich sofort in ganz Europa!

Ein „heißer März"

Auch in Deutschland flammten überall Aufstände auf. Die Menschen forderten Freiheitsrechte, politische Mitwirkung und die schon 1815 zugesagten Verfassungen. In den deutschen Klein- und Mittelstaaten fanden im März Volksversammlungen und Demonstrationen statt. Die Fürsten reagierten hilflos und überrascht auf die so genannten Märzforderungen und gaben nach. Fast ohne Gewalt und Blutvergießen hatten die Revolutionäre ihre Ziele durchgesetzt.

M 1

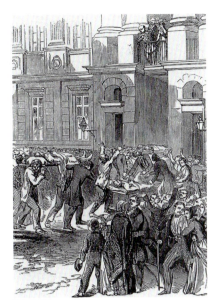

M 2 **Der König verneigt sich** vor den gefallenen Revolutionären, die in den Hof des Berliner Schlosses gebracht wurden, zeitgenössische Abbildung.

Aufstände in Wien und Berlin

In Wien kam es am 13. März zu blutigen Unruhen mit Toten und Verwundeten. Noch in der Nacht erklärte Metternich seinen Rücktritt und floh ins Londoner Exil. Am 15. März ließ der Kaiser verkünden, dass die Zensur abgeschafft werde. Er versprach eine Verfassung, die Aufstellung einer Nationalgarde und die Einberufung einer Ständeversammlung aus allen Landesteilen der Habsburger Monarchie. Besonders die nichtdeutschen Nationalitäten im Habsburgerreich erkannten in der Revolution die Chance, ihre Unabhängigkeit zu erringen: Ungarn, Tschechen und Italiener erhoben sich gewaltsam gegen Habsburgs Herrschaft. Da die österreichische Monarchie erheblich gefährdet war, scheute der kaiserliche Hof nicht vor militärischem Einsatz zurück, der mit russischer Unterstützung zum Erfolg führte.

Am 16. März erreichte die Nachricht, dass die Wiener Regierung kapituliert hatte, Berlin. Auch hier brachen nun Straßenkämpfe aus. Angesichts der 254 Todesopfer – darunter acht Frauen und drei Kinder – lenkte König Friedrich Wilhelm IV. (1840–1861) ein. Er versprach alle Forderungen der Aufständischen, die „Märzforderungen", zu erfüllen, Preußen in Deutschland aufgehen zu lassen und selbst die politische Führung zu übernehmen.

Revolution in München

Einen besonderen Verlauf nahm die Revolution in Bayern. München war als Haupt- und Residenzstadt das Zentrum der Ereignisse, aber auch in anderen Landesteilen kam es zu Unruhen und Aufständen. Schon vor dem Ausbruch der Revolution in Paris war die Unzufriedenheit mit König Ludwig I. groß. So hatte er wegen eines Konflikts mit katholischen Professoren die Münchner Universität schließen lassen. Auch stieß sein zusehends eigenmächtiger Regierungsstil auf Kritik. Dass er insbesondere seine Geliebte Lola Montez besonders bevorzugte, stieß auf große Empörung. Hinzu kamen wirtschaftliche Probleme der Bevölkerung. Schließlich dankte Ludwig verbittert ab. Sein Nachfolger Max II. ging auf viele Forderungen der Revolutionäre ein.

Auf dem Weg zu Verfassung und Nationalstaat

Zwar hatten im März 1848 die Revolutionäre in den einzelnen Staaten gesiegt. Allerdings war Deutschland noch nicht geeint. Ende März 1848 trafen sich in Frankfurt die Abgeordneten aus den einzelnen Landtagen und andere bekannte Politiker. Dieses „Vorparlament" beschloss, dass im Mai 1848 ein deutsches Nationalparlament in Frankfurt zusammentreten sollte. Seine Abgeordneten wurden in allgemeinen, freien und gleichen Wahlen bestimmt.

Am 18. Mai 1848 kamen über 600 Vertreter des deutschen Volks in der Frankfurter Paulskirche zusammen. Sie sollten eine Verfassung für alle Deutschen und einen nationalen Staat schaffen. Doch über die politische Gestalt und den Aufbau dieses „Deutschen Reichs" gab es unterschiedliche Vorstellungen: Sollte der neue Staat eine Republik oder eine Monarchie sein? Welche Rechte sollte die neue Zentralregierung erhalten, welche bei den Einzelstaaten verbleiben? Sollte auch Österreich einbezogen werden? Wer sollte Staatsoberhaupt sein?

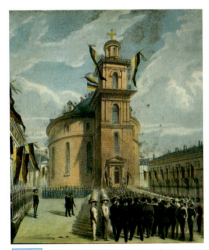

M 3 **Frankfurter Paulskirche** Am 30. März 1848 treffen sich die Delegierten zum Frankfurter Vorparlament in der Paulskirche, zeitgenössische Abbildung.

Europa im Zeitalter der Revolutionen

M 4 Die Revolution in Bildern
Die Ereignisse in Berlin am 18. und 19. März 1848 sind in Bildern des zeitgenössischen „Neuruppiner Bilderbogens" festgehalten.

Erster Angriff der Kavallerie auf das unbewaffnete Volk vor dem königlichen Schloss in Berlin

M 5 Berlins Aufstand
Barrikade in der neuen Königs-Straße am 19. März 1848

M 6 Seine Majestät Friedrich Wilhelm IV. König von Preußen verkündet in den Straßen seiner Hauptstadt die Einheit der deutschen Nation.

| 1760 | 1770 | 1780 | 1790 | 1800 | 1810 | 1820 | 1830 | 1840 | 1850 | 1860 |

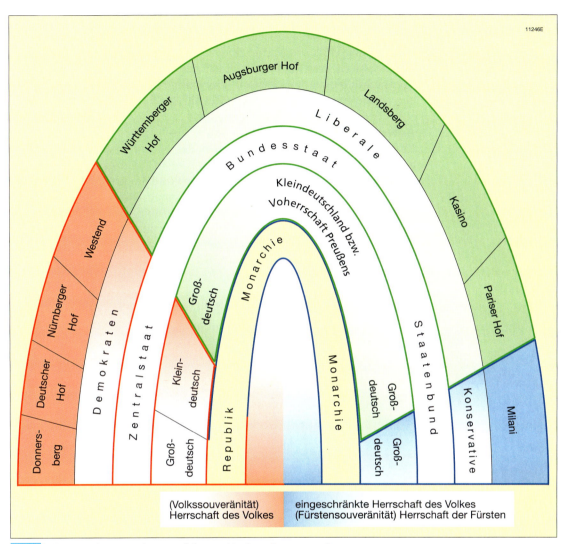

M 7 Die Parteiungen der Frankfurter Nationalversammlung

Aufgaben

1. Erarbeite anhand der Karte, wo im Jahr 1848 liberale und nationale Aufstände stattfanden.
→ M1

2. Lässt sich nach deiner Meinung ein Zusammenhang zwischen der jeweiligen Regierungsform und dem Ausbruch eines Aufstands herstellen? Versuche eine Klärung der Frage auch mit dem Verfassertext.
→ Text, M1

3. Beschreibe mit Hilfe des Neuruppiner Bilderbogens den Verlauf der Revolution in Berlin.
→ M4–M7

4. a) Welche politischen Gruppierungen gab es im Paulskirchenparlament?
b) Informiere dich, welche heutigen Parteien sich noch auf Gruppierungen in der Paulskirche berufen.
→ M7, Internet oder Bibliothek

Europa im Zeitalter der Revolutionen

Die Revolution scheitert

Radikalen Kritikern dauerten die Beratungen der Nationalversammlung zu lange. Sie sangen ein Spottlied, in dessen Refrain es hieß, dass im Parlament „das Reden kein End" nehme. Stimmte das tatsächlich? Verbrachte man zu viel Zeit mit unwichtigen Diskussionen? Lag darin ein Grund für das Scheitern der Revolution?

Arbeitsbedingungen des Parlaments

Ein gerechtes Urteil über die Arbeit der Nationalversammlung sieht anders aus. Zunächst waren die Beratungen für drei bis vier Monate geplant. Das war angesichts der Aufgaben und der grundsätzlichen Fragen, die geklärt werden mussten, keine lange Dauer. Schon einfache Gesetze benötigen heute ein Vielfaches an Beratungszeit. Zudem verfügten die Abgeordneten meist über keine praktische politische Erfahrung. Sie kamen aus ganz unterschiedlichen gesellschaftlichen und staatlichen Traditionen.

Auch bildeten sich politische Parteien erst allmählich aus. Die Debatten in der Paulskirche trugen wesentlich dazu bei. Das Jahr 1848 gilt daher als wichtige Etappe in der Entwicklung politischer Parteien in Deutschland. Neben der Beschäftigung mit dem Text der Verfassung war es für die Politiker ein wichtiges Anliegen, das Volk durch parlamentarische Reden aufzuklären, die in Zeitungen weite Verbreitung fanden.

So stand die Nationalversammlung vor einer dreifachen Aufgabe: Politische Verfahren mussten entwickelt, die Verfassung mit ihren Grundrechten formuliert und konkrete politische Entschlüsse über die Gestaltung Deutschlands getroffen werden.

M 1 **Das Paulskirchenparlament**
Zeitgenössische Zeichnung

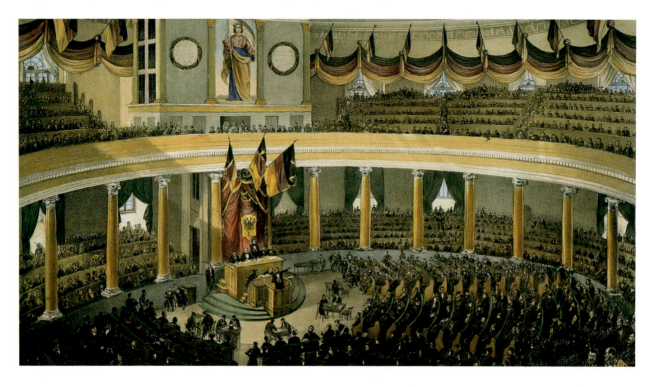

Von der großdeutschen zur kleindeutschen Lösung

Dass die Nationalversammlung politisch ohnmächtig war, zeigte sich in Schleswig-Holstein. Dort hatte sich Dänemark im Frühjahr 1848 das Herzogtum Schleswig einverleibt, wogegen die Paulskirche protestierte. Sie musste aber die militärische Initiative Preußen überlassen und, da sie kein eigenes Heer hatte, im September einem ohne ihre Mitwirkung ausgehandelten Waffenstillstand zustimmen.

Ende Oktober geriet die Nationalversammlung weiter unter Druck. Nachdem die Österreicher einen neuen Aufstand in Wien niedergeschlagen hatten, stellte auch der preußische König Friedrich Wilhelm IV. die Herrschaft im eigenen Land wieder her. Im Dezember 1848 zwang er Preußen eine Verfassung auf, die auf den ersten Blick erstaunlich liberal war. Sie besaß einen Grundrechtekatalog, doch behielt sich der König die letzte Entscheidung vor.

Als problematisch erwies sich die künftige Stellung Österreichs in einem geeinten Deutschland. Große Teile der Habsburgermonarchie gehörten nicht zum Deutschen Bund, sodass der Vielvölkerstaat hätte aufgelöst werden müssen. Andererseits war es schwer vorstellbar, Italiener, Kroaten, Ungarn und Tschechen in einen deutschen Nationalstaat einzubeziehen. Es gab daher heftige Diskussionen zwischen Befürwortern eines großdeutschen Reichs unter Einschluss Deutsch-Österreichs und eines kleindeutschen unter Führung Preußens.

Nach dem Sieg der Gegenrevolution in Wien verlor die großdeutsche Idee an Ausstrahlung, zumal Österreich an einem ungeteilten Vielvölkerstaat festhielt. Als einzig mögliche Alternative schien vielen Parlamentariern nur noch die Zusammenarbeit mit Preußen zu bleiben.

Das Ende

Die Beratungen über eine kleindeutsche Lösung waren langwierig und von heftigen Auseinandersetzungen geprägt. In der Schlusssitzung im März 1849 verabschiedeten die Parlamentarier eine Verfassung, die erstmals in der deutschen Geschichte Bürgerrechte verankerte. Darunter versteht man Menschenrechte wie die Freiheit der Person oder die Gleichheit vor dem Gesetz.

In dieser Sitzung setzten sich endgültig die Befürworter eines „kleindeutschen" Kaiserreichs ohne Österreich durch. Deutscher Kaiser und Staatsoberhaupt sollte der preußische König sein.

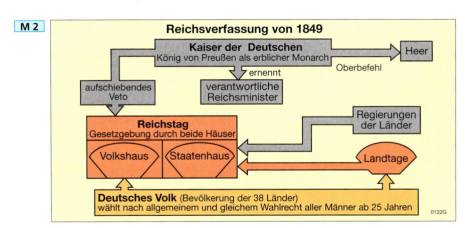

M 2 Reichsverfassung von 1849

Europa im Zeitalter der Revolutionen

Entstanden war eine erstaunlich demokratische Verfassung, bei der sich das Volk, das heißt Männer ab 25 Jahren, durch allgemeine, gleiche und geheime Wahlen an der Politik beteiligen konnte. Der Grundrechtekatalog der Paulskirchenverfassung beeinflusste noch die demokratischen Verfassungen der Jahre 1919 und 1949.

Der preußische König lehnte jedoch die von der Nationalversammlung angebotene Kaiserkrone ab. Er berief sich dabei auf die fehlende Zustimmung der anderen deutschen Fürsten, erklärte aber in einem vertraulichen Brief, die Krone trage den „Ludergeruch der Revolution von 1849" und sei „ein Reif aus Dreck und Letten". Möglicherweise schreckte der König auch vor außenpolitischen Konsequenzen zurück und fürchtete Spannungen mit Österreich und dem absolutistischen Russland.

Das Nachspiel

Nach Ablehnung der Kaiserkrone durch den preußischen König musste die Nationalversammlung im April 1849 nach Stuttgart ausweichen. Im Juni löste der württembergische König dieses „Rumpfparlament" gewaltsam auf.

In anderen Gegenden Deutschlands wie in Sachsen oder Baden kam es zu bewaffneten Aufständen. Sie wurden militärisch niedergeschlagen, obwohl die Revolutionäre in Baden sogar ein „Volksheer" aufstellten. Nach Erstürmung der Festung Rastatt durch preußische Truppen wurden zahlreiche Aufständische standrechtlich erschossen. In Sachsen vertrieben die Dresdner ihren König, der seine Rückkehr ebenfalls nur der preußischen Armee verdankte.

Die Enttäuschung des liberalen Bürgertums über die gescheiterte Revolution war groß, doch hatte sich der Wille des Volks nach politischer Mitbestimmung und nationaler Einheit deutlich offenbart. Auf Dauer ließen sich diese Forderungen nicht mehr unterdrücken.

M 3 Ablehnung der Krone
Germania fragt den Präsidenten der Paulskirche: „Wat heulst'n, kleener Hampelmann?" – „Ick habe Ihr'n Kleenen 'ne Krone jeschnitzt, nu will er se nich!" Karikatur, 1849.

M 4 „Deutsche Reichsuhr"
Aus der Leipziger Zeitschrift „Der Leuchtturm", 1849

M 5 Großdeutsche Lösung

Die Frage, ob für den künftigen deutschen Staat eine großdeutsche (mit Österreich) oder eine kleindeutsche Lösung (ohne Österreich) angestrebt werden sollte, war heftig umstritten. Der Abgeordnete Joseph von Würth hielt im Januar 1849 vor der deutschen Nationalversammlung in Frankfurt folgende Rede:

Wir werden aufgefordert, eine Teilung von Deutschland vorzunehmen, wie sie in der deutschen Geschichte noch nicht vorgekommen ist. Wir sollen an Deutschland tun, was im römischen Weltreich die Scheidung in das Ost- und Weströmische Reich war. Wir sollen tun, was der Vertrag von Verdun am Reiche Karls des Großen vollzog. Wissen wir nicht, daß die östlichen und westlichen Teile des Römischen Reiches sich unaufhörlich befehdeten, bis das Westreich einen schnellen Untergang fand? [...] Sollten wir diese Lehren der Geschichte uns nicht zur Warnung dienen lassen? [...]
Lassen Sie sich nicht von der Hoffnung täuschen, dass das, was Sie jetzt gewaltsam trennen, so schnell sich wieder zusammenfügen werde. Die deutschen Länder Österreichs waren immer Kernlande des Deutschen Reichs, sie waren immer ein Teil von Deutschland; sie wollen es bleiben, sie wollen die tausendjährigen Bande nicht aufgeben, die nie zerrissen wurden als in den verhängnisvollen Jahren des Rheinbundes. Sprechen Sie es aus, das Wort, welches Österreich von Deutschland scheidet, aber es wird schmerzlich bei uns empfunden werden. Ich fürchte, der Augenblick wird nicht geeignet sein, um das, was Sie getrennt haben, wieder zu verbinden. [...] Österreich wird, wenn es von Deutschland gegen seinen Willen getrennt ist, den Einfluss, den es bisher immer in Deutschland hatte und den es jetzt aufgeben soll, zu erhalten suchen. Es wird die Missstimmung benutzen, die in vielen Teilen Deutschlands gegen die neue Gestaltung der Dinge vorhanden sein wird, es wird auf die Schwäche und Zerrissenheit Deutschlands spekulieren. Deutschland dagegen wird, wenn Sie diese Trennung vornehmen, mit den abgetrennten deutsch-österreichischen Provinzen, deren Verlust es nicht verschmerzen kann, beständig liebäugeln. Es wird die deutschen Brüder, die von Deutschland losgerissen sind, wieder zu sich herüber zu ziehen suchen. Es wird beständig hinarbeiten auf den Zerfall des österreichischen Kaisertums. (Hört, Hört!) Ich fürchte, wenn wir die Trennung vollziehen, so wird Österreich Deutschland und Deutschland Österreich zu erobern suchen; beide aber werden sich dabei verbluten unter dem Hohn und dem Jubel unserer gemeinsamen Feinde. Freuen werden sich dabei nur die Deutschland feindlichen Mächte: Russland, England und Frankreich.

Hans Fenske (Hg.), Vormärz und Revolution 1840–1849, Darmstadt 1991, S. 395 f.

M 6 Kleindeutsche Lösung

Ein Bericht des Verfassungsausschusses der Frankfurter Nationalversammlung vom Oktober 1848 kommt hinsichtlich der politischen Struktur zu folgender Wertung:

Die Erfahrungen während des Bestehens des Deutschen Bundes und die Erwägung des Zwecks eines Bundesstaats lassen keine Zweifel, dass jede Teilnahme eines Staates, der zugleich Bundesstaat ist und zugleich nichtdeutsche Länder beherrscht, mannigfaltige Störungen herbeiführen und hindernd der Erreichung der Bundeszwecke entgegentreten kann.
Unvermeidlich kann ein solcher Staat wegen seiner außerdeutschen Besitzungen in Kriege verwickelt werden, welche ihn in Feindschaften mit anderen Staaten bringen, den Staat zu außerordentlichen Opfern nötigen können, welche die Mittel zur Erfüllung seiner Bundespflichten beschränken. Selbst in materieller Beziehung können die Interessen des Staates wegen seiner außerdeutschen Lande mit den Bundesinteressen in solchen Widerstreit kommen, dass derselbe entweder in seiner Stellung als Bundesstaat alles anwenden wird, um gewisse Beschlüsse zu hindern, oder wegen seines Verhältnisses zu den nichtdeutschen Provinzen die Durchführung von Bundesanordnungen zu vereiteln, z.B. in Beziehung auf Zollangelegenheiten.
Diese Erwägungen führen zu der Aufstellung des Grundsatzes: Kein Teil des Deutschen Reiches darf mit nichtdeutschen zu einem Staate vereinigt sein. Die Zeit ist gekommen, in welcher diejenigen, welche an der künftigen Verfassung Deutschlands zu bauen berufen sind, sich klarmachen müssen, dass Deutschlands Einheit nur durchgeführt werden kann, wenn diejenigen Staaten, welche als Glieder das Reich bilden, ganz und mit ungeteiltem Interesse Bundesglieder werden.

Hans Fenske (Hg.), Vormärz und Revolution 1840–1849, Darmstadt 1991, S. 353 f.

Europa im Zeitalter der Revolutionen

M 7 Trotz alledem

Der Dichter und Publizist Ferdinand Freiligrath (1810–1876) schrieb kurz vor der Niederschlagung der Revolution Anfang Juli 1848 in Düsseldorf das Gedicht „Trotz alledem":

2. Das ist der Wind der Reaktion
mit Mehltau, Reif und alledem!
Das ist die Bourgeosie am Thron,
der annoch steht, trotz alledem!
Trotz alledem und alledem,
trotz Blutschuld, Trug und alledem,
er steht noch, und er hudelt uns
wie früher fast, trotz alledem!

3. Die Waffen, die der Sieg uns gab,
der Sieg des Rechts trotz alledem,
die nimmt man sacht uns wieder ab,
samt Kraut und Lot und alledem!
Trotz alledem und alledem,
trotz Parlament und alledem,
wir werden unsre Büchsen los,
Soldatenwild, trotz alledem!

4. Doch sind wir frisch und wohlgemut,
und zagen nicht, trotz alledem!
Aus tiefer Brust des Zornes Glut,
die hält uns warm, trotz alledem!
Trotz alledem und alledem,
es gilt uns gleich, trotz alledem,
wir schütteln uns: Ein garst'ger Wind,
doch weiter nichts, trotz alledem!

5. Denn ob der Reichstag sich blamiert,
Professorhaft, trotz alledem!
Und ob der Teufel reagiert
mit Huf und Horn und alledem,
trotz alledem und alledem,
trotz Dummheit, List und alledem,
wir wissen doch: Die Menschlichkeit
behält den Sieg, trotz alledem!

6. Und ob der Prinz zurück auch kehrt
mit Hurra, Hoch und alledem:
Sein Schwert ist ein gebrochen Schwert,
ein ehrlos Schwert, trotz alledem,
ja doch, trotz all' und alledem,
der Meinung Acht, trotz alledem,
die brach den Degen ihm entzwei
vor Gott und Welt, trotz alledem!

7. Nur was zerfällt, vertretet ihr,
seid Kasten nur, trotz alledem!
Wir sind das Volk, die Menschheit wir,
sind ewig drum, trotz alledem!
Trotz alledem und alledem,
so kommt denn an, trotz alledem!
Ihr hemmt uns, doch ihr zwingt uns nicht
– unser die Welt, trotz alledem!

F. Freiligrath, Trotz alledem, in: Freiheitsbewegungen in der deutschen Geschichte, hrsg. von der GEW Baden-Württemberg, Bezirk Nordbaden, Karlsruhe 1990, S. 46.

M 8 Warum scheiterte die Revolution?

a) In der historischen Forschung sind die Gründe für das Scheitern der Revolution umstritten. Der Historiker Thomas Nipperdey schreibt:

Es ist die Vielzahl der Probleme und ihrer Unlösbarkeiten gewesen, die zum Scheitern der Revolution geführt hat. Man wollte einen Staat gründen und eine Verfassung durchsetzen, beides zugleich, und das angesichts gravierender sozialer Spannungen. Auch in Frankreich, wo die Probleme einfacher waren, und auch in Italien ist die Revolution gescheitert; diese Tatsachen muss jedes Urteil über die deutsche Revolution mitreflektieren. Wenn man unter den einzelnen Ursachen für das Scheitern in Deutschland gewichten will, so muss man meiner Meinung nach sagen, dass es das großdeutsch/kleindeutsche Problem und das Problem des österreichischen Nationalitätenstaates und seiner nationalen Konflikte waren, die am meisten zählten. Sie haben schon eine schnelle Entscheidung im Sommer unmöglich gemacht, haben die ersten großen Siege der Gegenrevolution in Österreich ermöglicht, haben die Einheit der Revolution seit dem Herbst so erschüttert, dass ein gemeinsames Handeln nicht mehr möglich war, haben die Entscheidung dann auf Preußen zugespitzt. Sie letzten Endes haben die Revolution in den Wettlauf mit der Zeit gebracht, den sie nicht gewinnen konnte.

Thomas Nipperdey, Deutsche Geschichte 1800–1866, Bürgerwelt und starker Staat, München 1998, S. 669.

b) Der Historiker Rüdiger Hachtmann begründet das Scheitern der Revolution von 1848/49 folgendermaßen:

Die (deutsche) Revolution ist nicht gescheitert, weil sie „zu viele Modernisierungsaufgaben" zu bewältigen gehabt hätte. Eine gleichzeitige, konstruktive „Lösung" der drei politischen Zentralprobleme, die sich im Laufe der Revolution immer stärker in den Vordergrund schoben, wäre vorstellbar gewesen: eine nationale Einigung im friedlichen Konsens mit den staatlichen Nachbarn und den nationalen Minderheiten im eigenen Land hätte sich durchaus mit gesellschaftlicher Demokratisierung und einer Politik sozialer Gerechtigkeit vereinbaren lassen.
Gravierend belastet wurde die deutsche Revolution dadurch, dass die politischen Akteure mit denselben Etiketten (Einheit, Freiheit, Gerechtigkeit) verschiedene Inhalte verbanden und auf differierende [unterschiedliche], mitunter gegensätzliche Ziele zusteuerten.
Kontroversen und Spaltungen unter den Revolutionären und Reformern wiederum waren nur bedingt Folge individuellen oder kollektiven „Versagens". Die Aufsplitterung der Märzbewegung in politische Lager und widerstreitende Fraktionen resultierte […] zu erheblichen Teilen aus einer schwer überschaubaren Vielfalt an sozialen Lagen und Akteuren.

Rüdiger Hachtmann, Epochenschwelle zur Moderne. Einführung in die Revolution von 1848/49, Tübingen 2002, S. 176 f.

Aufgaben

1. Erarbeite aus dem Verfassungsschema, inwiefern der Entwurf zu einer Verfassung als demokratisch bezeichnet werden kann, inwiefern nicht.
   → M2
2. Welche Haltung nimmt der Abgeordnete Würth hinsichtlich der Frage ein, ob Österreich einem politisch geeinten Deutschland angehören soll?. Welche Argumente nennt er?
   → M5
3. Welche Argumente führt der Verfassungsausschuss der Nationalversammlung gegen eine Einbeziehung Österreichs in einen deutschen Bundesstaat an? → M6
4. a) Fasse die Strophen von Freiligraths Gedicht jeweils in einem Satz zusammen.
   b) Welcher politischen Richtung innerhalb der Nationalversammlung lässt sich Freiligrath zuordnen? Begründe deine Meinung!
   → M7
5. a) Welche Gründe für das Scheitern der Revolution nennt der Historiker Nipperdey, welche Hachtmann?
   b) Welcher Ansatz beider Historiker ist für dich überzeugender? Begründe deine Meinung!
   → M8

Europa im Zeitalter der Revolutionen

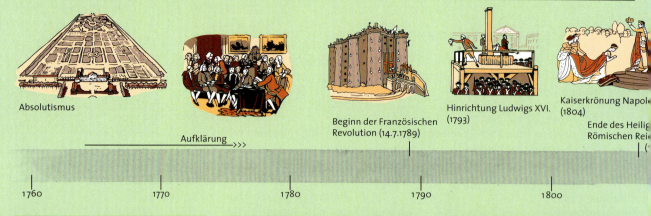

Absolutismus · Aufklärung >>> · Beginn der Französischen Revolution (14.7.1789) · Hinrichtung Ludwigs XVI. (1793) · Kaiserkrönung Napoleons (1804) · Ende des Heiligen Römischen Reiches

1760 — 1770 — 1780 — 1790 — 1800

Grundwissen: Zeit	Grundwissen: Begriffe	Grundwissen: Methoden
14.7.1789 Beginn der Französischen Revolution **1806 Ende des Heiligen Römischen Reiches** **1815 Wiener Kongress** **1832 Hambacher Fest** **1848/49 Revolution in Deutschland**	**Aufklärung** **Menschenrechte** **Gewaltenteilung** **Verfassung** **Volkssouveränität** **Bürgertum** **Nation** **Nationalismus** **Nationalversammlung** **Kaisertum Napoleons** **Code civil** **Montgelas** **Liberalismus** **Deutscher Bund**	**Umgang mit schriftlichen Quellen** **Umgang mit darstellenden Texten** **Umgang mit Karikaturen**
	Industrielle Revolution Soziale Frage Sozialismus Arbeiterbewegung	Umgang mit Statistiken
1871 Reichsgründung	Deutsches Kaiserreich Bismarck Parteien Reichstag Kulturkampf Sozialistengesetz Sozialgesetzgebung Wilhelm II.	Umgang mit Historiengemälden
1914–1918 Erster Weltkrieg 1917 Russische Revolution	Imperialismus Attentat von Sarajewo Lenin	Umgang mit dem Internet
1918 Novemberrevolution 1923 Hitlerputsch	Vertrag von Versailles Völkerbund Weimarer Verfassung Inflation	Umgang mit Geschichtskarten Umgang mit Plakaten

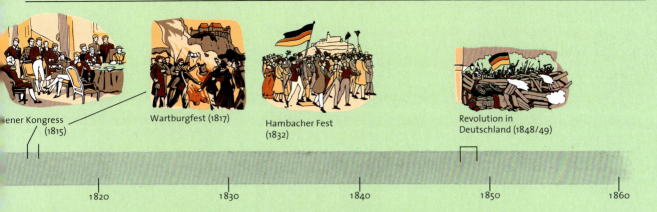

Wiener Kongress (1815) · Wartburgfest (1817) · Hambacher Fest (1832) · Revolution in Deutschland (1848/49)

Zusammenfassung

Die 1789 ausbrechende Französische Revolution bildet einen tiefen historischen Einschnitt. Sie markiert das Ende der ständischen Gesellschaft und den Durchbruch des Bürgertums.

Wegen einer Finanzkrise berief der französische König Ludwig XVI. 1789 die Generalstände ein. Die Abgeordneten des Dritten Standes forderten eine Abstimmung nach Köpfen und erklärten sich, als das unerfüllt blieb, am 20. Juni 1789 zur Nationalversammlung. Diese verabschiedete eine Erklärung der Menschen- und Bürgerrechte und eine Verfassung, die auf der Volkssouveränität beruhte. Die Erstürmung der Bastille am 14. Juli 1789 markierte den Beginn der Französischen Revolution. Radikale Strömungen führten 1792 zur Republik und zu einer Welle revolutionären Terrors. Sie endete erst 1795 mit der Übernahme der Regierung durch ein Direktorium.

Militärische Erfolge führten zum Aufstieg von Napoleon Bonaparte. Mit seiner Kaiserkrönung 1804 begründete er eine neue Monarchie und zwang Europa unter französische Vorherrschaft. Napoleon brachte das Heilige Römische Reich zum Einsturz, womit auch die deutsche Kleinstaaterei endete. Das geschlagene Preußen führte Reformen durch, während England das Zentrum des Widerstands bildete. Der verlustreiche Russlandfeldzug leitete 1812 Napoleons Sturz ein. Die europäischen Völker erhoben sich und vertrieben ihn bis 1815.

Nach dem Untergang Napoleons stellte der Wiener Kongress die vorrevolutionären Verhältnisse wieder her. Das Heilige Römische Reich ließ sich jedoch nicht mehr beleben und wurde durch den Deutschen Bund ersetzt. Liberale und nationale Strömungen bekämpften die Regierungen. Das Streben des europäischen Bürgertums nach verfassungsmäßen politischen Rechten ließ sich jedoch nicht auf Dauer unterdrücken. Ausgehend von Frankreich entluden sich die Spannungen 1830 und 1848 in zwei Revolutionswellen.

Die Revolution von 1848 zielte auf einen deutschen Nationalstaat. Das Volk wählte eine Nationalversammlung, die in der Frankfurter Paulskirche tagte. Ihre Bestrebungen, ein neues deutsches Kaiserreich mit parlamentarischer Volksvertretung zu gründen, blieben jedoch erfolglos. Die Revolution scheiterte und die Fürsten setzten ihre Herrschaft erneut durch. Offen blieb die Frage nach einem deutschen Nationalstaat und liberalen Verfassungen. Ferner verschärfte sich die Rivalität zwischen den beiden Großmächten Preußen und Österreich.

2. Die Industrialisierung

Lernen in der Schule „im Jahr 2000", Zeichnung, 1899

„Der Streik", Gemälde von Robert Koehler, 1886

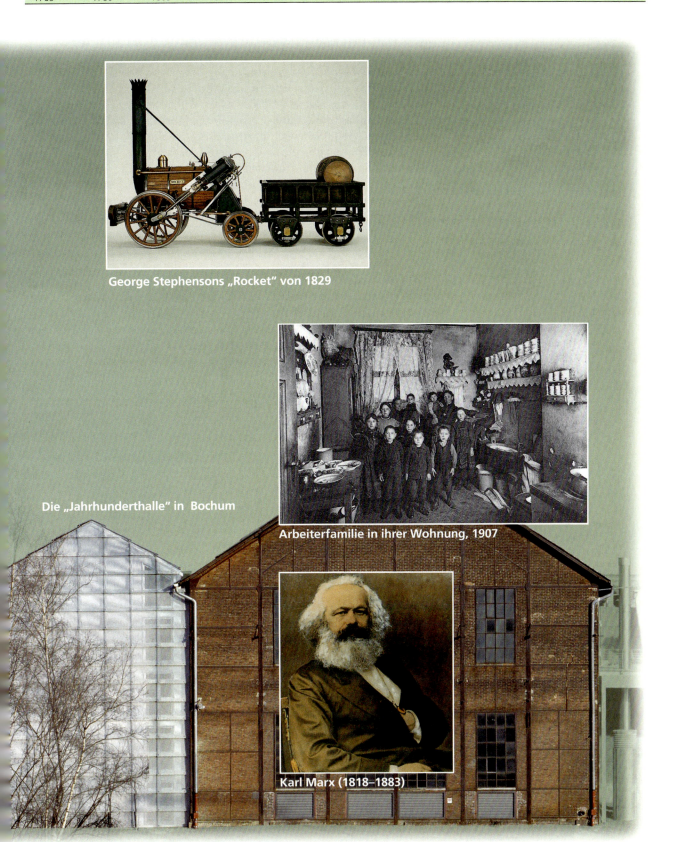

Die Industrialisierung

Die Industrielle Revolution beginnt in England

Eine weltgeschichtliche Veränderung

Mit der Jungsteinzeit änderte sich die Lebensweise der Menschen grundlegend. Von Jägern und Sammlern wurden sie zu sesshaften Bauern und so bildete die Landwirtschaft für Jahrtausende die Grundlage der menschlichen Gesellschaft. Doch seit seit dem 18. Jahrhundert trat hier eine Veränderung ein, die bis heute fortwirkt. Es entwickelte sich die industrielle Produktionsweise, die es ermöglichte, mit Hilfe von Maschinen massenhaft Güter herzustellen. Es veränderten sich dabei aber auch die Organisation von Arbeit, das soziale Zusammenleben, die Wohnverhältnisse – kurz: die gesamten Lebensverhältnisse. Industrialisierung und politische und soziale Veränderungen, die sich im Zuge der Französischen Revolution vollzogen, hingen voneinander ab und verstärkten sich gegenseitig.

Die dramatische Veränderung der Produktions- und Lebensverhältnisse vollzog sich rasch und betraf das Leben des Einzelnen so entscheidend, dass diese Entwicklung als **Industrielle Revolution** bezeichnet wird. Die Welt hatte ihr Gesicht innerhalb eines kurzen historischen Zeitraums grundlegend verändert.

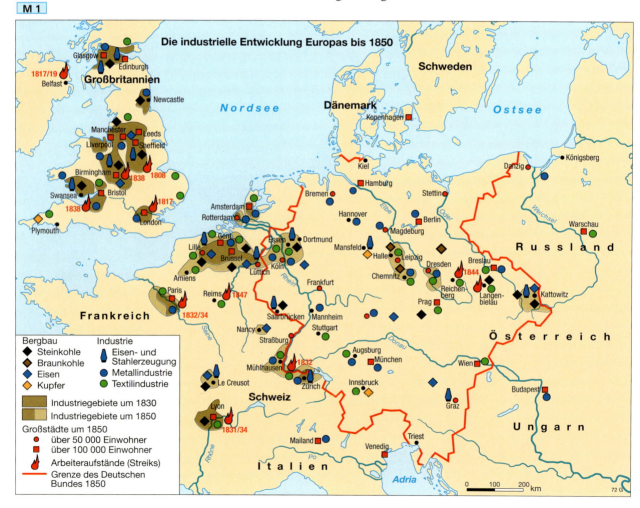

M 1 Die industrielle Entwicklung Europas bis 1850

90

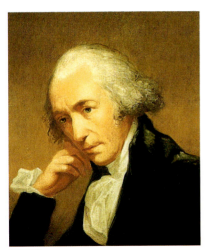

M 2 James Watt (1736–1819)
Erfinder der Dampfmaschine

England – „Mutterland der Industrialisierung"

Die Industrielle Revolution begann in England. Dort hatte sich bereits Mitte des 18. Jahrhunderts der Übergang von traditioneller handwerklicher Fertigung in Kleinbetrieben zur modernen industriellen Produktion in Fabriken vollzogen. Damit entstanden erste industrielle Ballungszentren. War früher ein Produkt von Einzelnen hergestellt worden, gab es in den Manufakturen des Absolutismus bereits Arbeitsteilung. Nun kam der Einsatz von Maschinen hinzu.

Veränderungen in der Produktionsweise betrafen zunächst die Textilindustrie. Dies war der Wirtschaftszweig, der die weitere Entwicklung in England bestimmte. Zum einen verbesserten neu entwickelte Spinnmaschinen, die zunächst per Hand, später mit Pferde- und Wasserkraft angetrieben wurden, die Menge und Qualität der erzeugten Garne. Zum anderen ermöglichten bessere Webstühle die Herstellung hochwertiger Stoffe in kürzerer Zeit. Diese wurden durch die neuen Dampfmaschinen betrieben, die unabhängig vom Standort eine gleich bleibende Energieversorgung ermöglichten.

Der Einsatz von Dampfmaschinen beflügelte die Industrialisierung in Großbritannien. Dampfmaschinen senkten die Kosten und ermöglichten eine mechanisierte Großproduktion nicht nur in der Textilindustrie, sondern auch in der ständig wachsenden Zahl anderer Industriesparten. So z.B. in Bergwerken, Kohlenzechen, Hüttenwerken und später auch der Landwirtschaft.

Neben der Textilindustrie besaß die Schwerindustrie große wirtschaftliche Bedeutung. Der Abbau von Eisenerz, die Gewinnung von Eisen und die Weiterverarbeitung etwa im Maschinenbau spielten bei der Industrialisierung eine zentrale Rolle.

Warum wurde England Geburtsort der Industrialisierung?

Bei der Beantwortung dieser Frage muss man viele Aspekte berücksichtigen, denn nur das Zusammenwirken verschiedener Faktoren kann die Vorreiterrolle Englands erklären.

M 3 Modell der Dampfmaschine
von James Watt

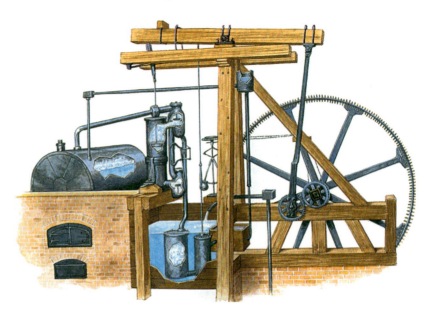

Die Industrialisierung

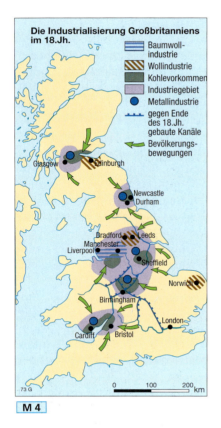

M 4

England profitierte von zahlreichen Faktoren, die das Emporwachsen einer Industrielandschaft begünstigten:

Zunächst förderte eine lange Friedensperiode den Ausbau der Infrastruktur. Kohle- und Eisenerzvorkommen in vorteilhafter Lage begünstigten zusammen mit einem leistungsfähigen Fluss- und Kanalsystem die Entstehung von Schwerindustrie und Maschinenbau. Rohstofflieferanten wie Nordamerika mit seinen Baumwollplantagen dienten zugleich als Absatzmarkt für englische Maschinen und Fertigprodukte.

Die insulare Lage begünstigte diese Entwicklung. Ein- und Ausfuhren wurden dadurch erleichtert, dass England nicht nur über gute Häfen verfügte, sondern bereits seit dem 17. Jahrhundert die Meere beherrschte. Wasserreiche Flüsse und Bäche lieferten die Antriebsenergie in der ersten Phase der Industrialisierung.

Zudem schufen Veränderungen in der Landwirtschaft günstige Voraussetzungen. Seit Mitte des 18. Jahrhunderts verbesserte sich die Nahrungsmittelversorgung für eine ständig wachsende Bevölkerung. Die Züchtung widerstandsfähiger Nutztiere und die intensive Nutzung des Bodens steigerten die Produktion landwirtschaftlicher Erzeugnisse. Die Grundbesitzer, meist Adlige, waren bestrebt ihre Erträge zu steigern. Viele Bauern konnten dieser Konkurrenz nicht standhalten und verloren ihre Selbstständigkeit. So standen sie nun den neu entstehenden Fabriken als Arbeitskräfte zur Verfügung.

Günstig für die Industrialisierung war auch Englands innenpolitische Lage. Es erwies sich als vorteilhaft, dass das Parlament auf die Gesetzgebung Einfluss nehmen konnte – anders als in anderen Staaten Europas – und so die Interessen der neuen Schicht von Unternehmern wahren konnte. Die Freiheit des Einzelnen auch in Wirtschaft und Industrie sowie die freie Verfügung über das Privateigentum charakterisierten ein System, das die Initiative des Einzelnen förderte. Aus religiöser Überzeugung strebten besonders Puritaner nach wirtschaftlichem Erfolg. So stieg England zur führenden Industrienation auf und konnte diese Stellung lange Zeit behaupten.

M 5 **Einsatz der Dampfmaschine**
Im Bergbau trieben Dampfmaschinen Wasserpumpen und Förderanlagen an, 19. Jahrhundert.

M 6 Der Montagesaal einer Spinnmaschinenfabrik in Böhmen
Über Transmissionsstangen und -riemen konnte eine Dampfmaschine viele einzelne Maschinen antreiben. Die Zahl der Arbeitsplätze wurde auf diese Weise entscheidend erhöht, ebenfalls auch die Zahl der gleichzeitig durchführbaren Arbeitsschritte, zeitgenössische Abbildung.

M 7 Lokomobile
Mit Dampfkraft betriebene Pflüge erleichtern auch die Produktion in der Landwirtschaft, Holzstich, 1890.

Die Industrialisierung

M 8 Spinnrad

Höhere Nachfrage nach Stoffen erfordert eine Weiterentwicklung der Herstellung von Garn. Dieses wird aus Fasern wie etwa Wolle zu einem Faden versponnen. Um den Drall zu erhalten, verwendete man Tausende von Jahren einfache Spindeln. Das Spinnrad erleichterte und beschleunigte den Spinnvorgang.

M 9 Spinnmaschine

Der englische Weber James Hargreaves entwickelte um 1764 die erste Spinnmaschine, die so genannte „Spinning Jenny": Bei dieser sitzen auf dem schräg in das Grundgestell eingebauten Rahmen Spulen mit Vorgarn (A). Von hier wird der Faserstrang über die so genannte Klaue (B) zu dem senkrecht im Grundgestell stehenden Spindeln geleitet (C). Die Klaue ist auf Rollen auf dem Rahmen hin- und herschiebbar. Die Spindeln werden durch ein Handrad (D) über eine Walze (E) angetrieben, von der die Drehbewegung durch Riemchen auf kleine Rollen auf den Spindelachsen (F) übertragen wird. Ein Draht (G) wird – fernbedient – von den Spindelspitzen aus heruntergedrückt, wenn der Faden beim Spinnen über die Spindelspitze abspringen soll.

Zit. nach: Almut Bohnsack, Spinnen und Weben. Entwicklung von Technik und Arbeit im Textilgewerbe, Reinbek 1981, S. 197.

M 10 Die Industrielle Revolution

Der Historiker Carlo Cipolla schreibt über die Bedeutung der Industriellen Revolution:

Ich sagte oben, dass das einzige geschichtlich vergleichbare Ereignis mit der Industriellen Revolution die neolithische ist. Aber – abgesehen von allen anderen Erwägungen: die neolithische Revolution entwickelte sich im Lauf Tausender von Jahren. Sie brauchte mehr als 5000 Jahre, um vom Mittleren Osten nach Skandinavien zu gelangen, und etwa 2500 Jahre, bis sie von Mexiko zum Quellgebiet des Ohio River vordrang. Der Mensch hatte Zeit sich nach und nach anzupassen. Die Industrielle Revolution hingegen hat die Welt überfallen, unsere ganze Existenz umgekrempelt, die Strukturen aller bestehenden menschlichen Gesellschaften über den Haufen geworfen – und das innerhalb von nur acht Generationen. Und heute beginnt sie uns mit größter Eile neue Probleme von solcher Ungeheuerlichkeit aufzuzwingen, dass der menschliche Geist in seinem gegenwärtigen Zustand sie kaum zu erfassen vermag: den unkontrollierten Bevölkerungszuwachs; die Wasserstoffbombe; die Verpestung der Luft und der natürlichen Umgebung durch Industriemüll; die Notwendigkeit der Massenerziehung; die stetige Zunahme von alten Menschen, die zwar am Leben erhalten, aber von der restlichen Gesellschaft zurückgewiesen werden; das Ende des traditionellen Staates; die wissenschaftliche Organisation unkontrollierbarer Machtzentren; die unbegrenzten Möglichkeiten, die Genetiker und Biologen besitzen, um die Natur und das Verhalten der Menschen zu beeinflussen. Unter dem Gewicht dieser Probleme brechen die alten Strukturen zusammen. Die Konservativen beklagen sich, sie verstünden nicht mehr, was vor sich geht, und täuschen sich selbst, indem sie eine Vergangenheit am Leben zu erhalten suchen, die längst tot ist. Diejenigen, die verstehen, was vor sich geht, aber nicht wissen, wie derart ungeheuerliche Probleme zu lösen sind, leiden. Die jungen Leute protestieren, wenn sie merken, wie überholt die alten Institutionen sind, aber auch sie haben keine besseren Heilmittel und machen ihrer Enttäuschung in Wogen leidenschaftlicher Anarchie und wütenden Hasses gegen ihr Erbe Luft. Alle sind überrumpelt worden. Es ist die Geschichte des „Zauberlehrlings", über die man lachen könnte, wenn sie nicht so tragisch wäre.

Cipolla, Carlo M./Borchardt, Knut (Hg.), Europäische Wirtschaftsgeschichte, Bd. 3, Die Industrielle Revolution, Stuttgart/New York 1985, S.10.

Aufgaben

1. a) Suche die im Text genannten Rohstoffvorkommen auf den thematischen Karten.
   b) Erläutere den Zusammenhang zwischen Rohstoffvorkommen und industriellen Standorten in England.
   c) Welche günstigen Faktoren erleichterten den überseeischen Warenaustausch?
   → Text, M1, M5
2. a) Untersuche, welche Vorteile die Mechanisierung in der Textilproduktion brachte.
   b) Überlege, inwieweit durch diese Form der Produktion auch andere Bereiche der Industrie gefördert wurden.
   c) Erläutere, welche Auswirkungen diese Produktionsform auf die Arbeiter hatte.
   → Text
3. a) Versuche aus einem Bausch Watte einen Faden zu flechten.
   b) Inwieweit stellt das Spinnrad eine Erleichterung dieses Vorganges dar?
   c) Beschreibe die Funktionsweise eines Spinnrads.
   d) Untersuche, welche Folgen der Einsatz von Spinnmaschinen auf die Produktion und die Arbeitsverhältnisse hat.
   e) Überlege, welche Folgen das Fehlen von Spinnmaschinen auf unser Leben heute hätte.
   → Text, M6, M8, M9
4. Fasse bitte zusammen: Warum war England das „Mutterland" der Industrialisierung? → Text
5. a) Analysiere die Aussagen des Historikers Cipolla zur Industriellen Revolution.
   b) Welche Probleme wirft nach seiner Ansicht die Industrialisierung auf?
   c) Stimmst du dieser Sichtweise zu? Begründe.
   → M10

Die Industrialisierung

Anfänge der Industrialisierung in Deutschland

Die schlechte Ausgangslage

Im Vergleich zu England erfolgte die Industrialisierung in Deutschland zeitlich verzögert. Die Phase der so genannten Frühindustrialisierung dauerte bis Mitte des 19. Jahrhunderts. Erst ab 1850 erfolgte der umfassende Ausbau der Industrie; um 1900 schließlich war Deutschland eine Industriegesellschaft.

Die territoriale Zersplitterung Deutschlands erwies sich lange als Hemmnis der industriellen Entwicklung. Unterschiedliche Rechtssysteme und Zollgrenzen lähmten den Verkehr zwischen den einzelnen Territorien. Zwar gab es in Städten wie Augsburg, Nürnberg oder Solingen Schwerpunkte handwerklicher Fertigung und in einigen Mittelgebirgen Zentren mit Heimarbeitern. Doch blieb die Zahl der dort Beschäftigten gering, denn die überwiegende Mehrheit der Bevölkerung arbeitete in der Landwirtschaft. In den Städten regelten die Zünfte die handwerkliche Produktion, was sich hemmend auswirkte.

M 1

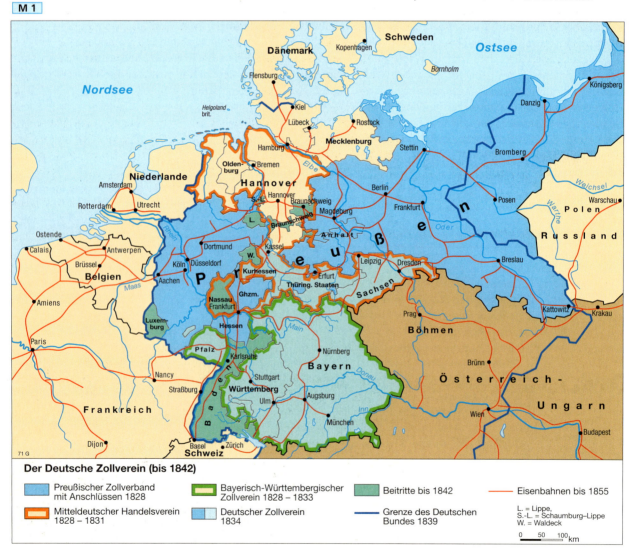

Der Deutsche Zollverein (bis 1842)

Der Staat greift ein

Einen wichtigen Schritt in die Zukunft bildeten Reformen, die Länder wie Preußen oder Bayern einleiteten. Die Bauernbefreiung beendete die jahrhundertelange Erbuntertänigkeit, ermöglichte den Bauern die Selbstständigkeit oder zwang sie zur Lohnarbeit. Weitere Gesetze hoben den Zunftzwang auf und gewährten allen Bewohnern Freizügigkeit und Gewerbefreiheit. So konnte jeder einen Betrieb mit beliebigen Produkten eröffnen. Durch Gewerbe- und Industrieausstellungen, durch Bankgründungen, die neuen Unternehmern Kapital zur Verfügung stellten, sowie durch zahlreiche Einzelmaßnahmen unterstützte der Staat die Industrialisierung. Auch im Bereich der Erziehung wurde der Staat aktiv. So gründete er Schulen, die der Ausbildung neuer technischer Eliten dienten.

Auch die Handelspolitik trug entscheidend zum Wandel der deutschen Wirtschaftsstruktur bei. 1818 schaffte Preußen die Zölle zwischen seinen Provinzen ab. Die süddeutschen Staaten reagierten 1828 mit der Gründung eines eigenen Zollvereins. 1834 schuf der Deutsche Zollverein allmählich einen einheitlichen deutschen Wirtschaftsraum. Das brachte den Mitgliedsstaaten durch die Ausweitung des Handels eine kräftige Belebung der Wirtschaft. Viele Historiker betrachten die Gründung des Deutschen Zollvereins als entscheidenden Schritt zur nationalen Einheit Deutschlands.

Die Rolle der Unternehmer

Eine nicht zu unterschätzende Rolle bei der Industrialisierung Deutschlands spielten Unternehmerpersönlichkeiten. So brachte der Industrielle Friedrich Harkort (1793–1880) von einer Informationsreise durch England Facharbeiter und Techniker mit. Es gelang ihm, Kredite zu erhalten und 1819 die „Mechanischen Werkstätten Harkort u. Co." in Wetter an der Ruhr zu gründen. 1820 wurden dort die ersten beiden Dampfmaschinen produziert. Harkort errichtete Kupfer- und Eisenwalzwerke und förderte die Eisenbahn und Binnenschifffahrt. Bis 1871 war er zudem als Liberaler politisch tätig.

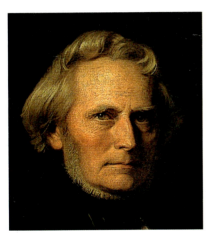

M 2 **Friedrich Harkort (1793–1880).** Der Industrielle gründete große Fabriken, bemühte sich um soziale Einrichtungen und war ein führender Politiker im preußischen Abgeordnetenhaus, zeitgenössisches Gemälde.

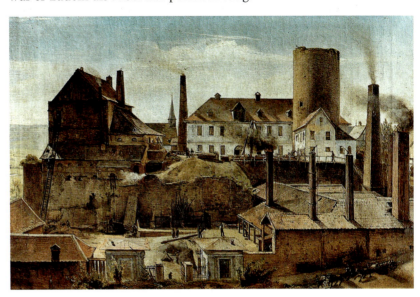

M 3 **Harkortsche Fabrik 1834** auf Burg Wetter. Hier baute Harkort den ersten Hochofen ohne Rauchgemäuer: 16 m hoch, nur umgeben von Eisenreifen, zeitgenössische Darstellung.

Die Industrialisierung

M 4 Gegenwart und Zukunft
Karikatur aus: „Fliegende Blätter", 1845

M 5 Pro und contra Fabrikwesen (1841)

In einem Jahresbericht über die Königliche Kreis,- Landwirtschafts- und Gewerbeschule zu Regensburg für das Schuljahr 1840/41 wurde über das Fabrikwesen Folgendes geschrieben:

Als bedeutende Vorteile unseres Fabrikwesens können mit unumstösslicher Gewissheit geltend gemacht werden:
1. dass viele Artikel für den heutigen Bedarf nur und einzig auf dem Fabrikwege herzustellen seien,
2. dass die Fabriken, so lange sie im Gange sind, mehr Hände beschäftigen, als früher einzelne Handwerker in demselben Fache beschäftigt waren,
3. dass ein gleichmäßiger, zu berechnender Effekt nur durch Maschinen erzielt werden könne,
4. dass die Handwerker teils durch Hilfe von Maschinen und Fabrikwaren, teils wegen Konkurrenz mit diesen bedeutenden Aufschwung erhielten,
5. dass viele der menschlichen Gesundheit schädliche Arbeiten durch Maschinen verrichtet werden, und
6. der menschlichen Kraft ein würdigeres und zweckmäßigeres Feld angewiesen wird.

Die Nachteile des Fabrikwesens sind nicht minder auffallend, sie verdienen um so mehr die ernsteste Betrachtung, als solche durch zweckdienliche Vorkehrungen und Verwaltungsmaßregeln großenteils gehoben werden könnten.
Es kann durch das Stillestehen einer Fabrik die Einwohnerschaft einer ganzen Gegend um den täglichen Unterhalt gebracht werden, weil die Fabrikarbeiter sich in andere Verrichtungen nicht zu schicken wissen, woraus sich von selbst ergibt, dass die Ausbildung dieser Leute teils durch die Einseitigkeit der Arbeit, teils durch den Umstand, dass die Kinder schon von frühester Jugend an in den Fabriken beschäftigt werden, sehr niedergehalten wird. Eine fernere Folgerung ist diese, dass auf solche Weise der arbeitenden Klasse die Mittel entzogen werden, sich höher zu schwingen und Selbstständigkeit zu erlangen; denn, indem jedes Unternehmen schon zum Beginne sehr bedeutende Mittel und umfassende Kenntnisse erheischt, verbinden

| 1765 | 1780 | 1805 | 1820 | 1835 | 1850 | 1865 | 1880 | 1895 | 1910 | 1925 |

sich gewöhnlich Leute von hohem Wohlstande mit einem wissenschaftlich gebildeten unternehmenden Kopfe (der Kapitalist mit dem Ingenieur in England), wo dann der letztere alle Arbeiten angibt, leitet und in jedem Sinne des Wortes für alle denkt. Obwohl menschliche Kräfte durch die Maschinen erspart und wichtigem Zwecke zugewendet werden können, wollen sich, abgesehen von obigem Grunde, doch die Fabrikarbeiter nie zur Feldarbeit, der ersten und nützlichsten aller Verrichtungen bequemen, können es auch nicht, weil diese einen gesunden Körper erfordert: deshalb finden wir es häufig, wenn es in Gegenden an Feldarbeitern fehlt, so hunderte von Fabrikgehilfen auf Beschäftigung warten.

Dann werden nur zu häufig neue Luxusgegenstände erfunden und mit diesen bisher unbekannte Bedürfnisse eingeführt, die, wenn sie nicht als Fabrikwaren außerordentlich wohlfeil geliefert würden, nie Eingang fänden; oder es werden Gewerbe, welche weder große geistige Fähigkeiten noch bedeutenden Aufwand von Handarbeit erfordern, gänzlich durch eine Fabrik unterdrückt.

Wir gedenken hier eines einzigen Falles: Vor einigen Jahren kamen die Haarbürsten in Aufnahme, und ein industrieuser Engländer fasste den Plan, diesen Artikel im Großen anfertigen zu lassen. Das Unternehmen glückte, erhielt Ausdehnung, alles, was irgend von Borsten zu Markte kam, wurde durch englische Agenten aufgekauft, und jetzt sieht sich ein großer Teil von Europa (in Deutschland mehrere Gegenden ganz ausschließlich) mit Bürsten aller Arten aus England versehen, sodass den einschlägigen Handwerkern, welche auf keine Weise mit den englischen Unternehmern konkurrieren konnten, nichts übrig blieb, als Niederlassungen eines ausländischen Fabrikates zu errichten. Ähnlich verhält sich's mit unzähligen Artikeln. – Der größte Nachteil aber, der aus der leichten Maschinenproduktion erwuchs, ist ohne Zweifel ein hoch gesteigerter Kleiderluxus und Hang zum Aufwand bei den minder bemittelten Volksklassen, nebst all' den Übeln, die sich hieran knüpfen.

Konrad v. Zwehl/Susan Boenke (Hg.), Aufbruch ins Industriezeitalter, Bd. 3: Quellen zur Wirtschafts- und Sozialgeschichte Bayerns vom ausgehenden 18. Jahrhundert bis zur Mitte des 19. Jahrhunderts, München 1985, S.137 f.

Aufgaben

1. a) Untersuche, ab wann man von der Industrialisierung Deutschlands sprechen kann.
   b) Wann setzt der industrielle Aufholprozess Deutschlands ein?
   → Text, S. 90 (M1)
2. Welche verschiedenen Maßnahmen ergriffen die Länder, um die Industrialisierung Deutschlands voranzutreiben?
   → Text
3. Welche Rolle spielten die Unternehmer?
   → Text
4. a) Ordne die Beitritte der Länder zum Deutschen Zollverein zeitlich ein.
   b) Welche Vorteile brachte den Ländern der Beitritt zum Deutschen Zollverein?
   c) Welche politische Bedeutung kommt dem Deutschen Zollverein zu?
   d) Warum ist Österreich dem Zollverein nicht beigetreten? Suche nach Gründen!
   → Text, M1
5. a) Wie wird die Situation 1848 dargestellt?
   b) Beurteile, inwieweit die Vision für 1945 verwirklicht wurde.
   → M4
6. Analysiere den Bericht von 1841 zum Fabrikwesen.
   a) Welche Vorteile schildert der Bericht?
   b) Welche Gefahren werden dargestellt?
   c) Wie beurteilst du die dargestellten „Gefahren" aus heutiger Sicht?
   → M5

Die Industrialisierung

M 1 **Erste Eisenbahnstrecke**
Am 7. Dezember 1835 wurde zwischen Nürnberg und Fürth die erste deutsche Eisenbahnstrecke eröffnet. Ihre Länge betrug 6,5 km, die Lokomotive „Adler" stammte aus England.

Deutschland auf dem Weg zum Industriestaat

Der Durchbruch der Industrialisierung

Nach zögerlichem Beginn vollzog sich zwischen 1850 und 1870 der Durchbruch zur Industriegesellschaft. Diese Periode wird in der Wissenschaft oft als „Take-off Phase", als Phase des endgültigen „Abhebens" bezeichnet. Die Industrialisierung breitete sich in regional unterschiedlicher Geschwindigkeit aus, zuerst in Schlesien, Sachsen und im Rheinland, später in Westfalen, Hessen, Baden, Württemberg und Bayern. Neben Industrieregionen gab es von wirtschaftlichen Neuerungen weit gehend unberührte Gebiete. Während die politischen und sozialen Veränderungen durch das Scheitern der Revolution von 1848/49 gehemmt wurden, setzte sich der Prozess der Industrialisierung beschleunigt fort.

Der Eisenbahnbau als Leitsektor

Wesentliche Triebkraft hinter der Beschleunigung der Industrialisierung war der Eisenbahnbau, dessen Anfänge in der ersten Hälfte des 19. Jahrhunderts liegen. Trotz anfänglicher Widerstände wurde nun Kapital in bisher ungekanntem Ausmaß eingesetzt, um die neue Technik zu finanzieren. Der Staat unterstützte den Ausbau eines Eisenbahnnetzes und genehmigte die Zulassung von Aktiengesellschaften: Gegen Einlage einer Geldsumme konnten Anteilscheine an einem Unternehmen, also Aktien, erworben werden. Dies verschaffte dem Unternehmen Geld. Die Aktionäre hofften natürlich auf Gewinn, mussten aber bei schlechtem Geschäft auch die Verluste tragen.

Die Entwicklung der Eisenbahn

1814 hatte George Stephenson eine betriebstaugliche Dampflokomotive erfunden; 1820 wurden erstmals Eisenbahnschienen aus gewalztem Stahl hergestellt; 1825 ging die erste öffentliche Eisenbahnstrecke zwi-

M 2 **Dampflokomotive (1829)**
George Stephensons „Rocket" erreichte eine Geschwindigkeit von 48 km/h und beförderte etwa 30 Personen.

M 3 **Lokomotive „Beuth" (1843)**
Die dreiachsige Lokomotive wurde bei der 1837 in Berlin gegründeten Maschinenfabrik Borsig gebaut.

schen Stockton und Darlington in Betrieb. Am 7. Dezember 1835 wurde die erste deutsche Eisenbahnstrecke von 6,5 km Länge zwischen Nürnberg und Fürth eröffnet. Die Lokomotive „Adler" hatte Stephenson in England gebaut, Flussschiffe und Ochsengespanne hatten sie zu ihrem Einsatzort transportiert. Der Lokomotivführer William Wilson, von Stephenson persönlich ausgebildet, baute sie an Ort und Stelle zusammen. Die herausragende Rolle englischer Technik zeigte sich daran, dass Wilsons Einkommen das des Direktors der Eisenbahnlinie erheblich übertraf.

In der Folgezeit bestimmten die Deutschen zunehmend das Eisenbahnwesen. Der in München geborene Joseph Anton von Maffei (1790–1870) erwarb 1838 ein Eisenhammerwerk in München. Er stellte Ingenieure aus George Stephensons Firma ein und erwarb so englisches Fachwissen auf dem Gebiet des Dampflokomotivbaus. 1841 war die erste Maffei-Dampflokomotive fertig. Bis 1870 lieferte die Firma mehr als 400 Lokomotiven allein an die Bayerischen Staatsbahnen, von denen manche über 50 Jahre ihren Dienst versahen. – In Berlin gründete August Borsig (1804–1854) eine Eisengießerei und Maschinenbauanstalt, die schon bald Lokomotivreparaturen ausführte und 1841 die ersten eigenen Lokomotiven produzierte. 1875 zählte Borsig neben Baldwin in den USA zu den größten Lokomotivfabriken der Welt und belieferte Staatsbahnen im In- und Ausland.

Die weitere Entwicklung verlief rasant: Die Bahn erwies sich als großer finanzieller Erfolg und beförderte innerhalb eines Jahres über 240 000 Personen. Durch das „Eisenbahnfieber" schnellte die Zahl der eisen- und stahlverarbeitenden Betriebe in die Höhe und ließ den Bedarf an Arbeitskräften sprunghaft steigen. Davon profitierten Arbeitslose auch in ländlichen Gebieten. Das sich ausweitende Streckennetz verbilligte den Transport von Menschen und Gütern. Die Reisedauer zwischen den Städten verkürzte sich beträchtlich und die ungewohnte Mobilität veränderte das Lebensgefühl der Menschen entscheidend.

M 4 Lokomotive (1867)
Lokomotiven wie diese der Berliner Fabrik Schwarzkopff bestimmten die zweite Hälfte des 19. Jh.

M 5 Schnellzuglokomotive (1906)
Gebaut bei Maffei in München zog sie den Rheingoldexpress und fuhr einen Schnellfahrrekord von 154 km/h.

Die Industrialisierung

M 6 Eisenbahnfahrt

Der folgende Bericht schildert, wie ein Zeitgenosse eine Eisenbahnfahrt im Jahr 1839 erlebte:

Wir sitzen; die Maschine gibt sich mit einem durchdringenden Pfiffe selbst das Zeichen und rollt davon. Das Ungetüm jagt rasselnd, dampfend, schnaubend dahin und darüber kommt die ganze
5 Gegend in Unordnung und fährt wie besessen durcheinander.
Die fernen Höhen rücken eiligst näher, einzelne Häuser schießen pfeilschnell daher und fahren pfeilschnell wieder davon. Wenn man durch die
10 Alleebäume auf das Gebirge sieht, so ist's gerade, als ob die ungeheure Zugspitze den andern Bergen nachjagte, die lustig vor ihr davon rennen. Fährt man durch einen Hain, so lassen sich zwar die vordern Bäume an der Straße ganz vernünftig an,
15 aber hinten im Walde sieht es aus, als ob die Fichten scherzend durcheinander liefen. [...]
Die Maschine hält: wir sind in Lochhausen, einem stillen, verlegenen Dörfchen, zwei Stunden von München, von welchem ehedem nur die nächsten
20 Nachbarn etwas wussten und das nun den Münchnern so bekannt geworden ist, wie Neberghausen oder Hessellohe. Diese Ortschaft war nämlich viele Monden lang der Port, in dem der Dampfwagen seine Fahrt beschloss, zu einer Zeit, da er
25 noch in Windeln lag und sich nicht weiter getraute, weil die Schienen nicht gelegt waren.
Damit ging ein glücklicher Stern auf für Lochhausen, das überrascht und freudetrunken täglich Hunderte von Hauptstädtern ankommen sah, die
30 die Eisenbahn hatten probieren wollen. Diese Frequenz hat allerlei abgesetzt; ein solcher Niederschlag ist zum Beispiel der schmucke Wirtshauspavillon von Holz rechts der Bahn und das mächtige Belvedere gleichen Stoffes zu seiner Seite. [...]
Auch ist hier eine Anhöhe durchgegraben, deren 35 Ränder ein gemauerter Bogen verbindet, welcher geschmackvoll entworfen und nagelneu, wie er ist, die Umgebung nicht wenig heraushebt.
Nach ein paar Minuten, während deren manche Passagiere ausgeschifft und andere an Bord gela- 40 den worden sind, macht sich der Zug wieder auf und eilt wieder tobend davon. Doch wird noch an verschiedenen Dörfern gehalten, ehe wir nach Nannhofen kommen, das acht Stunden von München liegt und gegenwärtig der äußerste Punkt ist, 45 bis zu dem die Lokomotive geht. Allenthalben werden an den Stationen Gebäude errichtet für die Leute der Bahn und geräumige Hallen zur Unterkunft für die Wartenden. [...]
Nun sind wir in Nannhofen und steigen immerhin 50 zufrieden aus, wenn auch anderthalb Stunden darauf gegangen sind, um eine Strecke von acht Stunden zurückzulegen. Diese lange Dauer der Fahrt ist zunächst dem oftmaligen Anhalten zuzuschreiben; denn außer der Zeitversäumnis in den 55 verschiedenen Dörfern geht aus der Kürze der Stationen auch noch der Übelstand hervor, dass der Drache an der Spitze nie dazu kommt, seine Flügel so recht kräftig zu schlagen, weil er immer schon wieder am Ziele ist, wenn er gerade in den besten 60 Eifer geraten will.

Zit. nach: Konrad v. Zwehl/Susan Boenke (Hg.), Aufbruch ins Industriezeitalter, Bd. 3: Quellen zur Wirtschafts- und Sozialgeschichte Bayerns vom ausgehenden 18. Jahrhundert bis zur Mitte des 19. Jahrhunderts, München 1985, S. 173 f.

M 7 „Eisenbahnvermessung"

„Aber mein Herr, so schätzenswert mir die Ehre Ihres Besuches ist, so muss ich doch gestehen, dass ich die Absicht hatte, auch heute dort in dem Bette zu schlafen."
Der Geometer: „Herr, schlafen Sie, wo Sie wollen, aber merken Sie sich diese offizielle Verkündigung: Im Namen der Eisenbahn! Wer irgend einen der zu der Vermessung nötigen Pfähle auch nur kurze Zeit herauszieht, muss die gesamten Vermessungskosten zahlen. Im Namen der Eisenbahn! – Guten Abend", Karikatur, 1845

| 1765 | 1780 | 1805 | 1820 | 1835 | 1850 | 1865 | 1880 | 1895 | 1910 | 1925 |

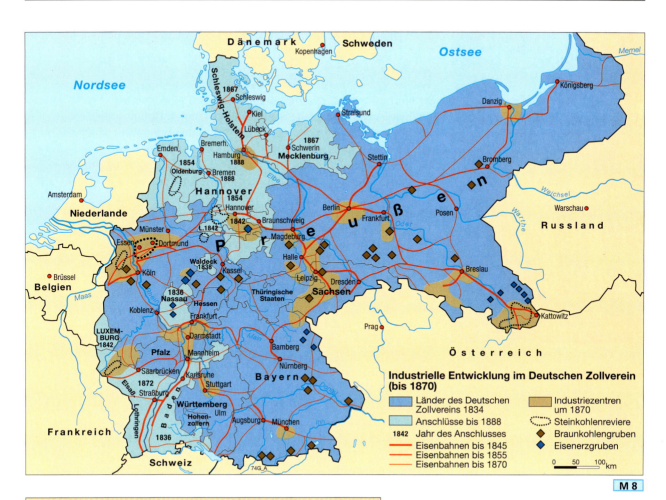

Industrielle Entwicklung im Deutschen Zollverein (bis 1870)

- Länder des Deutschen Zollvereins 1834
- Anschlüsse bis 1888
- 1842 Jahr des Anschlusses
- Eisenbahnen bis 1845
- Eisenbahnen bis 1855
- Eisenbahnen bis 1870
- Industriezentren um 1870
- Steinkohlenreviere
- Braunkohlengruben
- Eisenerzgruben

M 8

Länge der Eisenbahnstrecken in Deutschland

Jahr	km	Jahr	km
1845	2131	1880	3 3865
1850	5822	1885	37572
1855	7781	1890	41818
1860	11026	1895	45203
1870	18560	1900	49878
1875	27795	1905	54680

nach: Werner Sombart, Die deutsche Volkswirtschaft im 19. Jahrhundert (1903), Darmstadt 1954, S. 493

M 9

Aufgaben

1. a) Welche Auswirkungen hat der Eisenbahnbau auf das Land?
   b) Wie stehen der Verfasser des Berichts über die Eisenbahnfahrt und der Karikaturist zum Ausbau der Bahn?
   → Text, M6, M7

2. a) Beschreibe das Streckennetz der Eisenbahn bis 1870.
   b) Welche Probleme ergeben sich daraus für die industrielle Erschließung Deutschlands?
   → M8, M9

3. a) Berechne den prozentualen Zuwachs der Streckenlängen zwischen 1845 und 1875.
   b) Welche Rückschlüsse lässt dies auf Deutschlands industrielle Entwicklung zu?
   → M8, M9

Die Industrialisierung

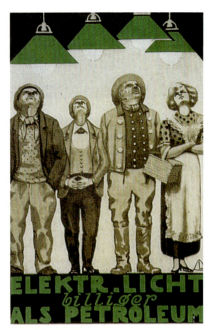

M 1 Glühbirne
Werbeplakat,
Ende 19. Jahrhundert

M 2 Waschmittel
Werbeplakat,
Anfang 20. Jahrhundert

Deutschland – ein Industriestaat

Neue Leitsektoren

War zunächst die Eisenbahn Motor des Wirtschaftswachstums, so entwickelten sich in rascher Folge neue Industriezweige, die die Industrialisierung vorantrieben. Ende des 19. Jahrhunderts übernahmen die Elektro- und Chemieindustrie die Rolle der Leitsektoren. Nicht mehr die Landwirtschaft, sondern die Industrieproktion bestimmte jetzt die wirtschaftliche Entwicklung. Um 1900 war Deutschland endgültig zum Industriestaat geworden und kein Agrarland mehr.

Elektrizität verändert das Leben

Hatte die Telegraphie als moderne Kommunikationstechnik im amerikanischen Bürgerkrieg und in den deutschen Einigungskriegen bereits eine bedeutende Rolle gespielt, fand sie zunehmend auch zivile Verbreitung und neue Anwendungsbereiche. Das von Alexander Bell 1876 erfundene erste brauchbare Telefon, über das schon ein Jahr später aus Berlin das erste kontinentaleuropäische Telefongespräch geführt wurde, erleichterte die Kommunikation über große Entfernungen.

Die Erfindung der Glühbirne durch Thoma Alva Edison 1879 machte Gaslaternen, Petroleumlampen und Kerzen in den Industriestaaten zunehmend überflüssig. Grundlage all dieser Entwicklungen war das 1866 von Werner von Siemens entdeckte dynamo-elektrische Prinzip, das die Grundlage für die Umwandlung mechanischer in elektrische Energie bildet.

Die Elektrizitätswerke dienten zunächst vor allem der Erzeugung von Strom für die Beleuchtung. Zukunftweisend war jedoch die Verwendung des Stroms für den Betrieb von Elektromotoren. Sie verdrängten bald die Dampfmaschine aus den Fabriken und ermöglichten es auch kleineren Betrieben, sich moderner Produktionsweisen zu bedienen. Besondere Bedeutung erlangte der Elektromotor auch im Verkehr; so konnten die Wohnungen der Arbeiter dank der elektrischen Straßenbahn in größerer Entfernung von der Arbeitsstätte gebaut werden. Immerhin stand 1913 bereits der Hälfte der deutschen Bevölkerung Strom zur Verfügung.

Aufstieg der Chemieindustrie

In der zweiten Hälfte des 19. Jh. führten verschiedene Entdeckungen zum rasanten Aufstieg der Chemie- und Farbenindustrie. Wissenschaftler dieser Industriesparten erprobten in Instituten und Forschungslabors neue Verfahrenstechniken. Das Zusammenwirken von Theorie und Praxis erwies sich als sehr erfolgreich und die deutsche Chemieindustrie gewann mit ihrer Produktion und Innovation die internationale Vorherrschaft. An großen Flüssen gelegene Städte wurden zu Produktionszentren, da dort die Rohstoffversorgung einfacher war und genügend Kühlwasser zur Verfügung stand. Allerdings begann damals auch die Einleitung von Schadstoffen in die Flüsse!

Seit 1900 wirkten Elektrizität und Chemie immer stärker zusammen, besonders im Bereich der Metallverarbeitung. Deutschland war zu einer wirtschaftlichen Weltmacht und zum größten Indstrieproduzenten nach den USA aufgestiegen.

| 1765 | 1780 | 1805 | 1820 | 1835 | 1850 | 1865 | 1880 | 1895 | 1910 | 1925 |

M 3 Bayer AG (um 1880)
Das 1863 gegründete Unternehmen zählt zu den bedeutendsten der deutschen Chemieindustrie. 1910 gelang ihm die Herstellung des ersten synthetischen Kautschuks.

M 4

Steinkohlenförderung (in Mio. t)			
Jahr	GB	D	Ruhrgebiet
1820	17,7	1,3	0,5
1830	22,8	1,8	0,7
1840	34,2	3,2	1,2
1850	50,2	5,1	2,0
1860	81,3	12,3	4,9
1870	112,2	26,4	11,8
1880	149,3	47,0	22,5
1890	184,5	70,2	35,5
1900	228,8	109,3	59,6
1910	268,7	152,8	86,9

Entstehung von Großbetrieben

In dieser Phase bildeten sich im Bereich der neuen Leitsektoren sowie im Bergbau und der Schwerindustrie immer mehr Großbetriebe. Siemens, Krupp, Thyssen, AEG, BASF und Bayer sind hierfür Beispiele. Sie entstanden im Zuge des enormen Wirtschaftswachstums oder durch Zusammenlegung bisher selbstständiger Firmen. Solche durch Kapitalbeteiligung miteinander verflochtene Firmen unter einheitlicher Leitung bezeichnet man als „Konzerne". Ihre Belegschaft kann zehntausende Menschen umfassen.

Der Konzentrationsprozess konnte dazu führen, dass die Konkurrenz ausgeschaltet wurde und marktbeherrschende Großunternehmen auf bestimmten Sektoren die Preise weit gehend allein diktierten.

Industrielandschaften entstehen – das Ruhrgebiet

Das Ruhrgebiet galt für Jahrzehnte als wichtigste Industrieregion Deutschlands. Um die Mitte des 19. Jahrhunderts war es allerdings noch weit gehend ländlich geprägt. Die etwa 300 000 Einwohner verteilten sich auf kleine Landstädte und Dörfer. Erst 1837 wurde der erste Bergwerksschacht eingerichtet und 1847 erreichte die erste Eisenbahnlinie das Ruhrgebiet.

Durch die Kohlevorkommen entwickelte sich das Ruhrgebiet zum industriellen Ballungszentrum. Zwar hatte man hier schon seit dem Mittelalter in Kleinschachtanlagen Kohle gefördert, doch konnte der steigende Brennstoffbedarf der Hochöfen und Dampfmaschinen damit nicht länger gedeckt werden. So wurden weitere Vorkommen im Norden erschlossen und der Bergbau technisch perfektioniert.

Die Industrialisierung

M 5 Krupp-Werke (um 1884)
In den Industrieanlagen, durch die sich 73 km Eisenbahnschienen zogen, arbeiteten über 15 000 Menschen, Gemälde um 1884.

Da die Eisenindustrie Unmengen von Kohle verschlang, musste sie dem Kohlebergbau folgen. Das war umso notwendiger, als das dürftige Straßennetz und die wenigen Pferdebahnen und Treidelschiffe größere Transportleistungen nicht bewältigen konnten. Obwohl ergiebige Kohlenflöze meist ziemlich tief lagen, lohnte sich Abbau. Das lag daran, dass man um 1850 bereits eine bisher nicht für möglich gehaltene Schachttiefe von 160 m erreicht hatte. Diese Verklammerung von Bergbau und Schwerindustrie machte das Ruhrgebiet zur wichtigsten Industrieregion Deutschlands, die ein Heer von Arbeitskräften anzog. Sie kamen aus allen Teilen Deutschlands, denn die Nachfrage überstieg das Arbeitskräftereservoir der Region bei weitem.

Zehntausende von Arbeitern benötigten mit ihren Familien nun eine Unterkunft, sodass neben den Industriebetrieben große Arbeitersiedlungen entstanden. Kleine Orte wie Essen, Bochum, Dortmund oder Gelsenkirchen wuchsen innerhalb kurzer Zeit zu Großstädten heran. So zählte Essen im Jahr 1850 nur 9000 Einwohner, 1880 bereits 57 000 und hatte 1910 eine Einwohnerzahl von 300 000 erreicht. Nach und nach wurde die notwendige Infrastruktur, also Straßen, Wasserversorgung und Schulen errichtet. Bis dahin gestalteten sich die Wohn- und Lebensverhältnisse außerordentlich schlecht und besserten sich nur sehr langsam.

Heute spielen Bergwerke und Schwerindustrie keine entscheidende Rolle mehr für die Wirtschaft des Ruhrgebiets. Es gibt im Gegenteil große Probleme, denn die „alten" Industrien sind weit gehend abgestorben, neue Industrien jedoch nicht ausreichend nachgerückt. Die meisten alten Industrieflächen dienen heute anderen Zwecken oder sind sogar in Naturflächen zurückverwandelt worden.

| 1765 | 1780 | 1805 | 1820 | 1835 | 1850 | 1865 | 1880 | 1895 | 1910 | 1925 |

M 6 „Lernen in der Schule"
Für eine Sammelbildreihe aus dem Jahr 1899 wurden zahlreiche Zeichnungen angefertigt, die Vorstellungen des Zeichners über das Jahr 2000 aufzeigen.

M 7 „Die Kosmetikmaschine"

M 8 „Die Diktiermaschine"

Die Industrialisierung

M 9 Das Kruppsche Betriebsgelände „mit etwas Rauch", Fotografie von 1867

M 10 Luftverschmutzung

a) Alfred Krupp schrieb 1867:

Nizza, 12. Januar 1867
Für die Pariser Ausstellung und für einzelne Geschenke an hochstehende Personen müssen wir neue Fotografien im Mai, wenn alles grünt und der Wind sille ist, ausführen. Ich denke nämlich, dass die kleinen Fotografien vollkommen im Allgemeinen ausreichen, daneben wünsche ich aber in größtem Maßstabe eine oder besser zwei Ansichten mit Staffage und Leben auf den Plätzen, Höfen und Eisenbahnen. Ich würde vorschlagen, dass man dazu Sonntage nehme, weil die Werktage zu viel Rauch, Dampf und Unruhe mit sich führen, auch der Verlust zu groß wäre. Ob 500 oder 1000 Mann dazu nötig sind, stelle ich anheim. Es ist nachteilig, wenn zu viel Dampf die Umgebung unklar macht, es wird aber sehr hübsch sein, wenn an möglichst vielen Stellen etwas weniger Dampf ausströmt. Die Lokomotiven und Züge sind auch sehr imponierend so wie die großen Transportwagen für Güsse.

Historisches Archiv Krupp, Alfred Krupps Briefe und Niederschriften, Bd. 9, 1866–1879, Bl. 108 f.

b) Der Dichter Philipp Wilkop schrieb 1901 über das Ruhrgebiet:

Aus tausend Schloten steigt ein dicker Rauch,
Der wälzt sich langsam durch die Lüfte her,
Dann sinkt er nieder dicht und schwarz und schwer
Und brütet dumpf auf Haus und Baum und Strauch.
Es lauert rings ein großes schwarzes Sterben,
Und alle Blätter sind so welk und grau,
Als funkelte hier nie ein Tropfen Tau.
Kein Frühling will die Straße bunter färben [...].

Ihr wisst es nicht, ihr könnt es nimmer wissen,
Und nimmer fühlen könnt ihr all das Leid,
Das mir die ganze Jugend hat zerrissen
Das mich durchbebt so lange, lange Zeit – –
Nur Rauch, nur Qualm, der sich voll träger Ruh
Aus tausend Schloten wälzt in schwarzer Masse –
Wie ich dich hasse, meine Heimat du!
Wie ich seit Kindertagen schon dich hasse!

P. Witkop, Ein Liebeslied und andere Gedichte, Kempten-München 1902, S. 73 f.

c) Aus dem Ratgeber „Über die Beseitigung der Rauchplage" von 1906:

Smog, ein neues Wort, mit dem der englische Sprachschatz auf dem Hygiene-Kongress in London 1905 bereichert wurde. Er ist aus den Worten smoke und fog zusammengezogen, etwa wie das Wort „Raubel", „Rauel" oder „Raul" aus Rauch und Nebel.

K.W. Jurisch, Über die Beseitigung der Rauchplage in Städten (Soberdruck aus dem Gewerblich Technischen Ratgeben 5, H. 20), Berlin 1906, Anmerkung S. 13.

| 1765 | 1780 | 1805 | 1820 | 1835 | 1850 | 1865 | 1880 | 1895 | 1910 | 1925 |

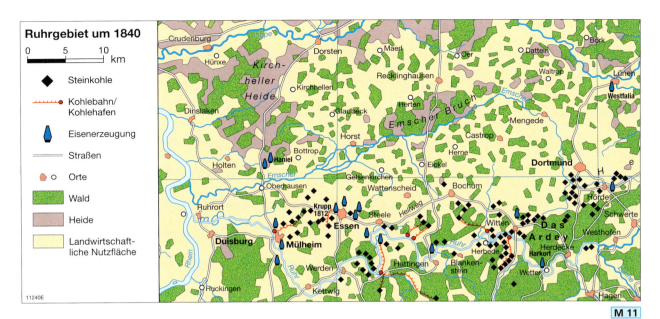

M 11

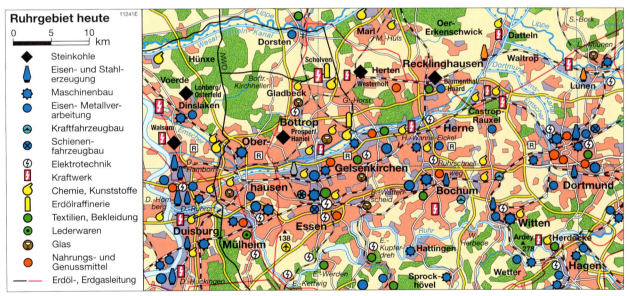

M 12

Aufgaben

1. Welche neuen Leitsektoren wurden in der zweiten Hälfte des 19. Jh. immer wichtiger?
   → Text
2. a) Erläutere die Funktionsweise der Erfindungen, die im Jahr 2000 zur Verfügung stehen sollten.
   b) Vergleiche die damaligen Erwartungen mit der tatsächlichen Entwicklung.
   → M6–M8
3. a) Welche Informationen über die Umweltverschmutzung lassen sich aus den Texten entnehmen?
   b) Welche der vorliegenden Quellen erscheint dir am glaubwürdigsten?
   c) Beurteile die Schwere der Umweltbelastung.
   → M9, M10
4. a) Wie hat sich das Ruhrgebiet verändert? Stelle die wichtigsten Veränderungen, die aus den beiden Karten ablesbar sind, zusammen?
   b) Informiere dich, welche Bedeutung der Bergbau und die Schwerindustrie heute im Ruhrgebiet haben. → M11, M12

109

Methode: Umgang mit Statistiken und Diagrammen

M 1

Roheisenproduktion
(in 1000 Tonnen)

Jahr	Belgien	Frankreich	Deutsches Reich	Russland	Groß-britannien	USA
1870	565	1178	1261	359	6059	
1880	608	1725	2468	449	7873	
1890	788	1962	4100	828	8031	
1900	1019	2714	7550	2937	9104	
1910	1852	4038	13111	3047	10173	
1914	1454	2736	12481	4137	9067	27304 (1912)

Quelle: Wolgang J. Mommsen, Imperialismus, Hamburg 1977, S. 34

M 2

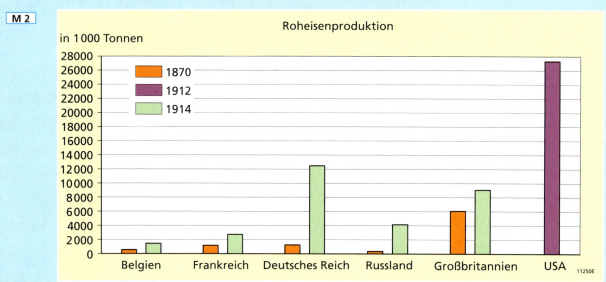

M 3

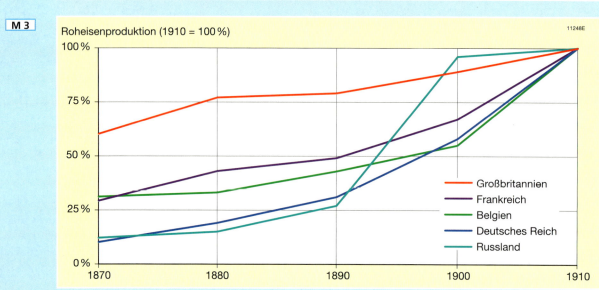

Statistiken und Diagramme zur Industrialisierung

Statistiken sind heute allgegenwärtig. Fast alles wird zahlenmäßig erfasst. Es handelt sich dabei um nach bestimmten Gesichtspunkten ausgewählte und geordnete Daten, die meist in Tabellen zusammengestellt werden. Sehr häufig veranschaulicht man statistische Ergebnisse auch grafisch in einem Diagramm.

Es gibt dabei verschiedene Formen: So informieren Kreisdiagramme, die wie eine „Torte" in Einzelstücke aufgeteilt sind, über die Anteile an einem Ganzen. Balken- oder Säulendiagramme werden oft verwendet, wenn Daten zu einem bestimmten Phänomen zu verschiedenen Zeitpunkten miteinander vergleichen werden sollen. Kurvendiagramme geben eine kontinuierliche Entwicklung wieder.

Die Erstellung von Statistiken ist jedoch eine relativ junge Errungenschaft. Da für frühere Zeiten keine entsprechenden Daten existieren, müssen sich Historiker anderweitig behelfen oder auf Schätzungen zurückgreifen.

Heute wird zum Beispiel die Wirtschaftsleistung eines Landes durch das Bruttosozialprodukt angegeben, das ist der Wert aller in einem Jahr produzierten Waren und erbrachten Dienstleitungen. Wenn dieser Wert ansteigt, spricht man von Wirtschaftswachstum.

Für das 19. Jahrhundert gibt es keine entsprechenden Daten. Aber für das Verständnis der Industrialisierung ist es wichtig zu wissen, ob, in welchem Zeitraum und wie stark die Wirtschaft eines Landes gewachsen ist oder wann es wirtschaftliche Krisen gab. Deshalb behelfen sich die Historiker damit, die Entwicklung der Roheisenproduktion zu untersuchen. Besonders die Nachfrage aus den Bereichen des Maschinenbaus und des Eisenbahnbaus erforderte immer größere Eisenmengen, sodass Rückschlüsse möglich sind, in welchem Umfang und mit welcher Schnelligkeit die Industrialisierung in den jeweiligen Ländern erfolgte.

Fragen an Statistiken und Diagramme

1. Thema der Statistik	a) Erläutere die Bedeutung der Roheisenproduktion für die Industrialisierung. b) Finde genaue Überschriften für die einzelnen Darstellungen.
2. Darstellung der Statistik	a) Zeichne aufgrund der Angaben in M1 eine Kurve. b) Benenne markante Veränderungen bei der Roheisenproduktion in den einzelnen Ländern. c) Welche Vorteile hat die Darstellung in M2 mit Säulendiagrammen? d) Überlege, welche Informationen dabei verloren gehen. e) Informiere dich über den Begriff Index. f) Wieso wurde für das Jahr 1910 der Index 100 angesetzt? g) Bedeutet der Index 100 im Jahr 1910, dass zu diesem Zeitpunkt alle Länder die gleiche Menge Roheisen produzierten?
3. Informationsgehalt der Statistik	a) Welche Darstellung enthält die meisten Informationen? b) Welchen Vorteil hat die Darstellung mit Indexzahlen? Vergleiche dazu die mit den Werten der Tabelle (M1) angefertigte Kurve. c) Welche Darstellungsform ist am besten geeignet, um die Entwicklung der Roheisenproduktion zu veranschaulichen? d) Welcher Staat wies zwischen 1890 und 1910 das größte Wirtschaftswachstum auf?

Die Industrialisierung

Soziale Folgen der Industrialisierung

Woher wissen wir etwas über die Situation der Menschen?

„Die ausserordentliche Ueberhandnahme des Bettels veranlasst dringend, das Verbot dieses Unfugs neuerdings einzuschärfen, und vor Begünstigung des Bettels ernstlich zu warnen", hieß es 1846 in einer offiziellen Bekanntmachung in Augsburg. Dies lässt erkennen, dass die Behörden gegen das Betteln mit Verboten vorgingen. Anscheinend, so lässt sich vermuten, war die Not in dieser Zeit bei vielen Menschen besonders groß.

Von den Arbeitern selbst erfahren wir nichts über die eigene Lage. Direkte Zeugnisse aus der ersten Hälfte des 19. Jh. sind selten, da viele nicht schreiben konnten, keine Zeit für private Aufzeichnungen hatten oder auch keinen Sinn darin sahen. Es gibt allerdings Berichte z.B. von Regierungsbeauftragten, Ärzten, Politikern oder Theologen, die sich für die Lage der Arbeiter interessierten.

In der zweiten Hälfte des 19. Jh., als das Selbstbewusstsein der Arbeiter zunahm und sie sich in Gewerkschaften organisierten, wuchs auch die Zahl der Niederschriften über das eigene Leben. Darüber hinaus kann man mithilfe von zeitgenössischen Fotografien oder Statistiken einen Einblick in das Leben der Arbeiter erhalten.

Die Entstehung des „Proletariats"

Mit der Industrialisierung änderte sich die Gesellschaft in England und – zeitlich versetzt – in Deutschland grundlegend. Da viele Menschen in der Landwirtschaft kein Auskommen mehr fanden oder ihr Glück in der Fabrik suchten, zogen sie in die rasch wachsenden Städte. Dazu kamen viele arbeitslose Handwerker, deren Produkte nicht mit der Massenware aus den Fabriken konkurrieren konnten und die nicht länger durch Zünfte geschützt waren. Da sie fast keinen Besitz mehr hatten, sondern „von der Hand in den Mund" lebten, wurden sie „Proletarier" genannt. Dieser Begriff ist vom lateinischen „Proles" = Nachkommen abgeleitet. Er bringt zum Ausdruck, dass die Proletarier nur ihre eigene Arbeitskraft und die ihrer Familie besaßen.

Ihnen gegenüber standen die Fabrikbesitzer, denen die Produktionsstätten und Maschinen gehörten, die also im Besitz der so genannten „Produktionsmittel" waren. Mit kaufmännischem Geschick, guten technischen Kenntnissen sowie Risikobereitschaft und Glück konnten solche Fabrikherren reich werden. So übernahm der Stahlunternehmer Alfred Krupp 1826 den kleinen Familienbetrieb in Essen mit 7 Arbeitern. Bis zu seinem Tod 60 Jahre später baute er die Firma zu einem Weltunternehmen mit 21 000 Mitarbeitern aus.

Bedrückende Armut

Armut war in früheren Zeiten eine bekannte Erscheinung. Die bedrückende Armut der Arbeiterschaft trat mit der Industrialisierung jedoch massenhaft auf. Dies nannte man damals „Pauperismus" von lat. pauper = arm. Der Grund dafür war, dass in der ersten Hälfte des 19. Jh. Arbeitsplätze in der Landwirtschaft und im Handwerk wegfielen, aber in den wenigen Fabriken noch nicht genügend neue entstanden. Hinzu kam ein rasanter Bevölkerungsanstieg, der die Situation noch ver-

M1 **Sorgen der Arbeiterfrauen**
Jede neue Schwangerschaft vermehrte die Sorgen der Arbeiterfrau. Erst ab 1900 ging die durchschnittliche Kinderzahl auf vier zurück, Zeichnung von Käthe Kollwitz, 1909.

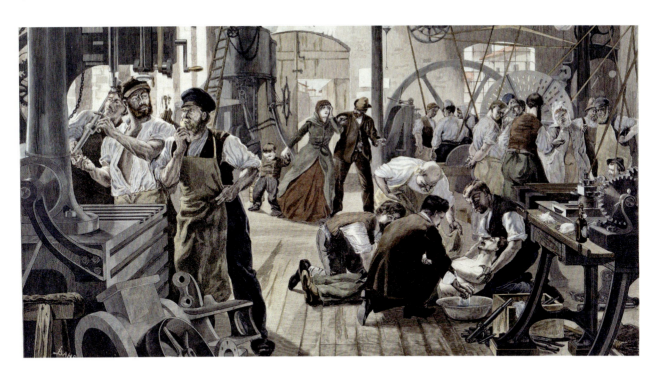

M 2 Unfall in der Fabrik
Gemälde von Johann Bahr, 1889

schärfte. Aber auch als die Industrialisierung fortschritt und eine große Zahl von Fabriken entstanden war, blieb die Lage der Arbeiter noch lange Zeit außerordentlich schlecht.

Schlechte Arbeitsbedingungen und fehlende soziale Absicherung

Da viele Menschen Arbeit suchten, gab es ein Überangebot an Arbeitskräften und eine hohe Arbeitslosigkeit. Das nutzten die Fabrikbesitzer aus. Sie zahlten niedrige Löhne und ließen die Arbeiter extrem lang arbeiten, wobei Arbeitzeiten von bis zu 16 Stunden keine Seltenheit waren. Allein gut ausgebildete Facharbeiter verdienten relativ gut, da sie nicht so leicht zu ersetzen waren. Die Fabrikordnungen waren sehr streng: Wer dagegen verstieß, musste mit Lohnkürzungen oder gar Entlassung rechnen.

Ferner hatten die meisten Fabriken unzumutbare Arbeitsbedingungen, denn nur wenige Arbeitsplätze verfügten über Schutzvorrichtungen und waren daher sehr gefährlich. Arbeitsunfälle waren an der Tagesordnung. Ein verletzter oder kranker Arbeiter blieb jedoch ohne finanzielle Unterstützung, denn es gab weder eine Lohnfortzahlung im Krankheitsfall noch eine Kranken- oder Unfallversicherung.

Da der niedrige Lohn gerade zum Nötigsten reichte, konnte die Familie fast nichts sparen und keine Vorsorge für Notfälle treffen. Arbeitslosigkeit und Arbeitsunfähigkeit durch Krankheit oder Unfall waren für Arbeiterfamilien daher existenzbedrohend und konnten schnell zu Obdachlosigkeit und völliger Verarmung führen.

Kinder- und Frauenarbeit

Meist reichte ein Verdienst nicht für die ganze Familie, sodass Kinder und Frauen mitarbeiten mussten. Sie wurden in der Fabrik oder am „Heimarbeitsplatz" noch schlechter bezahlt: Frauen verdienten oft nur

Die Industrialisierung

M 3 Große Wäsche
Das Rubbeln der Wäsche auf dem Waschbrett war eine sehr kraftraubende Tätigkeit, zeitgenössisches Foto.

die Hälfte, Kinder ein Viertel vom Lohn eines ungelernten Arbeiters. Arbeiterkinder konnten wegen der Fabrikarbeit gar nicht oder nur kurz zur Schule gehen. Sie waren damit von höherer Bildung und besseren Arbeitsplätzen ausgeschlossen. Zudem schadete die lange und schwere Arbeit ihrer Gesundheit. Der Staat griff mit Verboten ein: In Preußen wurde 1839 Fabrikarbeit für Kinder unter 9 Jahren untersagt. Erst ab 1891 bestand jedoch ein wirksamer Schutz für die unter 13-Jährigen. Ein wichtiges Motiv war dabei die Sorge, dass die künftigen Soldaten nicht gesund sein könnten.

Für die Frauen bedeutete die Arbeit eine gewaltige Mehrbelastung: Sie mussten sich um die Kinder und den Haushalt kümmern – elektrische Haushaltsgeräte gab es noch nicht – und täglich mehrere Stunden in der Fabrik oder zu Hause an einem Heimarbeitsplatz arbeiten. Da der Verdienstausfall zu hoch gewesen wäre, konnten sich die Frauen auch nicht während der Schwangerschaft oder nach der Entbindung schonen. Dies bot Gefahren für die Gesundheit der Mutter und die ungeborenen Kinder.

Neben der Fabrikarbeit fanden Mädchen manchmal eine Anstellung als Dienstmädchen. Meist hatten sie bei der „Herrschaft" eine Schlafstelle und mussten rund um die Uhr zur Verfügung stehen.

Elende Wohnverhältnisse

Wegen des akuten Wohnungsmangels drängten sich viele Menschen auf sehr geringem Raum – sechs Personen in einem Zimmer waren lange Zeit keine Seltenheit. Dabei bewohnte eine Familie eine kleine und meist teure Wohnung mit 1–2 Zimmern.

Bis Ende des 19. Jh. gab es in vielen Ballungsgebieten weder fließendes Wasser noch eine Kanalisation. Die Wohnungen waren dunkel, schlecht zu lüften, häufig kalt, feucht oder gar schimmelig. Unter diesen unhygienischen Bedingungen konnten sich gefährliche Krankheiten wie Tuberkulose oder Cholera stark ausbreiten. Um das Familieneinkommen aufzubessern, wurden Teile der engen Wohnungen untervermietet. Oft vermietete man auch ein Bett im Rhythmus der Fabrikschichten stundenweise an mehrere Schlafgänger.

M 4 Mietskasernen
Berlin-Wedding, zeitgenössische Fotografie

M 5 Kinderarbeit im Spiegel der Zeit

a) Ein Bericht eines anonymen Reisenden über Elberfeld und Barmen (das heutige Wuppertal) aus dem Ende des 18. Jahrhunderts:

Das Abspulen des Garns […], die Baumwollspinnereien nebst den Schnierriemenmaschinen beschäftigen eine Menge armer Kinder, wovon jedes, wenn es nur etwas fleißig ist, sich seinen Unterhalt selbst reichlich verschaffen kann. Man zeigte mir drei Kinder von neun bis 13 Jahren, die einem Vater gehörten, wovon das älteste täglich neun, das zweite sieben und das dritte sechs Stüber, mit Baumwollenspinnen auf Maschinen, verdiente. […]

Durch diesen Verdienst werden freilich viele Eltern gereizt, ihre Kinder mehr zur Arbeit, als zum Schulgehen anzuhalten. Indessen wurde es den Eltern dieser Kinder mehr zum Ruhme nachgesagt, dass sie die beiden ältesten Knaben jeden Nachmittag zwei Stunden in eine Schule schickten. Ebenso hat mir die Einrichtung bei einigen hiesigen Fabrikanten gefallen, die wöchentlich einige Stüber von dem verdienten Arbeitslohn der Kinder zurückbehalten und den Kindern Hemden und andere Kleidungsstücke dafür anschaffen, wenn sie sehen, dass die Eltern darin selbst zu nachlässig sind.

Zit. nach: Jürgen Reulecke/Gerhard Huck, Reisen im Bergischen Land, S. 68.

b) Adolf Diesterweg schrieb 1828 nach einem Besuch der Textilfabriken von Wuppertal, das als Manchester Preußens galt:

Wie unglücklich sind diese Menschen, die, um ihr Leben zu fristen, von früh bis spät in diesem glänzenden Elende ihre Tage zubringen und durch wechsellose, durch die Einförmigkeit ermüdende, markverzehrende Arbeit sich und die ihrigen kümmerlich ernähren müssen!

Vollends zerrissen hat mir das Herz der Anblick der Kinder, welche in diesen Fabriken um den Frühling ihres Lebens gebracht werden. Oh, rühmet mir nicht einseitig das Glück des Tales! Ich sehe hier nur allgemein Jammer und schleichendes Elend neben einigen scheinbar Glücklichen, welche sich durch das Blut der Armen, durch die Arbeit der Kinder bereichern. […]

Anstatt dass unsere Bauernkinder unter Bäumen und Blumen aufleben, durch einfache Kost und frische Luft fröhlich aufwachsen, sich ergötzen an dem Gesange der Nachtigall und dem Getriller der Lerchen, hören diese Sklavenkinder nichts als das Geschnurr der Maschinen, an die sie vom 7. oder 8. Lebensjahre an geschmiedet werden, ihr Leben lang.

Wie ist da an eine fröhliche Entfaltung des Leibes und des Geistes zu denken? Nein, diese Kinder verkrüppeln an Seele und Leib; dieses Tal ist nicht eine Stätte des Glücks, sondern eine Wohnung des menschlichen Elends und des irdischen Jammers.

Zit. nach: Jürgen Reulecke/Gerhard Huck, Reisen im Bergischen Land, S. 141.

c) Bericht eines Gewerbeinspektors aus dem Jahr 1891

Bleiche Gesichter, matte und entzündete Augen, geschwollene Leiber, aufgedunsene Backen, Hautausschläge und asthmatische Zufälle unterscheiden diese unglücklichen Geschöpfe, die früh dem Familienleben entfremdet werden und ihre Jugendzeit in Kummer und Elend verbrachten, in gesundheitlicher Beziehung von Kindern derselben Volksklasse, welche nicht in Fabriken arbeiteten. Entsprechend mangelhaft war ihre geistige und sittliche Bildung.

Zit. nach: Alfons Labisch, Die Montanindustrie in der Gewerbeaufsicht des Regierungsbezirks Düsseldorf, S. 48.

M 6 Kinderarbeit
Ein zwölfjähriges Mädchen in einer Baumwollspinnerei, Fotografie von 1908

Die Industrialisierung

M 7 Familie in ihrer Wohnung
Arbeiterviertel in Berlin, 1907

M 8
Grundriss einer Mietskaserne
Berlin um 1905

M 9 Mietskasernen

Ein Bericht von 1908 schildert die Wohnbedingungen von Arbeitern in einer Großstadt:

Wir betreten eine der berüchtigten Mietskasernen, welche im hiesigen Industriegebiet in so großer Anzahl vorhanden sind und noch täglich allerorts wie Pilze aus der Erde hervorschießen, eine natürliche Folge tatsächlichen Wohnungsmangels und das Produkt wahnsinniger Bodenspekulation. Diese Häuser, meist 3 bis 4 Stockwerke hoch, werden mit Vorliebe an neuangelegten Straßen errichtet. Inmitten Haufen von Schutt und Geröll bieten sie schon von weitem einen öden und trostlosen Anblick. In halbfertigem Zustande werden sie oft bezogen.

Das ganze Haus besteht durchweg aus Abteilungen von 2 bis 3 Zimmern, für je eine Familie bestimmt. Ein pestilenzartiger Geruch strömt uns entgegen, wenn wir die langen, dunklen und feuchten Korridore, die die einzelnen Wohnabteile auf jeder Etage verbinden und in welchen Licht und Luft sehr seltene Erscheinungen sind, betreten. Überall strotzt es von Unrat und Unsauberkeit. Ein Armeleutegeruch in des Wortes verwegenster Bedeutung. Fast 40 bis 50% aller Arbeiterwohnungen bestehen aus 2 Zimmern, werden bewohnt von Familien, die 6 bis 10 Köpfe stark sind, und zum Überfluss noch 2 bis 3 Kostgänger beherbergen. In gesundheitlicher Beziehung jeder Beschreibung spottend, wie den elenden, krankhaft aussehenden Insassen unschwer anzusehen ist. Und erst die innere Wohnungseinrichtung! Das dürftigste Möblement, ohne jeglichen Sinn für häusliche Zweckmäßigkeit, keine Spur von Heimats- und Familiensinn verratend.

In einem Schlafraume, mit zwei Bettstellen ausgestattet, der nie gelüftet, noch seltener gereinigt wird und dessen Bettzeug daher einem Haufen stinkender Lumpen ähnlich ist, kampieren oft bis 10 Personen, vier Kinder in einem Bette, zwei am Kopf und zwei am Fußende, ohne Rücksicht auf Alter und Geschlecht. [...]

Man mache sich einen Begriff davon, wie das Familienleben unter diesen Umständen gedeihen soll. Vervollständigt wird dieser grauenvolle Zustand erst, wenn neben den Familienmitgliedern einige Kostgänger beherbergt werden, die zusammengeworfen aus aller Herren Länder auf der tiefsten Kulturstufe stehen, und unter welchen sich vielfach allerlei verkommenes Gesindel, rohe Wüstlinge usw. befinden.

N. Joniak, Das Arbeiterwohnungselend im rheinisch-westfälischen Industriebezirk, Frankfurt/Main 1908, S. 4 f.

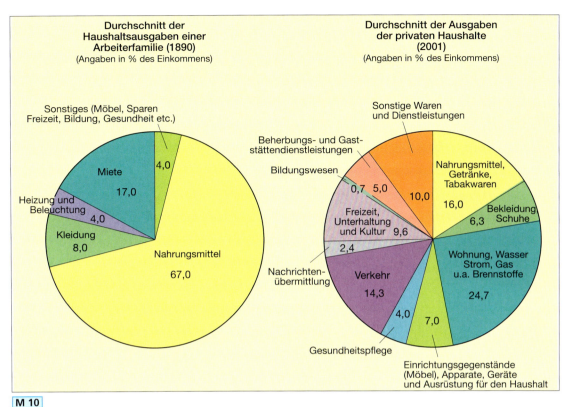

M 10

Aufgaben

1. a) Erläutere den Begriff „Proletariat".
   b) Stelle stichpunktartig dar, wodurch die Lebenssituation der Arbeiter gekennzeichnet war.
   → Text
2. a) Von wem stammen die Berichte über Kinderarbeit? Überlege, ob dies Folgen für die Art des Berichts hat?
   b) Vergleiche die Berichte. Welcher Bericht enthält die genauesten Angaben zur Kinderarbeit?
   c) Sind Veränderungen im Lauf des 19. Jahrhunderts festzustellen? Begründe.
   → M5, M6
3. a) Vergleiche das Familienbild mit einem Foto deiner Familie. Welche Unterschiede und Gemeinsamkeiten fallen dir auf?
   b) Zeichne den Grundriss deiner Wohnung. Was hat sich verändert?
   c) Erläutere den Begriff „Mietskaserne".
   d) Welche Besonderheiten des Lebens in Mietskasernen werden im Bericht hervorgehoben?
   → M7, M9
4. a) Vergleiche die Ausgaben früher und heute. In welchen Bereichen sind die auffälligsten Veränderungen feststellbar?
   b) Welche Rückschlüsse auf die jeweilige Lebensweise sind aufgrund der Gegenüberstellung möglich? Welche Informationen fehlen dir?
   → M10

Die Industrialisierung

Lösungsversuche der Sozialen Frage

Die „Soziale Frage"

Die elende Situation der Arbeiter war bald so unübersehbar, dass eine Diskussion über Gegenmaßnahmen begann. Die Lösung der **Sozialen Frage** wurde immer drängender, das heißt man suchte eine Antwort, wie das Massenelend als Begleiterscheinung der Industrialisierung zu beseitigen sei. Von verschiedener Seite kamen dazu Vorschläge und Initiativen: vom Staat, von der Kirche sowie von Unternehmern. Da diese jahrzehntelang öffentlich diskutiert wurden, sind wir über Motive und Ziele sowie über einzelne Maßnahmen gut informiert.

Die deutsche Arbeiterbewegung

Bereits zu Beginn der Industrialisierung machten Arbeiter und Handwerker einen entscheidenden Schritt zur Verbesserung ihrer Lage: Sie schlossen sich zusammen, um gemeinsam Forderungen durchzusetzen und im Notfall auch zu streiken. Solche Zusammenschlüsse erfolgten zunächst spontan, räumlich begrenzt und zeitlich befristetet, später in dauerhaften Organisationen.

M1 **Traditionsbanner der SPD** mit dem Handschlag, dem alten Symbol der Arbeiterverbrüderung

Erste Zusammenschlüsse gab es um 1830 im Ausland, wo sich führende Köpfe der **Arbeiterbewegung** wegen der Verfolgung in Deutschland zu Geheimbünden zusammenschlossen. Auf deutschem Boden trat die Arbeiterbewegung erstmals in der Zeit der Revolution von 1848/49 mit der „Allgemeinen Deutschen Arbeiterverbrüderung" offen auf. Ihr Symbol war der „brüderliche Handschlag".

Seit etwa 1860 wurde die Arbeiterbewegung zu einer Massenbewegung: Arbeiter schlossen sich in Gewerkschaften zusammen, um gemeinsame soziale und wirtschaftliche Ziele durchzusetzen. Ferner bildeten sich Parteien mit dem Ziel, die gesellschaftlichen Zustände zu verändern und politischen Einfluss für die Arbeiterschaft zu erringen.

Gewerkschaften und Parteien

In den Gewerkschaften schlossen sich Angehörige einzelner Berufszweige zusammen, also zum Beispiel die Drucker, die Metallarbeiter oder die Bergleute. Sie halfen sich gegenseitig, beispielsweise wenn es zu Einnahmeausfällen bei Streiks kam. Wichtige Forderungen waren:
- ausreichender Mindestlohn und Begrenzung der Arbeitszeit,
- mehr Rechte für Arbeitnehmer,
- Förderung der Bildung für Arbeiter,
- Verbesserung der Arbeitsbedingungen, z.B. besserer Schutz vor Arbeitsunfällen.

Diese Forderungen wurden von den Arbeiterparteien geteilt. Sie formulierten aber noch weiter gehende Vorstellungen, vor allem wie der Staat der Zukunft aussehen solle.

Ferdinand Lassalle (1825–1864) stand an der Spitze des 1863 gegründeten „Allgemeinen Deutschen Arbeitervereins" (ADAV), August Bebel (1840–1913) und Wilhelm Liebknecht (1826–1900) riefen 1869 in Eisenach die „Sozialdemokratische Deutsche Arbeiterpartei" (SDAP) ins Leben. Die 1875 aus dem Zusammenschluss hervorgegangene Partei nannte sich seit 1891 „Sozialdemokratische Partei Deutschlands" (SPD). Forderungen der Arbeiterparteien waren unter anderem:

M2 **Ferdinand Lassalle (1825–1864).** Ein „Gründervater" der deutschen Sozialdemokratie, zeitgenössische Fotografie

- Errichtung eines freien Staats und einer gerechten Gesellschaft, deren Produktionsmittel sich in Gemeineigentum befinden,
- das allgemeine, gleiche und geheime Wahlrecht,
- Demokratisierung des Staates, zum Beispiel durch Meinungsfreiheit, und Beteiligung des Volkes an der Gesetzgebung,
- Gleichberechtigung von Mann und Frau.

Sozialismus und Kommunismus

In der Arbeiterbewegung waren sozialistische und kommunistische Gedanken weit verbreitet. **Sozialismus** leitet sich von lat. socius = „Genosse" ab, „Kommunismus" von lat. communis = „gemeinsam". Sozialisten und Kommunisten hatten das Ziel, die kapitalistische Wirtschaftsordnung zu überwinden. Das Eigentum der Fabrikbesitzer an den Produktionsmitteln – also an Fabrikanlagen und Maschinen – sollte wenn nötig gewaltsam beseitigt und in gemeinschaftlichen Besitz der arbeitenden Bevölkerung überführt werden. So sollte eine gerechte Wirtschafts- und Gesellschaftsordnung entstehen.

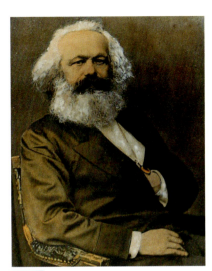

M 3 **Karl Marx (1818–1883)** Philosoph und Verfasser des „Kommunistischen Manifests", zeitgenössisches Gemälde

Zwei wichtige Theoretiker waren Karl Marx und Friedrich Engels, die eine kommunistische Lehre vertraten. Sie gingen davon aus, dass die Geschichte vom Klassenkampf bestimmt ist. Eine Klasse ist eine soziale Gruppe mit gemeinsamen wirtschaftlichen und politischen Interessen. Im 19. Jh. waren es für Marx und Engels die Fabrikbesitzer, die die besitzlosen Arbeiter in Elend und Unfreiheit hielten. Das besitzende Bürgertum, die „Bourgeoisie", stand demnach dem „Proletariat" gegenüber. Die sozialen Gegensätze, so vermuteten sie, würden sich so zuspitzen, dass eine Weltrevolution unvermeidlich sei. Am Ende einer sozialistischen Übergangsphase stünde dann die klassenlose Gesellschaft, in der Freiheit und Gleichheit verwirklicht wären und es nur noch gesellschaftlich verwalteten Besitz gäbe.

Auch wenn einfache Arbeiter von dieser Theorie zunächst wenig Kenntnis hatten, so war ihr Einfluss auf die Führungsschicht der Arbeiterbewegung doch außerordentlich groß. Auf diese Weise fanden die Ideen des Kommunismus und Sozialismus bald weite Verbreitung.

Initiativen der Kirchen

In der katholischen und evangelischen Kirche bemühten sich zunächst einzelne Geistliche um eine Verbesserung der Lage der Arbeiter, wobei Seelsorge und christliche Nächstenliebe zentrale Motive bildeten. Doch stellten sich die Kirchen strikt gegen sozialistische Pläne, die Gesellschaftsordnung grundlegend zu verändern.

Der protestantische Theologe Johann Hinrich Wichern gründete 1833 in Hamburg das „Rauhe Haus", eine soziale Einrichtung, in der arme und verwaiste Jungen untergebracht und ausgebildet wurden. 1848 rief Wichern auf einem evangelischen Kirchentag zur „Inneren Mission" in Deutschland auf, eine Verbindung aus Seelsorge und praktischer Hilfe für Menschen in Armut und Not. So wurden in der Folgezeit viele soziale Einrichtungen gegründet und Kranken- und Altenfürsorge betrieben.

M 4 **Johann Hinrich Wichern (1808–1881)**, Begründer der Inneren Mission und des „Rauhen Hauses" in Hamburg, zeitgenössisches Gemälde

Auf Initiative des katholischen Priesters Adolph Kolping wurden zwischen 1846 und 1865 zahlreiche Aufenthalts- und Wohnheime für allein stehende Arbeiter in Städten eingerichtet.

Die Industrialisierung

M 5 Wilhelm Emanuel von Ketteler (1821–1877)
Der Mainzer Bischof trat für eine staatliche Sozialpolitik ein und beeinflusste die Sozialenzyklika Papst Leos XIII., zeitgenössisches Gemälde.

Diese später nach ihm benannten „Kolpingwerke" umfassten 1864 bereits 420 Vereine mit 60 000 Mitgliedern.

Politische Forderungen erhob der Mainzer Bischof Wilhelm Emanuel Freiherr von Ketteler. Er trat für höhere Arbeitslöhne, Arbeitszeitverkürzung und das Recht der Arbeiter auf gewerkschaftliche Vereinigung ein und forderte den Staat zu Sozialreformen auf. 1891 kritisierte Papst Leo XIII. in einem Rundschreiben – der nach ihren Anfangsworten „Neue Entwicklungen" benannten Enzyklika „Rerum Novarum" – die Ausbeutung der Arbeiter. Zwar lehnte er sozialistische Forderungen nach Abschaffung des Privateigentums ab, sprach sich aber dafür aus, dass Staat und Unternehmer die Lage der Arbeiter verbessern müssten.

Die Aufrufe und Maßnahmen der Kirchen zur Linderung des Elends wurden vor allem im kirchlichen Umfeld wirksam, sollten aber auch führende Politiker und Industrielle zu Taten ermutigen.

Fürsorgliche Unternehmer?

Die Unternehmer waren „Herren im Haus", denn über einen langen Zeitraum schränkte keine staatliche Regulierung ihr Schalten und Walten in den Fabriken ein. Daher konnte der Großindustrielle Emil Kirdorf (1847–1938) den Standpunkt der Unternehmer so zusammenfassen: „Weder Kaiser noch Könige haben in den Betrieben etwas zu sagen. Da bestimmen wir allein."

Andererseits nahmen auch die Unternehmer die Nöte und Bedrängnisse innerhalb der Arbeiterschaft wahr und besonders sozial eingestellte kümmerten sich um ihre Arbeiter mit speziellen Maßnahmen. Einer der ersten, der für seine Arbeiter aus Gründen „der Nützlichkeit und der Nächstenliebe" sorgte, war der Unternehmer Alfred Krupp (1812–1887): 1835/36 führte er für seine Stahlarbeiter in Essen eine Pensions- und Betriebskrankenkasse ein, ließ ab 1861 eigene Wohnanlagen bauen, errichtete 1868 einen Konsumladen und 1872 sogar ein eigenes Krankenhaus. So produzierte seine Großbäckerei täglich bis zu 24 000 Brote für die Angestellten seiner Firma.

Der Mitgründer der Carl-Zeiss-Werke in Jena, Ernst Abbe (1840–1905), der selbst aus ärmlichen Verhältnissen stammte, gründete die Carl-Zeiss-Stiftung. Deren Statuten sicherten den Arbeitern unter anderem bezahlten Urlaub, Gewinnbeteiligung, Anspruch auf Pension und im Jahr 1900 sogar eine nur 8-stündige Arbeitszeit zu.

Dies alles war jedoch freiwillig und hing von der sozialen Einstellung des Unternehmers ab. Und natürlich verfolgte ein Fabrikbesitzer damit auch eigennützige Zwecke. Er wollte mit solchen Maßnahmen die Leistungsfähigkeit und Motivation seiner Arbeiter erhalten, sie an seine Firma binden, einen Arbeitsplatzwechsel vermeiden und Streiks verhindern.

Solch gut gemeinte Maßnahmen linderten die größte Not der Arbeiter. Doch reichten unternehmerische Initiativen oder Selbsthilfeeinrichtungen der Arbeiterschaft nicht aus, die soziale Lage der Beschäftigten nachhaltig zu verändern. So wurde der Ruf nach einem Einschreiten des Staates immer lauter, was schließlich 1883 zur Sozialgesetzgebung des Reichskanzlers Otto von Bismarck führte, die eine wesentliche Verbesserung erreichte.

M 6 Alfred Krupp (1812–1887)
Der Industrielle schuf mit seinem Stahlkonzern ein Weltunternehmen, dessen soziale Einrichtungen weithin als vorbildlich galten, zeitgenössisches Gemälde.

M 7 Allegorische Abbildung
In Arbeiterzeitungen wurden wiederholt allegorische Abbildungen veröffentlicht, also Bilder, die wichtige Gedanken und Zusammenhänge bildlich darstellen. Friedrich Kaskeline gestaltete 1891 mit seiner Abbildung „Allegorie" das Mittelblatt der Maiausgabe der Zeitschrift „Glühlichter", in der linken Bildhälfte ist Karl Marx mit seinem Hauptwerk „Das Kapital" in der Hand zu erkennen.

M 8 „Manifest der Kommunistischen Partei"

a) Karl Marx und Friedrich Engels verfassten im Auftrag des „Bundes der Kommunisten" dessen programmatische Schrift, das „Manifest der Kommunistischen Partei". Im Februar 1848 wurde das Manifest veröffentlicht und verbreitete sich rasch in revolutionären Kreisen. Die vermutlich einflussreichste politische Schrift im Bereich des Sozialismus und Kommunismus beginnt folgendermaßen:

Ein Gespenst geht um in Europa – das Gespenst des Kommunismus. Alle Mächte des alten Europa haben sich zu einer heiligen Hetzjagd gegen dies Gespenst verbündet, der Papst und der Zar, Metternich und Guizot, französische Radikale und deutsche Polizisten.
Wo ist die Oppositionspartei, die nicht von ihren regierenden Gegnern als kommunistisch verschrien worden wäre, wo die Oppositionspartei, die den fortgeschritteneren Oppositionsleuten sowohl wie ihren reaktionären Gegnern den brandmarkenden Vorwurf des Kommunismus nicht zurückgeschleudert hätte?
Zweierlei geht aus dieser Tatsache hervor.
Der Kommunismus wird bereits von allen europäischen Mächten als eine Macht anerkannt.
Es ist hohe Zeit, dass die Kommunisten ihre Anschauungsweise, ihre Zwecke, ihre Tendenzen vor der ganzen Welt offen darlegen und dem Märchen vom Gespenst des Kommunismus ein Manifest der Partei selbst entgegenstellen.
Zu diesem Zweck haben sich Kommunisten der verschiedensten Nationalität in London versammelt und das folgende Manifest entworfen, das in englischer, französischer, deutscher, italienischer, flämischer und dänischer Sprache veröffentlicht wird. […]

b) Das Manifest endet wie folgt:

Die Kommunisten unterstützen überall jede revolutionäre Bewegung gegen die bestehenden gesellschaftlichen und politischen Zustände. In allen diesen Bewegungen heben sie die Eigentumsfrage […] als die Grundfrage der Bewegung hervor. Die Kommunisten arbeiten endlich überall an der Verbindung und Verständigung der demokratischen Parteien aller Länder.
Die Kommunisten verschmähen es, ihre Ansichten und Absichten zu verheimlichen. Sie erklären es offen, dass ihre Zwecke nur erreicht werden können durch den gewaltsamen Umsturz aller bisherigen Gesellschaftsordnung. Mögen die herrschenden Klassen vor einer kommunistischen Revolution zittern. Die Proletarier haben nichts in ihr zu verlieren als ihre Ketten. Sie haben eine Welt zu gewinnen.
Proletarier aller Länder, vereinigt euch!

Karl Marx, Friedrich Engels, Manifest der Kommunistischen Partei, in: Karl Marx, Friedrich Engels – Ausgewählte Schriften in zwei Bänden, Band 1, Berlin (Ost) 1966, S. 56 f.

Die Industrialisierung

M 9 „Der Streik", Gemälde von Robert Koehler, 1886

M 10 Arbeitsniederlegung im Jahr 1870

Ottilie Baader (1847–1925), Arbeiterin aus Frankfurt/Oder, begann mit 13 Jahren als Näherin in einer Fabrik zu arbeiten. Sie schloss sich um 1870 der Sozialdemokratie an und setzte sich bis zu ihrem Tod aktiv für die Emanzipation der Frau und eine Änderung der überaus schlechten Arbeitsbedingungen ein. In ihren Lebenserinnerungen berichtet sie über eine spontane Arbeitsniederlegung während des Deutsch-Französischen Kriegs 1870:

Unsere Firma wollte das „Risiko" auf sich nehmen, uns auch bei dem eingeschränkten Absatz voll zu beschäftigen, wenn wir für den „halben" Lohn arbeiten wollten. Von Organisation hatten wir keine Ahnung – und wir waren in einer Notlage, denn die meisten Arbeiterinnen [...] lebten, wie man sagt, von der Hand in den Mund. So sagten wir zu, es einmal eine Woche zu versuchen.
Nun wurde drauf losgeschuftet. Das Resultat war kläglich; von dem um die Hälfte gekürzten Lohn wurden uns die vollen Kosten für Garn und Nadeln in Abzug gebracht. Das brutale Vorgehen des Unternehmers brachte uns zur Besinnung. Wir beschlossen einmütig, lieber zu feiern, als für einen solchen Schundlohn zu arbeiten, von dem zu existieren nicht möglich war.
Drei Arbeiterinnen, zu denen auch ich gehörte, wurden bestimmt, dies dem Chef mitzuteilen. [Dieser] wollte [...] uns damit beschwichtigen, dass er erzählte, sobald Siegesnachrichten eingingen, würde das Geschäft sich sofort wieder heben und die Löhne steigen. Er hatte wohlweislich vermieden, zu sagen, „die alte Höhe erreichen". Wir [antworteten], der Lohn steige nie so schnell, wie er herabgesetzt würde, und zudem habe dann das Geschäft ein volles, zu den niedrigen Löhnen hergestelltes Lager.
Als der Chef merkte, dass wir uns nicht so leicht unterkriegen ließen, wurde er so wütend, dass er uns rot vor Ärger anschrie: „Na, dann werde ich euch den vollen Preis wieder zahlen! Wollt ihr nun wieder arbeiten?" Da antworteten wir ihm kurz: „Jawohl, nun werden wir wieder arbeiten."

Ottilie Baader, Ein steiniger Weg, Lebenserinnerungen, Stuttgart 1921, S. 13 f.

M 11 Alfred Krupp

Auszug aus der Ansprache des Unternehmers Alfred Krupp an seine Arbeiter von 1877:

Ich habe die Erfindungen und neuen Produktionen eingeführt, nicht die Arbeiter. Er ist abgefunden mit seinem Lohne, und ob ich darauf gewinne oder verliere, das ist meine eigene Sache [...].
5 Ich habe den Mut gehabt, für die Verbesserung der Lage der Arbeiter Wohnungen zu bauen, worin bereits 20 000 Seelen untergebracht sind, ihnen Schulen zu gründen und Einrichtungen zu treffen zur billigen Beschaffung von allem Bedarf. Ich
10 habe mich dadurch in eine Schuldenlast gesetzt, die abgetragen werden muss. Damit dies geschehen kann, muss jeder seine Schuldigkeit tun in Frieden und Eintracht und in Übereinstimmung mit unsern Vorschriften [...].
15 Genießet, was Euch beschieden ist. Nach getaner Arbeit verbleibt im Kreise der Eurigen, bei den Eltern, bei der Frau und den Kindern und sinnt über Haushalt und Erziehung. Das sei Eure Politik, dabei werdet ihr frohe Stunden erleben. Aber für
20 die große Landespolitik erspart Euch die Aufregung. Höhere Politik treiben erfordert mehr freie Zeit und Einblick in die Verhältnisse, als dem Arbeiter verliehen ist. [...]
Man erwärmt keine Schlange an seiner Brust und
25 wer nicht von Herzen ergeben mit uns geht, wer unsern Ordnungen widerstrebt, der beeile sich auf anderen Boden zu kommen, denn seines Bleibens ist hier nicht.

Wilhelm Berdrow (Hg.), Alfred Krupps Briefe 1826–1887, Berlin 1928, S. 346 ff.

M 12 „Der Herr im Haus"

Der Industrielle Stumm-Halberg berichtet 1878 über sein System der „milden und der strengen Hand":

Wenn ein Fabrikunternehmen gedeihen soll, so muß es militärisch, nicht parlamentarisch geordnet sein. Hat ein Arbeiter einmal die Autorität des Arbeitgebers über den Haufen geworfen, dann wird die Autorität auf anderen Gebieten, in Staat 5 und Kirche, sehr bald folgen.
Ich würde keinen Augenblick länger an Eurer Spitze aushalten, wenn ich an die Stelle meines persönlichen Verhältnisses zu jedem von Euch das Paktieren mit einer Arbeiterorganisation unter fremder Führung setzen müßte. 10
Ich könnte eine ganze Reihe von Handlungen von Arbeitern außerhalb des Betriebes nennen, gegen die ich es für die absolute Pflicht eines Arbeitgebers halte, einzuschreiten und sich nicht auf den 15 bequemen Standpunkt zurückzuziehen und zu sagen: das, was der Arbeiter außerhalb des Betriebes macht, ist mir gleichgültig. Ich tue damit einfach meine Pflicht als Mensch, als Christ und als Haupt der großen Neunkircher Arbeiterfamilie. 20
Ich glaube sagen zu dürfen, dass ich keinem meiner Berufsgenossen in den Wohlfahrtseinrichtungen nachstehe, jedenfalls nicht in dem Bestreben, nach bestem Wissen und Gewissen für Euer materielles und geistiges Wohl zu sorgen. Auf diese 25 Weise hoffe ich, weit über meine eigenen Lebenstage dafür zu sorgen, dass Ihr für die Lockungen falscher Propheten unempfänglich bleibt.

Fritz Hellwig, Carl Ferdinand Freiherr von Stumm-Halberg, Heidelberg 1936, S. 295–300.

Aufgaben

1. Nenne Ursachen, Folgen und Gefahren der Massenarmut. → Text
2. Welche Ansätze zur Lösung der „Sozialen Frage" gab es? → Text
3. Was wollte der Zeichner mit seiner Allegorie ausdrücken? → M7
4. a) Fasse das Programm und die Vorstellungen des „Bundes der Kommunisten" zusammen.
   b) Wie charakterisiert Marx die Geschichte der Menschheit?
   c) Warum empfanden Unternehmer und Politiker den Kommunismus als bedrohlich?
   → Text, M8
5. a) Unterteile das Bild „Der Streik" in Abschnitte mit Handlungsschwerpunkten und beschreibe die „Geschichte" der jeweiligen Handlung.
   b) Überlege, warum das Bild die Entstehung eines Streiks so ausführlich darstellt.
   → M9
6. a) Fasse zusammen, warum die Arbeiterinnen ihre Arbeit niederlegten.
   b) Warum lenkte der Unternehmer am Ende ein?
   → M10
7. a) Wie begründen die Unternehmer Krupp und Stumm-Halberg ihren Standpunkt?
   b) Welches Bild vom Arbeiter und Arbeitgeber haben beide Unternehmer? → M11, M12

Die Industrialisierung

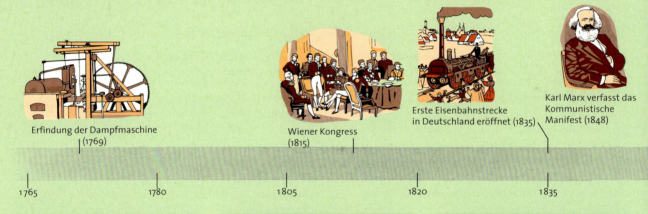

Erfindung der Dampfmaschine (1769)

Wiener Kongress (1815)

Erste Eisenbahnstrecke in Deutschland eröffnet (1835)

Karl Marx verfasst das Kommunistische Manifest (1848)

1765 — 1780 — 1805 — 1820 — 1835

Grundwissen: Zeit	Grundwissen: Begriffe	Grundwissen: Methoden
14.7.1789 Beginn der Französischen Revolution 1806 Ende des Heiligen Römischen Reiches 1815 Wiener Kongress 1832 Hambacher Fest 1848/49 Revolution in Deutschland	Aufklärung Menschenrechte Gewaltenteilung Verfassung Volkssouveränität Bürgertum Nation Nationalismus Nationalversammlung Kaisertum Napoleons Code civil Montgelas Liberalismus Deutscher Bund	Umgang mit schriftlichen Quellen Umgang mit darstellenden Texten Umgang mit Karikaturen
	Industrielle Revolution **Soziale Frage** **Sozialismus** **Arbeiterbewegung**	**Umgang mit Statistiken**
1871 Reichsgründung	Deutsches Kaiserreich Bismarck Parteien Reichstag Kulturkampf Sozialistengesetz Sozialgesetzgebung Wilhelm II.	Umgang mit Historiengemälden
1914–1918 Erster Weltkrieg 1917 Russische Revolution	Imperialismus Attentat von Sarajewo Lenin	Umgang mit dem Internet
1918 Novemberrevolution 1923 Hitlerputsch	Vertrag von Versailles Völkerbund Weimarer Verfassung Inflation	Umgang mit Geschichtskarten Umgang mit Plakaten

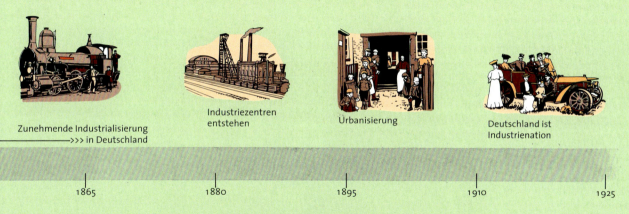

Zusammenfassung

Seit dem Ende des 18. Jahrhunderts vollzog sich eine Entwicklung von weltgeschichtlicher Bedeutung: die Industrielle Revolution. Die Produktion von Gütern erfolgte nunmehr in Fabriken mit Hilfe von Maschinen, zugleich ergab sich ein tief greifender Wandel im Leben und Denken aller Menschen.

Die Industrialisierung begann mit der Erfindung der Dampfmaschine von James Watt 1789, die ein Zeitalter der Maschinen und Fabriken einleitete. Ausgehend von England als führender Industrienation erfasste die Entwicklung um 1830 auch Mitteleuropa und Deutschland. Während in England jedoch die Textilindustrie der Industrialisierung zum Durchbruch verhalf, war in Deutschland der Eisenbahnbau der auslösende Faktor. Staatliche Maßnahmen förderten die Entwicklung aller Industriesparten und bildeten eine wichtige Voraussetzung für Deutschlands industriellen Aufschwung.

In Industrieregionen wie dem Ruhrgebiet wurden der Bergbau, die Eisen- und Stahlindustrie sowie der Maschinenbau zum Vorreiter einer neuen Phase industrieller Entwicklung. Hier und in anderen Ballungsgebieten kam es zu einer Verstädterung: Industriestädte erlebten einen gewaltigen Bevölkerungszuwachs und es entstanden Stadtteile mit großen Arbeitersiedlungen.

Besonders in ihrer frühen Phase zeigte sich aber auch die Schattenseite der Industriellen Revolution am Elend der Arbeiterklasse. Sie erduldete unzumutbare Arbeitsbedingungen, menschenunwürdige Wohnverhältnisse, niedrige Löhne, schwere Frauen- und Kinderarbeit sowie nahezu uneingeschränkte Willkür des Arbeitgebers.

Versuche zur Lösung der „Sozialen Frage" kamen von einzelnen Unternehmern, der Kirche, vor allem jedoch durch die vom Staat 1883 eingeleitete Sozialgesetzgebung. Sie basierte auf der Erkenntnis, dass Armut und Elend ein unverschuldetes Massenschicksal sei. Die Arbeiter selbst bemühten sich im Rahmen von Gewerkschaften und Arbeiterparteien um eine Durchsetzung ihrer Interessen und schufen mehrere Selbsthilfeorganisationen.

Revolutionär wirkte die Lehre des Kommunismus, die Karl Marx und Friedrich Engels 1848 in ihrem „Kommunistischen Manifest" propagiert hatten. Sie enthielt die Vorstellung einer klassenlosen, gerechten Gesellschaft, was durch Umsturz der bestehenden Gesellschaftsordnung erreicht werden sollte.

3. Das deutsche Kaiserreich

Kaiserproklamation in Versailles
Gemälde von Anton von Werner, 1885

Das Reichstagsgebäude in Berlin

Die Siegessäule in Berlin

Titelblatt einer Zeitschrift, 1895

„Unter den Linden", Fotografie um 1890

Das deutsche Kaiserreich

Die Errichtung eines deutschen Nationalstaats

Können einzelne Personen Geschichte machen?
Kann ein einziger Mensch den Lauf der Geschichte verändern? Dies ist eine Frage, die sich Geschichtswissenschaftler immer wieder gestellt haben. Dabei wird häufig der Name eines preußisch-deutschen Politikers genannt: Otto von **Bismarck** (1815–1898).
Bismarck stammte aus einer alten preußischen Adelsfamilie, für die Treue zum Königshaus einen wichtigen Wert darstellte. Er war Gegner der Revolution von 1848/49 und stand den Forderungen des liberalen Bürgertums mit Ablehnung gegenüber. Allerdings sah er in der Errichtung eines deutschen Nationalstaats eine Chance zur Machterweiterung für Preußen.

Der Aufstieg Bismarcks
Otto von Bismarck war Gesandter in Russland, als er 1862 vom preußischen König Wilhelm I. zum Ministerpräsidenten ernannt wurde. Dies geschah in einer problematischen innenpolitischen Lage. Zwischen dem König und der liberalen Mehrheit des preußischen Abgeordnetenhauses war umstritten, ob Wilhelm bei der von ihm gewünschten Heeresreform auf die Zustimmung des Parlaments angewiesen war. Der Konflikt spitzte sich auf die Frage zu, wer tatsächlich die Macht im Staat habe. Als einziger namhafter Politiker erklärte sich Bismarck dazu bereit, den Kampf mit dem Parlament aufzunehmen und die Forderung des Königs durchzusetzen. Aus diesem Grund wurde er von den liberalen Abgeordneten scharf kritisiert.

Die deutsche Frage nach 1850
Nach der gescheiterten Revolution von 1848/49 hatte sich in Mitteleuropa die Herrschaft der Fürsten gegen die nationalen und liberalen Bestrebungen des deutschen Bürgertums durchgesetzt. Der 1815 gegründete Deutsche Bund wurde zwar wieder errichtet, aber diese Lösung der „deutschen Frage" stieß in der Öffentlichkeit immer mehr auf Kritik. Die Konkurrenz der beiden Großmächte Preußen und Österreich um die Vorherrschaft im Deutschen Bund machte die Situation noch komplizierter. Zwar besaß Österreich noch eine Vormachtstellung, aber immer deutlicher zeichneten sich die Schwächen des Habsburgerstaates ab. Die Konflikte zwischen den verschiedenen Nationalitäten im Vielvölkerstaat Österreich nahmen zu. Auf der anderen Seite gewann Preußen an wirtschaftlichem und politischem Einfluss und wollte sich nicht mehr mit der bisherigen untergeordneten Rolle begnügen. Die vielen mittleren und kleinen deutschen Fürstentümer wollten nach Möglichkeit ihre Unabhängigkeit gegenüber den beiden großen Mächten erhalten, entschieden also je nach Lage, ob sie eher Preußen oder Österreich zuneigten. Bayern orientierte sich dabei eher an Österreich.

Die Einigung Deutschlands
Eine erste Möglichkeit, sich als nationaler Politiker zu profilieren, erhielt Bismarck im Jahr 1864, als es zu einem Konflikt um Schleswig-Holstein kam. Während Schleswig autonomer Bestandteil Dänemarks

M 1 Otto von Bismarck (1815–1898)
Fotografie aus dem Jahr 1862, kurz vor Bismarcks Berufung zum Ministerpräsidenten

war, gehörte Holstein zum Deutschen Bund. Beide Herzogtümer regierte der dänische König. Als Dänemark entgegen einem internationalen Abkommen Schleswig von Holstein trennen und sich einverleiben wollte, rief das in der deutschen Nationalbewegung helle Empörung hervor. So ergriff Bismarck die günstige Gelegenheit. Im Deutsch-Dänischen Krieg entriss Preußen mit Unterstützung Österreichs den Dänen Schleswig.

Der Konflikt spitzt sich zu
Die nächsten Jahre waren vom Konflikt zwischen Preußen und Österreich geprägt, was mit beiden norddeutschen Herzogtümern geschehen sollte. 1866 führte der immer aggressiver ausgetragene Streit schließlich zum Krieg zwischen Preußen und Österreich. Obwohl die meisten mittleren und kleinen Staaten – darunter auch Bayern – auf die Seite Österreichs traten, gelang Preußen, das technisch und strategisch überlegen war, der entscheidende Sieg in der Schlacht von Königgrätz im Norden Böhmens. Österreich verlor im Friedensschluss zwar keine Gebiete, musste jedoch der Auflösung des Deutschen Bundes und seinem Ausscheiden aus Deutschland zustimmen. Einige deutsche Staaten wie Hannover und Kurhessen wurden Teil des Königreichs Preußen. Die restlichen Länder nördlich des Mains mussten dem neuen Norddeutschen Bund unter Preußens Vorherrschaft beitreten.

M 2 Der Weg zum Deutschen Reich 1866–1871

Das deutsche Kaiserreich

M 3 Siegessäule in Berlin
Zur Erinnerung an die Siege von 1864, 1866 und 1870 wurde am 2. September 1873 auf dem Königsplatz in Berlin diese Säule errichtet.

Bayern und die anderen im Süden Deutschlands gelegenen Staaten blieben unabhängig, um den Sicherheitsinteressen Österreichs und Frankreichs Rechnung zu tragen. Allerdings waren sie gezwungen, so genannte Schutz- und Trutzbündnisse mit Preußen zu schließen.

Mit diesem militärischen und politischen Erfolg gewann Bismarck die Zustimmung großer Teile der liberalen Nationalbewegung.

Die Gründung des deutschen Kaiserreichs

In Frankreich wuchs das Misstrauen gegenüber dem immer mächtiger werdenden Preußen. Die sich verstärkenden diplomatischen Spannungen zwischen beiden Staaten führten schließlich 1870 zum Krieg. Auslöser war ein Konflikt um die spanische Thronfolge. Der als König vorgesehene Prinz aus einer Nebenlinie des preußischen Königshauses der Hohenzollern stieß in Frankreich auf heftige Ablehnung. Obwohl die Hohenzollern ihren Kandidaten zurückzogen, wollte Frankreich einen „ewigen" Verzicht erreichen.

Diese Forderung wies der preußische König zurück und teilte dies Bismarck in einem Telegramm aus seinem Kurort Bad Ems mit. Dieser kürzte die „Emser Depesche" so geschickt, dass die deutsche Öffentlichkeit über das Verhalten Frankreichs empört war und die Bevölkerung Frankreichs das preußische Vorgehen als Beleidigung der französischen Nation empfand. Die Kriegserklärung Frankreichs führte in ganz Deutschland – also auch in den süddeutschen Staaten – zu einer Welle nationaler Begeisterung.

Der Sieg aller verbündeten deutschen Staaten ermöglichte die Errichtung eines deutschen Nationalstaats. Im Spiegelsaal des Schlosses von Versailles wurde am 18. Januar 1871 der preußische König Wilhelm zum deutschen Kaiser ausgerufen. Das war die Gründung des **deutschen Kaiserreichs**.

Die Rolle Bayerns

Bayern konnte sich nur schwer damit abfinden, seine Eigenständigkeit aufzugeben. Nachdem sich abzeichnete, dass die anderen Staaten dem neuen Reich beitraten, zog Bayern nach, um sich nicht selbst zu isolieren. Allerdings konnte das Königreich sich einige Sonderrechte sichern. König Ludwig II. erhielt dafür, dass er im so genannten Kaiserbrief dem preußischen König die Kaiserwürde antrug, großzügige Geldzahlungen. Nach einer heftigen Debatte stimmte das bayrische Parlament mit knapper Mehrheit dem Beitritt zum neuen Reich zu.

Die Rolle Bismarcks

Historiker sind sich einig, dass Bismarck bei dieser Entwicklung eine entscheidende Rolle spielte. Die Meinung, dass er gleichsam allein die deutsche Einigung herbeiführte, wird heute differenzierter gesehen, denn die Entstehung von Nationalstaaten war eine allgemeine Entwicklung in Europa. Die europäische Mächtekonstellation, die politische und wirtschaftliche Entwicklung in Deutschland – insbesondere die von Preußen und Österreich – der Einfluss der liberalen Nationalbewegung und die Rolle der Öffentlichkeit bildeten Voraussetzungen und Grundlagen für das entschiedene Handeln Bismarcks. Sein Anteil an der Reichsgründung muss dennoch hoch veranschlagt werden.

M 4 Stimmen zur Reichsgründung

a) Nach 1871 gab es zahlreiche Publikationen, die sich mit der Gründung des Reiches beschäftigten. Aus dem in Speyer erschienenen „Festalbum zur Friedensfeier. Zum Besten verwunderter und invalid gewordener deutscher Krieger" von 1871:

Betrachten wir nun in Kürze die Wirkungen des Krieges und seiner militärischen Erfolge.
1. Es vollzieht sich die politische Einigung Deutschlands, lange ersehnt und erstrebt, eine Frucht mancher Tränensaat, ein Jugendtraum der besten Männer bis in ihr hohes Greisenalter, ein Schlachtenkind, aber in der Wiege umstanden und gesegnet von den Genien des Friedens.
2. Zum Schutz dieser politischen Einheit entsteht eine starke Zentralgewalt, ohne die geschichtlich tief gewurzelte Eigenart der verschiedenen deutschen Stämme aufzuheben. Das Deutsche Reich wird nicht etwa bloß wieder aufgerichtet, sondern ersteht in neuer Gestaltung mit erblicher Kaiserwürde.
3. Elsass und Deutsch-Lothringen kommen wieder zum Reich. Das gewonnene Metz sichert den Frieden gegen Frankreich.
4. Die gesicherte Lage gegen den bisherigen Erbfeind sichert dem Deutschen Reich nach außen seine Bedeutung. Das deutsche Kaisertum ist der Friede.
5. Seine innere Organisation sichert ihm den Frieden nach innen. Die nationale Erhebung erzeugt eine dem zersetzenden Zwist und Hader der Parteien fremde nationale Richtung, Stimmung und Haltung. [...]
7. Eine natürliche Folge ist die Achtung der deutschen Nation in Europa und bei den gesitteten Völkern der Welt.
Und nun, du hochbegnadetes, reichgesegnetes deutsches Volk, lass diese großen Errungenschaften, verbrieft und gesiegelt in den ersten Märztagen des Jahres 1871, deiner Treue und Mannheit als ein köstliches Kleinod, erworben durch das Herzblut deiner besten Söhne, anvertraut sein! Wache vor allem über deine Jugend, dass sie künftigen Tagen fähig und würdig werde, dieses Heiligtum in sichere Obhut zu nehmen!
Und du, deutsche Jugend, strebe im Aufblick zu den heldenhaften Taten deiner Väter nach einer rühmlichen Lösung der dir gestellten Aufgabe, künftig deinem Vaterland, gesund an Leib und Seele, ausgerüstet mit Schätzen des Wissens, geziert mit allen Tugenden eines frommen Herzens, gestählt durch festen Charakter und Willenskraft, tüchtig und richtig dienen zu können!

Fenske, Hans (Hg.), Im Bismarckschen Reich 1871–1890, Darmstadt 1978, S. 47 f.

b) Der Historiker Heinrich von Sybel schrieb am 27. Januar 1871 an einen Freund:

Lieber Freund, ich schreibe von all diesen Quisquilien [Belanglosigkeiten] und meine Augen gehen immer herüber zu dem Extrablatt und die Tränen fließen mir über die Backen. Wodurch hat man die Gnade Gottes verdient, so große und mächtige Dinge erleben zu dürfen? Und wie wird man nachher leben?
Was zwanzig Jahre der Inhalt alles Wünschens und Strebens gewesen, das ist nun in so unendlich herrlicher Weise erfüllt! Woher soll man in meinen Lebensjahren noch einen neuen Inhalt für das weitere Leben nehmen?

Fenske, Hans (Hg.), Im Bismarckschen Reich 1871–1890, Darmstadt 1978, S. 37.

c) Ein Soldat, der am Krieg gegen Frankreich teilgenommen hatte, schrieb am 6. März 1871:

Die Nachricht vom Frieden – vom lang ersehnten Frieden – habe ich in Vesoul bekommen. [...]
Es wäre fruchtloses – ich möchte beinahe sagen lächerliches Bemühen, wenn ich die Gefühle wiedergeben sollte, welche mich erfüllten, als die Klänge des Festzapfenstreichs durch das Städtchen Vesoul ertönten. – Fern von der Heimat, in der jetzt tausend und abertausendfacher Kerzenglanz die frohe Tatsache verkündet, feierte ich mit den Landwehrleuten des Bataillons Crossen aus einem schlesischen Husarenregiment den Frieden! – den wirklichen Frieden.
Mir war, ich kann nicht sagen wie zu Mut – so dankbar – so froh und doch das herbe Wehmutsgefühl, bei dem Gedanken an all die Greuel und Schrecken des Krieges – des in unserem Jahrhundert noch möglichen Krieges.
Jetzt sollen wir ja Freunde sein, die wir uns seither zerfleischten. Jetzt ist unser deutsches Vaterland gerettet, steht groß und einig da.
„Der Kaiser von Deutschland lebe hoch", rief ich in die Truppenmenge hinein, lauter Trommelwirbel begleitete das hundert und aber hundertfach tönende Hoch!

Fenske, Hans (Hg.), Im Bismarckschen Reich 1871–1890, Darmstadt 1978, S. 38 f.

Das deutsche Kaiserreich

M 5 Der „Sedantag"

a) Die Schlacht bei der nordfranzösischen Stadt Sedan am 1. September 1870 war eine Vorentscheidung im deutsch-französischen Krieg. Dieser Tag wurde im Kaiserreich groß gefeiert. Kaiser Wilhelm II. brachte bei der 25-Jahr-Feier des Sedantages folgenden Trinkspruch dar:

Wenn Ich am heutigen Tage einen Trinkspruch auf Meine Garden ausbringe, so geschieht es froh bewegten Herzens; denn ungewöhnlich
5 feierlich und schön ist der heutige Tag. Den Rahmen für die heutige Parade gab ein in Begeisterung aufflammendes Volk, und das Motiv für die Begeisterung war die Erinnerung an die Gestalt, an die
10 Persönlichkeit des großen verewigten Kaisers.
Wer heute und gestern auf die mit Eichenlaub geschmückten Fahnen blickte, der kann es nicht getan haben ohne wehmütige Rührung im Herzen; denn der Geist und die Sprache, die aus dem
15 Rauschen dieser zum Teil zerfetzten Feldzeichen zu uns redeten, erzählten von den Dingen, die vor 25 Jahren geschahen und von dem großen Tage, da das Deutsche Reich wieder auferstand.
Groß war die Schlacht und heiß war der Drang und
20 gewaltig die Kräfte, die aufeinander stießen. […]
Für ihre Güter, ihren Herd und ihre zukünftige Einigung kämpften die Deutschen; darum berührt es uns auch so warm, dass ein jeder, der des Kaisers Rock getragen hat oder ihn noch trägt, in diesen
25 Tagen von der Bevölkerung besonders geehrt wird – ein einziger aufflammender Dank gegen Kaiser Wilhelm I.
Und für uns, besonders für die Jüngeren, die Aufgabe, das, was der Kaiser gegründet, zu erhalten.
30 Doch in die hohe, große Festesfreude schlägt ein Ton hinein, der wahrlich nicht dazu gehört; eine Rotte von Menschen, nicht wert, den Namen Deutscher zu tragen, wagt es, das deutsche Volk zu schmähen, wagt es, die uns geheiligte Person des
35 allverehrten verewigten Kaisers in den Staub zu ziehen. Möge das gesamte Volk die Kraft finden, die unerhörten Angriffe zurückzuweisen! Geschieht es nicht, dann rufe Ich Sie, um der hochverräterischen Schar zu wehren, um einen Kampf zu
40 führen, der uns befreit von solchen Elementen.

Die Reden Kaiser Wilhelms II. 1888–1895, Leipzig 1913, S. 314 ff.

M 6 Am 2. September 1895, Fotografie von 1895

b) Kommentar der Zeitung Münchener Neueste Nachrichten:

Zum ersten Male findet das nichtswürdige Gebahren, das nun schon so lange Tag für Tag die edelsten Empfindungen, die tiefsten Gefühle und die teuersten Überlieferungen des deutschen Volkes
5 mit der giftigen Jauche des gemeinsten sozialdemokratischen Jargons übergießt und die gesamte anständige Presse zur Abwehr mit blutigen Hieben herausfordert, auch an offizieller Stelle die wohlverdiente Kennzeichnung und Brandmar-
10 kung. […]

Münchener Neueste Nachrichten, 4.9.1895, Vorabendblatt, S. 1.

c) Kommentar der Münchner Post

Der Kaiser hat am Skt. Sedan nebst anderen erlassenen Kundgebungen auch eine interessante Rede gehalten. […]
Auf die Auslassungen des Monarchen zu entgegnen verbietet bekanntlich das Strafgesetzbuch
5 und es ist eben nur ein Zeichen der Zeit, wenn die sich anständig nennende bürgerliche Presse den Wortlaut der Kaiserrede nicht nur triumphierend gegen uns ins Feld führt, sondern dieselbe auch noch in geschmacklosester Weise zu fruktifizieren
10 [zu verbreiten] bemüht ist. […]
Das ist ein Eiertanz. Derartiges ist dummes, plumpes Getrampel, wie man es vom Weltblatt und seinem Anhang übrigens gewohnt ist. Man scheint dort immer zu vergessen, dass „die Rotte von Men-
15 schen, die nicht wert sind, den Namen Deutscher zu tragen", stärkste politische Partei im Reiche ist.

Münchener Post, 5.9.1895, S. 3.

M 7 100 Jahre nach der Gründung

Der deutsche Bundespräsident Gustav Heinemann hielt 1971 folgende Rede:

Unsere Geschichte ist in vieler Hinsicht anders verlaufen als die unserer Nachbarn. Man hat uns eine „verspätete Nation" genannt.
In der Tat haben wir unsere nationale Einheit 1871
5 später und unvollkommener erlangt als andere Nationen. Der Ruf nach Einheit erhob sich in den Befreiungskriegen gegen Napoleon, bei den unruhigen Studenten auf dem Wartburgfest 1817, in der großartigen Volksfeier 1832 auf dem Hamba-
10 cher Schloss und sonderlich im Sturm und Drang der Jahre 1848/49. Aber ein jedes Mal wurde der Ruf von jenen Dutzenden von Fürstenstaaten erstickt, in die Deutschland zerrissen blieb.

15 Als das Deutsche Reich vor 100 Jahren in Versailles ausgerufen wurde, war keiner von den 1848ern zugegen. Ja, Männer wie August Bebel und Wilhelm Liebknecht und andere Sozialdemokraten, die sich gegen den nationalistischen Übermut des Sieges über Frankreich geäußert hatten, saßen in Gefängnissen. Um den Kaiser standen in Versailles allein die Fürsten, die Generäle, die Hofbeamten, aber keine Volksvertreter. 20

Die Reichsgründung hatte die Verbindung von demokratischem und nationalem Wollen zerrissen. Sie hat das deutsche Nationalbewusstsein einseitig an die monarchisch-konservativen Kräfte 25 gebunden, die in den Jahrzehnten vorher dem demokratischen Einheitswillen hartnäckig im Wege gestanden hatten.

Für unsere französischen Nachbarn war es eine tie- 30 fe Demütigung, dass unser Nationalstaat in ihrem Lande ausgerufen und ihnen zugleich Elsass-Lothringen weggenommen wurde. Diese Demütigung konnte Frankreich nicht vergessen.

Gustav W. Heinemann, Reden und Interviews, hrsg. v. Presse- und Informationsamt der Bundesregierung, Bd. 2, Bonn 1971

Aufgaben

1. a) Stelle die wichtigsten Daten zu Bismarcks Lebenslauf zusammen.
   b) Ergänze die Angaben im Buch durch weitere Informationen aus Lexika oder dem Internet.
   → Text, Lexikon oder Internet
2. Erstelle eine Tabelle der Ereignisse, die zur Gründung des deutschen Kaiserreichs führten.
   → Text
3. a) Erschließe, welche Einstellung zur Reichsgründung in den Zeugnissen der Zeitgenossen zum Ausdruck kommt.
   b) Formuliere eine mögliche Gegenposition in einem Antwortbrief.
   → M4
4. a) Weshalb findet es Kaiser Wilhelm II. wichtig, den Sedantag zu feiern?
   b) Gegen wen richtet sich seine Kritik im vorletzten Absatz?
   c) Stelle dar, wie die Münchner Neuesten Nachrichten die Rede des Kaisers beurteilen.
   d) Erläutere die Aussage „Auf die Auslassungen des Monarchen zu entgegnen verbietet bekanntlich das Strafgesetzbuch".
   e) Wie kommentiert die Münchner Post die Beurteilung der Münchener Neuesten Nachrichten?
   → M5, M6
5. a) Erläutere die im Text vom Bundespräsidenten Gustav Heinemann 1971 genannten historischen Ereignisse.
   b) Weshalb war Deutschland in Heinemanns Augen eine „verspätete Nation"?
   c) „Die Reichsgründung hatte die Verbindung von demokratischem und nationalem Wollen zerrissen". Was meinte der damalige Bundespräsident mit diesem Satz?
   → M7
6. „Können einzelne Personen Geschichte machen?" Welche Antwort gibt der Text auf diese Frage? → Text

Methode: Umgang mit Historiengemälden

① Kaiser Wilhelm I.
② Großherzog von Baden
③ Otto von Bismarck
④ Kriegsminister Roon (Vertrauter Bismarcks; bei der Zeremonie wegen Krankheit nicht anwesend)
⑤ Gruppe der Offiziere
⑥ Kaiserwappen und Krone
⑦ Gruppe der einfachen Soldaten
⑧ Kronprinz Friedrich

M 1 **Die Proklamierung des deutschen Kaiserreiches**
Holzstich von Anton von Werner, um 1880

M 2 **Die Proklamierung des deutschen Kaiserreiches,** Gemälde von Anton von Werner, 1885

Historienbilder – Bilder aus der Geschichte

Bilder, die Szenen aus der Geschichte darstellen, waren im 19. Jahrhundert besonders geschätzt. Diese Werke der so genannten Historienmalerei fanden weite Verbreitung: Als Gemälde von beträchtlicher Größe schmückten solche Bilder öffentliche Gebäude oder illustrierten als Schwarz-Weiß-Abbildungen Bücher und Zeitschriften. Gemeinsam war ihnen, dass sie bedeutsame historische Ereignisse möglichst genau darstellten, sodass der Eindruck einer fotografischen Wiedergabe entstand.

Ein auch heute noch berühmtes Historienbild ist „Die Proklamierung des deutschen Kaiserreiches" von Anton von Werner (1843–1915), der in Deutschland als Maler hoch angesehen war. Er war am 18. Januar 1871 in Versailles bei der Ausrufung des deutschen Kaiserreichs anwesend, mithin Augenzeuge der damaligen Ereignisse. In den folgenden Jahren erstellte er mehrere Fassungen, die in Berlin an herausgehobenen Stellen öffentlicher Gebäude angebracht wurden.

Während der Holzstich als Illustration in Büchern Verwendung fand, war das Gemälde aus dem Jahr 1885 als Geburtstagsgeschenk des Kaisers für Otto von Bismarck gedacht. Der Vergleich der beiden Darstellungen zeigt deutliche Unterschiede. Dies ist umso verwunderlicher, als beide Bilder vom selben Maler stammen, der überdies Augenzeuge der Ereignisse war.

Fragen an bildliche Quellen

1. Entstehung des Bildes
a) Wer hat das Gemälde in Auftrag gegeben, wer den Holzstich?
b) Für welchen Zweck waren die Bilder gedacht?
c) Lassen sich Hinweise auf die Entstehung in den Bildern entdecken?

2. Beschreibung der Bilder
a) Suche die im oberen Bild gekennzeichneten Personen auf der unteren Darstellung. Vergleiche deren jeweilige Position.
b) Informiere dich mit Hilfe eines Lexikons über die dargestellten Personen.
c) Wer steht jeweils im Mittelpunkt des Bildes?
d) Untersuche, ob im unteren Bild auch einfache Soldaten dargestellt sind.
e) Welche Perspektive hat der Maler jeweils gewählt?
f) Beschreibe die auf den Bildern dargestellte Stimmung.
g) Vergleiche die Architektur. Ist derselbe Raum dargestellt?

3. Deutung des Bildes
a) Überlege, ob es sich bei den Bildern um wirklichkeitsgetreue Abbildungen des Ereignisses handelt.
b) Wer wird auf den Bildern als „Reichsgründer" dargestellt?
c) Wird die Reichsgründung als Ereignis der deutschen oder der preußischen Geschichte dargestellt?

Das deutsche Kaiserreich

Zwischen Demokratie und Obrigkeitsstaat

Die Reichsverfassung

Das 1871 im Spiegelsaal des Versailler Schlosses gegründete deutsche Kaiserreich war der erste deutsche Nationalstaat mit einer Verfassung, denn der Entwurf der Revolution von 1848 trat nie in Kraft. Die Basis bildete die Verfassung des 1866 errichteten Norddeutschen Bundes. Der neue Staat galt als Bündnis der Fürsten der Einzelstaaten und nicht – wie 1848/49 – als Ausdruck des Volkswillens. Insofern besaßen die Bundesstaaten des neuen Reichs große Selbstständigkeit. Preußen erhielt eine Sonderstellung: Der preußische König war zugleich deutscher Kaiser, der preußische Ministerpräsident oft zugleich Reichskanzler, und im Bundesrat, der Vertretung der Staaten, konnte Preußen wichtige Entscheidungen blockieren.

Der **Reichstag** bildete innerhalb der Reichsverfassung die Vertretung des Volkes. Seine Abgeordneten wurden in freier, gleicher und geheimer Wahl von allen Männern ab 25 Jahren gewählt. Dies war im europäischen Vergleich sehr fortschrittlich. Gewählt wurde nach dem Mehrheitswahlrecht, das heißt, dass das gesamte Reich in Wahlkreise eingeteilt wurde: Gewählt war nur derjenige, der die Mehrheit der Stimmen in einem Wahlkreis auf sich vereinigte. Die Stimmen der unterlegenen Kandidaten spielten für die Zusammensetzung des Reichstags keine Rolle mehr.

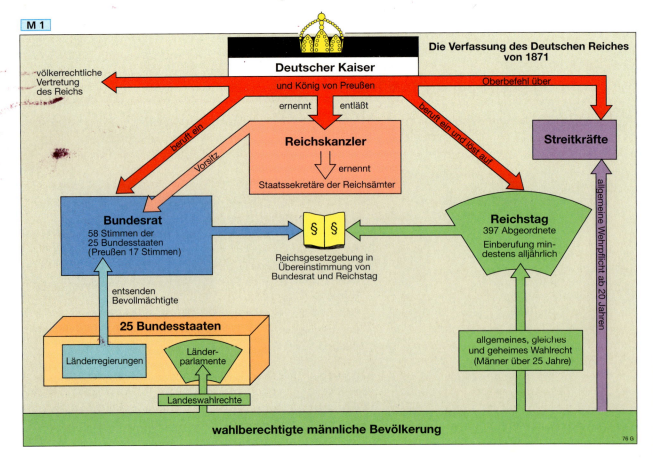

M 1 Die Verfassung des Deutschen Reiches von 1871

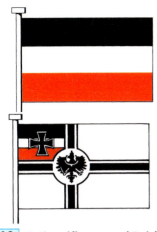

M 2 Nationalflagge und Reichskriegsflagge
Die Nationalflagge des Kaiserreichs bestand aus den Farben Preußens (Schwarz-Weiß) und der alten Reichsstädte. Im Kriegsfall wehte die Reichskriegsflagge mit Eisernem Kreuz und Reichsadler.

Auf die Regierungsbildung hatte der Reichstag keinen Einfluss, da der Reichskanzler allein vom Kaiser berufen oder entlassen wurde und nur ihm verantwortlich war. Außerdem konnte der Kaiser den Reichstag jederzeit auflösen und Neuwahlen anberaumen.

Der Reichstag besaß jedoch das Recht der Gesetzesinitiative und musste jedem Reichsgesetz, besonders dem für die Regierung wichtigen Haushalt, zustimmen. Als beschlossen galt ein Gesetz aber nur, wenn der Bundesrat – die Vertretung der Einzelstaaten – ebenfalls zugestimmt hatte. Um Gesetze verabschieden zu können, war der Reichskanzler auf die Mehrheit des Reichstags angewiesen, die er sich immer wieder neu suchen musste.

Zudem wurden die öffentlichen Debatten im Reichstag für die politische Meinungsbildung in Deutschland immer wichtiger. Die öffentliche Meinung, die etwa in Zeitungen zum Ausdruck kam, beeinflusste politische Entscheidungen immer stärker. Der Bundesrat, der formal ein starkes Mitspracherecht hatte, trat demgegenüber im Bewusstsein der Bevölkerung in den Hintergrund.

Die politischen Parteien

In den Parlamenten der Bundesstaaten schlossen sich Abgeordnete gleicher politischer Meinung zu Gruppen zusammen. Es handelte sich dabei um lockere Verbindungen einflussreicher und in der Bevölkerung angesehener Persönlichkeiten – so genannte „Honoratioren". Diese Honoratiorenparteien besaßen jedoch keine Parteiorganisation. Erst nach und nach kam es zu einer intensiveren Zusammenarbeit über die Grenzen der Einzelstaaten hinweg, da die Notwendigkeit bestand, reichsweit aufzutreten, um bei Reichstagswahlen Erfolg zu haben.

So entwickelten sich allmählich im gesamten Deutschen Reich einheitliche **Parteien.** Bemerkenswert ist, dass die Parteien stärker als heute Interessen bestimmter Bevölkerungsgruppen vertraten. Die Bereitschaft zur Zusammenarbeit zwischen den Parteien war deshalb nicht besonders ausgeprägt.

Hier die wichtigsten politischen Richtungen im Kaiserreich:

- *Die Liberalen* forderten den Schutz der Bürgerrechte, politische Mitsprache der Bevölkerung in einem deutschen Nationalstaat sowie möglichst große Freiheit im wirtschaftlichen Bereich. Unter dem Eindruck von Bismarcks Reichseinigung spaltete sich die liberale Bewegung aber in zwei Richtungen. Während den Linksliberalen die demokratischen Rechte des Volkes besonders am Herz lagen und sie Bismarck eher ablehnend gegenüber standen, rückte bei den Nationalliberalen die Forderung nach nationaler Größe in den Mittelpunkt. Sie waren zu einer Zusammenarbeit mit dem Reichskanzler bereit. Die liberalen Parteien fanden vor allem im Bildungs- und Besitzbürgertum Anhänger.

- *Die Konservativen* organisierten sich nur notgedrungen als Partei, da sie der Demokratie skeptisch gegenüber standen und Parlamente als Entscheidungsorgane eigentlich ablehnten. Sie setzten vielmehr auf die alleinige Regierungsgewalt des Monarchen. Ihre Wähler waren Adlige, aber auch traditionell königstreu eingestellte Bevölkerungsschichten.

M 3 Reichsadler
Das Wappen des Deutschen Reichs war der Reichsadler mit preußischem Wappenschild und der Krone des Heiligen Römischen Reiches Deutscher Nation.

Das deutsche Kaiserreich

- *Das Zentrum* war die Partei der Katholiken. Es verdankte seine Gründung den konfessionellen Verhältnissen im Kaiserreich, denn nach dem Ausschluss Österreichs stellten die Katholiken nur etwa ein Drittel der Bevölkerung. Außerdem war Preußen als führender Einzelstaat protestantisch geprägt. In dieser Situation schlossen sich Katholiken aus allen Schichten im Zentrum zusammen, um für ihre Rechte und Überzeugungen und gegen den scheinbar übermächtigen Protestantismus einzutreten.
- *Die Sozialdemokraten* organisierten sich im Zuge der Industrialisierung als eigene Partei und vertraten die immer größer werdende Arbeiterschicht. Seit 1891 hieß sie „Sozialdemokratische Partei Deutschlands" (SPD). Ihr Ziel war es, die soziale Situation der Arbeiterschaft zu verbessern und dem Volk größere demokratische Mitsprache zu sichern. In Anknüpfung an die Theorien von Karl Marx lehnten die Sozialdemokraten die Gesellschaftsordnung des Kaiserreichs grundsätzlich ab und setzten zeitweise auf eine revolutionäre Veränderung der Gesellschafts- und Wirtschaftsordnung.

Die Parteien des Kaiserreichs unterschieden sich also sehr stark von denjenigen, die heute in Deutschland Politik betreiben. Allerdings bestimmen die drei großen politischen Grundrichtungen, nämlich die liberale, die christlich-konservative und die sozialdemokratische, bis heute die deutsche Politik.

Politische Verbände und Vereine

Neben den Parteien entwickelten sich im Kaiserreich bald Vereine, die die politischen Interessen ihrer Mitglieder vertraten. So organisierten sich die Arbeiter in Gewerkschaften, um ihre Interessen gegen die Unternehmer durchzusetzen. Um 1900 gehörte die deutsche Gewerkschaftsbewegung bereits zu den größten der Welt. Auch die Unternehmer hatten eigene Verbände. Darüber hinaus schlossen sich viele weitere Interessengruppen zusammen, seien es die Landwirte, die Angestellten, die Frauen oder die Lehrer. Eine wichtige Rolle spielten auch nationale Verbände, deren Ziel ein möglichst machtvolles Reich war. Dazu zählten der Alldeutsche Verband, die Kriegervereine und der Kyffhäuserbund. Sowohl die Entwicklung der Parteien als auch der politischen Vereine zeigt, dass sich im Verlauf des Kaiserreichs immer mehr Menschen für politische Zusammenhänge interessierten und versuchten, ihre eigenen Interessen durchzusetzen. Deutschland wurde „politisiert".

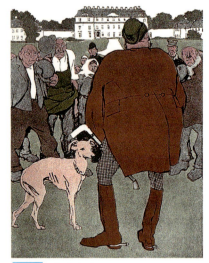

M 4 Obrigkeitsstaat
Ein ostelbischer Junker zu seinen Dorfbewohnern nach der Wahl: „Es ist eine liberale Stimme abgegeben worden. Der Schulmeister kriegt von heute ab keine Kartoffeln mehr."
Zeitgenössische Karikatur

Der „Obrigkeitsstaat"

Ein zentraler Unterschied zwischen dem Kaiserreich und dem heutigen Deutschland bestand in der Einstellung der Bevölkerung zum Staat. Im Kaiserreich galt die „Obrigkeit" – d.h. die Repräsentanten des Staates – für viele als Autorität, deren Entscheidungen man hinzunehmen hatte. Hohe Wertschätzung besaß auch das Militär, das in der preußischen Geschichte und bei der deutschen Einigung eine wichtige Rolle gespielt hatte. Disziplin, Ordnung und Gehorsam galten daher als wichtige Werte. Kritiklose Unterordnung unter die staatliche Autorität und die Bewunderung alles Millitärischen bestimmten das politische Klima.

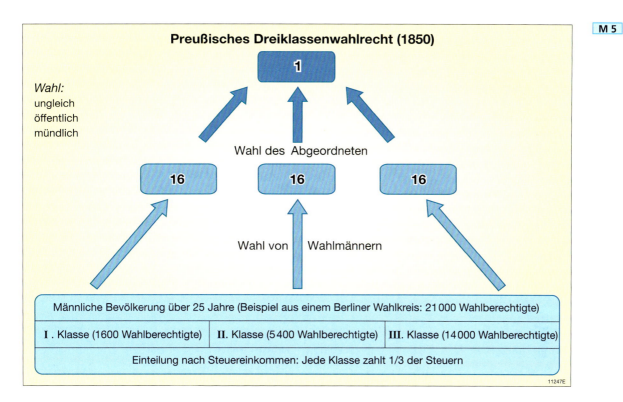

M 6 Dreiklassenwahlrecht in Preußen

Der sozialdemokratische Abgeordnete Leinert äußerte sich am 20. Mai 1912 im preußischen Landtag über das Dreiklassenwahlrecht:

Wenn man aber danach fragt, wo die Mehrheit der Wähler steht, ob auf Seiten derjenigen, die den Antrag der freisinnigen Volkspartei unterstützen oder ob auf Seiten derjenigen, die sich
5 gegen jede Änderung des Dreiklassenwahlrechts aussprechen, so ist festzustellen, dass die Sozialdemokraten rund – ich nenne nur runde Zahlen – 600 000 Stimmen, das Zentrum eine halbe Million, die Fortschrittler 120 000, Polen und Dänen
10 225 000 Stimmen, bei der letzten Wahl zum preußischen Abgeornetenhause insgesamt rund 1 450 000 Stimmen erhalten haben.
Dagegen stehen gegen dieses Reichstagswahlrecht die Konservativen mit 355 000, die Freikon-
15 servativen mit – 63 000, die Nationalliberalen mit 318 000 und der Bund der Landwirte und Antisemiten mit 24 000 Stimmen gegen dieses allgemeine, gleiche, geheime und direkte Wahlrecht; sie haben zusammen 760 000 Stimmen.
20 Also zwei Drittel der Wähler hat sich für das allgemeine, gleiche, geheime und direkte Wahlrecht erklärt, ein Drittel ist dagegen. Aber dieses eine Drittel der Wähler sendet 279 Abgeordnete hierher [in den preußischen Landtag], und die zwei Drittel Wähler für das allgemeine Wahlrecht sen- 25
den nur 164 Abgeordnete hierher; darunter sind die 104 Abgeordneten des Zentrums mit eingerechnet. Das ist doch eine Fälschung des Volkswillens, wie sie in keinem anderen Parlamente der Welt wieder anzutreffen ist. [...] 30
Ach, Herr v. d. Osten, gehen Sie mal mit uns in die Versammlungen, gehen Sie mal hinunter ins Volk, dahin, wo man das Dreiklassenwahlrecht fühlt, und verteidigen Sie einmal dort Ihre Grundsätze. Sie werden sehen, wie weit Sie damit kommen. 35 [...]
Was wollen Sie denn tun gegenüber diesem ständigen Wachsen der Erbitterung und Empörung draußen im Volke? Worauf können Sie sich berufen, dass Sie hier sitzen, um schließlich der 40 Empörung des Volkes „entgegenzuarbeiten" durch Lässigkeit in der Wahlrechtsfrage?
Sie können sich doch nur darauf berufen, dass Sie hier in einem Parlament sitzen, das durch einen Staatsstreich gegen des Willen des Volkes zur Ver- 45 minderung der Rechte des Volkes eingeführt worden ist.

Fenske, Hans (Hg.), Unter Wilhelm II. 1890–1918, Darmstadt 1982, S. 318 f.

M 7 Zentrum

Aus dem Programm vom 30. Juni 1870:

1. Unversehrte Aufrechterhaltung der durch die preußische Verfassungsurkunde gewährleisteten Selbstständigkeit der Kirche in Ordnung und Verwaltung ihrer Angelegenheiten, insbesondere
5 auch hinsichtlich der Bildung und Entwicklung kirchlicher Gesellschaften.
2. Abwehr aller gegen den konfessionellen Charakter des Volksunterrichtes gerichteten Bestrebungen und Angriffe zur Sicherung des hei-
10 ligsten Rechts der christlichen Familie, sowie endliche Verwirklichung der verfassungsmäßig verheißenen Unterrichtsfreiheit.

Treue, W., Deutsche Parteiprogramme, Göttingen 1968, S. 70.

M 8 Monarchisch-Nationale Reichspartei

Aus dem Programm vom 14. Mai 1872:

Die Konservative Partei ist ihrem politischen Grundgedanken nach die monarchisch-nationale Partei. Als solche sieht sie in einer starken kaiserlichen Gewalt und in der weiteren staatlichen Aus-
5 bildung und Ausstattung des das deutsche Fürstentum sowie den Staatsgedanken des Deutschen Reiches repräsentierenden Bundesrates die Bürgschaft für die Einheit des Reiches und die gedeihliche Fortentwicklung und Selbstständigkeit sei-
10 ner Glieder. Demgemäß wird sie den Bestrebungen entgegentreten, welche einerseits auf die Herrschaft parlamentarischer Majoritäten hinzielen und welche andererseits [...] das Reich zum Einheitsstaat zu verkümmern trachten.

Treue, W., Deutsche Parteiprogramme, Göttingen 1968, S. 73.

M 9 Sozialdemokratische Arbeiterpartei

Aus dem Gothaer Programm von Mai 1875:

II. Von diesen Grundsätzen ausgehend, erstrebt die sozialistische Arbeiterpartei Deutschlands mit allen gesetzlichen Mitteln den freien Staat und die sozialistische Gesellschaft, die Zerbrechung des
5 ehernen Lohngesetzes durch Abschaffung des Systems der Lohnarbeit, die Aufhebung der Ausbeutung in jeder Gestalt, die Beseitigung aller sozialen und politischen Ungleichheit. Die sozialistische Arbeiterpartei Deutschlands, obgleich
10 zunächst im nationalen Rahmen wirkend, ist sich des internationalen Charakters der Arbeiterbewegung bewusst und entschlossen, alle Pflichten, welche derselbe den Arbeitern auferlegt, zu erfüllen, um die Verbrüderung aller Menschen zur
15 Wahrheit zu machen. Die sozialistische Arbeiterpartei Deutschlands fordert, um die Lösung der sozialen Frage anzubahnen, die Errichtung von sozialistischen Produktionsgenossenschaften mit Staatshilfe unter der demokratischen Kontrolle
20 des arbeitenden Volkes. Die Produktivgenossenschaften sind für Industrie und Ackerbau in solchem Umfange ins Leben zu rufen, dass aus ihnen die sozialistische Organisation der Gesamtarbeit entsteht.

Treue, W., Deutsche Parteiprogramme, Göttingen 1968, S. 76.

M 10 Nationalliberale Partei

Aus dem Programm vom 29. Mai 1881:

Die Nationalliberale Partei steht in unverbrüchlicher Treue zu Kaiser und Reich. Bei voller Wahrung der verfassungsmäßigen Rechte der Einzelstaaten wird sie nach wie vor der weiteren Entwicklung der Reichsinstitutionen in nationalem und frei-
5 heitlichem Sinne ihre Dienste widmen.
[...] Alle Bestrebungen, gleichviel von welcher Seite sie kommen, welche auf die Schmälerung der verfassungsmäßigen Rechte der Volksvertretung und auf die Rückkehr zu abgestorbenen Formen
10 unseres wirtschaftlichen Lebens gerichtet sind, wird die Partei mit Entschiedenheit bekämpfen.

Treue, W., Deutsche Parteiprogramme, Göttingen 1968, S. 781.

M 11 Deutsche Freisinnigen Partei

Aus dem Programm vom 5. März 1884:

I. Entwicklung eines wahrhaft konstitutionellen Verfassungslebens in gesichertem Zusammenwirken zwischen Regierung und Volksvertretung und durch gesetzliche Organisation eines verantwortlichen Reichsministeriums. Abwehr aller Angriffe
5 auf die Rechte der Volksvertretung, insbesondere Aufrechterhaltung der einjährigen Finanzperiode, der jährlichen Einnahmebewilligung, der Redefreiheit.
II. Wahrung der Rechte des Volkes: Erhaltung des
10 geheimen, allgemeinen, gleichen und direkten Wahlrechts; Sicherung der Wahlfreiheit, insbesondere auch durch Bewilligung von Diäten: Press-, Versammlungs-, Vereinsfreiheit; Gleichheit vor dem Gesetz ohne Ansehen der Person und der Par-
15 tei; volle Gewissens- und Religionsfreiheit.

Treue, W., Deutsche Parteiprogramme, Göttingen 1968, S. 85.

Wahlen zum Reichstag 1871 bis 1912									
Wahl	Wahlbeteiligung (in %)	Konservative		Liberale		Zentrum		Sozialdemokraten	
		Stimmenanteil (in%)	Anzahl der Sitze	Stimmenanteil (in%)	Anzahl der Sitze	Stimmenanteil (in%)	Anzahl der Sitze	Stimmenanteil (in%)	Anzahl der Sitze
1871	50,78	23,0	94	46,6	202	18,6	63	3,2	2
1874	60,89	14,1	55	39,7	208	27,9	91	6,8	9
1877	60,39	17,6	78	38,2	180	24,8	93	9,1	12
1878	63,14	26,6	116	33,6	138	23,1	94	7,6	9
1881	56,08	23,7	78	37,8	162	23,2	100	6,1	12
1884	60,35	22,1	106	36,9	125	22,6	99	9,7	24
1887	77,19	25,0	121	36,4	131	20,1	98	10,1	11
1890	71,25	19,1	93	34,3	118	18,8	106	19,8	35
1893	72,20	19,2	100	27,8	101	19,1	96	23,3	44
1898	67,76	15,5	79	23,6	95	18,8	102	27,2	56
1903	75,78	13,5	75	23,2	87	19,8	100	31,7	81
1907	84,35	13,6	84	25,4	103	19,4	105	28,9	43
1912	84,53	12,2	57	26,1	87	16,4	91	34,8	110

Quelle: Gerhard A. Ritter (Hg.), Das Deutsche Kaiserreich 1871 - 1914, Göttingen 1977, S. 78g.

M 12

Aufgaben

1. a) Nenne die Befugnisse von Kaiser, Reichkanzler, Reichstag und Bundesrat.
   b) Welches der vier Verfassungsorgane ist deiner Meinung nach das wichtigste? Begründe.
   → Text, M1
2. a) Erläutere den Begriff „Honoratiorenpartei".
   b) Erstelle eine Tabelle, in der du den einzelnen politischen Richtungen die entsprechenden Ziele zuordnest.
   c) Informiere dich über die heute im Bundestag vertretenen Parteien und versuche, sie den damaligen politischen Richtungen zuzuordnen.
   → Text, M7–M11
3. a) Erläutere, wie das Dreiklassenwahlrecht funktionierte.
   b) Vergleiche das preußische Dreiklassenwahlrecht mit dem für den Reichstag gültigen Wahlrecht.
   c) Informiere dich, worin sich das heute für den Bundestag gültige Wahlrecht vom damals für den Reichstag gültigen unterscheidet.
   d) Fasse die zentralen Punkte der Kritik des SPD-Abgeordneten zusammen.
   → M5, M6
4. a) Erläutere, was man unter Wahlbeteiligung versteht.
   b) Untersuche, wie sich die Wahlbeteiligung im Lauf der Zeit verändert hat. Was lässt sich daraus schließen.
   c) Erstelle ein Diagramm, in das du die Wahlergebnisse der einzelnen politischen Richtungen einträgst. Trage auf der x-Achse die Jahreszahlen ein und auf der y-Achse den Prozentanteil der Stimmen.
   d) Erstelle ein Diagramm, in das du die Wahlergebnisse der einzelnen politischen Richtungen einträgst. Trage auf der x-Achse die Jahreszahlen ein und auf der y-Achse die Anzahl der Sitze.
   e) Welche Hauptentwicklungen kannst du bei den Wahlergebnissen der einzelnen politischen Richtungen erkennen? → M12

M 1 Bismarck als Steuermann
Karikatur von 1879

Die Innenpolitik im Zeitalter Bismarcks

Die Rolle Bismarcks

Nach der Reichsgründung spielte Bismarck bis zum Jahr 1890 als Reichskanzler und preußischer Ministerpräsident eine entscheidende politische Rolle. Von Kaiser Wilhelm I. eingesetzt und nur diesem verantwortlich, besaß er einen großen Entscheidungsspielraum. Allerdings brauchte er nach der Verfassung eine Mehrheit im Reichstag, um Gesetze und den wichtigen Haushalt beschließen zu können. In der täglichen Politik musste er sich also im Reichstag die notwendigen Stimmen beschaffen.

Seine Strategie bestand darin, die Parteien einerseits mit lockenden Angeboten zur Zusammenarbeit zu veranlassen, ihnen aber andererseits mit Nachteilen zu drohen, wenn sie sich seiner Politik verweigerten. Diese Politik von „Zuckerbrot und Peitsche" erwies sich als sehr wirkungsvoll. Die Parteien, die sich einer Zusammenarbeit verweigerten, erklärte er zu „Reichsfeinden". Besonders das Zentrum und die Sozialdemokratie betrachtete er als gefährlich für den Bestand des Kaiserreichs.

Der Kampf gegen die Katholiken

Erste Opfer von Bismarcks Strategie wurden gleich nach der Reichsgründung die katholische Kirche und die Zentrumspartei, die politische Vertretung des deutschen Katholizismus. Er unterstellte ihnen, im Zweifelsfall nicht loyal zum neuen Kaiserreich zu stehen, sondern sich an der Autorität des Papstes zu orientieren, also dem neuen Staat ablehnend gegenüberzustehen.

Angesichts der nationalen Begeisterung, die zur Zeit der Reichsgründung aufflammte, war dies ein ungeheurer Vorwurf. Zu beachten ist, dass die Kirche damals großen Einfluss auf die Gläubigen ausübte und das Wort des Pfarrers gerade in ländlichen Gebieten auch im politischen Bereich viel galt. Die liberalen Abgeordneten im Reichstag unterstützen diese Politik, da sie für eine strikte Trennung von Kirche und Staat eintraten.

Eine Reihe von Maßnahmen sollte den Einfluss der katholischen Kirche einschränken. Es kam zum **Kulturkampf.** So wurde in Preußen den Kirchen die Aufsicht über die Schulen entzogen und dem Staat übertragen. Ab 1874 hatte im ganzen Reich nur die auf dem Standesamt geschlossene Ehe Gültigkeit; die kirchliche Ehe wurde damit zur Privatangelegenheit. Der so genannte „Kanzelparagraph" verbot den Pfarrern, in Predigten staatliche Angelegenheiten „in einer den öffentlichen Frieden gefährdenden Weise" zu erörtern.

Gerade Preußen legte diese Vorschrift sehr streng aus und zeitweise waren alle katholischen Bischöfe Preußens entweder in Haft oder ins Ausland geflohen. Das „Klostergesetz" verbot die Niederlassung aller geistlichen Orden mit Ausnahme reiner Krankenpflegeorden. Der als besonders gefährlich angesehene Jesuitenorden wurde ganz verboten, seine Mitglieder aus dem Reich ausgewiesen.

Dennoch oder gerade deshalb wurde die Zentrumspartei bei den Reichstagswahlen immer stärker, während die Liberalen, die den antikatholischen Kurs Bismarcks unterstützten, abnahmen.

M 2 Bismarck im Reichstag
Gemälde von 1888

Die Wende 1878

Der begrenzte Erfolg des „Kulturkampfes" und wirtschaftspolitische Fragen führten 1878 zu einem politischen Kurswechsel. Zum Schutz der Landwirtschaft und der Industrie vor ausländischer Konkurrenz wurden Schutzzölle eingeführt. Dadurch verteuerten sich die ausländischen Waren derart, dass deutsche Produkte noch konkurrenzfähig blieben. Schutzzölle hatten vor allem die Konservativen gefordert, während die Liberalen für den freien Handel eintraten. Zwei Attentate auf Kaiser Wilhelm I., für die Bismarck die Sozialdemokraten verantwortlich machte, boten ihm die Gelegenheit, den Reichstag aufzulösen und Neuwahlen anzusetzen. Diese brachten ihm die gewünschte Mehrheit für seine neue Politik.

Aufgrund dieser neuen politischen Situation beendete Bismarck den Kulturkampf durch Zugeständnisse an die katholische Kirche. Die Zivilehe, der „Kanzelparagraph" und die staatliche Schulaufsicht blieben zwar erhalten, doch verzichtete Bismarck auf eine weitere Verfolgung der katholischen Kirche.

Der Kampf gegen die Sozialdemokraten

Als neue „Reichsfeinde" galten nun die Sozialdemokraten. Zwar war deren Stimmanteil bei den Reichstagswahlen um 1870 noch gering, doch galten Funktionäre und Wähler dieser Partei als revolutionäre Staatsfeinde. Die Attentate im Frühjahr 1878 waren Anlass für das „Gesetz wider die gemeingefährlichen Bestrebungen der Sozialdemokratie", das **Sozialistengesetz,** das weit reichende Maßnahmen der Überwachung und Kontrolle vorsah. So wurden politische Versammlungen überwacht und oft verboten. Auch kam es zur Zensur sozialdemokratischer Zeitungen und Zeitschriften. Die Partei selbst wurde jedoch nicht verboten und konnte weiterhin an Reichstagswahlen teilnehmen.

Neben der „Peitsche" der Sozialistengesetze bot der Reichskanzler den Arbeitern auch ein „Zuckerbrot". Um die soziale Lage der Arbeiter zu verbessern, führte Bismarck eine neue **Sozialgesetzgebung** ein: 1883 die Krankenversicherung der Arbeiter, 1884 die Unfallversicherung und 1889 die Alters- und Invaliditätsversicherung. Sowohl Arbeitgeber als auch Arbeitnehmer zahlten in die Sozialversicherungen ein. Obwohl die Leistungen dieser Versicherungen noch gering blieben, war eine derartige Absicherung der Arbeiter durch den Staat neu und beispielhaft. Bismarcks Ziel indes, die Arbeiter der Sozialdemokratischen Partei zu entfremden, misslang. Seit 1880 nahm der Stimmanteil der Sozialdemokraten ständig zu. 1890 wurde das Sozialistengesetz schließlich nicht mehr verlängert.

Der Rücktritt Bismarcks

Als Wilhelm I. 1888 starb, trat sein Sohn Friedrich die Nachfolge an. Nach dessen Tod noch im selben Jahr folgte Wilhelm II. Dieses Drei-Kaiser-Jahr läutete das Ende der Ära Bismarck ein. Der junge Kaiser hatte nicht nur andere politische Vorstellungen als der alte Reichskanzler, sondern wollte die Politik stärker bestimmen als seine Vorgänger. Der Konflikt zwischen Wilhelm und Bismarck endete 1890 mit dem Rücktritt des Reichskanzlers.

M 3 „Der Lotse geht von Bord" Karikatur aus der englischen Zeitschrift „Punch" von 1890

Das deutsche Kaiserreich

M 4 Reichsgesetzblatt
Faksimile, 1878

M 5 Das Sozialistengesetz

August Bebel berichtet in seinen Memoiren über die Auswirkungen des Sozialistengesetzes:

Sobald das Gesetz verkündet und in Kraft getreten war, fielen die Schläge hageldicht. Binnen wenigen Tagen war die gesamte Parteipresse mit Ausnahme des Offenbacher Tageblatts und der Fränkischen Tagespost in Nürnberg unterdrückt. Das gleiche Schicksal teilte die Gewerkschaftspresse mit Ausnahme des Organs des Buchdruckerverbandes, des „Korrespondenten". Auch war der Verband der Buchdrucker, abgesehen von den Hirsch-Dunckerschen Vereinen, die einzige Gewerkschaftsorganisation, die von der Auflösung verschont blieb. Alle übrigen fielen dem Gesetz zum Opfer. Ebenso verfielen der Auflösung die zahlreichen lokalen sozialdemokratischen Arbeitervereine, nicht minder die Bildungs-, Gesang- und Turnvereine, an deren Spitze Sozialdemokraten standen [...].
Das Trümmerfeld des Zerstörten wurde erweitert durch die Verbote der nicht periodisch erscheinenden Literatur. [...]
Während wir so in voller Tätigkeit waren, aus den Trümmern, die das Sozialistengesetz uns bis dahin geschaffen hatte, zu retten, was zu retten möglich war, wurden wir am 29. November mit der Nachricht überrascht, dass am Abend zuvor der „Reichsanzeiger" eine Proklamation des Ministeriums veröffentlichte, wonach der kleine Belagerungszustand über Berlin verhängt wurde. Dieser Hiobsbotschaft folgte am nächsten Tage die Mitteilung, dass 67 unserer bekanntesten Parteigenossen, [...] bis auf einen sämtliche Familienväter, ausgewiesen worden seien. Einige mussten binnen 24 Stunden die Stadt verlassen [...].
Damals gingen die Gerichte noch nicht so weit, Sammlungen für die Ausgewiesenen zu bestrafen, später aber, als die Behörden solche Sammlungen ausdrücklich auf Grund des Sozialistengesetzes verboten, wurde die Rechtsprechung eine andere. Wir mussten jetzt die Sammlungen ausschließlich für die Familien der Ausgewiesenen vornehmen [...]. Die fortgesetzten Ausweisungen und die Schikanierung der Ausgewiesenen durch die Polizei hatten aber einen Erfolg, den unsere Staatsretter nicht vorausgesehen. Durch die Verfolgungen aufs Äußerste erbittert, zogen sie von Stadt zu Stadt, suchten überall die Parteigenossen auf, die sie mit offenen Armen aufnahmen, und übertrugen jetzt ihren Zorn und ihre Erbitterung auf ihre Gastgeber, die sie zum Zusammenschluss und zum Handeln anfeuerten. Dadurch wurde eine Menge örtlicher geheimer Verbindungen geschaffen, die ohne die Agitation der Ausgewiesenen kaum entstanden wären.

August Bebel, Aus meinem Leben, 3. Teil, Berlin 1930, S 20 ff., zit. nach: Manfred Görtemaker, Deutschland im 19. Jahrhundert, Bonn 1994, S. 289 ff.

M 6 Die deutsche Sozialversicherung
Plakat von 1913

Aufgaben

1. a) Fasse mit eigenen Worten zusammen, wie Otto von Bismarck mit den Parteien im Reichstag umging.
   b) Weshalb trat Bismarck 1890 zurück?
   → Text

2. a) Erkläre den Titel „Gesetz gegen die gemeingefährlichen Bestrebungen der Sozialdemokratie".
   b) Fasse den §1 des Sozialistengesetzes zusammen.
   c) Überlege, warum die im Reichstag vertretene Partei nicht verboten wurde.
   → Text, M4

3. a) Wie wirkte sich das Sozialistengesetz in der Praxis aus?
   b) Welche politische Position vertritt August Bebel?
   → M5

4. a) Nenne, welche Einzelversicherungen die Sozialversicherung umfasste, und erläutere deren Leistungen im Einzelnen.
   b) Wie wird die Aussage in der Überschrift begründet „Die deutsche Sozialversicherung steht in der ganzen Welt vorbildlich und unerreicht dar"?
   c) Informiere dich, welche Versicherungen heute noch existieren und wie deren Leistungen gestaltet sind.
   → M6, Internet oder Lexikon

Das deutsche Kaiserreich

M 1 Wilhelm II.
Deutscher Kaiser (1888–1918), Farbfotografie von 1906

Das Deutsche Reich unter Wilhelm II.

Wilhelm II. und der „Wilhelminismus"

Die zweite Hälfte des Kaiserreichs seit etwa 1890 wird oft als Zeit des „Wilhelminismus" bezeichnet. Dieser Begriff leitet sich her vom letzten deutschen Kaiser **Wilhelm II.** (1859–1941), Sohn des Kronprinzen Friedrich und Enkel Kaiser Wilhelms I. Im Drei-Kaiser-Jahr 1888, als sein Großvater und sein Vater kurz nacheinander starben, wurde er mit 29 Jahren deutscher Kaiser und König von Preußen.

Bis zum Ende des Kaiserreichs 1918, also 30 Jahre lang, versuchte Wilhelm die Politik zu bestimmen. Im Unterschied zu seinem Großvater, der Bismarck weit gehend freie Hand gelassen hatte, beanspruchte der neue Kaiser die Entscheidungsgewalt. Er wollte, wie es damals hieß, ein „persönliches Regiment" führen. Dies führte zum Konflikt mit Bismarck, der 1890 wegen politischer Meinungsverschiedenheiten um seine Entlassung bat.

Der Verantwortung dieses „persönlichen Regiments" war der Kaiser aber nur bedingt gewachsen. Er bevorzugte persönliche Berater aus seiner Jugendzeit und aus der militärischen Führung, die eine Art Nebenregierung des Reichs bildeten. Allerdings gelang es Wilhelm letztendlich nicht, sich gegen die regulären Verfassungsorgane wie dem Reichstag oder dem Reichskanzler durchzusetzen. Viele innenpolitische Vorhaben des Kaisers schlugen daher fehl.

Allerdings blieb das prunkvolle und herrische Auftreten des Kaisers nicht ohne Wirkung. Seine Begeisterung für alles Militärische stieß in weiten Teilen der Bevölkerung auf Widerhall. Insofern gilt er als Repräsentant der damaligen Verhältnisse und seine Regierungszeit als „Wilhelminische Epoche".

Die innenpolitische Entwicklung

Während der Herrschaft Wilhelms II. erreichte ein Prozess seinen Höhepunkt, der bereits unter Bismarck begonnen hatte. Immer mehr Menschen interessierten sich für politische Fragen. Die Debatten und

M 2 Verhaftung
Während eines Streiks der Kohlenarbeiter in Berlin-Moabit wird ein Streikposten verhaftet, Fotografie von 1910.

Abstimmungen im Reichstag rückten in den Mittelpunkt des Interesses, und es bildeten sich verschiedene Organisationen, die die die politische Meinung der Bevölkerung zu beeinflussen suchten. Bei den Wahlen verschoben sich die politischen Gewichte zugunsten der SPD, die kontinuierlich wuchs und schließlich die meisten Abgeordneten im Reichstag stellte. Der Kaiser und seine Regierung betrachteten das als Gefahr für den Staat und versuchten die Sozialdemokraten – ähnlich wie mit dem Sozialistengesetz – zu unterdrücken. Dies scheiterte allerdings am Widerstand des Reichstags. Zwischen der Mehrheit des Parlaments und der Regierung des Kaisers war eine Zusammenarbeit immer weniger möglich.

Notwendige Reformen wie eine Demokratisierung der Reichsverfassung konnten wegen dieser Gegensätze nicht durchgeführt werden. Während Deutschland zu einer modernen Industriegesellschaft heranwuchs, blieb die staatliche Ordnung unangetastet und wurde den neuen Verhältnissen nicht angepasst.

Manche Neuerungen gelangen jedoch. So wurde im Jahr 1900 das bis heute gültige Bürgerliche Gesetzbuch (BGB) verabschiedet, das für Deutschland eine einheitliche Rechtsgrundlage schuf.

Die Militarisierung des Lebens

In der Öffentlichkeit spielte das Militär eine immer größere Rolle, was Wilhelm II. nachdrücklich förderte. Die Ableistung des Wehrdienstes und der Rang eines Reserveoffiziers waren für das berufliche und gesellschaftliche Fortkommen außerordentlich wichtig.

Große Bedeutung hatten auch entsprechende Interessenverbände. Im „Alldeutschen Verband" setzten sich Lehrer, Professoren und Journalisten dafür ein, die nationale Gesinnung der Bevölkerung zu heben. Mehr als eine Million Mitglieder zählte der „Flottenverein". Er unterstützte das kaiserliche Ziel, eine große deutsche Kriegsflotte zu bauen, die es mit der britischen Flotte aufnehmen konnte. Noch größer war der Kyffhäuser-Bund: ein Zusammenschluss von 32 000 Kriegervereinen mit 2,8 Millionen Mitgliedern. Militarismus und Nationalismus waren im Reich also weit verbreitet.

M 3 Wilhelm mit seinen Söhnen
Vor dem Berliner Schloss auf dem Weg zur Neujahrsparade, Fotografie von 1914

Das deutsche Kaiserreich

M 4 Wilhelm II.
Porträt in der Uniform der Gardekürassiere,
Gemälde von 1895

M 5 „Der Kaiser"

Walther Rathenau, der spätere, von Rechtsextremisten 1922 ermordete Außenminister der Weimarer Republik, schrieb 1919 über den Kaiser Wilhelm II. und das Kaiserreich:

Man war reich geworden, mächtig geworden, und wollte es der Welt zeigen; so, wie sich der reisende Neuling im Ausland benahm, kritisch, laut und maßgeblich, so wollte man sich in Welthändeln
5 benehmen. Eine Politik der Telegramme und plötzlichen Entschlüsse lag in dieser Linie. Ein überhitztes, tatsachenhungriges Großstadtleben, auf Technik und so genannte Errungenschaften gestellt, begierig nach Festen, Erstaunlichkeiten,
10 Aufzügen und lärmenden Nichtigkeiten, für die der Berliner die Spottnamen Klimbim und Klamauk erfunden hat, verlangte eine Repräsentation, die Rom und Byzanz, Versailles und Potsdam auf einer Platte vereinigte. […]
Die kindliche Folgsamkeit ländlicher Hintersassen 15 und die nutzbringende Loyalität ihrer Beschützer, der Abhängigkeitssinn der Staats- und Hofpfründener, die Hurradisziplin der Kriegervereine labte sich an Erlassen, worin der Untertan allergnädigst zurechtgewiesen wurde, und an Hofberichten, 20 worin allerhöchste Herrschaften auszufahren geruhten. Barhäuptige Oberbürgermeister hätten nicht am Brandenburger Tor jeden kleinen Raubfürsten im Namen einer gebildeten Bürgerschaft angewinselt und Gelübde der Huldigung und 25 Treue bis zum letzten Blutstropfen ausgestoßen, preußische Grenadiere hätten nicht vor Säuglingen und angeheirateten Landprinzessinnen stramm gestanden und getrommelt, wenn nicht ein Tropfen im deutschen Blut gewesen wäre, der 30 von Würde nichts wusste und wollte, den der Knechtsdienst freute.
Es hätte beim Monarchen einer unerbittlichen inneren Richtkraft, einer gewaltsamen Umstellung des dynastischen Denkens verlangt, […] um 35 zu sagen: so will ich das Volk nicht. So will ich mich nicht inmitten des Volkes. Wenn sie schon gezwungen sein wollen, so werde ich sie zur Würde und Freiheit zwingen.
Es hätte einen Kampf gegeben mit allen jenen 40 unglücklichen Halb- und Scheinexistenzen […]. Mit Magnaten und Aristokraten. Mit Hof- und Kommissgeneralen. Mit Bankdirektoren, Industrie-Herren, Hanseaten. Mit allen, denen ein byzantinisches Kaisertum Geld, Macht, Stellung 45 und Glanz brachte. Hoffnungslos war der Kampf nicht, aber sehr gefährlich. Verloren, war er reine Tragik; gewonnen, die Rechtfertigung und Neubegründung deutscher Monarchie.
Es ist kein Vorwurf, dass dem Monarchen das Pro- 50 blem unsichtbar war. Aus dem, was er hätte bekämpfen sollen, zog er seine Bestätigung […]. Nie hat eine Epoche mit größerem Recht den Namen ihres Monarchen geführt. Die Wilhelminische Epoche hat am Monarchen mehr verschuldet 55 als der Monarch an ihr; sie waren verstrickt in Leben und Tod.

Walther Rathenau, Der Kaiser. Eine Betrachtung. Berlin 1919, S. 41 ff. und S. 44.

M 6 Militarismus

Der Publizist Ludwig Quidde äußerte sich 1893 über die Bedeutung des Militärs im Kaiserreich:

Die eigentümliche Stellung des Militarismus in der Gesellschaft beruht darauf, dass der größte Teil der männlichen Bevölkerung einige Jah-
5 re dem Heere angehören muss und dass das Heer ihn auch nach Erfüllung seiner Dienstpflicht nicht völlig frei zu seinem Berufe zurückkehren lässt, sondern ihn in einer steten,
10 wenn auch losen Verbindung mit dem Militärwesen hält. Noch nicht genug mit dieser auf Gesetz beruhenden Beeinflussung, sucht man auch noch über die gesetzlichen Ver-
15 pflichtungen hinaus den einzelnen, der schon frei dem bürgerlichen Erwerbsleben angehören könnte, in militärischen Beziehungen zu halten. Die Wirkung davon ist die, dass speziell militäri-
20 sche Anschauungen und Rücksichten in allen Ständen und Berufsklassen hineingetragen werden. Während die übrigen Stände nebeneinander existieren und sich wohl gegenseitig beeinflussen, aber doch nur im Verhältnis freier Wirkung und
25 Wechselwirkung, durchdringt die Auffassung des militärischen Standes, durch besondere Einrichtungen unterstützt, alle andern. Überall, wo dann die verschiedenen Auffassungen und Interessen nicht übereinstimmen, beansprucht der Militaris- mus die Vorherrschaft. Er wird damit zum Gegner 30 aller Stände, die ihre Selbstständigkeit behaupten wollen, zum Gegner der bürgerlichen Gesellschaft. Am auffallendsten ist die Einwirkung und zwar eine tief beklagenswerte Einwirkung des Militarismus in den Kreisen der „guten Gesellschaft", 35 der besitzenden und gebildeten Klasen. Hier ist das Reservelieutenantswesen das große Mittel der Propaganda [...].

Fenske, Hans (Hg.), Unter Wilhelm II. 1890–1918, Darmstadt 1982, S. 77 f.

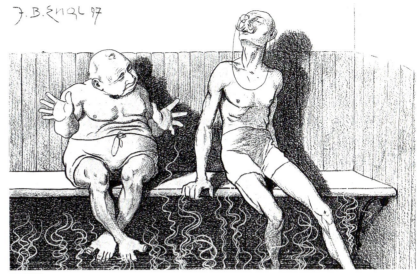

M 7 „Im Bad"

„Herr Lieutenant tragen das Monocle im Bad?"
„Äh, befürchte, sonst für Civilisten gehalten zu werden."
Karikatur aus dem Simplicissimus, 1897

Aufgaben

1. a) Erläutere den Begriff „Wilhelminismus".
   b) Wie verstand Wilhelm II. seine politische Rolle?
   → Text

2. a) Beschreibe die Darstellung Wilhelms II. in seinen einzelnen Elementen.
   b) Welchen Gesamteindruck vermittelt das Bild?
   c) Beschaffe dir eine Darstellung des französischen Königs Ludwig XIV. Nenne Gemeinsamkeiten und Unterschiede.
   → M4

3. a) Welche Eigenschaften Wilhelms II. werden in der Darstellung von Walter Rathenau hervorgehoben?
   b) Ist Rathenaus Einstellung gegenüber dem Kaiser wohlwollend oder ablehnend? Begründe deine Einschätzung anhand des Textes.
   → M5

4. a) Was versteht man unter „Militarismus"?
   b) Stelle die Kritikpunkte von Ludwig Quidde zusammen.
   c) Erläutere, worin der Witz der Karikatur besteht.
   d) Überlege, wie die Karikatur verändert werden müsste, damit sie auf heutige Verhältnisse zutrifft.
   → M6, M7

Vertiefung: Deutsche Außenpolitik in verschiedenen Epochen

Die Außenpolitik des Deutschen Reichs 1871–1890

Deutsche Außenpolitik im Wandel
Durch die Reichsgründung war in Europa eine neue Situation entstanden. In den folgenden Jahrzehnten reagierte das Kaiserreich darauf auf verschiedene Weise. Bis 1890 bestimmte Bismarck die außenpolitische Linie. Danach kam es zu einem politischen Kurswechsel.

Die Situation nach der Reichsgründung
Unter preußischer Führung war ein neuer großer Staat in Mitteleuropa entstanden. Frankreich fühlte sich gedemütigt, weil es nicht nur Elsass und Lothringen an das Deutsche Reich abtreten und hohe Kriegsentschädigungen zahlen musste, sondern auch seine bisher beanspruchte Führungsrolle auf dem europäischen Kontinent eingebüßt hatte. Auch die übrigen Nationen betrachteten die Machtverschiebung zugunsten des neuen deutschen Nationalstaats mehr oder weniger argwöhnisch. Im Gegensatz zur politischen Situation nach dem Zusammenbruch der napoleonischen Herrschaft kam es zu keinem Friedenskongress, sondern es musste ein Interessenausgleich der einzelnen europäischen Staaten erfolgen.

Bismarcks „Alptraum der Bündnisse"
Reichskanzler Bismarck, der auch das Auswärtige Amt leitete, war bemüht, die Existenz des neuen Deutschen Reichs dauerhaft zu sichern. Er folgte dabei folgenden Prinzipien:
- Das Deutsche Reich ist „saturiert", das heißt es erhebt keine weiteren territorialen Ansprüche und erwirbt vorläufig keine Kolonien in Übersee.
- Das Deutsche Reich muss verhindern, dass sich andere Staaten gegen es verbünden. Eine solche Situation betrachtete Bismarck als „Alptraum der Koalitionen". Insbesondere Frankreich musste politisch isoliert werden.

M 1

Das europäische Bündnissystem unter Bismarck
- Dreikaiserabkommen (1873)
- Zweibund (1879)
- Dreibund (1882)
- Dreibund-Erweiterung (1883)
- Rückversicherungsvertrag (1887)
- Mittelmeerabkommen (1887)
- Spannungen und offene Fragen

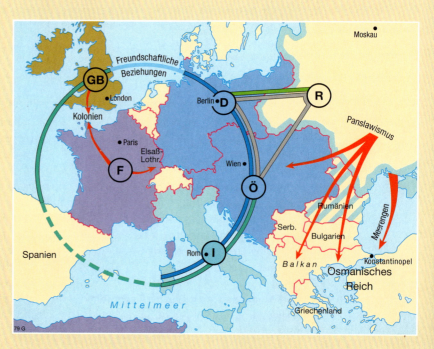

M 2 Bismarcks Bündnispolitik
Zwischen einem russsischen und einem französischen Soldaten balanciert der Reichskanzler die Friedenspalme, Karikatur von 1888.

- Das Deutsche Reich muss darauf bedacht sein, dass sich Spannungen zwischen Staaten nicht im Zentrum Europas entladen, sondern in seinen Randgebieten – der „Peripherie" – oder in Übersee.

Das Bündnissystem des deutschen Kaiserreichs

Bismarck bemühte sich in den folgenden Jahren, diese Leitlinien umzusetzen, indem er eine Reihe von Bündnissen und Abkommen schloss. Dies gestaltete sich außerordentlich schwierig. Um ein Zusammengehen von Frankreich und Russland zu verhindern, suchte er den Ausgleich mit Russland und vereinbarte 1873 einen Beistandspakt.

Um die Beziehungen zwischen Österreich-Ungarn und Russland zu festigen, deren Machtinteressen in Südosteuropa aufeinanderstießen, kam es im selben Jahr zum Dreikaiserabkommen zwischen den Monarchen von Russland, Österreich-Ungarn und Deutschland. Damit betonten die drei konservativen Herrscher ihre gemeinsamen Interessen. England hielt sich traditionell von Bündnissen fern und war nur an einem „Gleichgewicht der Mächte" auf dem europäischen Kontinent interessiert.

Vermittlung im Konflikt auf dem Balkan

Der Streit der Großmächte um Einfluss auf dem Balkan und im östlichen Mittelmeer war damals ein brennendes politisches Problem. Als es 1877 zum Krieg zwischen dem Osmanischen Reich und Russland kam, konnte Bismarck 1878 auf dem Berliner Kongress einen Ausgleich herbeiführen, da das Deutsche Reich keine eigenen Interessen auf dem Balkan verfolgte. Zwar fand Bismarcks Rolle als „ehrlicher Makler" Anerkennung, trübte aber die Beziehungen zu Russland, weil die zaristische Regierung mehr Zugeständnisse erwartet hatte.

Der Ausbau des Bündnissystems

Da sich das Verhältnis zu Russland nach dem Berliner Kongress abkühlte, vereinbarte Bismarck 1879 mit Österreich-Ungarn den so genannten Zweibund, aus dem nach Italiens Beitritt im Jahr 1882 der Dreibund entstand.

Um jedoch ein russisch-französisches Bündnis zu verhindern, schloss Bismarck 1887 den geheimen Rückversicherungsvertrag mit Russland. Die Regierungen in Berlin und St. Petersburg verpflichteten sich darin zur Neutralität, falls einer der Vertragspartner Krieg gegen eine dritte Großmacht führen sollte. Die Verpflichtung zur Neutralität entfiel jedoch, falls Deutschland Frankreich oder Russland Österreich-Ungarn angreifen sollte. Dies war mit dem Zweibund nur bedingt vereinbar.

Beurteilung der Außenpolitik

Mit diesem Netz von Verträgen gelang es Bismarck, Russland, Österreich-Ungarn und Italien trotz aller politischen Gegensätze in ein Bündnissystem einzubinden und Frankreich zu isolieren. Vor allem aber verhinderte er ein Bündnis zwischen Russland und Frankreich, das Deutschland von zwei Seiten bedroht hätte, und sicherte damit das neue deutsche Kaiserreich.

Allerdings wurde das nach und nach entstandene Bündnissystem immer komplizierter und war nicht frei von Widersprüchen. Insofern blieb es ständig gefährdet. Gegen Ende des 19. Jahrhunderts verschärften sich die Spannungen zwischen den europäischen Großmächten.

Vertiefung: Deutsche Außenpolitik in verschiedenen Epochen

Die Außenpolitik des Deutschen Reichs 1890–1914

Der Wechsel in der Außenpolitik
Der Regierungsantritt Wilhelms II. 1888 und Bismarcks Rücktritt 1890 leiteten eine neue Phase der Außenpolitik ein. Nicht nur die großen Leitlinien, sondern auch die konkrete Politik änderten sich.

Im Unterschied zur Zeit Bismarcks verfolgte Deutschland nun eine „Politik der freien Hand". Die allzu kompliziert erscheinenden Bündnisverflechtungen sollten vereinfacht werden, um das eigene politische Handeln nicht zu sehr einzuschränken. Ferner wollte sich Deutschland künftig am Erwerb von Kolonien beteiligen und damit einen „Platz an der Sonne" sichern.

Während Bismarck sein Augenmerk auf den Ausgleich der Machtverhältnisse in Europa gerichtet hatte, wollte Wilhelm II. den deutschen Einfluss mithilfe seiner Kriegsflotte auch in Übersee geltend machen. Die Flotte galt ihm als Symbol einer Weltmacht. Diese veränderten Prinzipien hatten Einfluss auf die konkrete Politik.

Die Veränderung des Bismarckschen Bündnissystems
Die erste außenpolitische Entscheidung unter Kaiser Wilhelm II. betraf den Rückversicherungsvertrag mit Russland. Entgegen den russischen Wünschen wurde er 1890 nicht verlängert.

Auf der Suche nach neuen Bündnispartnern wandte sich Russland daraufhin Frankreich zu, mit dem es 1894 ein Defensivbündnis schloss. Damit war die außenpolitische Isolation Frankreichs durchbrochen und die von Bismarck befürchtete „Zweifrontenbedrohung" Deutschlands eingetreten.

Der Ausbau der Flotte
Gemäß den politischen Zielen wurde die Kriegsflotte seit 1897 durch Großadmiral Alfred von Tirpitz ständig vergrößert. Die neuen Groß-

M 3

Das europäische Bündnissystem vor dem Ersten Weltkrieg
- deutsch-österreichischer Zweibund
- Dreibund
- französisch-russischer Zweibund (1894)
- französisch-italienischer Ausgleich (1902)
- Entente cordiale (1904)
- britisch-russischer Ausgleich (1907)
- Balkankriege 1912/13
- Spannungen und offene Fragen

kampfschiffe sollten England zu einem Bündnis mit dem Deutschen Reich oder wenigstens zur Neutralität veranlassen. Die deutsch-britischen Gespräche scheiterten jedoch, da schnell deutlich wurde, dass Wilhelm II. und sein Flottenchef vom Ausbau der deutschen Kriegsflotte nicht abgehen würden.

Vor diesem Hintergrund kam es zu einer Annäherung zwischen England und Frankreich. Beide Länder einigten sich über eine Abgrenzung ihrer Interessengebiete in Nordafrika und schlossen die so genannte „Entente cordiale", das heißt übersetzt „herzliche Übereinkunft". Diese Vereinbarung machte deutlich, dass eine Verständigung zwischen den rivalisierenden Kolonialmächten trotz aller Gegensätze möglich war.

Die Formierung von zwei Machtblöcken

Als schließlich England und Russland 1907 ihre Besitzansprüche in Asien abgrenzten und damit die Entente cordiale zur Triple-Entente erweiterten, wurde Bismarcks „Alptraum" Wirklichkeit: Deutschlands mögliche Gegner in Ost und West hatten sich angenähert und miteinander verbündet.

Auf der anderen Seite waren Deutschland und Österreich-Ungarn Bündnispartner, sodass sich in Europa zwei zunehmend feindlich gesinnte Mächtegruppen gegenüberstanden. Während die Entente-Mächte eine deutsche Vorherrschaft in Europa fürchteten, fühlte sich das Deutsche Reich durch die Allianz Englands, Frankreichs und Russlands eingekreist und bedroht. Die gegenseitigen Ängste führten zu einer immer stärkeren Aufrüstung der Großmächte. So wurde Europa schließlich zu einem Pulverfass, das beim nächsten Funken explodieren konnte.

Außenpolitische Konflikte

Nicht nur die veränderte Bündnissituation und das Wettrüsten verschärften die Spannungen, sondern auch eine Reihe von Konflikten. Brennpunkt war zum einen der Balkan, wo es zu internationalen Krisen und kriegerischen Auseinandersetzungen kam, zum anderen die Kolonialgebiete.

Da Deutschland das Vordringen Frankreichs und Großbritanniens in Nordafrika zu verhindern suchte, kam es 1911 zur Marokko-Krise. Kaiser Wilhelm II. wollte Frankreich durch eine militärische Machtdemonstrationen unter Druck setzen und entsandte das Kanonenboot „Panther" in den marokkanischen Hafen Agadir. Da die anderen Mächte sich nicht beeindrucken ließen, scheiterte dieser „Panthersprung nach Agadir".

Bewertung der Außenpolitik

Die deutsche Außenpolitik nach 1890 konnte ihre Ziele nicht erreichen. Die kolonialen Erwerbungen blieben bescheiden. Die Bündnispolitik entwickelte sich nicht im Sinne Deutschlands. Wegen seiner aggressiven Politik stellte das kaiserliche Deutschland einen für die anderen Mächte schwer einschätzbaren Unruhefaktor dar. Dieser bildete ein wichtiges Element auf dem Weg zum Ersten Weltkrieg, auch wenn an seinem endgültigen Ausbruch im Sommer 1914 noch weitere Ursachen beteiligt sind.

M 4 „Wie sollen wir uns da die Hand geben?"
Karikatur des Simplicissimus zu den Verhandlungen zwischen Deutschland und Großbritannien 1912.

Vertiefung: Deutsche Außenpolitik in verschiedenen Epochen

M 5 Das Kissinger Diktat

Zur Zeit der Balkankriege (1875–1878) entwarf Bismarck während eines Aufenthalts 1877 in Bad Kissingen eine Idealvorstellung zur außenpolitischen Stellung Deutschlands unter den europäischen Staaten:

Ein französisches Blatt sagte neulich von mir, ich hätte „le cauchemar des coalitions" [Alptraum der Bündnisse]; diese Art Alp wird für einen deutschen Minister noch lange, und vielleicht immer, ein sehr berechtigter bleiben. Koalitionen gegen uns können auf westmächtlicher Basis mit Zutritt Österreichs sich bilden, gefährlicher vielleicht noch auf russisch-österreichisch-französischer; eine große Intimität zwischen zweien der drei letztgenannten Mächte würde der dritten unter ihnen jederzeit das Mittel zu einem sehr empfindlichen Drucke auf uns bieten. In der Sorge vor diesen Eventualitäten, nicht sofort, aber im Lauf der Jahre, würde ich als wünschenswerte Ergebnisse der orientalischen Krisis für uns ansehen:
1. Gravitierung [Schwerpunktverlagerung] der russischen und der österreichischen Interessen und gegenseitigen Rivalitäten nach Osten hin,
2. der Anlass für Russland, eine starke Defensivstellung im Orient und an seinen Küsten zu nehmen und unseres Bündnisses zu bedürfen,
3. für England und Russland ein befriedigender Status quo, der ihnen dasselbe Interesse an Erhaltung des Bestehenden gibt, welches wir haben,
4. Loslösung Englands von dem uns feindlich bleibenden Frankreich wegen Ägyptens und des Mittelmeers,
5. Beziehungen zwischen Russland und Österreich, welche es beiden schwierig machen, die antideutsche Konspiration gegen uns gemeinsam herzustellen, zu welcher zentralistische oder klerikale Elemente in Österreich etwa geneigt sein möchten.
Wenn ich arbeitsfähig wäre, könnte ich das Bild vervollständigen und feiner ausarbeiten, welches mir vorschwebt: nicht das irgendeines Ländererwerbes, sondern das einer politischen Gesamtsituation, in welcher alle Mächte außer Frankreich unser bedürfen und von Koalitionen gegen uns durch ihre Beziehungen zueinander nach Möglichkeit abgehalten werden.

Günter Schönbrunn (Bearb.), Das bürgerliche Zeitalter 1815–1914, München 1980, S. 454 f.

M 6 Bismarck als „Weichensteller"
Englische Karikatur zur Rolle Bismarcks auf dem Berliner Kongress 1878; auf den Lokomotiven sind der britische Union Jack und der russische Doppeladler abgebildet.

WORKING THE POINTS.

M 7 Bismarck-Denkmal in Hamburg

Zu Ehren Bismarcks wurden in Deutschland über 500 Denkmäler erbaut. Das Bismarck-Denkmal in Hamburg ist 34 m hoch und wurde von 1901 bis 1906 errichtet.

M 8 Bismarcks Ruhestätte

Theodor Fontane schrieb am 31. Juli 1898 folgendes Gedicht:

Nicht in Dom oder Fürstengruft,
Er ruh in Gottes freier Luft
Draußen auf Berg und Halde,
Noch besser tief, tief im Walde;
Widukind lädt ihn zu sich ein:
„Ein Sachse war er, drum ist er mein,
Im Sachsenwald soll er begraben sein."

Der Leib zerfällt, der Stein zerfällt,
Aber der Sachsenwald, der hält,
Und kommen nach dreitausend Jahren
Fremde hier des Weges gefahren
Und sehen, geborgen vorm Licht der Sonnen,
Den Waldgrund in Efeu tief eingesponnen
Und staunen der Schönheit und jauchzen froh,
So gebietet einer: „Lärmt nicht so; –
Hier unten liegt Bismarck irgendwo."

Theodor Fontane, Gedichte, herausgegeben von Joachim Krueger und Anita Golz, Bände 1–3, Berlin: Aufbau-Verlag, 2. Aufl. 1995, Bd. 2, S. 97.

Aufgaben

1. Fasse die außenpolitischen Zielsetzungen Bismarcks mit eigenen Worten zusammen.
   → Text
2. Erläutere Bismarcks „Alptraum der Bündnisse".
   → M5
3. Untersuche, warum Bismarcks Bündnissystem nicht frei von Widersprüchen war.
   → Text
4. Vergleiche Bismarcks außenpolitische Ziele mit denen Wilhelms II. Nenne wesentliche Unterschiede.
   → Text
5. a) Erläutere, worin die neue Außenpolitik ab 1890 bestand.
   b) Beschreibe mithilfe der Karten, wie sich in Europa die Bündnisse veränderten.
   → Text, M1, M3
6. a) Beschreibe die englische Karikatur von 1878.
   b) Erläutere, was der Karikaturist über Bismarcks Politik aussagen wollte.
   → M6
7. a) Welche Einstellung zu Bismarck zeigt das Hamburger Bismarck-Denkmal und das Gedicht Fontanes?
   b) Gibt es in deiner Umgebung ein Bismarck-Denkmal? Recherchiere!
   c) Wie bewertest du die Bismarckverehrung? Begründe deine Meinung.
   → M7, M8

M 1 Arbeiterwohnung
Arbeiterfamilie in der Wohnküche, die zugleich als Schlafraum diente, Foto um 1890

Gesellschaftlicher Wandel im Kaiserreich

Die Industriegesellschaft entsteht

Die Industrialisierung führte zu einem grundlegenden gesellschaftlichen Wandel: Deutschland entwickelte sich zu einer modernen Industriegesellschaft. Dieser soziale Wandel ist nicht denkbar ohne ein starkes Bevölkerungswachstum. Von 1866 bis 1914 wuchs die Bevölkerung von rund 40 auf 68 Millionen Menschen, eine Steigerung um 70 Prozent. Aber auch die einzelnen Schichten der Gesellschaft und ihre Stellung zueinander veränderten sich.

Die Industrialisierung führte zur Entstehung einer neuen Bevölkerungsschicht: der Arbeiter. Sie setzten sich aus ganz verschiedenen Gruppen zusammen: Kumpel und Stahlkocher in der Montanindustrie, weibliche Hilfskräfte in der Textilbranche, gut ausgebildete Facharbeiter im Maschinenbau, Wander- und Saisonarbeiter, die auf Großbaustellen arbeiteten, sowie ein Heer von Arbeitskräften in allen nur denkbaren Industriesparten. Sie alle suchten Arbeit in den ständig neu aus dem Boden schießenden Fabriken und lebten in den grauen Arbeitersiedlungen der rasch wachsenden Industriestädte.

Trotz dieser verwirrenden Vielfalt der Beschäftigtenstruktur entwickelten die Arbeiter allmählich das Bewusstsein, zu einer Klasse zu gehören, das heißt zu einer durch gemeinsame Arbeits- und Lebensbedingungen geprägten Klasse. Dies gemeinsame Schicksal schweißte sie zusammen, sodass man auch von einem „Vierten Stand" sprach.

Das Bürgertum war die Schicht, die das Kaiserreich prägte. Es zerfiel in verschiedene Gruppen, die sich in ihrer Lebensweise und im Einkommen stark voneinander unterschieden. Gemeinsam war ihnen, dass der Vater ein regelmäßiges Gehalt bezog, die Familie mit väterlicher Strenge führte und die Mutter ein behütetes Heim – meist mit zahlreichen Kindern – versorgte. Anders als die Unterschicht der Arbeiter war ihre Existenz nicht von täglicher Not bedroht.

Zu den Kleinbürgern zählten Handwerker, kleine Kaufleute, Beamte und Angestellte. Ihre Tugenden hießen Pflichttreue, Pünktlichkeit, Unbestechlichkeit und Leistungsbereitschaft. Das Bildungsbürgertum umfasste Ärzte, Juristen, Lehrer, Professoren. Politische und gesellschaftliche Bedeutung gewann jedoch das Besitzbürgertum – Fabrikanten, Bankiers, Großkaufleute –, das durch die Industrialisierung reich geworden war. Ein „standesgemäßes" Auftreten mit komfortablem Haus und vornehmer Kleidung kostete es oft gewaltige Summen.

Der Adel behauptete seine Vorherrschaft und besetzte auch weiterhin die führenden Stellen in der Politik und im Militär. Gesellschaftlicher Mittelpunkt war der kaiserliche Hof, auf den sich Hochadel und grundbesitzender Landadel konzentrierten.

Die Industrialisierung bot vielen Menschen große Aufstiegschancen, weil die entstehenden Industriebetriebe flexible und gut ausgebildete Arbeitskräfte brauchten. Die wachsende Zahl von Menschen, die in der Verwaltung tätig waren, führte zur Herausbildung einer eigenen Berufsgruppe: der Angestellten. Sie arbeiteten – wie auch heute – in den Unternehmensverwaltungen sowie im Dienstleistungssektor bei Handel, Banken und Versicherungen. Während es 1882 etwa 610 000 Angestellte gab, waren es 1907 schon fast zwei Millionen.

M 2 Fabrikantenvilla
Haus eines Nürnberger Unternehmers, erbaut im Stil eines Renaissanceschlosses, Foto von 1890

M 3 Berlin im Jahre 1890
Das Bild der Prachtstraße „Unter den Linden" lässt den gründerzeitlichen Boom der jungen Hauptstadt des Kaiserreichs erahnen.

Leben in der Großstadt

Die Entstehung von Großstädten und ihr enormes Wachstum hatten beträchtliche Auswirkungen auf die soziale Struktur. Dieser Prozess der Verstädterung wird als Urbanisierung bezeichnet, abgeleitet von lat. urbs = „Stadt". So war Berlin 1871 mit 827 000 Einwohnern bereits die drittgrößte Stadt Europas, 1905 wurde die Zahl von 2 Millionen überschritten. Der soziale Zusammenhalt, wie sie das Land und die Kleinstadt kannten, wichen der Anonymität in den neuen Ballungszentren. Dort trat die Bedeutung familiärer und verwandtschaftlicher Beziehungen zurück und wurde ersetzt durch lockere Kontakte im Stadtviertel oder im Betrieb.

Ausbau des Bildungssystems

Da die Industrialisierung immer mehr gut ausgebildete Arbeitskräfte forderte, wurde das Bildungssystem stark ausgebaut. Bildung bildete die Grundlage für den sozialen Aufstieg, eine Chance nicht nur für Männer, sondern zunehmend auch für Frauen.

Zwar gab es die allgemeine Schulpflicht seit längerer Zeit, doch setzte sie sich erst im Kaiserreich allgemein durch. Dies führte zum Ausbau der Volksschulen, was sich in einer großen Zahl neuer Schulgebäude niederschlug. Aber auch die höheren Schulen entwickelten sich weiter. Zunächst war das humanistische Gymnasium mit den Schwerpunkten Griechisch und Latein die einzige höhere Schule. Dann traten andere Schularten hinzu, die als moderne Fremdsprachen Englisch und Französisch oder naturwissenschaftliche Fächer wie Physik und Chemie in den Mittelpunkt stellten.

Das deutsche Kaiserreich

M 4 Volksschüler
Ein Volksschullehrer mit seiner Klasse im Westerwalddorf Hergenroth.

M 5 Frauenzeitschrift
Ab 1903 gab die Lehrerin Helene Lange (1848–1930) die Monatszeitschrift „Die Frau" heraus, die sich für die Gleichberechtigung der Frauen einsetzte.

Einerseits ermöglichte der Ausbau des Bildungswesens vielen Menschen einen sozialen Aufstieg. Andererseits waren Gymnasien und Universitäten für Arbeiterkinder kaum zugänglich. Das Bildungssystem verstärkte daher trotz positiver Ansätze noch lange Zeit die gesellschaftlichen Unterschiede.

Eine neue Familienform breitet sich aus

Die heutige Form der Familie, die aus Eltern und Kindern und somit zwei Generationen besteht, ist im Wesentlichen erst im Kaiserreich entstanden. Zuerst setzte sich diese Kleinfamilie, die auch „Kernfamilie" genannt wird, im Bürgertum als Lebensform durch.

Vor der Industrialisierung war auf dem Land die bäuerliche Großfamilie mit mehreren Generationen und den unverheirateten Geschwistern des Hoferben die Regel. In den Städten lebten die Angehörigen des Bürgertums meist in Drei-Generationen-Familien, in den unterbürgerlichen Schichten waren uneheliche Kinder und Lebensgemeinschaften weit verbreitet. Durch die jetzt erfolgende Abwanderung vieler Menschen vom Land in die Städte lösten sich die Großfamilien auf, die in Notzeiten Rückhalt geboten hatten.

Die veränderte Rolle der Frau

Den rechtlichen Status der Frau definierte das Kaiserreich als „Frau und Mutter". Auch die 1900 erfolgte Neufassung des Bürgerlichen Gesetzbuchs kannte keine Gleichberechtigung der Frau, denn sie unterstand der Vormundschaft des Vaters bzw. Ehemanns. Der Mann bestimmte, wo die Familie wohnte, wie sie lebte, wie das Geld verwendet wurde. Er allein konnte auch darüber entscheiden, ob seine Frau berufstätig sein durfte. Dennoch veränderte sich die wirtschaftliche und soziale Stellung der Frau im Kaiserreich grundlegend. Dabei ist zwischen Frauen aus dem Bürgertum und aus der Arbeiterschaft zu unterscheiden. Im Bürgertum mussten unverheiratete Töchter, die bisher in den Familien ihrer Brüder gelebt hatten, für sich selbst sorgen. Für verheiratete Frauen war Berufstätigkeit unüblich. In der Arbeiterschaft hingegen mussten Frauen arbeiten, da der Lohn des Mannes für die Existenz der Familie meist nicht reichte.

Da die Notwendigkeit einer standesgemäßen Beschäftigung stieg, machten sich junge Frauen und deren Väter Gedanken wegen einer guten Schulbildung. Ab 1900 durften Mädchen Jungengymnasien besuchen und wurden schließlich auch zum Hochschulstudium zugelassen. Im Zuge dieser Entwicklung stieg das Selbstbewusstsein der Frauen. Es entstanden verschiedene Frauenvereine, die sich 1894 im „Bund Deutscher Frauenvereine" zusammenschlossen. Er forderte eine bessere Ausbildung für Mädchen, volle politische und bürgerliche Rechte – besonders auch das Wahlrecht – sowie Zugang zu allen Berufen. Ab 1908 durften Frauen politischen Vereinen und Parteien beitreten, doch erhielten sie das Wahlrecht erst 1918.

Auch im Alltag zeigten sich Veränderungen. So war es für Frauen zunächst undenkbar, eine Badeanstalt oder ein Strandbad zu besuchen. Später gab es Badeabteilungen nur für Frauen, die durch hohe Wände von denen der Männer getrennt waren. Schließlich wurde das gemeinsame Baden von Männern und Frauen akzeptiert.

M 6 Leben im Kaiserreich

a) Der Schriftsteller Theodor Fontane (1819–1898) hat eine Reihe so genannter Gesellschaftsromane geschrieben, die im Kaiserreich spielen. Hier folgt ein Auszug aus „Mathilde Möhring":

Möhrings wohnten Georgenstraße 19, dicht an der Friedrichstraße. Hauswirt war Rechnungsrat Schultze, der in der Gründerzeit mit 300 Talern spekuliert und in zwei Jahren ein Vermögen
5 erworben hatte. Wenn er jetzt an seinem Ministerium vorüberging, sah er immer lächelnd hinauf und sagte: „Gu´n Morgen, Exzellenz ..." Gott, Exzellenz! Wenn Exzellenz fiel, und alle Welt wunderte sich, dass er noch nicht gefallen sei, so stand
10 er – wie Schultze gern sagte – vis-à-vis de rien, höchstens Oberpräsident in Danzig. Da war er besser dran, er hatte fünf Häuser, und das in der Georgenstraße war beinah schon ein Palais, vorn kleine Balkone von Eisen mit Vergoldung. Was
15 anscheinend fehlte, waren Keller und auch Kellerwohnungen. Statt ihrer lagen kleine Läden, ein Vorkostladen, ein Barbier-, ein Optikus- und ein Schirmladen, in gleicher Höhe mit dem Straßenzug, wodurch die darüber gelegene Wirtshaus-
20 wohnung jenen à-deux-mains-Charakter so vieler neuer Häuser erhielt. War es Hochparterre oder war es eine Treppe hoch? Auf Schultzes Karte stand Georgenstraße 19 I, was jeder gelten ließ, mit Ausnahme von Möhrings, die, je nachdem die-
25 se Frage entschieden wurde, drei oder vier Treppen hoch wohnten, was neben der gesellschaftlichen auch noch eine gewisse praktische Bedeutung für sie hatte.
Möhrings waren nur zwei Personen, Mutter und
30 Tochter. Der Vater, Buchhalter in einem kleinen Tuchexportgeschäft, war schon vor sieben Jahren gestorben, an einem Sonnabend, einen Tag vor Mathildes Einsegnung. Der Geistliche hatte daraufhin eine Bemerkung gemacht, die bei Mutter
35 und Tochter noch fortlebte, ebenso das letzte Wort, das Vater Möhring an seine Tochter gerichtet hatte: „Mathilde, halte dich propper!" Pastor Kleinschmidt, dem es erzählt wurde, war der Meinung, der Sterbende habe es moralisch gemeint;
40 Schultzes, die auch davon gehört hatten und neben dem Geld- und Rechnungsrathochmut auch den Wirtshochmut hatten, bestritten dies aber und brachten das Wort einfach in Zusammenhang mit dem kleinen Exportgeschäft als
45 Umschreibung des alten „Kleider machen Leute".

Damals waren Möhrings eben erst eingezogen, und Schultzes sahen den Tod des alten Möhrings, der Übrigens erst Mitte der Vierzig war, ungern. Als man den Sarg auf den Wagen setzte, stand der Rechnungsrat am Fenster und sagte zu seiner hin-
50 ter ihm stehenden Frau: „Fatale Geschichte! Die Leute haben natürlich nichts, und nun war vorgestern auch noch Einsegnung. Ich will dir sagen, Emma, wie´s kommt: Sie werden vermieten, und weil es ´ne Studentengegend ist, so werden sie an
55 einen Studenten vermieten, und wenn wir dann mal spät nach Haus kommen, liegt er auf dem Flur, weil er die Treppe nicht hat finden können. Ich bitte dich schon heute, erschrick nicht, wenn es vorkommt, und kriege nicht deinen Aufschrei."
60 Die Befürchtungen Schultzes erfüllten sich und auch wieder nicht. Allerdings wurde Witwe Möhring eine Zimmervermieterin. Ihre Tochter aber hatte scharfe Augen und viel Menschenkenntnis, und so nahm sie nur Leute ins Haus, die
65 einen soliden Eindruck machten. Selbst Schultze, der Kündigungsgedanken gehabt hatte, musste dies nach Jahr und Tag zugeben, bei welcher Gelegenheit er nicht unterließ, den Möhrings überhaupt ein glänzendes Zeugnis auszustellen:
70 „Wenn ich bedenke, Buchhalter in einer Schneiderei, und die Frau kann doch auch höchstens Müllerstochter sein, so ist es erstaunlich. Manierlich, bescheiden, gebildet! Und das Mathildchen, sie muss nun wohl siebzehn sein, immer fleißig und
75 grüßt sehr artig, ein sehr gebildetes Mädchen."
Das war nun schon wieder sechs Jahre her, und Mathildchen war jetzt eine richtige Mathilde von dreiundzwanzig Jahren. Das heißt, eine so ganz richtige Mathilde war sie doch nicht, dazu war sie
80 zu hager und hatte einen etwas griesen Teint. Und auch das aschblonde Haar, das sie hatte, passte nicht recht zu einer Mathilde. Nur das Umsichtige, das Fleißige, das Praktische, das passte zu dem Namen, den sie führte. Schultze hatte sie auch ein-
85 mal ein appetitliches Mädchen genannt. Dies war richtig, wenn er sie mit dem verglich, was ihm an Weiblichkeit am nächsten stand, enthielt aber doch ein gewisses Maß an Übertreibung. Mathilde hielt auf sich, das mit dem „propper" hatte sich
90 ihr eingeprägt, aber sie war trotzdem nicht recht zum Anbeißen, was doch das eigentlich Appetitliche ist; sie war sauber, gut gekleidet und von energischem Ausdruck, aber ganz ohne Reiz.

Theodor Fontane, Gesammelte Werke, 3. Band, München 1979, S. 305 f

Das deutsche Kaiserreich

M 7 Nürnberg um 1865
Blick vom „Plärrer" in Nürnberg nach Süden auf den Vorort Gostendorf, Fotografie, um 1865

M 8 Nürnberg um 1905
Fotografie, um 1905

Oberrealschule.

Pflichtfächer	I	II	III	IV	V	VI	VII	VIII	IX	
Religionslehre	2	2	2	2	2	2	2	2	2	18
Deutsch	5	5	4	4	3	3	3	3	4	34
Französisch	6	6	6	4	3	3	3	3	3	37
Englisch	—	—	—	—	5	5	3	3	3	19
Mathematik	4	4	5	5	5	5	5	5	5	43
Physik	—	—	—	3	3	3	3	3	3	18
Naturkunde	2	2	2	2	1	1	1	1	1	13
Chemie	—	—	—	—	2	2	3	3	3	13
Geschichte	—	—	2	2	2	2	3	3	3	17
Geographie	2	2	2	2	1	1	1	1	—	12
Zeichnen	3	4	4	4	2	2	2	2	2	25
Turnen	2	2	2	2	2	2	2	2	2	18
Dazu kommen wöchentlich zwei Turnspielstunden (Spielnachmittag)										
Schreiben	2	1	—	—	—	—	—	—	—	3
Summe	28	28	29	30	31	31	31	31	31	270

M 9 Stundentafel – Oberrealschule 1914
Ministerialblatt für Kirchen- und Schulangelegenheiten im Königreich Bayern vom 10.06.1914, S. 223

Stundentafeln.
Humanistisches Gymnasium.

Pflichtfächer	I	II	III	IV	V	VI	VII	VIII	IX	
Religionslehre	2	2	2	2	2	2	2	2		18
Deutsch	5	5	3	3	3	3	3	3		31
Latein	8	8	8	7	7	7	6	6	6	63
Griechisch	—	—	—	6	6	6	6	6	6	36
Französisch	—	—	—	—	—	—	4	3	3	13
Mathematik	4	4	5	3	3	3	3	3	3	31
Physik	—	—	—	—	—	—	2	2	2	6
Naturkunde	2	2	2	2	—	—	—	—	—	10
Geschichte	—	—	2	2	2	3	3	3	3	18
Geographie	2	2	2	2	2	—	—	—	—	10
Zeichnen	—	2	2	1	1	—	—	—	—	6
Turnen	2	2	2	2	2	2	2	2		18
Dazu kommen wöchentlich zwei Turnspielstunden (Spielnachmittag)										
Schreiben	2	1	—	—	—	—	—	—	—	3
Summe	27	28	28	30	30	30	30	30	30	263

M 10 Stundentafel – Humanistisches Gymnasium 1914
Ministerialblatt für Kirchen- und Schulangelegenheiten im Königreich Bayern vom 10.06.1914, S. 217

Aufgaben

1. a) Stelle die wichtigsten gesellschaftlichen Gruppen im Kaiserreich zusammen und beschreibe ihre soziale Stellung.
   b) Versuche, die gesellschaftliche Ordnung im Kaiserreich grafisch darzustellen.
   → Text

2. Nenne die wichtigsten gesellschaftlichen Veränderungen im Kaiserreich um 1900.
   → Text

3. a) Stelle dar, wodurch die soziale Situation der Möhrings gekennzeichnet ist.
   b) Ordne die Möhrings einer bestimmten sozialen Schicht zu, und begründe deine Entscheidung.
   c) Ordne die Schultzes einer bestimmten sozialen Schicht zu, und begründe deine Entscheidung.
   d) Informiere dich über den Autor Theodor Fontane und sein Werk.
   → M6, Internet, Bibliothek

4. a) Vergleiche die beiden Darstellungen Nürnbergs. Nenne die wichtigsten Veränderungen.
   b) Welche Gebäude sind auf beiden Fotografien zu erkennen?
   c) Auf dem späteren Foto sind viele Schornsteine zu sehen. Auf welche Art von Bebauung lässt das schließen?
   → M7, M8

5. a) Vergleiche die beiden Stundentafeln. Worin unterschied sich die Oberrealschule vom humanistischen Gymnasium?
   b) Erstelle für dich eine Stundentafel, indem du deine Fächer und die Anzahl deiner Stunden in einer Tabelle einträgst. Vergleiche sie mit den Stundentafeln aus dem Jahr 1914.
   c) Überlege, welche Veränderungen sich im Schulwesen seit dem Kaiserreich vollzogen haben.
   → M9, M10

Das deutsche Kaiserreich

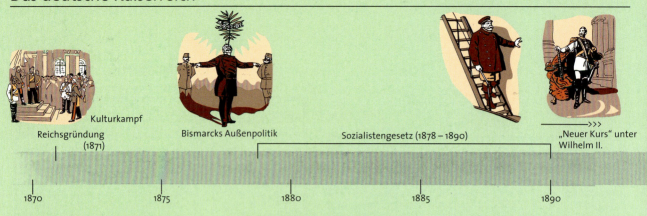

Reichsgründung (1871) | Kulturkampf | Bismarcks Außenpolitik | Sozialistengesetz (1878–1890) | „Neuer Kurs" unter Wilhelm II.

1870 — 1875 — 1880 — 1885 — 1890

Grundwissen: Zeit	Grundwissen: Begriffe	Grundwissen: Methoden
14.7.1789 Beginn der Französischen Revolution 1806 Ende des Heiligen Römischen Reiches 1815 Wiener Kongress 1832 Hambacher Fest 1848/49 Revolution in Deutschland	Aufklärung Menschenrechte Gewaltenteilung Verfassung Volkssouveränität Bürgertum Nation Nationalismus Nationalversammlung Kaisertum Napoleons Code civil Montgelas Liberalismus Deutscher Bund	Umgang mit schriftlichen Quellen Umgang mit darstellenden Texten Umgang mit Karikaturen
	Industrielle Revolution Soziale Frage Sozialismus Arbeiterbewegung	Umgang mit Statistiken
1871 Reichsgründung	**Deutsches Kaiserreich Bismarck Parteien Reichstag Kulturkampf Sozialistengesetz Sozialgesetzgebung Wilhelm II.**	**Umgang mit Historiengemälden**
1914–1918 Erster Weltkrieg 1917 Russische Revolution	Imperialismus Attentat von Sarajewo Lenin	Umgang mit dem Internet
1918 Novemberrevolution 1923 Hitlerputsch	Vertrag von Versailles Völkerbund Weimarer Verfassung Inflation	Umgang mit Geschichtskarten Umgang mit Plakaten

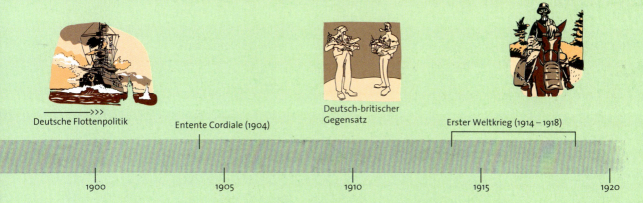

Deutsche Flottenpolitik — Entente Cordiale (1904) — Deutsch-britischer Gegensatz — Erster Weltkrieg (1914 – 1918)

1900 — 1905 — 1910 — 1915 — 1920

Zusammenfassung

Dass Deutschland in einem einheitlichen Nationalstaat vereinigt wird, war eine Forderung, die seit Beginn des 19. Jahrhunderts immer wieder erhoben wurde. Diese Hoffnung wurde allerdings erst 1871 – nach einer Reihe von Einigungskriegen – mit der Gründung des deutschen Kaiserreichs erfüllt.

Der neue Staat war eine konstitutionelle Monarchie, die dem Kaiser und dem von ihm abhängigen Reichskanzler zwar große Macht einräumte, aber auch dem vom Volk gewählten Reichstag einigen Einfluss zugestand. Das Parlament und die in ihm vertretenen politischen Richtungen – Konservative, Liberale, Sozialdemokraten und Katholiken – gewannen immer mehr an öffentlicher Wirkung. Allerdings nutzte Otto von Bismarck seine Stellung als Reichskanzler und bestimmte bis zu seinem Rücktritt 1890 maßgeblich die deutsche Politik.

Außenpolitisch kam es ihm darauf an, die Existenz des neuen Staates zu sichern und den Kriegsgegner Frankreich mithilfe eines komplizierten Bündnissystems zu isolieren. Innenpolitisch versuchte er, die Katholiken und die immer stärker werdenden Sozialdemokraten politisch zu unterdrücken, was ihm jedoch nur zeitweise gelang.

Nach Bismarcks Rücktritt versuchte der junge Kaiser Wilhelm II. ein „persönliches Regiment" auszuüben: Er wollte wichtige politische Entscheidungen selbst treffen. Innenpolitisch wurden wichtige Reformen nicht durchgeführt, sodass die inzwischen entstandene moderne Industriegesellschaft der seit der Reichsgründung beibehaltenen politischen Ordnung gegenüberstand. Außenpolitisch kam es zu einem grundlegenden Wandel, da Deutschland nun versuchte, eine weltpolitische Rolle zu spielen. Dabei isolierte sich aber das Deutsche Reich in Europa und konnte schließlich nur noch auf Österreich-Ungarn als Bündnispartner zählen.

4. Imperialismus und Erster Weltkrieg

Kartoffel-Verkauf
am Alexanderplatz in Berlin, Fotografie um 1916

Mahatma Gandhi (1869–1948)
Fotografie, Anfang 20. Jh.

Ein Denkmal wird gestürzt
Fotografie, Hamburg 1967

Soldatenabschied 1914

„Lenin auf der Tribüne"
Gemälde von 1930

Gräberfelder in Verdun

Imperialismus und Erster Weltkrieg

Das Zeitalter des Imperialismus

Vorgeschichte

Seit Beginn der Neuzeit hatten europäische Seefahrer immer neue Teile der Erde in Amerika, Afrika, Asien und Australien entdeckt. Ihnen folgten Eroberer, Missionare und Kaufleute, die in den gewonnenen Gebieten Handelsniederlassungen und Missionsstationen errichteten. Aus dem Zusammenschluss dieser verschiedenartigen Besitzungen in Übersee entstanden die Kolonialreiche Spaniens, Portugals, Großbritanniens und anderer europäischer Staaten. Häufig waren dabei private Handelsgesellschaften Träger der Kolonialpolitik, die die Regierung des Mutterlandes förderte, ohne aber direkt dafür verantwortlich zu sein. Fast alle Kolonialerwerbungen folgten dem Grundsatz „The flag follows the trade": Die Flagge folgt dem Handel!

Historische Einordnung

Die Entstehung rivalisierender Nationalstaaten und die fortschreitende Industrialisierung veränderten jedoch das Mächtesystem. Die großen Industrieländer trieben seit Ende des 19. Jh. eine aktive Kolonialpolitik, vorangetrieben durch einen übersteigerten Nationalismus. Statt einzelne „Schutzgebiete" zu erwerben suchten sie künftig einen möglichst umfangreichen Herrschaftsraum (lat. imperium) außerhalb der nationalen Grenzen zu gewinnen. Der sprunghafte Fortschritt der

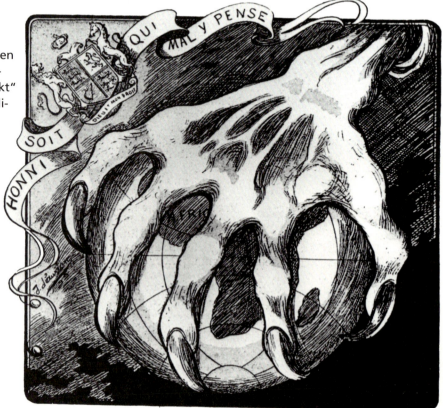

M 1 Die Welt in der Kralle
Die französische Karikatur von 1899 zeigt die Welt in den Krallen Großbritanniens. Der Text „Verachtet sei, wer Böses dabei denkt" ist das Motto des höchsten englischen Ordens.

| 1870 | 1875 | 1880 | 1885 | 1890 | 1895 | 1900 | 1905 | 1910 | 1915 | 1920 |

Technik und die wachsende Industrieproduktion ermöglichen die Durchdringung großer Räume. Dieses Streben nach umfassender Beherrschung fremder Gebiete nennt man **Imperialismus**.

Der Imperialismus erreichte sein Ziel durch militärische Intervention, Kapitalexport und kulturelle Beeinflussung. So machte er ein Land und seine Bevölkerung abhängig und schuf die Voraussetzungen für seine koloniale Ausbeutung.

Bestimmende Faktoren des Imperialismus waren jedoch nicht nur Rohstoffinteressen und überseeische Absatzmärkte. Imperialistische Herrschaft rechtfertigte sich auch mit der angeblichen „Mission des weißen Mannes", die westliche Zivilisation in allen Teilen der Welt zu verbreiten. Das ging einher mit der festen Überzeugung einer Überlegenheit der „weißen Rasse".

Europäisierung und Aufteilung der Welt
Eckdaten für das Zeitalter des Imperialismus sind die Besetzung Ägyptens durch Großbritannien im Jahr 1882 und das Ende des Ersten Weltkriegs 1918. Von den europäischen Staaten trieb Großbritannien als früh entwickeltes Industrieland zuerst eine imperialistische Politik, Deutschland als spät entstandener Nationalstaat zuletzt. Daneben beteiligten sich vor allem Frankreich, Italien, Japan, Belgien und die USA am Wettlauf um die Aufteilung der Welt.

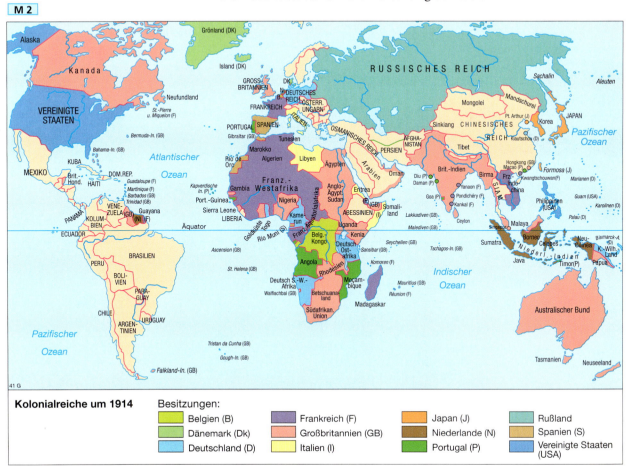

M 2

Kolonialreiche um 1914 — Besitzungen:
- Belgien (B)
- Dänemark (Dk)
- Deutschland (D)
- Frankreich (F)
- Großbritannien (GB)
- Italien (I)
- Japan (J)
- Niederlande (N)
- Portugal (P)
- Rußland
- Spanien (S)
- Vereinigte Staaten (USA)

167

Imperialismus und Erster Weltkrieg

M 3

Großbritannien – koloniale Besitzungen

Besitzungen in	1881		1895		1912	
	km²	Bevölkerung	km²	Bevölkerung	km²	Bevölkerung
Europa	375	172 613	328	203 266	328	246 458
Amerika	9 267 707	5 278 366	9 491 401	6 790 070	10 335 558	9 534 141
Afrika	670 953	2 141 645	5 965 519	27 161 174	6 209 602	35 833 501
Asien	4 400 768	243 697 000	5 324 379	296 749 727	5 281 000	324 628 804
Australien/Ozeanien	8 055 489	2 616 131	8 240 059	4 773 707	8 261 341	6 452 978
gesamt	22 395 292	253 905 755	29 021 686	335 677 944	30 087 829	376 695 882

Quelle: Wolfgang J. Mommsen, Imperialismus, Hamburg 1977, S. 37

M 4

Die Französische Republik – koloniale Besitzungen

Besitzungen in	1881		1895		1912	
	km²	Bevölkerung	km²	Bevölkerung	km²	Bevölkerung
Afrika	320 972[1]	3 288 756	2 381 476	14 894 783	6 480 200[2]	27 292 626
Asien	60 007	1 863 000	490 009	19 132 263	720 759	17 294 392
Amerika	124 504	257 548	81 993	377 341	82 000	452 005
Australien/Ozeanien	21 103	61 000	623 599	3 845 728	623 770	3 458 107
gesamt	526 586	5 470 304	3 577 077	38 850 115	7 906 729	48 497 130

[1] ohne Senegambien und Gabun   [2] ohne Marokko (1911: 569 400; 3,6 Mill.)

Quelle: Wolfgang J. Mommsen, Imperialismus, Hamburg 1977, S. 37

M 5

Das Deutsche Reich – koloniale Besitzungen

Besitzungen in	1881		1895		1912	
	km²	Bevölkerung	km²	Bevölkerung	km²	Bevölkerung
Afrika	–	–	2 385 100	6 950 000	2 657 300	11 163 539
Neuguinea	–	–	255 900	387 000	242 000	602 478
Südsee-Inseln	–	–	400	12 824	2 600	37 985
China	–	–	–	–	552	173 225
gesamt	–	–	2 641 400	7 349 824	2 907 452	11 977 277

Quelle: Wolfgang J. Mommsen, Imperialismus, Hamburg 1977, S. 37

M 6

USA – koloniale Besitzungen

Besitzungen in	1881		1895		1912	
	km²	Bevölkerung	km²	Bevölkerung	km²	Bevölkerung
Mittelamerika und Westindische Inseln[1]	–	–	–	–	10 567	1 272 267
Pazifik[2]	–	–	–	–	297 027	8 387 918
gesamt	–	–	–	–	307 594	9 660 185

[1] Philippinen; Samoa; Sulu-Arch   [2] nicht mitgezählt wurden Alaska, Columbia, Hawaii

Quelle: Wolfgang J. Mommsen, Imperialismus, Hamburg 1977, S. 37

| 1870 | 1875 | 1880 | 1885 | 1890 | 1895 | 1900 | 1905 | 1910 | 1915 | 1920 |

M 7 Imperialismus

a) Der Begriff „Imperialismus" wurde zu verschiedenen Zeiten unterschiedlich gebraucht, wie die folgenden Ausschnitte aus einem Konversationslexikon zeigen. Aus dem Jahre 1905:

Imperialismus (neulat.), Bezeichnung für den politischen Zustand der Staaten, in denen, wie unter römischen Kaisern, nicht das Gesetz, sondern die auf Militärmacht sich stützende Willkür des Regenten herrscht.

Meyers Großes Konversations-Lexikon, 6. Auflage, 9. Band, Leipzig/Wien 1905, S. 778.

b) Aus dem Jahr 1927:

Imperialismus (neulat.), ein politisches, zu verschiedenen Zeiten verschieden verwendetes Schlagwort. […]
Neuen Inhalt erhielt das Wort nach 1900 […]: einerseits Zusammenschluss Großbritanniens mit seinen Kolonialreichen, Organisation des Weltreichs, dazu Ausdehnung, planmäßiges Ausgreifen, um den Zusammenschluss zu ermöglichen, Wettbewerber auszuschalten […]; außerhalb Großbritanniens jedes Herrschaftsstreben im Gegensatz zur grundsätzlichen Selbstbeschränkung und zur Betonung des Innerstaatlichen. Im engeren Sinn wird I. das Streben nach dem „Großreich" genannt. In beiden Bedeutungen dient das Wort auch zur Kennzeichnung älterer entsprechender Geschichtsepochen.
H. Fredjung („Das Zeitalter des Imperialismus", 1919-22, 3 Bde.) hat zuerst die Zeit von 1880 bis zum Weltkrieg als Zeitalter des I. bezeichnet.

Meyers Lexikon, 7. Aufl., 6. Band, Hornberg-Korrektur, Leipzig 1927, Sp. 377 f., hier 377.

c) Aus dem Jahr 1974:

Imperialismus [frz., zu lat. imperialis = die Staatsgewalt betreffend, kaiserlich],
polit.-ökonom. Herrschaftsverhältnis mit dem Ziel, die Bevölkerung eines fremden Landes mit polit., ökonom., kulturellen und ideolog. Mitteln zu beeinflussen, auszubeuten, abhängig zu machen und direkt oder indirekt zu beherrschen. Historisch wurde die Bez. zuerst auf die Beherrschung von Absatz- und Kapitalmärkten angewandt, dann auch auf die polit.-ökonom. Expansionspolitik der europ. Großmächte, Japans und der USA vom letzten Drittel des 19. Jhs. bis zum 1. Weltkrieg, deren Ziel die Imperialismusbildung oder die polit.-formale Kontrolle (auch Interessensphäre) unterentwickelt-vorindustrieller, meist überseeischer Gebiete war.

Meyers Enzyklopädisches Lexikon, Mannheim/Wien/Zürich 1974, Bd. 12, Hf–Iz, S. 485.

Aufgaben

1. a) Erläutere, weshalb die Entstehung von Kolonialreichen eine „Europäisierung der Welt" bedeutete.
   b) Nenne den Zeitraum, in dem es zum Aufbau von Kolonialreichen kam.
   → Text
2. a) Beschreibe, wie sich der Kolonialbesitz in den angegebenen Staaten zwischen 1881 und 1912 entwickelt hat.
   b) Welches der angegebenen Länder hatte den größten Kolonialbesitz?
   c) Auf welchen Kontinenten lagen die Schwerpunkte des Kolonialbesitzes von Großbritannien, Frankreich, dem Deutschen Reich und der USA?
   → M3–M6
3. Beurteile, bei welchem Staat der Kolonialbesitz geografisch besonders günstig lag.
   → M2
4. a) Vergleiche die Lexikoneinträge aus den Jahren 1905, 1927 und 1974. Seit wann wird der Begriff zur Bezeichnung einer historischen Epoche verwendet?
   b) Wie wird der Imperialismus in den Lexikonartikeln von 1927 und 1974 jeweils bewertet?
   c) Suche eine aktuelle Definition und überlege, ob sich die Bedeutung des Begriffes seit 1974 verändert hat.
   → M7

Imperialismus und Erster Weltkrieg

Britischer Imperialismus

Großbritannien beherrscht ein Weltreich

Als das Zeitalter des Imperialismus begann, besaß Großbritannien bereits zahlreiche Kolonien. Dieses Kolonialreich zu vergrößern, war das Ziel des Premierministers Benjamin Disraeli (1868–1880). Er legte den Grund zum britischen Empire, dem britischen Weltreich.

Machtpolitische Grundlage des britischen Empire war die Flotte. Um den Seeweg nach Indien – der wichtigsten Kolonie – zu sichern, erwarb der britische Staat die Aktien des Suezkanals und unterwarf Ägypten 1882 seiner „Schutzherrschaft". Mit dem „Kap-Kairo-Plan" verfolgte London die Absicht, ein geschlossenes Kolonialgebiet von Südafrika bis Ägypten zu errichten. Führender Vertreter des Commonwealth-Gedankens war der Kolonialminister Joseph Chamberlain.

Indien – das britische „Kronjuwel"

Der indische Subkontinent zerfiel in zahlreiche Fürstentümer, die die Engländer durch Verträge und Waffengewalt nach und nach unter ihre Herrschaft brachten. Daneben bestand Britisch-Indien als unmittelbar unterworfenes Gebiet, das der englischen Verwaltung unterstand. Um die Abhängigkeit der Kolonie zu unterstreichen, veranlasste Disraeli die englische Königin Viktoria im Jahr 1877 den Titel einer „Kaiserin von Indien" anzunehmen. Königin Viktoria hat das Land, dessen Kaiserin sie war, jedoch nie gesehen. An der Spitze der Verwaltung stand vielmehr ein Vizekönig.

Die indischen Völker mussten nicht nur durch Steuern das Militär und die Beamten der Kolonialmacht unterhalten, sondern auch Tribute an die britische Staatskasse entrichten. Große Profite erzielten auch die englischen Kaufleute und Kapitäne, denn britische Industriewaren überschwemmten den indischen Markt. Indische Plantagen lieferten Baumwolle, Tee und Jute, eine Faser, die zur Herstellung von Verpackungsmaterial genutzt wurde. Zur besseren Erschließung ihrer Kolonie bauten die Engländer Straßen, Eisenbahnen und Häfen. Diese Maßnahmen begünstigten vor allem die Verbreitung britischer Industrieprodukte.

M 1 **Königin Viktoria (1837–1901)** mit einem indischen Diener, Fotografie, Ende 19. Jahrhundert

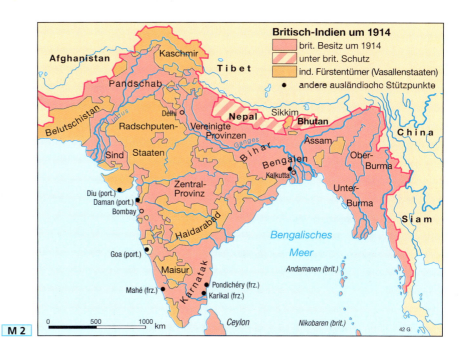

M 2

Direkte und indirekte Herrschaft

Die Einheit der Kolonie sicherten Beamte, Militär und Polizei. Für die Verwaltung hatte London einen besonderen Dienst geschaffen, den „Indian Civil Service". Die indischen Fürsten begrüßten die Tätigkeit der englischen Beamten und unterstützten sie, denn die Engländer verstanden es, sich die Sympathien der einheimischen Oberschicht zu verschaffen. So konnten sie gleichsam eine indirekte Herrschaft ausüben.

Der indische Freiheitskampf

Mit dem aufkommenden Nationalgefühl der Inder wuchs auch die Bereitschaft zum Widerstand gegen die Fremdherrschaft. Gebildete Vertreter der Mittelschicht verlangten mehr Einfluss auf die Regierung. Um den Forderungen entgegenzukommen und die Unzufriedenheit zu kanalisieren, unterstützten die Briten die Bildung eines National-Kongresses, dessen erste Sitzung 1885 in Bombay erfolgte. Aus ihm ging die Kongress-Partei als stärkste Partei des Landes hervor.

Hungersnöte, Pestepidemien und die Teilung der Provinz Bengalen stärkten jedoch um 1900 die Kampfbereitschaft der indischen Nationalisten gegen die britische Herrschaft. Sie führten ihren Kampf mit Terror und Boykott (Kaufstreik) gegen englische Einrichtungen und Waren. Auf den Boykott reagierte die britische Regierung mit harten Gegenmaßnahmen. Die indischen Nationalisten gingen jedoch dazu über, entwürdigende Strafen als Opfer für den Freiheitskampf klaglos hinzunehmen. So entstand der gleichermaßen selbstbewusste und friedliche Widerstandswille der Inder als grundlegende Voraussetzung für Gandhis Politik des passiven Widerstands.

Im Ersten Weltkrieg stellte Indien über eine Million Soldaten den britischen Streitkräften zur Verfügung. Viele Inder erwarteten als Ausgleich dafür die politische Unabhängigkeit, die Großbritannien jedoch erst im Jahr 1947 gewährte.

M 3 **Mahatma Gandhi (1869–1948)**
Der Freiheitskämpfer am Spinnrad, Fotografie, Anfang 20. Jh.

Imperialismus und Erster Weltkrieg

M 4 Die auserwählte englische Rasse

Der britische Kolonialpolitiker Cecil Rhodes im Jahr 1877:

Ich behaupte, dass wir die erste Rasse in der Welt sind und dass es für die Menschheit um so besser ist, je größere Teile der Welt wir bewohnen. Ich behaupte, dass jedes Stück Land, das unserem Gebiet hinzugefügt wird, die Geburt von mehr Angehörigen der englischen Rasse bedeutet, die sonst nicht ins Dasein gerufen worden wären. Darüber hinaus bedeutet es einfach das Ende aller Kriege, wenn der größere Teil der Welt in unserer Herrschaft aufgeht. [...]

Die Förderung des Britischen Empire, mit dem Ziel, die ganze zivilisierte Welt unter britische Herrschaft zu bringen, die Wiedergewinnung der Vereinigten Staaten, um die angelsächsische Rasse zu einem einzigen Weltreich zu machen. Was für ein Traum! Aber dennoch ist er wahrscheinlich. Er ist realisierbar. [...]

Da [Gott] sich die englischsprechende Rasse offensichtlich zu seinem auserwählten Werkzeug geformt hat, durch welches er einen auf Gerechtigkeit, Freiheit und Frieden gegründeten Zustand der Gesellschaft hervorbringen will, muss es auch seinem Wunsch entsprechen, dass ich alles in meiner Macht Stehende tue, um jener Rasse soviel Spielraum und Macht wie möglich zu verschaffen.

Wolfgang J. Mommsen, Imperialismus. Seine geistigen, politischen und wirtschaftlichen Grundlagen, Hamburg 1977, S. 48 f.

M 6 Die Bedeutung Indiens

1909 hielt Lord Curzon, 1898–1905 Vizekönig von Indien, einen Vortrag über das Land:

Es ist [...] klar, dass der Herr Indiens unter modernen Verhältnissen die größte Macht auf dem asiatischen Kontinent und damit, so darf man wohl hinzufügen, in der Welt sein muss. Die Zentrallage Indiens, seine mächtigen Hilfsquellen, seine stets zunehmenden Menschenmassen, seine großen Handelshäfen, sein Vorrat an militärischer Kraft, die uns eine Armee liefert, die dauernd auf einem hohen Stande der Kriegsbereitschaft ist und jeden Augenblick nach irgendeinem Punkte Asiens oder Afrikas geworfen werden kann – alles dies beweist unwiderleglich seinen überragenden Wert. [...]

Überlegen wir uns einmal, was geschehen würde, wenn wir Indien verlören und eine andere Macht dort an unsere Stelle träte [...]: wir würden seinen unschätzbaren und unerschöpflichen Markt verlieren, den man uns durch Tarife verschließen würde. Wir würden damit das [...] hauptsächlichste, ja einzige ausschlaggebende Element unserer Streitmacht verlieren, unser Einfluss in Asien würde schnell dahinschwinden, die Stützpunkte und Kohlenstationen, die die Hochstraßen des Seeverkehrs umsäumen, würden unseren Händen entgleiten.

Günter Schönbrunn, Das bürgerliche Zeitalter 1815–1914, München 1980, S. 659.

M 5 Der Rattenfänger

Cecil Rhodes, der im Diamantengeschäft in Südafrika ein Vermögen erwarb, war 1890 bis 1896 Premierminister der Kap-Kolonie. 1888 bis 1897 entstand die nach ihm benannte Kolonie Rhodesien, das heutige Simbabwe. Die Karikatur von 1899 zeigt den einflussreichen Politiker als Rattenfänger für Rhodesien.

M 7 Gewaltloser Widerstand

Aus Mahatma Gandhis Buch „Hind Swaraj" („Indische Selbstregierung"), 1908:

Wir werden die Freiheit erlangen, wenn wir lernen, uns selbst zu beherrschen. Wir brauchen nur zuzugreifen. Diese Freiheit ist kein Traum. Wir brauchen daher nicht zu warten. Die Freiheit, die
5 ich dir und mir vor Augen führen will, ist von solcher Art, dass wir, wenn wir sie einmal begriffen haben, bis an unser Lebensende danach trachten, andere zu überreden, es uns nachzutun. Doch solche Freiheit muss von jedem einzelnen am eige-
10 nen Leibe erfahren werden. Ein Ertrinkender kann nie einen Ertrinkenden retten. […]
Ich glaube doch, dass du die Millionen Indiens glücklich sehen willst und nicht, dass du nur die Regierungsgewalt an dich bringen möchtest.
15 Wenn dem so ist, dann gibt es nur einen Gedanken: Wie können die Millionen zur Selbstregierung gelangen? […]
Passiver Widerstand ist eine Methode der Erringung von Rechten durch persönliches Leiden; es ist
20 das Gegenteil von bewaffnetem Widerstand. Wenn ich mich weigere etwas zu tun, das gegen mein Gewissen geht, dann setze ich meine Seelenstärke ein.
Nehmen wir an, die Regierung hat ein Gesetz
25 erlassen, das mich betrifft, das ich jedoch nicht billigen kann. Wenn ich die Regierung durch Gewaltanwendung dazu zwinge, das Gesetz zu widerrufen, wende ich sozusagen die Stärke meines Körpers an. Wenn ich jedoch das Gesetz übertrete und
30 die Strafe für diese Übertretung auf mich nehme, dann wende ich meine Seelenstärke an. Es geht dabei um die Selbstaufopferung. Jedermann gesteht ein, dass die Selbstaufopferung weit höher zu bewerten ist als die Aufopferung ande-
35 rer. […]
Es ist eine Tatsache, dass die indische Nation im allgemeinen den passiven Widerstand in den verschiedensten Lebensbereichen angewandt hat. Wir arbeiten mit unseren Herrschern nicht zusam-
40 men, wenn sie uns zuwider sind. Das ist passiver Widerstand. Ich kann mich an einen Fall erinnern: Als in einem kleinen Fürstenstaat einige Bauern sich durch einen Befehl des Fürsten beleidigt fühlten, zogen sie aus ihrem Dorf aus. Der Fürst war
45 betroffen, entschuldigte sich bei seinen Untertanen und widerrief den Befehl. In Indien gibt es viele solcher Fälle. Wirkliche Selbstregierung ist nur dort möglich, wo passiver Widerstand die leitende Kraft des Volkes ist. Jede Regierung ist fremde
50 Regierung. […]
Auf Grund meiner langen Erfahrung glaube ich, dass jemand, der für sein Vaterland passiven Widerstand leisten will, vollkommene Keuschheit bewahren muss, freiwillige Armut auf sich neh-
55 men muss, der Wahrheit folgen muss und sich zur Furchtlosigkeit erziehen muss.

Dietmar Rothermund, Der Freiheitskampf Indiens, Stuttgart 1976, S. 40 f.

Aufgaben

1. a) Stelle dar, warum es Großbritannien gelang, ein Weltreich aufzubauen.
   b) Erläutere, warum Indien als „Kronjuwel" bezeichnet wurde.
   → Text
2. Erkläre anhand eines Beispiels den Unterschied zwischen direkter und indirekter Herrschaft.
   → Text
3. a) Wie rechtfertigt Cecil Rhodes die britische Kolonialherrschaft in Indien?
   b) Beurteile die Position von Cecil Rhodes aus deiner heutigen Sicht.
   c) Erläutere, warum Rhodes in der Karikatur als Rattenfänger dargestellt wird.
   → M4, M5
4. Worin bestand für Lord Curzon die besondere Bedeutung Indiens für Großbritannien?
   → M6
5. a) Fasse die Argumentation von Gandhi knapp zusammen.
   b) Sind passiver und gewaltloser Widerstand identisch? Begründe.
   c) Überlege, unter welchen Voraussetzungen passiver Widerstand erfolgreich sein kann.
   → M7

Imperialismus und Erster Weltkrieg

Deutschland als Kolonialmacht

Erste Anfänge unter Bismarck
In den Ländern Afrikas und Asiens, die von der europäischen Kolonialherrschaft geprägt wurden, finden sich nur geringe deutsche Spuren. Das liegt daran, dass Deutschland im Gegensatz zu Großbritannien und Frankreich erst spät die imperialistische Arena betrat. Bismarck lehnte den Erwerb von Kolonien ab, weil ihm die Stabilisierung des 1871 gegründeten Deutschen Reichs im europäischen Mächtefeld wichtiger erschien als eine weitere Expansion in Übersee. Seine Außenpolitik folgte dem Grundsatz, Spannungen zwischen den europäischen Großmächten nach außen – also möglichst in die Kolonien – abzuleiten, um Deutschlands schwierige geografische Lage in der Mitte Europas zu sichern.

Im Zeitalter des Imperialismus entschied aber die in Übersee betriebene Politik zunehmend über die Position der Großmächte. Daher wurde im Kaiserreich immer häufiger gefordert, dass Deutschland beim Wettlauf um die Aufteilung der Welt nicht länger tatenlos zusehen solle. So bestimmte das Streben nach Prestige und Gleichberechtigung viele politische Entscheidungen.

Besonders Vertreter der Großindustrie verlangten den Erwerb von Kolonien. Sie versprachen sich davon die Einfuhr billiger Rohstoffe und die Erschließung neuer Absatzmärkte für die stark gestiegene Industrieproduktion. So erwarb das Deutsche Reich nach 1884 so genannte „Schutzgebiete" in Afrika und in der Südsee. Dazu zählten Togo, Kamerun, Deutsch-Ostafrika, Deutsch-Südwestafrika und Inselgruppen im Pazifik wie die Marshall-Inseln. Im Vergleich zu anderen Mächten war dieser Kolonialbesitz jedoch unbedeutend.

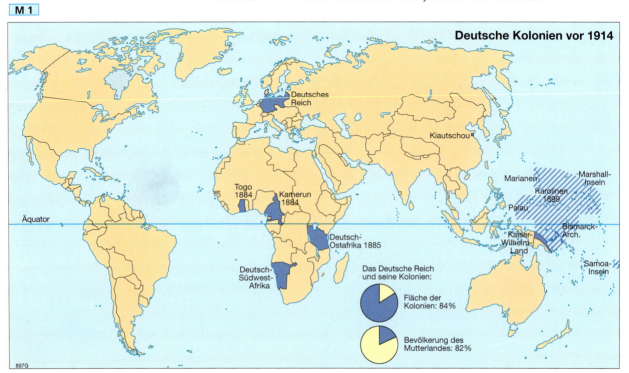

M 1 Deutsche Kolonien vor 1914

Deutschlands Eintritt in den Kreis der imperialistischen Großmächte

Nach Bismarcks Rücktritt vom Amt des Reichskanzlers 1890 und dem Beginn des „persönlichen Regiments" Kaiser Wilhelms II. betrieb das Deutsche Reich eine offensive imperialistische Politik. Deutschland wollte, wie der damalige Reichskanzler von Bülow erklärte, auch einen „Platz an der Sonne".

Interessengruppen wie der Alldeutsche Verband und der Flottenverein unterstützten auf aggressive Art und Weise diese Politik in der Öffentlichkeit. Da die älteren Kolonialmächte jedoch entschlossen waren, ihre Positionen zu behaupten, erschien ihnen Deutschland als Störenfried und lästiger Konkurrent.

Der Aufbau einer starken Kriegsflotte seit 1897 markierte den Übergang Deutschlands zur Weltpolitik. Damit verfolgte Admiral Alfred von Tirpitz, Staatssekretär des Reichsmarineamtes, das Ziel, die vom Kaiserreich beanspruchte Weltmachtstellung gegenüber Großbritannien durchzusetzen. „Unsere Zukunft liegt auf dem Wasser", meinte Kaiser Wilhelm II. Das Flottenbauprogramm trübte indes die Beziehungen zu Großbritannien, das sich jetzt zu einem Rüstungswettkampf gezwungen sah, um seine Überlegenheit zur See aufrechtzuerhalten und sein Empire zu sichern.

Deutschland als Kolonialmacht

Bis zum Beginn des Ersten Weltkriegs 1914 hatte Deutschland sein Kolonialreich nicht wesentlich erweitern können. Weder wirtschaftlich noch bevölkerungspolitisch als Siedlungsland besaßen die deutschen Kolonien nennenswerte Bedeutung. Zudem waren die Kriege, die Deutschland zur Sicherung seiner Herrschaft führte, äußerst blutig und kostspielig. So zum Beispiel die Niederschlagung des Aufstands der Herero 1904/05 in Südwest-Afrika. Truppen unter General von Trotha trieben sie in die wasserlose Omaheke-Wüste, wo Zehntausende umkamen. Kriegsgewinnler waren allein Reeder und weiße Siedler.

M 2 „So kolonisiert der Deutsche"
Karikatur aus dem Simplicissimus

Imperialismus und Erster Weltkrieg

M 3 „Ein Platz an der Sonne"

Bernhard von Bülow, Staatssekretär im Auswärtigen Amt und von 1900 bis 1909 Reichskanzler, hielt am 6. Dezember 1897 folgende Rede im Reichstag:

Die Zeiten, wo der Deutsche dem einen seiner Nachbarn die Erde überließ, dem anderen das Meer und sich selbst den Himmel reservierte, wo die reine Doktrin thront –
5 [Heiterkeit – Bravo]
diese Zeiten sind vorüber. Wir betrachten es als eine unserer vornehmsten Aufgaben, gerade in Ostasien die Interessen unserer Schifffahrt, unseres Handels und unserer Industrie zu fördern und
10 zu pflegen. […]
Wir müssen verlangen, dass der deutsche Missionar und der deutsche Unternehmer, die deutschen Waren, die deutsche Flagge und das deutsche Schiff in China geradeso geachtet werden, wie die-
15 jenigen anderer Mächte.
[Lebhaftes Bravo.]
Wir sind endlich gern bereit in Ostasien den Interessen anderer Großmächte Rechnung zu tragen, in der sicheren Voraussicht, dass unsere eigenen Interessen gleichfalls die ihnen gebührende Wür- 20
digung finden.
[Bravo!]
Mit einem Worte: Wir wollen niemand in den Schatten stellen, aber wir verlangen auch unseren Platz an der Sonne. 25
[Bravo!]
In Ostasien wie in Westindien werden wir bestrebt sein, getreu den Überlieferungen der deutschen Politik, ohne unnötige Schärfe, aber auch ohne Schwäche unsere Rechte und unsere Interessen zu 30
wahren.
[Lebhafter Beifall.]

Stenografische Berichte über die Verhandlungen des Reichstags, Bd. 1, Berlin 1898, S. 60, zit. nach: Geschichte in Quellen und Darstellung, Bd. 8, Stuttgart 2000, S. 269 f.

M 4 „Hochseilakrobatik"
Zeitgenössische Karikatur

M 5 Ende des Hereroaufstands
Überlebende des 1904 ausgebrochenen Hereroaufstands auf dem Marsch in die Zwangsarbeit. Dem Völkermord fielen etwa 80% der Herero zum Opfer. Ihr Land wurde enteignet und an deutsche Siedler und Firmen verkauft, Fotografie, um 1907.

M 6 Aufstand der Hereros

a) In der Darstellung des deutschen Generalstabs über den Aufstand der Hereros hieß es 1904:

Keine Mühen, keine Entbehrungen wurden gescheut um dem Feinde den letzten Rest seiner Widerstandskraft zu rauben; wie ein halb zu Tode gehetztes Wild war er von Wasserstelle zu Wasserstelle gescheucht, bis er schließlich willenlos ein Opfer der Natur seines eigenen Landes wurde. Die wasserlose Omaheke sollte vollenden, was die deutschen Waffen begonnen hatten: die Vernichtung des Hererovolkes […].
Das Röcheln der Sterbenden und das Wutgeschrei des Wahnsinnes […] sie verhallten in der erhabenen Stille der Unendlichkeit! Das Strafgericht hatte sein Ende gefunden. Die Hereros hatten aufgehört ein selbstständiger Volksstamm zu sein.

Die Kämpfe der deutschen Truppen in Südwestafrika, Berlin 1906, S. 211–218.

b) Stellungnahme des Auswärtigen Amtes zu Entschädigungsforderungen der Hereros von 2004:

Die Auseinandersetzung zwischen der damaligen deutschen Kolonialverwaltung und den Hereros im Jahre 1904 ist ein besonders dunkles Kapitel unserer bilateralen Beziehungen. Es ist heute anerkannt, dass viele Handlungen der Kolonialmächte, darunter auch die Art der Niederschlagung des Herero-Aufstandes, nicht zu rechtfertigen waren. […]
Die Bundesrepublik Deutschland wird ihrer besonderen historischen Verantwortung gegenüber Namibia vor allem durch die im Verhältnis zur Größe der namibischen Bevölkerung sehr umfangreiche und außergewöhnlich intensive entwicklungspolitische Zusammenarbeit gerecht. […].

Aus einem Schreiben des Auswärtigen Amtes, 2004.

Aufgaben

1. Stelle dar, warum Deutschland erst relativ spät Kolonialpolitik betrieb.
   → Text
2. a) Stelle die Argumente zusammen, mit denen Bernhard von Bülow den Anspruch auf einen „Platz an der Sonne" begründete.
   b) Wie deutest du die Reaktion der Abgeordneten auf die Aussagen Bülows?
   → M3
3. Erläutere die einzelnen Elemente der Karikatur, und erschließe ihre Absicht.
   → M4
4. a) Informiere dich über den Herero-Aufstand.
   b) Überlege, ob der Aufstand gegen die Kolonialherrschaft und ob das Vorgehen gegen den Aufstand gerechtfertigt waren.
   → M5
5. a) Welche Einstellung gegenüber den Hereros wird im Bericht von 1904 deutlich? Begründe dies am Text.
   b) Welche Beurteilung der damaligen Ereignisse ist aus der Stellungnahme von 2004 ersichtlich?
   → M6

Methode: Umgang mit dem Internet

M 1 1967 – Das Denkmal wird gestürzt
Fotografie, Hamburg 1967 (www.afrika-hamburg.de)

M 3 1922 – Das Denkmal wird errichtet
Fotografie, Hamburg 1922 (www.afrika-hamburg.de)

M 2 Ein Denkmal wird gestürzt

Die deutsche Kolonialpolitik während des Wilhelminismus ist heute sehr umstritten. Das war nicht immer so. Deshalb wurden Kolonialpolitikern, deren Beamten und Soldaten verschiedenste Ehrungen zuteil. Man benannte Straßen nach ihnen – in manchen Städten gibt es ganze Kolonialviertel – und errichtete Denkmäler. Die einseitig positive Sicht auf die deutsche Kolonialpolitik erfuhr erst Ende der 60er Jahre des letzten Jahrhunderts eine grundlegende Veränderung. Über eine Protestaktion Hamburger Studenten berichtet der Romanautor Uwe Timm in seinem Roman „Rot":

Krause erzählte von dem Denkmal, ein Gouverneur in Deutsch-Ostafrika, ein so genannter Afrikaforscher, das hieß, einer, der mit dem Gewehr forschte. Und den Schwarzen deutsche Mores lehren wollte, nicht mit Zuckerbrot, sondern mit der Peitsche. Wir haben diesen Bronze-Wissmann damals umgerissen, in Hamburg, vor der Universität.
Der stand mit Tropenhelm und Uniform auf einem Sockel. Unter ihm ein Askari, ein schwarzer Soldat, der einen sterbenden Löwen mit der deutschen Fahne zudeckte. Das Bild des deutschen Kolonialherren. […]
Dann wurde Wissmann mit einem Seil umgerissen. Polizei kam, nahm einige der Studenten fest. Die Zeitungen schäumten: studentisches Pack, Kulturbarbaren, irrenärztlich untersuchen lassen. Das Denkmalamt hat Wissmann wieder aufgestellt. Wir haben ihn wieder umgerissen. So wäre das weitergegangen, hätten das Denkmalamt und die Uniiverwaltung nicht resigniert. Einige bekamen eine Anzeige wegen Sachbeschädigung, Erregung öffentlichen Ärgernisses. Wir waren unserer Zeit voraus. Jetzt will doch keiner mehr an die glorreiche deutsche Kolonialzeit erinnert werden. Heute würden sie das Denkmal von Amts wegen abtragen lassen, still und heimlich.
So ändern sich die Zeiten. Und die moralischen Wertungen.

Uwe Timm, Rot, München 2004, Seite 301.

M 4 Das Wissmann-Denkmal auf der Überseebrücke
Entwurf von 2004 von Jokinen (www.afrika-hamburg.de)

Recherche im Internet – Streit um ein Denkmal

Die Zeit des Imperialismus ist vorbei, und Deutschland besitzt keine Kolonien mehr. Aber es gibt noch Spuren, die an die damalige Zeit erinnern, und es stellt sich die Frage: Wie soll mit der Hinterlassenschaft der Kolonialzeit umgegangen werden? Ein Beispiel dafür ist ein Denkmal für den früheren Gouverneur von Deutsch-Ostafrika Hermann von Wissmann. Zunächst zu seinen Ehren errichtet, stieß es später auf heftige Kritik.

Mithilfe des Internets lässt sich der Streit um sein Denkmal nachvollziehen, indem geeignete Seiten ausgewertet werden und die dort gefundenen Informationen ergänzt und kritisch betrachtet werden. Wichtig ist es dabei, die Seriosität der jeweiligen Seite zu überprüfen.

Fragen an Internetseiten

1. Beschreibung der Internetseite
a) Wer hat die jeweilige Internetseite erstellt?
b) Wer ist der Adressat der jeweiligen Seite?
c) Wird die Herkunft der gezeigten Materialien genannt?
d) Geben die Seiten Auskunft darüber, welche Absicht der Präsentation zugrunde liegt?

2. Informationsgehalt der Internetseite
a) Was erfährst du über Hermann von Wissmann?
b) Welche Informationen erhältst du über das Denkmal?
c) Welche Fragen bleiben auf den Seiten offen?
d) Welche Informationen aus anderen Informationsquellen, z.B. Lexika, sind auf den Seiten nicht enthalten?

3. Art der Darstellung
a) Wie ist die Seite gestaltet?
b) In welchem Verhältnis stehen Text und Bild zueinander?
c) Enthält die Seite eine Stellungnahme zu Wissmann und zum Umgang mit dem Denkmal? Worin besteht sie?
d) Legt die Seite den Nutzern durch die Art der Gestaltung eine bestimmte Sichtweise nahe? (Begründung!)

4. Ergebnis der Recherche
a) Schildere den Lebensweg Hermann von Wissmanns.
b) Stelle die Geschichte des Denkmals stichpunktartig zusammen.
c) Wie sollte deiner Meinung nach mit dem Denkmal umgegangen werden?

5. Beurteilung der Internetseite
a) Ist die Seite deiner Meinung nach informativ?
b) Wird die Darstellung auf den Internetseiten deiner Meinung nach der Problematik gerecht?

Imperialismus und Erster Weltkrieg

M 1 Das Attentat von Sarajewo
Verhaftung des Attentäters, Foto vom 28.06.1914

Der Weg in den Ersten Weltkrieg

Der Balkan – ein „Pulverfass"

Am 28. Juni 1914 erschoss ein serbischer Attentäter den österreichischen Thronfolger Franz Ferdinand und seine Frau Sophie während ihrer Fahrt durch die bosnische Hauptstadt Sarajewo. Dass dieses Attentat einen Weltkrieg auslösen konnte, liegt in der explosiven Situation auf dem Balkan begründet. Zum einen war die dortige Lage sehr schwierig. Große Teile waren Teil des Vielvölkerstaats Österreich-Ungarn, und viele Völker wollten einen eigenen Nationalstaat gründen. Insbesondere Serbien strebte danach, seine Macht auszuweiten und ein Großreich zu errichten. Es bekämpfte daher Österreich-Ungarn und wurde dabei von Russland unterstützt. Zum zweiten verlor das Osmanische Reich als wichtige Macht in dieser Region an Einfluss. Dies lud zu Aktionen von außen ein. Zum dritten verfolgten die europäischen Großmächte – insbesondere Österreich-Ungarn und Russland – Interessen auf dem Balkan und im östlichen Mittelmeer. Der Zugang zum Schwarzen Meer war dabei besonders interessant.

So war es schon vor 1914 wiederholt zu Krisen und Kriegen auf dem Balkan gekommen. 1908 hatte Österreich-Ungarn, das zum Osmanischen Reich gehörende Bosnien-Herzegowina eingegliedert. In zwei Balkankriegen wurden weitere Gebiete des Osmanischen Reiches von den Staaten auf dem Balkan erobert. Dabei kam es unter diesen Staaten selbst zum Krieg. Die Lage war, als der österreichische Thronfolger nach Sarajewo fuhr, außerordentlich gespannt. Das **Attentat von Sarajewo** bot der österreichischen Regierung zwar einen Anlass gegen Serbien vorzugehen, doch schien sich zunächst nur eine der üblichen politischen Krisen anzubahnen.

Die Julikrise

In Wien herrschte zunächst keine einheitliche Meinung über die weitere Vorgehensweise. Während die militärische Führung ein sofortiges gewaltsames Eingreifen befürwortete, befürchteten manche Politiker eine Einmischung Russlands, das eigene Interessen auf dem Balkan verfolgte. Es unterstützte panslawistische Bestrebungen mit dem Ziel, ein slawisches Großreich unter russischer Vorherrschaft zu errichten. Vieles hing davon ab, ob Österreich-Ungarn Rückendeckung von Deutschland erhalten würde.

Da das Deutsche Reich Russlands militärische Stärke fürchtete und ein Interesse an der Erhaltung der Habsburger Monarchie als einzigem Bündnispartner hatte, sagte Wilhelm II. dem österreichischen Kaiser Franz Josef am 6. Juli unbedingte Bündnistreue zu.

Dieser so genannte „Blankoscheck" ermutigte die Regierung in Wien, Serbien am 23. Juli ein Ultimatum zu überreichen, das auf 48 Stunden befristet war. Es forderte unter anderem, dass Österreich an der Verfolgung, Verhaftung und Bestrafung der Attentäter beteiligt sein sollte. Dies hätte einen Eingriff in die inneren Angelegenheiten Serbiens und eine Verletzung seiner Souveränität bedeutet und war daher unannehmbar.

Großbritannien versuchte den Konflikt zu entschärfen, machte aber deutlich, dass es im Kriegsfall an der Seite Russlands und Frankreichs

M 2 Russland schützt Serbien
In einer russischen Zeitung erschienene Abbildung vom Juli 1914

stehen würde. Österreich-Ungarn erklärte am 28. Juli 1914 Serbien den Krieg. Die Versuche der deutschen Regierung, den Bündnispartner zu bremsen, kamen zu spät. Der Mechanismus der Bündnisse setzte sich nun in Bewegung, die Militärmaschine rollte. Binnen weniger Tage, ja Stunden, befanden sich die europäischen Mächte im Krieg.

Wer war schuld am Ersten Weltkrieg?
Die Frage, wer für den Ausbruch des Ersten Weltkriegs verantwortlich sei, war bereits 1914 umstritten und erregte in der Folgezeit immer wieder die Gemüter. Die Antworten reichten von eindeutigen Schuldzuweisungen an einzelne Staaten bis hin zu der Aussage, alle Mächte seien mehr oder weniger unbeabsichtigt in den Krieg hineingeraten. Entscheidend für eine Beurteilung ist, wie man das Verhalten der einzelnen Staaten in der Julikrise bewertet.

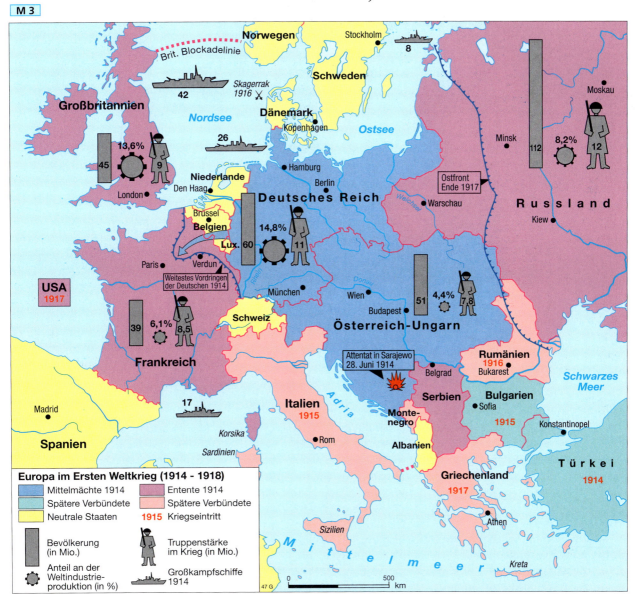

M 3 Europa im Ersten Weltkrieg (1914–1918)

Imperialismus und Erster Weltkrieg

M 4 „Die europäische Verwirrung"
Amerikanische Karikatur von 1914. Die Figuren im Hintergrund stellen europäische Staaten dar.

M 5 Kriegsschuldkontroverse

a) Die Frage nach den Ursachen für den Ausbruch des Ersten Weltkriegs ist von 1914 bis heute unter Historikern heftig umstritten. Der deutsche Historiker Eduard Meyer schrieb 1916:

Nicht wir haben den Krieg begonnen. Es ist bewusste Unwahrheit und die gröbste Entstellung offenkundiger Tatsachen, wenn behauptet wird, das Deutsche Reich habe jemals daran gedacht, Eroberungen zu machen und fremde Staaten anzugreifen. Zur Widerlegung genügt es, einfach darauf zu verweisen, dass das Deutsche Reich seit seiner Begründung im Jahre 1871 trotz einer gewaltigen militärischen Macht oder vielmehr gerade wegen derselben dreiundvierzig Jahre hindurch Europa den Frieden erhalten hat – zuerst allen, dann seit 1879 im festen Bunde mit der eng befreundeten österreichisch-ungarischen Monarchie. Peinlich haben wir nicht nur die Rechte, sondern alle auch nur einigermaßen begründeten Ansprüche der anderen Staaten geachtet; ruhig haben wir allen Kriegstreibereien in Frankreich, Russland, England zugeschaut, ohne uns zu Feindseligkeiten hinreißen zu lassen, vielmehr immer von neuem versucht, durch Verhandlungen, durch Förderung des internationalen Verkehrs […] die Stimmung bei den Nachbarn zu bessern

Eduard Meyer, Weltgeschichte und Weltkrieg, Stuttgart/Berlin 1916, S. 174 f.

b) Der britische Diplomat Harold Nicolson schrieb 1930:

Die größte Verantwortung fällt auf Serbien, Russland und Österreich. Serbien hat absichtlich Verhältnisse unterstützt, die, wie es genau wusste, eine österreichische Intervention unvermeidlich machten. Österreich hat sich bei der Vorbereitung zur Bestrafung Serbiens einen Mangel an Mäßigung und Aufrichtigkeit zu Schulden kommen lassen. Russland hat einen lokalen Vorgang zur Förderung seiner panslawistischen Ambitionen ausgenutzt.

Harold Nicolson, Die Verschwörung der Diplomaten, Aus Sir Arthur Nicolsons Leben 1849–1928, Frankfurt 1930, S. 432.

c) Der deutsche Historiker Immanuel Geiß 1967:

Der größte Teil der Verantwortung liegt bei der Macht, die zumindest den lokalen Krieg wollte. Diese Macht war eindeutig das Deutsche Reich. Es mag gewiss keinen Weltkrieg unter allen Umständen gewollt haben, aber es drängte ein zögerndes und seiner selbst nicht sicheres Österreich zum Krieg gegen Serbien. Deutschland war außerdem die einzige Macht, die einem Kontinentalkrieg kühl entgegensah, den es glaubte gewinnen zu können, solange England neutral blieb. Österreich wollte natürlich den lokalen Krieg, fürchtete aber den Kontinentalkrieg. Seine Führung hoffte, die deutsche Rückendeckung allein schon würde ausreichen, um Russland von der Intervention zum Schutz Serbiens abzuschrecken.

Immanuel Geiss, Die Kriegsschuldfrage – Das Ende eines Tabus, in: Aus Politik und Zeitgeschichte, B 25/1967, S. 24.

d) Der amerikanische Historiker Gordon Craig schrieb 1979:

Scheint auf den letzten Seiten die Verantwortung Österreich-Ungarns und Deutschlands für den Kriegsausbruch in Europa betont zu werden, so sollte doch nicht vergessen werden, dass dieser Vorwurf auch die anderen Mächte trifft. Der Vorfall, der die endgültige Krise auslöste, war ein von Beauftragten der serbischen Regierung geplantes Verbrechen; die aggressive Politik der Serben erfolgte zumindest teilweise aufgrund der Ermutigung durch die Russen; der Wagemut der Russen, die provokative Politik der Serben zu fördern, war teilweise auf das Versäumnis der britischen und der französischen Regierungen zurückzuführen, ihnen adäquate Beschränkungen aufzuerlegen; und die Gründe für dieses Versäumnis lagen in denselben Ängsten, die die Urteilsfähigkeit der deutschen und der österreichischen Regierung beeinträchtigten. Wie auch immer über die relative Schuld der Mächte entschieden werden mag, es ist eindeutig, dass keine der Mächte die volle Verantwortung für den Krieg trägt und dass keine von ihnen völlig schuldlos ist.

Gordon Alexander Craig, Die Geschichte Europas 1815–1980, München 1979, S. 350.

e) Der Historiker W. J. Mommsen schrieb 2004:

Unbestreitbar ist, dass die deutsche politische Leitung unter dem Einfluss der von höchsten militärischen Kreisen vorgetragenen Ansicht stand, dass die sich fortlaufend verschlechternde militärische Gesamtsituation der Mittelmächte am besten durch einen Präventivkrieg gegen Frankreich und Russland stabilisiert würde, solange ein solcher noch mit Aussicht auf einen militärischen Sieg geführt werden könne. Demgemäß hatte die Reichsleitung den allseits erwarteten österreichisch-ungarischen Waffengang gegen Serbien zum Anlass für eine groß angelegte diplomatische Offensive nehmen wollen, die bei einem günstigen Ausgang zum Zerfall des Bündnisses Frankreichs mit dem zaristischen Russland unter Hinzutreten Großbritanniens, dessen endgültige Verfestigung sich abzuzeichnen schien, führen würde, im ungünstigen Falle hingegen den europäischen Krieg auslösen würde, […] der nach Ansicht der Militärs zum damaligen Zeitpunkt noch siegreich für die Mittelmächte entschieden werden könne.

Wolfgang J. Mommsen, Der Erste Weltkrieg, Frankfurt/Main 2004, S. 38 f.

Aufgaben

1. Erläutere den Zusammenhang zwischen dem Attentat vom 28. Juni 1914 in Sarajewo und dem Ausbruch des Ersten Weltkriegs.
   → Text

2. a) Untersuche anhand der Karte zum Ersten Weltkrieg das Kräfteverhältnis zwischen den Mittelmächten und der Entente.
   b) Welche Rückschlüsse lassen sich aus dem Ergebnis über den Ausgang des Krieges ableiten?
   → M3

3. a) Erläutere die Aussage der amerikanischen Karikatur von 1914.
   b) Mit welcher Berechtigung nimmt der Karikaturist eine derartige Wertung vor? → M4

4. a) Fasse die Argumente eines jeden Autors hinsichtlich der Kriegschuldfrage zusammen.
   b) Wo stimmst du einzelnen Aussagen zu, wo nicht? Begründe bitte!
   c) Welche Rolle spielen der Zeitpunkt der Veröffentlichung und die Nationalität des Verfassers?
   → M4

Imperialismus und Erster Weltkrieg

Krieg in Europa

Kriegsbegeisterung und „Burgfrieden"

Bei Kriegsbeginn gab es in der Bevölkerung neben Kriegsbegeisterung auch Kriegsangst. Offiziell wurde die Auseinandersetzung als Verteidigungskrieg dargestellt: Das eigene Land trage keine Schuld am Krieg. Sogar die Arbeiterparteien, die die Politik der Regierungen heftig kritisiert und Frieden und internationale Verständigung gefordert hatten, schlossen sich den nationalen Kriegsanstrengungen an. Auch die deutschen Sozialdemokraten stimmten im Reichstag der Bewilligung von Kriegskrediten zur Finanzierung des Krieges zu. Die Bereitschaft, angesichts der gefährlichen Lage auf innenpolitische Auseinandersetzungen zu verzichten, wurde als „Burgfrieden" bezeichnet.

M 1 „Burgfrieden"
Österreichische Postkarte von 1914 mit den Portraits der verbündeten Kaiser Wilhelm II. und Franz Joseph I.

Vom Bewegungskrieg zum Stellungskrieg im Westen

Der vom preußischen Generalfeldmarschall Schlieffen entwickelte Plan sah vor, Frankreich innerhalb weniger Wochen rasch zu besiegen, bevor englische Truppen zur Unterstützung der französischen Armee eintreffen konnten. Nach Niederwerfung der Gegner im Westen sollten die Truppen die schwachen Kräfte an der Ostgrenze verstärken und gemeinsam mit der österreichischen Armee Russland in die Knie zwingen. Zur Durchführung dieses Plans war es erforderlich, dass die deutschen Streitkräfte durch Belgien und Luxemburg nach Frankreich vorstießen. Die Verletzung der Neutralität Belgiens war für Großbritannien der Grund für den Kriegseintritt.

Für Deutschland verlief der Krieg anfangs nach Plan. Der deutsche Angriff im Westen kam jedoch in der Schlacht an der Marne Anfang September 1914, also bereits nach vier Wochen, zum Stehen. Die Front erstarrte von der Nordsee bis zur Schweizer Grenze und veränderte sich in den folgenden Jahren nicht wesentlich. Beide Seiten hatten sich in einem System von Schützengräben verschanzt, die jeden Vorstoß vereitelten. Der Bewegungskrieg war zum Stellungskrieg geworden.

Deutsche Erfolge im Osten

Im Osten gelang es der deutschen Armee unter den Generälen Hindenburg und Ludendorff, die Russen bei Tannenberg zu schlagen und die Front zu stabilisieren. Die österreichisch-ungarische Armee war jedoch durch Niederlagen so geschwächt, dass sie zunehmend deutscher Unterstützung bedurfte. Auch hier kam es in der Folgezeit zu keinen großen Veränderungen.

Der Seekrieg

Die überlegene britische Flotte sperrte den Ausgang der Nordsee und den Ärmelkanal und schnitt die Mittelmächte von überseeischem Nachschub ab. Die deutsche Hochseeflotte, in die man große Hoffnungen gesetzt hatte, griff nur einmal, im Mai 1916, ins Kriegsgeschehen ein. In der Schlacht am Skagerrak vor der dänischen Küste fügte sie der englischen Flotte zwar erhebliche Verluste zu, konnte die englische Blockade jedoch nicht durchbrechen. Die Hoffnung der deutschen Generäle ruhte nun trotz der damit verbundenen politischen Risiken auf dem uneingeschränkten Einsatz von Unterseebooten.

M 2 Soldatenabschied
Fotografie, 1914

M 3 **An der Front**
Mit Gasmasken ausgerüstete Soldaten einer deutschen Munitionskolonne, Fotografie, 1918

Vom militärischen Standpunkt aus war der Krieg für Deutschland und seine Verbündeten bereits 1914 kaum noch zu gewinnen. Auf der anderen Seite fehlten aber auch den anderen Staaten die Mittel für einen entscheidenden Erfolg.

Kriegserfahrung an der Front
Im August 1914 hatten sich viele junge Männer freiwillig zum „Dienst für das Vaterland" gemeldet. Spätestens als die Soldaten an die Front kamen, trugen hohe Verluste und das Grauen des Kriegs zur Ernüchterung bei. Die jeden Tag lauernde tödliche Bedrohung sowie Hunger und Erschöpfung bestimmten den Alltag des Frontsoldaten. Die Stäbe hinter den Linien litten hingegen keinen Mangel und verloren zunehmend den Bezug zur Realität des einfachen Soldaten.

Versuche, Bewegung in den Stellungskrieg der Westfront zu bringen, blieben erfolglos. Sie scheiterten unter großen Verlusten in Minensperren und Drahtverhauen und unter dem Maschinengewehrfeuer aus tief gestaffelten Grabensystemen. Auch der Einsatz immer stärkerer Artillerie brachte keine Entscheidung in diesen Materialschlachten.

In der Schlacht von Verdun Anfang 1916 versuchte die deutsche Heeresleitung dem Krieg eine Wende zu geben: Die Franzosen sollten durch die Konzentration der Angriffe auf einen Punkt „weißbluten". Granaten aus tausenden Geschützen verwandelten das Kampfgebiet in eine Mondlandschaft, etwa 700 000 Deutsche und Franzosen fanden den Tod. Doch führte die „Hölle von Verdun" zu keinem Ergebnis und wurde zum Symbol für die Sinnlosigkeit des Kriegs.

Ein moderner Krieg
Technik und Wissenschaft fanden im Ersten Weltkrieg ein blutiges Experimentierfeld. Dies unterschied ihn von früheren Kriegen. Der Einsatz von Giftgas erhöhte die Zahl der Opfer, führte aber keine Entscheidung herbei. Als wirksamer erwiesen sich gegen Kriegsende gepanzerte Raupenfahrzeuge, so genannte Tanks, die Schutz vor Infanteriefeuer boten und Frontdurchbrüche ermöglichten.

M 4 **Schlachtfeld bei Verdun**
Fotografie, Februar 1916

Imperialismus und Erster Weltkrieg

Erstmals fand der Krieg auch in der Luft statt. Aufklärungsflugzeuge lieferten Bilder vom Kriegsgeschehen, Jagdmaschinen kämpften um die Lufthoheit, Bomber unterstützten den Angriff der Truppen. Gegen Kriegsende wuchs die technische Überlegenheit von Deutschlands Gegnern: Besonders Tanks und die alliierte Luftüberlegenheit setzten den Deutschen zu.

M 5

Europäische Kriegsschauplätze 1914–1918
- Mittelmächte u. Verbündete
- Entente-Mächte
- Bei Kriegsausbruch neutral, später Verbündete der Entente
- Neutrale Staaten
- Angriffe der Mittelmächte
- Weitestes Vordringen in Frankreich 1914
- Front in Rußland Frühjahr 1915
- Fronten der Mittelmächte Ende 1917
- Front in Rußland Frühjahr 1918
- ◆ Wichtige Festungen
- 1915 Kriegseintritt

M 6
Feldpostkarte – Vorderseite
von 1916

Feldpostkarte – Rückseite (Ausschnitt)

Folgender Text ist auf der Rückseite zu lesen:

Im Schützengraben den[n] 14/II 16.
Liebe Lina!
Sende dir zu deiner Kartensammlung eine Fotografie von unsern Schützengraben, nach einem Kampf mit Engländern, es fotografierte dies selbst einer von unserer Kompagnie nach dem Überfall. Zur zeit geht es hier schreklich zu und glaube das es dieses Frühjahr noch schlimmer wird, denn die entscheidung fällt mal hier in Frankreich. Unsere Artillerie schießt zur zeit so stark das der boden wankt, nathürlich bleiben Sie uns auch nichts schuldig.
Grüße dich sowie deine lben Eltern frdlch
Gruß an Emil wenn du Ihm schreibst
Hans G.

Aufgaben

1. a) Erkläre den Schlieffen-Plan.
   b) Überlege, welche völkerrechtlichen Probleme dieser Plan beinhaltete.
   → Text
2. Erarbeite mithilfe der Karte:
   a) Welche Staatengruppen standen sich bei Kriegsbeginn gegenüber?
   b) Wie entwickelte sich der Krieg an der Ostfront Deutschlands?
   c) Wie stellte sich die Kriegssituation in Südosteuropa dar?
   d) Wie entwickelte sich der Krieg an der Westfront Deutschlands? Erläutere dabei die Begriffe „Bewegungskrieg" und „Stellungskrieg".
   e) Welche Gebiete waren vom Kriegsgeschehen besonders betroffen?
   → M5
3. a) Versuche die Schrift auf der Feldpostkarte zu entziffern.
   b) Überlege, warum Soldaten solche Feldpostkarten nach Hause schickten.
   c) Erwäge anhand des vorliegenden Beispiels, welche Informationen solche Karten enthielten und welche nicht.
   d) Beurteile, wie aufschlussreich solche Karten als historische Quellen sind. Bedenke auch, dass die Karten, bevor sie abgesandt wurden, kontrolliert werden konnten.
   → Text, M6

Kriegswende und Kriegsende

Krieg an der „Heimatfront"

In Deutschland war niemand auf einen mehrjährigen Krieg vorbereitet. So musste die Wirtschaft rasch auf Kriegsproduktion umgestellt werden. Da die meisten Männer an der Front kämpften, mussten Frauen, Jugendliche und Invaliden an ihre Stelle treten. Ungelernt oder nur rasch angelernt hielten sie die Produktion am Laufen. Die Herstellung kriegswichtiger Güter beeinträchtigte die Produktion von Lebensmitteln. Sie wurden zusehends rationiert, sodass die Bevölkerung Hunger litt. Besonders in den Städten entstanden Schwarzmärkte, deren hohe Preise sich nur Wohlhabende leisten konnten.

Bei schlechten Ernten wie 1916 bildeten minderwertige Futterrüben oft die Grundlage der Ernährung. Ersatzstoffe wie Kunsthonig sollten dem Mangel abhelfen. Aus Brennnesseln wurden Stoffe hergestellt, Stahlfedern ersetzten bei Fahrrädern den Gummireifen.

Der Staat forderte die Bevölkerung auch auf, Edelmetalle zur Finanzierung des Krieges zu spenden, sogar Kirchenglocken wurden eingeschmolzen. So bestimmte die Kriegssituation das zivile Leben: Es entstand eine „Heimatfront".

M1 Nachricht vom Soldatentod
Zeitgenössische Lithografie von Käthe Kollwitz

M2 Kartoffel-Verkauf 1916
am Alexanderplatz in Berlin, zeitgenössische Fotografie

Die Diktatur der Obersten Heeresleitung (OHL)

Trotz der schwierigen Situation hielten die Parteien den „Burgfrieden" ein. Doch die politischen Verhältnisse in Deutschland änderten sich, da die Oberste Heeresleitung unter den Generälen Hindenburg und Ludendorff immer mehr Vollmachten erlangte. Schließlich übten die beiden Militärs eine fast diktatorische Macht aus. Sowohl der Kaiser als auch der Reichstag verloren angesichts der Notsituation des Krieges an Einfluss.

M3 „Feindbilder"
Aufruf zum Eintritt in die US-Army, zeitgenössisches amerikanisches Plakat

1917 – Wendejahr des Krieges

Anfang 1917 schien der Krieg einen toten Punkt erreicht zu haben, denn keine Macht konnte auf einen entscheidenden Sieg hoffen. Die englische Blockade hatte zu wachsender Not in Deutschland und zu Versorgungsschwierigkeiten an der Front geführt. Das veranlasste die Oberste Heeresleitung den uneingeschränkten U-Boot-Krieg wieder aufzunehmen. Bereits 1915 hatten deutsche U-Boote das britische Passagierschiff „Lusitania" im Atlantik versenkt. Nur weil Deutschland auf einen weiteren U-Boot-Einsatz verzichtete, traten die USA damals nicht in den Krieg ein. Die neuerliche Ankündigung führte im April 1917 jedoch zum Kriegseintritt der USA. Damit stand ein Land von gewaltiger Wirtschaftskraft auf Seiten der Alliierten.

Nach der russischen Oktoberrevolution von 1917 drängten die neuen kommunistischen Machthaber auf einen schnellen Frieden, um die inneren Probleme besser bewältigen zu können. Russland schied somit aus der Entente aus und schloss mit den Mittelmächten den „Frieden von Brest-Litowsk", in dem es große Gebiete abtreten musste.

Bemühungen um Frieden

Allmählich geriet der „Burgfriede" im Deutschen Reich ins Wanken. Die Hungersnot im Winter 1916/17 verstärkte die Kriegsmüdigkeit und Friedenssehnsucht. Die Krise wurde offenbar, als der Zentrumsabgeordnete Matthias Erzberger seine Zweifel an der Wirksamkeit des U-Boot-Krieges äußerte und das Zentrum, die Liberalen und die SPD in einer Friedensresolution forderten, Deutschland solle seine Bereitschaft zu einem Verständigungsfrieden bekunden. Diese Friedensbemühungen blieben ebenso erfolglos wie die des Papstes Benedikt XV. und des neuen österreichischen Kaisers Karl I., der dem 1916 verstorbenen Franz Joseph auf den Thron gefolgt war.

Dem Zusammenbruch entgegen

Am 8. Januar 1918 entwarf der amerikanische Präsident Woodrow Wilson in 14 Punkten ein politisches Programm, das eine stabile demokratische Weltordnung garantieren sollte. Dennoch setzte Deutschland den Krieg fort, doch brachten die militärischen Offensiven keine Entscheidung. Vielmehr führte die wachsende Überlegenheit der Alliierten, die von den USA mit Kriegsmaterial und Soldaten unterstützt wurden, an allen Fronten zum Scheitern. Ab Juli 1918 zeigte sich eine nachhaltige Erschöpfung des Heers und die Oberste Heeresleitung gestand endlich Deutschlands Niederlage ein. Sie drängte die Regierung zum sofortigen Waffenstillstand.

Im Oktober 1918 war es zu einer Verfassungsänderung gekommen, die das deutsche Kaiserreich zur parlamentarischen Monarchie machte. Der neue liberale Reichskanzler Max von Baden übermittelte dem amerikanischen Präsidenten unverzüglich das deutsche Waffenstillstandsgesuch. Hierin erkannte er Wilsons Friedensprogramm als Verhandlungsgrundlage an.

Als die Seekriegsleitung am 28. Oktober 1918 der Hochseeflotte den Befehl zum Auslaufen gab, führte das zur Meuterei der Matrosen. Sie weitete sich schnell zu einer Revolution aus, die ganz Deutschland erfasste, und wenig später zum Ende der Monarchie führte.

Imperialismus und Erster Weltkrieg

10 Kriegsgebote.

1. **Iß nicht mehr als nötig.** Vermeide überflüssige Zwischenmahlzeiten; Du wirst Dich dabei gesund erhalten.
2. **Halte das Brot heilig** und verwende jedes Stückchen Brot als menschliche Nahrung. Trockne Brotreste geben eine wohlschmeckende und nahrhafte Suppe.
3. **Spare an Butter und Fetten;** ersetze sie beim Bestreichen des Brotes durch Sirup, Mus oder Marmeladen. Einen großen Teil aller Fette bezogen wir bisher vom Auslande.
4. **Halte Dich an Milch und Käse.** Genieße namentlich auch Magermilch und Buttermilch.
5. **Genieße viel Zucker in den Speisen,** denn Zucker ist ein vorzügliches Nahrungsmittel.
6. **Koche Kartoffeln nur mit der Schale;** dadurch sparst Du 20 vom Hundert.
7. **Mindere Deinen Bedarf an Bier und anderen alkoholischen Getränken;** dadurch vermehrst Du unsern Getreide- und Kartoffelvorrat, aus dem Bier und Alkohol hergestellt wird.
8. **Iß viel Gemüse und Obst** und benutze jedes Stückchen geeignetes Land zum Anbau von Gemüsen. Spare aber die Konserven, solange frische Gemüse zu haben sind.
9. **Sammle alle zur menschlichen Nahrung nicht geeigneten Küchenabfälle als Viehfutter,** achte aber streng darauf, daß nicht schädliche Stoffe in die Abfälle hineingeraten.
10. **Koche und heize mit Gas oder Koks;** dadurch hilfst Du namentlich ein wichtiges Düngemittel schaffen, denn bei der Gas- und Koksbereitung wird außer anderen wichtigen Nebenerzeugnissen auch das stickstoffhaltige Ammoniak gewonnen.

Beachte bei allen diesen Geboten, daß Du für das Vaterland sparst. Deshalb muß auch derjenige diese Gebote beherzigen, dem seine Mittel erlauben, zur Zeit noch in der bisherigen Art weiterzuleben.

Druck: Erich Kammer, Zehlendorf bei Berlin.

M 4 **Aufruf**, Frankfurt 1915

M 5 **Hungerjahr 1916**

Aus einem Flugblatt aus dem Kriegsjahr 1916:

Was kommen musste, ist eingetreten: Der Hunger! In Leipzig, in Berlin, in Charlottenburg, in Braunschweig, in Magdeburg, in Koblenz und Osnabrück, an vielen anderen Orten gibt es Krawalle
5 der hungernden Menge vor den Läden mit Lebensmitteln.
Und die Regierung des Belagerungszustandes hat auf den Hungerschrei der Massen nur die Antwort: Verschärften Belagerungszustand, Polizeisäbel
10 und Militärpatrouillen.
Herr von Bethmann-Hollweg [der Reichskanzler] klagt England des Verbrechens an, den Hunger in Deutschland verschuldet zu haben […]
Indessen, die deutsche Regierung hätte wissen
15 müssen, dass es so kommen musste: Der Krieg gegen Russland, Frankreich und England musste zur Absperrung Deutschlands führen. […]
Der Krieg, der Völkermord ist das Verbrechen, der Aushungerungsplan nur eine Folge dieses Verbrechens. 20
Die bösen Feinde haben uns „eingekreist", plärrten die Kriegsmacher. Warum habt ihr eine Politik gemacht, die zur Einkreisung führte? Ist die einfachste Gegenfrage. […]
Auf das Verbrechen der Anzettelung des Welt- 25
krieges wurde ein weiteres gehäuft: Die Regierung tat nichts, um dieser Hungersnot zu begegnen. Warum geschah nichts? Weil den Regierungssippen, Kapitalisten, Junkern, Lebensmittelwucherern der Hunger der Massen nicht wehe tut, 30
sondern zur Bereicherung dient. Weil, wenn man von Anfang an den Kampf gegen Hunger und Not durch ernsthafte Maßnahmen aufgenommen hätte, den verblendeten Massen der furchtbare Ernst der Lage klar geworden wäre. Dann wäre aber die 35
Kriegsbegeisterung alsbald verraucht.
Deshalb hat man die Volksmassen mit Siegestriumphgeheul betäubt und sie gleichzeitig den agrarischen und kapitalistischen Lebensmittelwucherern ausgeliefert. […] 40
Jetzt vertröstet man uns auf die kommende Ernte: Alle Not werde ein Ende haben, wenn die neue Frucht da ist – auch das ist bewusster Schwindel. Die einfache Rechnung sagt: In zweiundzwanzig Kriegsmonaten wurden zwei Ernten verzehrt, 45
außerdem die großen Vorräte an Viehfutter, Zucker und anderen Produkten, die zu Kriegsbeginn im Lande lagerten; ferner alles, was in den besetzten Gebieten, in Belgien, in Nordfrankreich, Polen, Litauen, Kurland, Serbien an Lebensmitteln 50
„requiriert" wurde. Jetzt gibt es nichts mehr. Die besetzten Gebiete sind kahl gefressen, die Menschen sterben bereits Hungers in Polen und in Serbien. […]
Was soll werden? 55
Man kann noch ein halbes Jahr, vielleicht ein ganzes Jahr Krieg führen, indem man die Menschen langsam verhungern lässt. Dann wird aber die künftige Generation geopfert. Zu den furchtbaren Opfern an Toten und Krüppeln der Schlacht- 60
felder kommen weitere Opfer an Kindern und Frauen, die infolge des Mangels dem Siechtum verfallen.

Ernst Drahn/Susanne Leonhard, Unterirdische Literatur im revolutionären Deutschland während des Weltkrieges. Berlin 1920, S. 52–54.

M 6 „Verlorene Generation"

Der englische Historiker Keegan schreibt über die Verluste im Ersten Weltkrieg:

Der Streifen britischer Soldatenfriedhöfe, der sich von der Kanalküste bis zur Somme und darüber hinaus erstreckt, bildet zugleich eine idealisierte Gedenkstätte für alle auf den Schlachtfeldern des
5 Großen Krieges Gefallenen, derer nicht gedacht wird. Ihre Zahl ist gewaltig. Zu den Gefallenen des Britischen Empire und Frankreichs kommen 1,5 Millionen des Habsburgerreiches, 2 Millionen Deutsche, 1,7 Millionen Russen, 460 000 Italiener
10 und viele Hunderttausende Türken, die nie gezählt wurden. Im Verhältnis zur Zahl derjenigen, die sich freiwillig meldeten oder eingezogen wurden, könnte die Zahl der Opfer erträglich erscheinen. Für Deutschland waren es 3,5 Prozent
15 aller im Heer Dienenden.
Berechnet man den prozentualen Anteil der jüngeren Jahrgänge, dann überschreiten die Zahlen bei weitem das, was emotional verkraftet werden konnte. Zwischen 1914 und 1918 war die männli-
20 che Sterbeziffer in Großbritannien sieben- bis acht Mal, in Frankreich (wo 17 Prozent des Heeres fielen) zehn Mal so hoch wie in Friedenszeiten. Die Verluste bei den jüngsten Altersgruppen in Deutschland waren ähnlich hoch: Zwischen 1870 und 1899 wurden etwa 16 Millionen Knaben 25 geboren; nahezu alle wurden im Krieg eingezogen und rund 13 Prozent fielen. Nimmt man die Zahlen für diejenigen Gruppen, die aufgrund ihres Alters sofort zum Heer eingezogen wurden, so ergeben sich – wie in Frankreich und Großbritan- 30 nien – noch höhere Verluste. Die Jahrgänge 1892–1895, das heißt die jungen Männer, die bei Kriegsausbruch 19 bis 22 Jahre alt waren, wurden um 35–37 Prozent reduziert. Es fiel also jeder Dritte.
Kein Wunder, dass man im Deutschland der Nach- 35 kriegszeit von einer „verlorenen Generation" sprach, dass deren Eltern durch den gemeinsamen Schmerz verbunden waren, dass die Überlebenden das Gefühl hatten, auf unerklärliche Weise dem Tod entronnen zu sein, und oft eine Spur von 40 Schuld, manchmal Wut und Rachegelüste empfanden. Solche Gefühle lagen britischen und französischen Kriegsteilnehmern fern, die lediglich hofften, dass die Schrecken des Stellungskrieges sich nicht wiederholen würden, solange sie oder 45 ihre Söhne lebten.
Sie gärten jedoch in den Köpfen vieler Deutscher, vor allem in dem „Frontsoldaten" Adolf Hitler, der im September 1922 in München eine Rachedrohung ausstieß, die den Boden für einen zweiten 50 Weltkrieg bereitete.

John Keegan, Der Erste Weltkrieg, Reinbek 2004, S. 586.

Aufgaben

1. a) Erkläre den Begriff „Heimatfront".
   b) Was war die Oberste Heeresleitung, und welche Rolle spielte sie in Deutschland?
   → Text
2. Erläutere, warum 1917 als Wendejahr des Krieges bezeichnet wird.
   → Text
3. a) Welche der im Aufruf aus Frankfurt genannten Regeln sind angesichts der Situation im Krieg brauchbar, welche sind es nicht?
   b) Beurteile die Wirkung, die der Aufruf vermutlich auf die Bevölkerung hatte.
   → M4
4. a) Welche politischen Forderungen werden im Flugblatt erhoben?
   b) Überlege, bei wem diese Forderungen auf Zustimmung gestoßen sind.
   → M5
5. a) Stelle zusammen, wie hoch die Zahl der Toten in den einzelnen Ländern war.
   b) Welche Altergruppe war von den Verlusten besonders betroffen?
   c) Erläutere den Begriff „verlorene Generation".
   → M6

Die Russische Revolution von 1917

Ein epochales Ereignis
Die Oktoberrevolution des Jahres 1917 wird allgemein als epochales Ereignis betrachtet, verhalf sie doch einem völlig neuen gesellschaftlichen System mit sozialistisch-kommunistischer Ausprägung und dem Anspruch auf eine gerechte Gesellschaftsordnung in Russland zum Durchbruch. Immerhin konnte sich dieses gesellschaftliche System in Russland und einigen von ihm abhängigen Ländern fast 70 Jahre halten. Wie kam es zu dieser Revolution und welchen Verlauf nahm sie?

Russland im 19. Jahrhundert – ein rückständiges Land
Russland war im europäischen Vergleich ein politisch und industriell rückständiges Land mit agrarischer Struktur. Reformen erfolgten nur zögerlich. Diese Rückständigkeit zeigte sich in der Landwirtschaft, der Technisierung, dem Bildungswesen und der sozialen und politischen Struktur. Obwohl die Leibeigenschaft der Bauern 1861 abgeschafft wurde, stieg die agrarische Produktion nicht wesentlich. Am Elend der Landbevölkerung – Ende des 19. Jh. etwa 80 Prozent der russischen Bevölkerung – änderte sich nichts.

Seit 1900 erlebte die russische Wirtschaft einen langsamen Aufschwung und es entstanden moderne Industrieanlagen in Moskau und St. Petersburg. Dies hatte zur Folge, dass die Zahl der Fabrikarbeiter innerhalb weniger Jahre stark anstieg und eine Arbeiterbewegung entstand. Parteien blieben allerdings weiterhin verboten. Jede politische Agitation bestrafte das zaristische Regime hart und die Presse unterlag einer strengen Zensur. Hungersnöte und die wirtschaftlich angespannte Situation schürten den Unmut von Arbeitern und Bauern gegenüber den Regime. Die Folge war ein immer größerer Zulauf bei den – offiziell verbotenen – Parteien.

Der „Petersburger Blutsonntag" und seine Folgen
Die allgemeine Unzufriedenheit brach sich Bahn in einem Streik. Doch die friedliche Demonstration in St. Petersburg, die im Januar 1905 Reformen anmahnte, wurde blutig niedergeschlagen. Am Demonstrationszug zum Winterpalast hatten sich ungefähr 140 000 Menschen beteiligt: Arbeiter, Frauen und Kinder. Der „Blutsonntag" zog eine Welle von Streiks und Demonstrationen im ganzen Land nach sich. In den Betrieben der Industriestädte entstanden erstmals „Sowjets": Aus Arbeitern gebildete Räte, die die Interessen der arbeitenden Bevölkerung vertraten und ihr Rechenschaft schuldeten.

Der Zar machte nach einem Generalstreik im Oktober 1905 politische Zugeständnisse. Sein „Oktobermanifest" versprach die Wahl eines Parlaments, der „Duma". Arbeiter und Bauern hatten aber nur geringe Möglichkeiten der parlamentarische Mitsprache, das Versprechen von Freiheitsrechten blieb unerfüllt. So war der Zar bis 1917 der entscheidende Machtfaktor in Russland.

Neben den Liberalen, die einen Verfassungsstaat anstrebten, entstanden auf beiden Flügeln des politischen Spektrums Parteien. Rechts vertraten zarentreue Parteien den russischen Adel, auf der anderen Seite wurden „Sozialrevolutionäre" die Interessenvertreter der Bauern.

M 1 **Nikolaus II.**
Zar von 1894–1917, im Krönungsgewand des ersten Zaren der Romanow-Dynastie aus dem 17. Jh.

Die Arbeiterbewegung spaltete sich 1902 in „Menschewiki", d.h. gemäßigte Sozialdemokraten, und „Bolschewiki": eine straff geführte radikale Kaderpartei mit **Lenin** (1870–1924) als Führer. Die Bolschewiken waren dann die entscheidende Kraft in der Oktoberrevolution des Jahres 1917.

Russland wird Republik

Als militärische Erfolge im Ersten Weltkrieg ausblieben und sich die Versorgungslage stetig verschlechterte, wuchs der Unmut der Bevölkerung. Auch in der Armee sank die Kampfmoral. Das russische Heer rekrutierte sich zum überwiegenden Teil aus Bauern, sodass die Ernteerträge drastisch zurückgingen. Hungersnöte waren die Folge. Hinzu kam eine hohe Inflationsrate, die neben Bauern und Arbeitern auch Angestellte und Beamte auf die Straße trieb.

Der Unmut der Bevölkerung gipfelte im Februar 1917 in Streiks, Demonstrationen und Kämpfen. Auch militärische Verbände liefen zu den Aufständischen über. Als Reaktion löste der Zar die Duma auf, die sich aber dem Dekret widersetzte und als „Vollzugskomitee" eine Provisorische Regierung bildete. Parallel dazu bildeten sozialistische Abgeordnete, Abgesandte der Betriebe und Vertreter der Bauern „Arbeiter- und Bauernräte". Damit befand sich Russland in einer Phase der „Doppelherrschaft": Während die Provisorische Regierung einen liberal-bürgerlichen Verfassungsstaat anstrebte, verfolgten die Sowjets neben der politischen auch eine soziale Revolution.

Zar Nikolaus II. dankte daraufhin am 3. März 1917 (nach westlichem Kalender am 15.3.) ab, Russland wurde Republik. Der Zar und seine Familie wurden verhaftet und im Juli 1918 erschossen.

Die Provisorische Regierung gewährte rasch alle bürgerlichen Freiheiten, beseitigte die Unterschiede zwischen den Ständen und Nationalitäten und bereitete die Wahl einer verfassunggebenden Nationalversammlung vor. Am folgenreichsten war jedoch, dass sie den Krieg fortsetzte, und damit ihren revolutionären Gegnern einen gewaltigen Vorteil verschaffte.

M 2 Nikolaus II. als Gefangener

M 3 Schwere Unruhen
Nach der Februarrevolution kam es zu zahlreichen Demonstrationen, bei denen eine Beendigung des Krieges gefordert wurde. Am 4. Juli 1917 wird aus einer Demonstration in Petrograd – geführt von den Bolschewiki – ein Sturm auf die Regierungsgebäude, der von den Regierungstruppen niedergeschlagen wird, Fotografie vom 4. Juli 1917.

Imperialismus und Erster Weltkrieg

M 4 Petersburger „Blutsonntag" am 22. Januar 1905
Soldaten treiben den Demonstrationszug vor dem Winterpalast auseinander.

M 5 Augenzeugenbericht zum „Blutsonntag"

Der Politiker Kerenski aus der Partei der Sozialrevolutionäre war Augenzeuge am 22. Januar 1905:

Wir hatten schon den Alexander-Garten erreicht, der dem Winter-Palais gegenüber liegt, als wir Hornsignale hörten, das Angriffszeichen für die Kavallerie. Die Marschkolonne hielt inne; die
5 Arbeiter wussten nicht, was das Hornsignal bedeutete, und konnten nicht sehen, was geschah. Vorn rechts stand eine Polizeiabteilung, die jedoch kein Zeichen von Feindseligkeit zeigte; deshalb setzte sich die Kolonne wieder in Marsch.
10 In diesem Augenblick jedoch ritt ein Trupp Kavallerie aus Richtung des Distrikts-Militärhauptquartiers heran und die erste Salve wurde abgeschossen. Eine Abteilung Soldaten, die auf der anderen Seite des Platzes gegenüber der Admiralität in
15 Stellung gegangen war, eröffnete ebenfalls das Feuer. Die erste Salve wurde in die Luft gefeuert, die zweite aber zielte in die Menge, und viele Menschen stürzten zu Boden. Von Panik erfasst, wich die Menge zurück und rannte in alle Richt-
20 tungen. Die Menschen wurden nun auch von hinten beschossen und wir Zuschauer ergriffen mit den anderen die Flucht.
Ich kann den Schrecken nicht beschreiben, den wir in diesem Augenblick empfanden. Es war völlig klar, dass die Behörden einen ungeheuerlichen 25 Fehler gemacht hatten; sie hatten die Absichten der Menge vollkommen missverstanden. Wie immer die Pläne der Organisatoren des Marsches auch ausgesehen haben mögen – die Arbeiter marschierten ohne jede böse Absicht zum Palast. 30 Sie waren davon überzeugt, dass sie vor dem Palast niederknien würden, und dann würde der Zar kommen und mit ihnen sprechen oder er würde sich zumindest auf dem Balkon zeigen.
Aber alles, was sie bekamen, waren Kugeln. Es war 35 ein historischer Irrtum, für den sowohl die Monarchie als auch Russland teuer bezahlen mussten.
Nach ersten Schätzungen hatte es mindestens zwei- bis dreihundert Tote und Verletzte gegeben. Krankenwagen wurden schnell herbeigerufen, 40 und die Unverletzten halfen, die verwundeten Männer, Frauen und Kinder zu bergen. Alles löste sich in Verwirrung auf, und die Menge zerstreute sich in die Nebenstraßen.

Alexander Kerenski, Die Kerenski-Memoiren, Wien und Hamburg 1966, S. 68 f.

| 1870 | 1875 | 1880 | 1885 | 1890 | 1895 | 1900 | 1905 | 1910 | 1915 | 1920 |

M 6

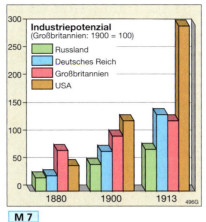

M 7

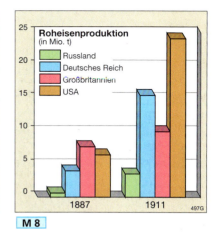

M 8

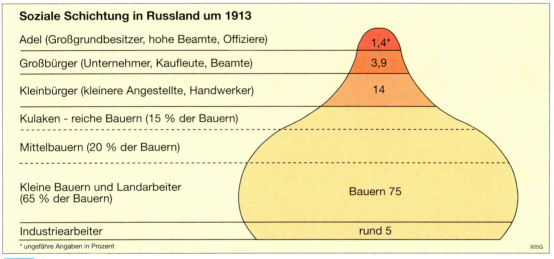

M 9

Aufgaben

1. Erläutere Russlands wirtschaftliche und politische Situation im Vergleich zu den übrigen Staaten Westeuropas. → Text

2. a) Versuche den Begriff „Industriepotenzial" zu definieren.
   b) Warum war damals gerade die Roheisenproduktion von besonderer Wichtigkeit?
   c) Wie schneidet Russland im Vergleich zu den anderen aufgeführten Ländern bezüglich des Industriepotenzials und der Roheisenproduktion ab? Berücksichtige dabei die jeweilige Bevölkerungsgröße.
   → M6, M7, M8

3. a) Betrachte das Schaubild zur sozialen Schichtung der russischen Bevölkerung. Welche Schicht dominiert zahlenmäßig eindeutig?
   b) Wie spiegelt sich die prozentuale Größe dieser Schicht im politischen und wirtschaftlichen Bereich wider?
   c) Was sagt die geringe Zahl von Industriearbeitern aus?
   → M9

4. a) Vergleiche das Bild vom „Blutsonntag" 1905 mit der Darstellung von Kerenski.
   b) Welche Erwartungen hatten nach Ansicht Kerenskis die Arbeiter 1905?
   c) Wie reagierte die Staatsmacht?
   → M4, M5

5. Welche Parteien begannen sich in Russland zu bilden und wen vertraten sie?
   → Text

6. Beschreibe Russlands Weg zur Republik. → Text

Imperialismus und Erster Weltkrieg

M 1 **Lenins Ankunft in Petrograd**
Am 16. April 1917 kehrte der Revolutionär aus seinem Schweizer Exil nach Petrograd zurück, wie St. Petersburg von 1914–1924 hieß.

Die Kommunisten an der Macht

Zwischen Februar und Oktober 1917

Im Verlauf des Jahres 1917 gelang es der Regierung nicht, die drängendsten Probleme des Landes in den Griff zu bekommen. Russland befand sich weiterhin im Krieg, militärische Misserfolge ließen die Kriegsmüdigkeit der russischen Bevölkerung wachsen und brachten den Bolschewiken starken Zulauf. Die Auflösung der gesellschaftlichen Strukturen – Bauern vertrieben Großgrundbesitzer, radikale Arbeiterkomitees übernahmen die Leitung von Betrieben – und die bei der Bevölkerung auf größte Zustimmung stoßende bolschewistische Parole „Frieden, Land und Brot" taten ihr Übriges.

Nachdem ein Putschversuch der Bolschewiken im Juli 1917 scheiterte, operierten sie zunächst aus dem Untergrund. Lenin, ihr führender Kopf, musste vorübergehend nach Finnland fliehen. Von Finnland aus rief Lenin nun zum gewaltsamen Umsturz der Provisorischen Regierung auf. Als Zeitpunkt des Aufstands wurde der 25. Oktober 1917 (7. 11. westlicher Zeit) bestimmt, ein Tag, an dem der 2. Allrussische Sowjetkongress in Petersburg tagen sollte.

Die Oktoberrevolution

Am 25. Oktober 1917 besetzten die Bolschewisten ohne Blutvergießen strategisch wichtige Punkte in Petersburg; lediglich am Winterpalais, dem Sitz der Regierung, kam es zu Gefechten. Einen Tag später kapitulierte die Regierung, die Minister wurden verhaftet. Auf der Sitzung des Allrusisschen Kongresses, der am gleichen Abend tagte, weigerten sich die Menschewiki und rechte Sozialrevolutionäre, unter diesen gewalttätigen Bedingungen weiter mitzuarbeiten und verließen den Kongress unter Protest.

Somit hatten die Bolschewisten nun eine Mehrheit in der Versammlung und setzten die erste Sowjetregierung, den „Rat der Volkskommissare", unter Vorsitz Lenins ein. Trotzki wurde Kommissar für Auswärtiges, Stalin Kommissar für Nationalitätenfragen.

Unverzüglich wurden entscheidende Maßnahmen getroffen. Innenpolitisch ging es den Bolschewiken primär um die Festigung ihrer Machtposition. Hierbei zeigte sich, dass sie nicht gewillt waren, ihre Macht nach demokratischen Grundsätzen auszuüben. Schon am 27. Oktober wurde die Pressefreiheit aufgehoben, eine neue Geheimpolizei, die „Tscheka", diente der Verfolgung aller angeblichen Staatsfeinde. Verhaftung, Verbannung und Todesurteile waren nun an der Tagesordnung.

Mit dem „Dekret über Grund und Boden" wurden die Großgrundbesitzer enteignet, ihr Land den Bauern übertragen. Diese Maßnahme war begleitet von der Verstaatlichung der Industrie und der Banken. Fabriken wurden den Arbeiterräten unterstellt, Offiziersränge in der Armee abgeschafft. Jegliche Religionsausübung wurde verboten, der Kirchenbesitz eingezogen. Die Regierung untersagte den privaten Handel, die Verteilung der Güter unterstand künftig dem Staat. Die Einführung der Schulpflicht sollte dem weit verbreiteten Analphabetismus entgegenwirken. – All diese Maßnahmen leiteten ein weltgeschichtliches Experiment von enormer Tragweite ein!

Der Friede von Brest-Litowsk
- Grenze Russlands 1914
- Mittelmächte und Verbündete
- Frontverlauf 1918
- Russische Verluste im Frieden von Brest-Litowsk (3.3.1918)
- 3.11.1918 Unabhängigkeitserklärungen
- Russische Sozialistische Föderative Sowjetrepublik (seit 1917)

M 2

M 3 „Genosse Lenin reinigt die Erde von Unrat"
Sowjetisches Plakat von 1920

Die Bolschewiken festigen die Macht
Am 25. November 1917 abgehaltene Wahlen zu einer verfassunggebenden Versammlung bescherten den Bolschewiken eine herbe Niederlage. Nur etwa 25 % der Stimmberechtigten votierten für Lenin und seine Gefolgsleute, während die anderen sozialistischen Parteien auf 62 % und die bürgerlichen Parteien auf 13 % kamen.

Als die verfassunggebende Versammlung den Bolschewiken bei ihrer ersten Zusammenkunft im Januar 1918 die Zustimmung versagte, ließ Lenin sie auflösen. Die Diktatur einer kleinen Gruppe nahm nun konkrete Formen an und bis zum Jahr 1993 trat in Russland kein frei gewähltes Parlament mehr zusammen. Ab März 1918 nannten sich die Bolschewisten „Russische Kommunistische Partei", neue Hauptstadt wurde kurz darauf Moskau.

Der Krieg wird beendet
Außenpolitisch bemühte sich die neue Regierung den Krieg gegen die Mittelmächte zu beenden, da die Lage im Innern dies erforderte. Daher erließ sie gleich nach der Machtübernahme 1917 das „Dekret über den Frieden". Es proklamierte einen sofortigen Waffenstillstand mit der Maßgabe, dass Russland auf jegliche Gebietsansprüche oder Reparationsforderungen verzichten werde.

Verhandlungen mit der deutschen Obersten Heeresleitung führten im März 1918 zum Vertrag von Brest-Litowsk, der schmerzliche territoriale Einbußen für Russland enthielt. Diese in der russischen Öffentlichkeit äußerst unpopulären Maßnahmen akzeptierte die bolschewistischen Führung, da an weitere Kampfhandlungen wegen der unzureichenden Versorgung und der sich in Auflösung befindlichen russischen Armee nicht mehr zu denken war. Zudem hatte die Festigung der Macht im Innern nun unbedingten Vorrang für die Bolschewiken.

Blutiger Bürgerkrieg
Ab Mitte 1918 formierte sich Widerstand gegen die neuen Machthaber, der zu einem blutigen Bürgerkrieg führte. Die Gegner des neuen Regimes, „die Weißen", konnten sich jedoch auf keine gemeinsame Strategie einigen. Zu unterschiedlich waren ihre Interessen und ihre Herkunft. Das waren nicht nur Monarchisten, Liberale und sozialrevolutionäre innere Gegner, sondern auch Freiwillige aus Westeuropa, die den Kommunismus bekämpften, und Truppen der Westmächte, die die Zahlung russischer Staatsschulden erzwingen wollten.

Die Entstehung der Sowjetunion
Trotzki gelang der Aufbau einer schlagkräftigen Roten Armee, die den Bürgerkrieg siegreich beendete. Die Kriegshandlungen und ein Wirtschaftschaos durch überstürzte Einführung des Kommunismus führten jedoch zwischen 1918 und 1922 zu Millionen Opfern.

Nach der Oktoberrevolution hatten sich auf dem Gebiet des ehemaligen Russischen Reichs mehrere selbstständige Sowjetrepubliken gebildet. Sie schlossen sich 1922 zur „Union der Sozialistischen Sowjetrepubliken" (UdSSR) zusammen. Hauptstadt wurde Moskau. Die UdSSR bestand bis 1991 und löste sich dann mit dem Zerfall des Ostblocks auf. Aus ihr gingen das heutige Russland sowie zahlreiche Nachfolgestaaten in Europa und Asien hervor.

Imperialismus und Erster Weltkrieg

M 4 „Lenin auf der Tribüne"
Gemälde von A. M. Gerassimow (1930)

M 5 „Klasse" und „Staat"

a) Lenin hat in seinen zahlreichen Büchern zu wichtigen Begriffen eine Definition gegeben. Zum Begriff „Klasse" schrieb er:

Als Klassen bezeichnet man große Menschengruppen, die sich voneinander unterscheiden nach ihrer Stellung in einem geschichtlich bestimmten System der gesellschaftlichen Produktion, nach ihrem (größtenteils in Gesetzten festgelegten und fixierten) Verhältnis zu den Produktionsmitteln, nach ihrer Rolle in der gesellschaftlichen Organisation der Arbeit und folglich nach der Art der Erlangung und dem Umfang des Anteils am gesellschaftlichen Reichtum, über den sie verfügen. Klassen, das sind solche Gruppen von Menschen, von denen die eine sich die Arbeit der anderen aneignen kann, infolge der Verschiedenheit ihrer Stellung in einem bestimmten System der […] Wirtschaft.

Zit. nach: I. Fetscher, Der Marxismus, Seine Geschichte in Dokumenten, München 1983, S. 560.

b) Über den Staat schrieb Lenin:

Der Staat ist das Produkt und die Äußerung der Unversöhnlichkeit der Klassengegensätze. Der Staat entsteht dort, […] wo, wann und inwiefern die Klassengegensätze objektiv nicht versöhnt werden können. Und umgekehrt: Das Bestehen des Staates beweist, dass die Klassengegensätze unversöhnlich sind.
Wir setzen uns als Endziel die Vernichtung des Staates, d. h. jeder organisierten und systematischen Gewalt, jeder Gewaltanwendung gegen Menschen überhaupt. […]
Indem wir zum Sozialismus streben, sind wir überzeugt, dass er in den Kommunismus hineinwachsen wird, und im Zusammenhang damit wird jede Notwendigkeit der Gewaltanwendung gegen Menschen überhaupt, die Unterordnung eines Menschen unter einen anderen, eines Teiles der Bevölkerung unter den anderen, verschwinden. […] Zwischen der kapitalistischen und der kommunistischen Gesellschaft liegt die Periode der revolutionären Umwandlung der einen in die andere. Dem entspricht auch eine politische Übergangsperiode, deren Staat nichts anderes sein kann als die revolutionäre Diktatur des Proletariats. […]
Zugleich bringt die Diktatur des Proletariats eine Reihe von Freiheitsbeschränkungen für die Unterdrücker, die Ausbeuter, die Kapitalisten. […]
Erst in der kommunistischen Gesellschaft, wo der Widerstand der Kapitalisten endgültig gebrochen ist, […] wo es keine Klassen mehr gibt, erst da hört der Staat auf zu bestehen und kann von Freiheit die Rede sein.

Zit. nach: I. Fetscher, Der Marxismus, Seine Geschichte in Dokumenten, S. 594; und: I. Fetscher, Von Marx zur Sowjetideologie, Frankfurt/M., 1965, S. 103 f., S. 107.

M 6 Bewertung der Revolution

Der englische Historiker Eric Hobsbawm schreibt in seinem Buch „Das Zeitalter der Extreme" über die weltgeschichtliche Bedeutung der Oktoberrevolution:

Die alte Welt [vor 1914] war ganz offensichtlich zum Untergang verdammt. Die alte Gesellschaft, die alte Wirtschaft, das alte politische System hatten, wie es in einem alten chinesischen Sprichwort
5 heißt, „das Mandat des Himmels verloren". Die Menschheit wartete auf eine Alternative.
Und eine dieser Alternativen war 1914 durchaus bekannt. Sozialistische Parteien, die auf die Unterstützung der sich ausbreitenden Arbeiterklasse in
10 ihren Ländern bauten und vom Glauben an die historische Unvermeidlichkeit ihres Sieges durchdrungen waren, boten in den meisten Ländern Europas diese Alternative an. Und es sah so aus, als bräuchten die Völker nur ein Signal, um sich zu
15 erheben und den Kapitalismus durch Sozialismus zu ersetzen und damit die sinnlosen Leiden des Krieges schließlich in etwas Sinnvolleres zu verwandeln: die blutigen Geburtswehen und Konvulsionen [Krämpfe] einer neuen Welt.
20 Die Russische oder genauer: die bolschewistische Revolution vom Oktober 1917 war bereit, der Welt dieses Signal zu geben. Deshalb war sie für dieses Jahrhundert ein ebenso zentrales Ereignis, wie es die Französische Revolution von 1789 für das 19. Jahrhundert gewesen war.
25
Es ist in der Tat kein Zufall, dass die Geschichte des „Kurzen 20. Jahrhunderts", wie es in diesem Buch definiert wird, genau mit der Lebensdauer des Staates zusammenfällt, den die Oktoberrevolution geboren hat.
30
Die Oktoberrevolution hatte jedoch ein sehr viel stärkeres und globaleres Echo als ihre Vorgängerin. Zwar ist mittlerweile deutlich geworden, dass die Ideen der Französischen Revolution die des Bolschewismus überlebt haben, aber die faktischen Auswirkungen von 1917 waren bei weitem größer und anhaltender als die von 1789. Die Oktoberrevolution brachte die gewaltigste Revolutionsbewegung der modernen Geschichte hervor. Ihre Ausdehnung über die Welt ist seit dem
35

40
Siegeszug des Islam in seinem ersten Jahrhundert ohne Parallele geblieben! Bereits dreißig bis vierzig Jahre nach Lenins Ankunft am Finnlandbahnhof von Petrograd befand sich ein Drittel der Menschheit unter der Herrschaft von Regimen, die 45 unmittelbar aus den „Zehn Tagen, die die Welt erschütterten" und Lenins organisatorischem Modell, der Kommunistischen Partei, hervorgegangen waren.

Eric Hobsbawm, Zeitalter der Extreme, München 1994, S. 79.

Aufgaben

1. Fasse zusammen: Wie sind die Kommunisten im Oktober 1917 an die Macht gelangt?
→ Text
2. a) Wer wird auf der Karikatur von 1920 als „Unrat" bezeichnet?
b) Welcher Anspruch der neuen sowjetischen Machthaber wird hier ersichtlich?
→ M3
3. a) Wie wird Lenin auf dem Gemälde von 1930 dargestellt?
b) Erläutere, inwiefern man von politischer Propaganda sprechen kann. Beachte dabei auch das Entstehungsjahr.
→ M4
4. Nach welchen Kriterien werden die Menschen von Lenin in die jeweiligen gesellschaftlichen Klassen eingeordnet?
→ M5a
5. a) Erläutere, wie Lenin den „Staat" definiert.
b) Was versteht man unter dem Begriff „Diktatur des Proletariats"?
c) Wie sieht Lenin die Zukunft des Staates?
→ M5b
6. Lenin betrachtet es als legitim, zumindest übergangsweise Menschenrechte einzuschränken. Setze dich kritisch mit dieser Auffassung auseinander und begründe deine Meinung. → M5b
7. Welche Bedeutung spricht Habsbawm der Oktoberrevolution zu? Welche Argumente nennt er?
→ M6

Imperialismus und Erster Weltkrieg

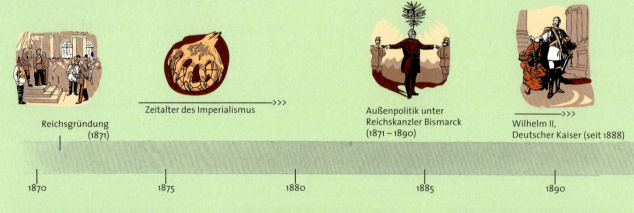

Reichsgründung (1871)
Zeitalter des Imperialismus >>>
Außenpolitik unter Reichskanzler Bismarck (1871–1890)
Wilhelm II, Deutscher Kaiser (seit 1888) >>>

1870 — 1875 — 1880 — 1885 — 1890

Grundwissen: Zeit

14.7.1789 Beginn der Französischen Revolution
1806 Ende des Heiligen Römischen Reiches
1815 Wiener Kongress
1832 Hambacher Fest
1848/49 Revolution in Deutschland

1871 Reichsgründung

1914–1918 Erster Weltkrieg
1917 Russische Revolution

1918 Novemberrevolution
1923 Hitlerputsch

Grundwissen: Begriffe

Aufklärung
Menschenrechte
Gewaltenteilung
Verfassung
Volkssouveränität
Bürgertum
Nation
Nationalismus
Nationalversammlung
Kaisertum Napoleons
Code civil
Montgelas
Liberalismus
Deutscher Bund

Industrielle Revolution
Soziale Frage
Sozialismus
Arbeiterbewegung

Deutsches Kaiserreich
Bismarck
Parteien
Reichstag
Kulturkampf
Sozialistengesetz
Sozialgesetzgebung
Wilhelm II.

Imperialismus
Attentat von Sarajewo
Lenin

Vertrag von Versailles
Völkerbund
Weimarer Verfassung
Inflation

Grundwissen: Methoden

Umgang mit schriftlichen Quellen
Umgang mit darstellenden Texten
Umgang mit Karikaturen

Umgang mit Statistiken

Umgang mit Historiengemälden

Umgang mit dem Internet

Umgang mit Geschichtskarten
Umgang mit Plakaten

Zusammenfassung

Obwohl bereits seit dem Zeitalter der Entdeckungen europäische Staaten in anderen Erdteilen Handelsstationen errichtet hatten und die neuen Gebiete zum Teil wirtschaftlich und militärisch kontrollierten, setzte erst im 19. Jahrhundert ein beschleunigter Wettlauf nach eigener Machtentfaltung in fremden Gebieten ein.

Nationales Sendungsbewusstsein spielte hierbei ebenso eine entscheidende Rolle wie das Gefühl eigener kultureller, zivilisatorischer und technischer Überlegenheit.

Zwar wurde die Weitergabe mancher Errungenschaften an die eroberten und kontrollierten Gebiete als Geschenk der überlegenen Zivilisation dargestellt, es dominierten aber meist das Interesse an wirtschaftlicher Ausbeutung der Kolonien und Unterdrückung der einheimischen Bevölkerung. Der Wettlauf um neue Gebiete führte zunehmend zu Spannungen zwischen den beteiligten Mächten.

Neben den etablierten Kolonialmächten wie etwa Spanien, England und Frankreich traten auch Deutschland, Italien, Japan und die USA als junge Staaten in den Wettbewerb um Macht, Prestige sowie militärische und wirtschaftliche Vorteile ein.

Die imperialistischen Bestrebungen der Großmächte und die daraus resultierenden Spannungen trugen einen wesentlichen Teil zum Ausbruch des Ersten Weltkrieges bei. Die Kolonien spielten im Verlauf des Krieges nur eine untergeordnete Rolle.

Ein Attentat und darauf folgende diplomatische Verwicklungen waren die Auslöser für die „Urkatastrophe" des 20. Jahrhunderts. Der Krieg zeigte die Verwendung moderner technischer Kampfmittel und bezog die Zivilbevölkerung in ungeahntem Maße in das Kriegsgeschehen mit ein. Etwa zehn Millionen Menschen wurden zu Opfern des Krieges.

Am Ende stand der Zerfall des alten europäischen Staatensystems und der Verlust einer ganzen Generation. Die Folgen des Krieges bestimmten die politischen und wirtschaftlichen Entwicklungen für Jahrzehnte.

5. Die Weimarer Republik

Wahlplakat der DNVP von 1924

„Der blaue Engel"
Filmplakat, 1930

Novemberrevolution
Revoltierende Soldaten am 9. November 1918 am Brandenburger Tor in Berlin

Nationaltheater in Weimar

„Produktive Pfänder"
Ein französischer Soldat bewacht einen Kohlenwaggon im Ruhrgebiet 1923, kolorierte Fotografie

Geldschein von 1923

Die Weimarer Republik

M 1 Extra-Ausgabe „Vorwärts" vom 9. November

M 2 Novemberrevolution
Soldaten am 9. November 1918 am Brandenburger Tor in Berlin, nachträglich kolorierte Fotografie

Die Deutsche Revolution 1918/19

Ein historischer Tag

Am 9. November 1918 überschlugen sich in der Reichshauptstadt Berlin die Ereignisse. Am Vormittag legte ein Generalstreik das gesamte Wirtschaftsleben lahm: Um 12 Uhr gab Reichskanzler Max von Baden eigenmächtig die Abdankung Wilhelms II. und den Thronverzicht des Kronprinzen bekannt. Zugleich übertrug er sein Amt an Friedrich Ebert, den Vorsitzenden der MSPD. Während des Krieges hatte sich die SPD gespalten. Ein Teil hatte sich als „unabhängige Sozialdemokratische Partei Deutschlands" selbstständig gemacht und sich von den „Mehrheitssozialdemokraten" (MSPD) getrennt. Damit übernahm zum ersten Mal ein Sozialdemokrat das höchste Regierungsamt. Ohne Ebert zu informieren, rief sein Parteifreund, Philipp Scheidemann, gegen 14 Uhr die „Deutsche Republik" aus und kam damit der Ausrufung einer Sowjetrepublik nach russischem Vorbild zuvor. Zwei Stunden später proklamierte nämlich Karl Liebknecht die „Sozialistische Republik" und forderte die „Weltrevolution". Am Abend des 9. November einigten sich schließlich die MSPD und die USPD darauf, eine provisorische Regierung zu bilden. Diese trug den Namen „Rat der Volksbeauftragten" und sollte bis zur Wahl einer Nationalversammlung die politische Verantwortung in Deutschland übernehmen. Das deutsche Kaiserreich hatte damit aufgehört zu bestehen.

Wie kam es dazu?

Nachdem das kommunistische Russland Anfang 1918 im Frieden von Brest-Litowsk riesige Gebiete hatte abtreten müssen, versuchten die deutschen Armeen mit einer groß angelegten Frühjahrsoffensive die militärische Entscheidung auch im Westen zu erzwingen. Im Lauf des Sommers zeichnete sich ab, dass diese Aktion erfolglos verlief. Zudem forderten die USA die Demokratisierung Deutschlands: Die konstitutionelle Monarchie, in der zwar eine Verfassung existierte, sollte in eine parlamentarische umgewandelt werden. Die Regierung sollte künftig

M 3 Friedrich Ebert
(1871–1925)

M 4 Rosa Luxemburg
(1870–1919)

M 5 Karl Liebknecht
(1871–1919)

vom Vertrauen des Reichstages und nicht mehr nur vom Kaiser abhängig sein. Doch diese so genannte Oktoberreform kam zu spät. Als Anfang November 1918 der Befehl gegeben wurde, dass die Kriegsflotte auslaufen solle, kam es zu Meutereien und Unruhen in den Kieler Werften und Rüstungsbetrieben, die sich schnell in ganz Deutschland ausbreiteten.

Die Räte übernehmen die Macht

Aufständische Soldaten und Arbeiter wählten Vertreter, die ihre Interessen wahrnehmen sollten. In diesen Soldaten- und Arbeiterräten arbeiteten meistens Mitglieder der MSPD und der USPD. Die Rätebewegung breitete sich in den ersten Novembertagen in ganz Deutschland aus, im landwirtschaftlich geprägten Bayern entstanden auch Bauernräte. Neben der Rätebewegung agierte der am 9. November eingerichtete Rat der Volksbeauftragten. Nur die beiden sozialistischen Parteien und gewählte Arbeiter- und Soldatenräte bestimmten das politische Geschehen. Die bürgerlichen Parteien, Zentrum und Liberale, waren von den Entscheidungen ausgeschlossen. Allerdings hatte General Groener Friedrich Ebert zugesagt, dass sich die Armee, um sich gegenüber den Soldatenräten zu behaupten, der neuen sozialdemokratischen Regierung unterstellen werde.

Räteherrschaft oder parlamentarische Demokratie?

Wie die politische Ordnung Deutschlands aussehen sollte, war unter den Revolutionären umstritten. Eine Richtung forderte eine Herrschaft der Räte, die direkt vom Volk gewählt, aber auch abgewählt werden konnten. Sie sollten gesetzgeberische, ausführende und richterliche Befugnisse haben, das heißt, es war keine Gewaltenteilung vorgesehen.

Eine andere Richtung wollte eine Volksvertretung mit gewählten Abgeordneten, die jedoch nicht an die Vorgaben ihrer Parteien gebunden sein sollten. Das Parlament sollte nur gesetzgeberische Rechte haben. In den ersten Tagen der Revolution waren jedoch schon Vorentscheidungen gefallen. So vereinbarten Friedrich Ebert und General Wilhelm Groener zusammenzuarbeiten, um eine Ausweitung der Revolution zu verhindern. Auch Unternehmer und Gewerkschaften einigten sich darauf, auf Enteignungen von Industriebetrieben zu verzichten.

Im Dezember trat in Berlin ein gesamtdeutscher Rätekongress zusammen, der sich mit überwältigender Mehrheit für die parlamentarische Demokratie entschied. In der neu gegründeten KPD, der Kommunistischen Partei Deutschlands, sammelten sich diejenigen, die weiterhin am Ziel einer Räterepublik festhielten und durch eine gewaltsame Revolution die bestehenden Verhältnisse beseitigen wollten. Sie versuchten mit dem so genannten Spartakus-Aufstand, die für Januar 1919 geplanten Wahlen zu verhindern. Die Regierung setzte zur Niederschlagung Freikorps ein, die sich aus entlassenen Soldaten zusammensetzten und die der Revolution ablehnend gegenüberstanden. Die verhafteten KPD-Führer Rosa Luxemburg und Karl Liebknecht wurden dabei ermordet. Als am 19. Januar 1919 die Wahl zur verfassungsgebenden Nationalversammlung stattfand, war die Revolution beendet, die am 9. November 1918 begonnen hatte. Nun ging es darum, eine neue politische Ordnung zu schaffen.

Die Weimarer Republik

M 6 Ausrufung der Republik
Philipp Scheidemann am 9. November 1918 an einem Fenster des Reichstages in Berlin, Fotografie

M 7 „Die Deutsche Republik"

Philipp Scheidemann rief am 9. November gegen 14 Uhr die „Deutsche Republik" aus:

Arbeiter und Soldaten!
Furchtbar waren die vier Kriegsjahre, grauenhaft waren die Opfer, die das Volk an Gut und Blut hat bringen müssen. Der unglückselige Krieg ist zu
5 Ende. Das Morden ist vorbei. Die Folgen des Krieges, Not und Elend, werden noch viele Jahre lang auf uns lasten. Die Niederlage, die wir unter allen Umständen verhüten wollten, ist uns nicht erspart geblieben, weil unsere Verständigungsvorschläge
10 sabotiert wurden, wir selbst wurden verhöhnt und verleumdet. Die Feinde des werktätigen Volkes, die wirklichen „inneren Feinde", die Deutschlands Zusammenbruch verschuldet haben, sind still und unsichtbar geworden. Das waren die Daheimkrie-
15 ger, die ihre Eroberungsforderungen bis zum gestrigen Tage ebenso aufrechterhielten, wie sie den verbissensten Kampf gegen jede Reform der Verfassung und besonders des schändlichen preußischen Wahlsystems geführt haben. Diese
20 Volksfeinde sind hoffentlich für immer erledigt.

Der Kaiser hat abgedankt. Er und seine Freunde sind verschwunden. Über sie alle hat das Volk auf der ganzen Linie gesiegt! Der Prinz Max von Baden hat sein Reichskanzleramt dem Abgeordneten Ebert übergeben. Unser Freund wird eine 25 Arbeiterregierung bilden, der alle sozialistischen Parteien angehören werden. Die neue Regierung darf nicht gestört werden in ihrer Arbeit für den Frieden, in der Sorge um Brot und Arbeit. Arbeiter und Soldaten! Seid euch der geschichtlichen 30 Bedeutung dieses Tages bewusst. Unerhörtes ist geschehen. Große und unübersehbare Arbeit steht uns bevor.
Alles für das Volk, alles durch das Volk! Nichts darf geschehen, was der Arbeiterbewegung zur Uneh- 35 re gereicht. Seid einig treu und pflichtbewusst! Das Alte und Morsche, die Monarchie ist zusammengebrochen. Es lebe das Neue! Es lebe die Deutsche Republik!

Geschichte in Quellen, hrsg. von W. Lautemann und M. Schlen- 40 ke, Weltkriege und Revolutionen 1914–1945, München 1975, S.114.

M 8 „Die freie sozialistische Republik"

Karl Liebknecht proklamierte am 9. November 1918 gegen 16 Uhr auf einer Massenversammlung in Berlin die „Sozialistische Republik":

Der Tag der Revolution ist gekommen. Wir haben den Frieden erzwungen. Der Friede ist in diesem Augenblick geschlossen. Das Alte ist nicht mehr. Die Herrschaft der Hohenzollern, die in diesem Schloss jahrhundertelang gewohnt haben, ist 5 vorüber […].
Parteigenossen, ich proklamiere die freie sozialistische Republik Deutschland, die alle Stämme umfassen soll, in der es keine Knechte mehr geben wird, in der jeder ehrliche Arbeiter den ehrlichen 10 Lohn seiner Arbeit finden wird. Die Herrschaft des Kapitalismus, der Europa in ein Leichenfeld verwandelt hat, ist gebrochen […].
Wir müssen alle Kräfte anspannen, um die Regierung der Arbeiter und Soldaten aufzubauen und 15 eine neue staatliche Ordnung des Proletariats zu schaffen, eine Ordnung des Friedens, des Glücks und der Freiheit unserer deutschen Brüder und unserer Brüder in der ganzen Welt. Wir reichen ihnen die Hände und rufen sie zur Vollendung der 20 Weltrevolution auf.

Geschichte in Quellen, hrsg. von W. Lautemann und M. Schlenke, Weltkriege und Revolutionen 1914–1945, München 1975, S. 115.

M 9 Der November in der Fachliteratur

Der Historiker Heinrich August Winkler bietet in seinem Buch „Der lange Weg nach Westen" einen Überblick über die Bedeutung des 9.11.1918:

Die Aushöhlung überlieferter Wertmaßstäbe durch den Krieg, die immer deutlicher sich abzeichnende militärische Niederlage der Mittelmächte und die Ausdehnung „schwarzer Märkte"
5 als Folge des wirtschafts- und währungspolitischen Systemversagens: So lässt sich die Trias von Faktoren umreißen, die [...] den Zusammenbruch des Kaiserreichs verursachten. Die Verkörperung des alten Systems war der Kaiser. Er trug, so sahen es
10 die breiten Massen, die oberste Verantwortung für die Dauer und den katastrophalen Ausgang des Krieges wie für die materiellen Entbehrungen des Volkes, und weil der uneinsichtig war, musste er gehen. Wilsons „Vierzehn Punkte" hatten den
15 Glauben genährt, dass Deutschland auf einen gerechten Frieden hoffen durfte, wenn es sein politisches System demokratisierte. Die Sehnsucht nach Frieden förderte also den Wunsch nach Demokratie. Hinter diesen beiden Zielen stand im
20 Herbst 1918 eine breite Mehrheit: Sie bildete den Kern eines zwar nicht allumfassenden, aber doch klassen- und konfessionsübergreifenden Konsenses am Vorabend des 9. November 1918 und in den ersten Wochen danach.
25 Ein gutes Maß an Demokratie war am 9. November 1918 bereits erreicht. Die Deutschen kannten seit der Reichsgründung von 1871 [...] das allgemeine gleiche Reichstagswahlrecht für Männer. Am 8. November 1918 hatten sich die Mehrheitsparteien darauf verständigt, dieses Wahlrecht auf 30 alle Bundesstaaten, also auch Preußen, zu übertragen und auch den Frauen das aktive und passive Wahlrecht zu geben. Überdies wurde Deutschland seit dem 3. Oktober 1918 de facto und seit dem 28. Oktober de jure parlamentarisch regiert. 35 Doch das eigenmächtige Vorgehen des Kaisers, der Armee und der Seekriegsleitung in den Tagen seit der Verfassungsreform machte deutlich, dass das neue parlamentarische System nur auf dem Papier stand, und die interfraktionellen Abma- 40 chungen vom 8. November kamen zu spät, um am Ablauf der Ereignisse noch etwas zu ändern.
Die Revolution von unten brach aus, weil die Revolution von oben, in Gestalt des Regimewandels vom Oktober, gescheitert war – gescheitert an 45 militärischer Obstruktion [Widerstand]. Die Obstruktion des Militärs, und hier in erster Linie der Seekriegsleitung, machte es unmöglich, die Institution der Monarchie aufrechtzuerhalten. Zusammenbruch, Obstruktion und Revolution 50 führten zur Proklamation der Deutschen Republik am 9. November 1918. Die Revolution war damit noch nicht zu Ende. Es war nur ein neuer Abschnitt in der Geschichte der deutschen Revolution, der an jenem Tag begann. 55

Heinrich August Winkler, Der lange Weg nach Westen. Deutsche Geschichte 1806–1933, München 2000, S. 376 f.

Aufgaben

1. a) Stelle dar, wie es im November 1918 zu einer Revolution in Deutschland kam.
   b) Welche Ursachen waren dafür verantwortlich?
   → Text
2. a) Stelle mit eigenen Worten die grundsätzlichen Unterschiede zwischen Rätesystem und parlamentarischer Diskussion dar.
   b) Erwäge die Vor- und Nachteile der beiden Modelle.
   → Text
3. a) Fasse die wichtigsten Aussagen der Reden von Scheidemann und Liebknecht zusammen.
   b) Vergleiche die beiden Aufrufe.
   → M7, M8
4. Welche Rolle spielte Friedrich Ebert im Verlauf der Ereignisse?
   → Text
5. Worin sieht der Historiker Heinrich August Winkler die Ursache für die Revolution?
   → M9
6. Informiere dich, ob heute noch an wichtige Personen der Revolution 1918 gedacht wird (Friedrich Ebert, Philipp Scheidemann, Karl Liebknecht, Rosa Luxemburg).
   → M3–M5, Lexikon oder Internet

Die Gründung der Weimarer Republik

Der Name „Weimarer Republik"
Warum hieß der neue Staat „Weimarer" und nicht „Berliner Republik"? Nach der Wahl zur Nationalversammlung traten die Mitglieder des neuen Parlaments in Weimar zusammen, um eine Verfassung für den neuen Staat auszuarbeiten. Die Aufstände in der Hauptstadt hatten sie bewogen, das unruhige Berlin zu verlassen und sich in die durch Goethe und Schiller berühmt gewordene thüringische Kleinstadt zu begeben. In Weimar wählten die Abgeordneten Friedrich Ebert zum ersten Reichspräsidenten, sein Parteifreund Philipp Scheidemann wurde Reichskanzler, und die Reichsregierung bestand aus einer bürgerlich-sozialdemokratischen Koalition. SPD, Zentrum und Linksliberale bildeten die „Weimarer Koalition", die auf dem Boden der parlamentarischen Demokratie und der republikanischen Staatsform stand.

Die Weimarer Reichsverfassung
Die provisorische Regierung Scheidemann wollte den verfassungslosen Zustand schnell überwinden und dem unruhigen Land eine Konstitution geben, in der sich auch die Errungenschaften der Revolution niederschlagen sollten. Am Ende ausführlicher und leidenschaftlicher Diskussionen in der Nationalversammlung von Weimar verabschiedeten die Abgeordneten im Sommer 1919 die **Weimarer Verfassung,** die Reichspräsident Ebert am 11. August unterzeichnete.

Sie war zum einen durch die starke Stellung des Reichspräsidenten gekennzeichnet, den das Volk direkt wählte und der in Krisenzeiten besondere Vollmachten erhielt. Aufgrund seiner Machtfülle wurde er als „Ersatzkaiser" bezeichnet.

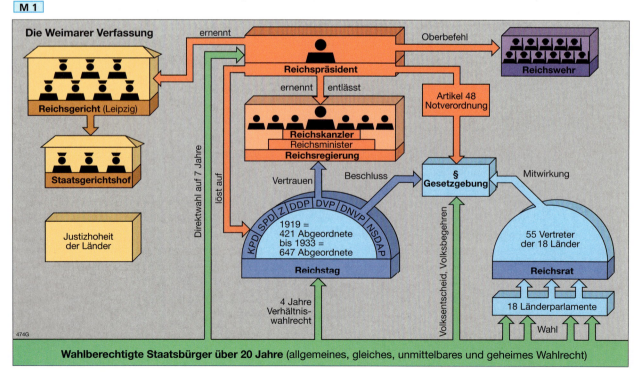

M 1 Die Weimarer Verfassung

M 2 Weibliche Abgeordnete
Bei den Wahlen zur Nationalversammlung 1919 hatten Frauen zum ersten Mal aktives und passives Wahlrecht, Fotografie.

Zum anderen gewann der Reichstag gegenüber dem Kaiserreich an Macht, da die Regierung vom Parlament abhängig war. Zum ersten Mal in der deutschen Parlamentsgeschichte konnten auch Frauen wählen und gewählt werden. Da auch die kleinsten Parteien gemäß ihrem Stimmenanteil im Parlament vertreten waren, gestaltete sich die Regierungsbildung oft sehr schwierig. Schließlich hatten die Bürger die Möglichkeit, durch Volksentscheide (Plebiszite) direkt Einfluss auf die Politik auszuüben. Da die Weimarer Verfassung nur die politische Entscheidungsfindung regeln wollte und keine Vorkehrungen gegen Feinde der Demokratie vorsah, wird die Weimarer Reichsverfassung als „wertneutral" bezeichnet.

Parteien in der Weimarer Republik

Die Republik von Weimar war ein Parteienstaat. Zum ersten Mal in der deutschen Geschichte hatten die Parteien Einfluss auf die Regierungsbildung und die Besetzung wichtiger Ämter. Während sie im Kaiserreich im „Vorhof der Macht" blieben, gelangten sie in der Republik an die „Schaltstellen des Staates".

Das Parteiensystem des Kaiserreiches blieb trotz der Revolution im Wesentlichen erhalten. Auch die weltanschauliche Gebundenheit der Parteien lebte weiter. Die Konservativen sammelten sich vor allem in der Deutschnationalen Volkspartei (DNVP), die Liberalen in der Deutschen Demokratischen Partei (DDP) und der Deutschen Volkspartei (DVP), die Katholiken im Zentrum (Z) beziehungsweise in Bayern in der Bayerischen Volkspartei (BVP) und die Sozialdemokraten in der SPD und der USPD. Hinzu kam die KPD.

Wahlen in der Weimarer Republik

Bei der ersten Wahl Anfang 1919 entschied sich die große Mehrheit für die Weimarer Koalition. Allerdings war dieses Regierungsbündnis nicht von langer Dauer, sodass Parteien, die der Republik distanziert, ablehnend oder sogar feindlich gegenüberstanden, in der Folgezeit immer wieder mitregierten. Dies trug nicht zur Stabilität des jungen Staates bei. Nach der Verfassungsgebung kehrte der Reichstag wieder nach Berlin zurück. Auch wenn die Hauptstadt nun das politische Zentrum war, blieb der Name „Weimarer Republik" erhalten.

M 3 Wahlplakat von 1919

Die Weimarer Republik

M 4 KPD/Spartakusbund

Aufruf des Spartakusbundes vom 14.12.1918:

Der Kampf um den Sozialismus ist der gewaltigste Bürgerkrieg, den die Weltgeschichte gesehen, und die proletarische Revolution muss sich für diesen Bürgerkrieg das nötige Rüstzeug bereiten, sie muss lernen, es zu gebrauchen zu Kämpfen und Siegen. Eine solche Ausrüstung der kompakten arbeitenden Volksmasse mit der ganzen politischen Macht für die Aufgaben der Revolution, das ist die Diktatur des Proletariats und deshalb die wahre Demokratie.

W. Treue, Deutsche Parteiprogramme, Göttingen 1954, S. 99.

M 5 Deutsche Volkspartei

Aus den Grundsätzen der DVP vom 19.10.1919:

Die Deutsche Volkspartei wird den Wiederaufbau des Reiches mit allen Mitteln fördern. Daher wird sie im Rahmen ihrer politischen Grundsätze innerhalb der jetzigen Staatsform mitarbeiten. […]
Die Deutsche Volkspartei erblickt in dem durch freien Entschluss des Volkes auf gesetzmäßigem Wege aufzurichtenden Kaisertum, dem Sinnbild deutscher Einheit, die für unser Volk nach Geschichte und Wesensart geeignetste Staatsform.
Verantwortliche Mitarbeit der Volksvertretung an der Regierung, ohne Ausbeutung der jeweiligen Parteimacht, gilt uns als wesentliche Grundlage jeder Verfassung.

W. Treue, Deutsche Parteiprogramme, Göttingen 1954, S. 128.

M 6 Deutsche Demokratische Partei

Aus dem Programm der DDP vom 15.12.1919:

Die DDP steht auf dem Boden der Weimarer Verfassung; zu ihrem Schutz und zu ihrer Durchführung ist sie berufen. […] Die deutsche Republik muss ein Volksstaat sein und unverbrüchlich zugleich ein Rechtsstaat. Wir erstreben die Einheit des Reiches, aber unter Berücksichtigung und Erhaltung der Eigenart der deutschen Stämme.

W. Treue, Deutsche Parteiprogramme, Göttingen 1954, S. 136.

M 7 Deutschnationale Volkspartei

Aus den Grundsätzen der DNVP vom 9.9.1920:

Die monarchische Staatsform entspricht der Eigenart und geschichtlichen Entwicklung Deutschlands. Über den Parteien stehend verbürgt die Monarchie am sichersten die Einheit des Volkes, den Schutz der Minderheiten, die Stetigkeit der Staatsgeschäfte und die Unbestechlichkeit der öffentlichen Verwaltung. […]
Der aus allgemeinen, gleichen, unmittelbaren und geheimen Wahlen beider Geschlechter hervorgehenden Volksvertretung gebührt entscheidende Mitwirkung bei der Gesetzgebung und wirksame Aufsicht über Politik und Verwaltung.

W. Treue, Deutsche Parteiprogramme, Göttingen 1954, S. 121.

M 8 Sozialdemokratische Partei

Aus dem Görlitzer Programm vom 23.9.1921:

Die SPD ist entschlossen, zum Schutz der errungenen Freiheit das Letzte einzusetzen. Sie betrachtet die demokratische Republik als die durch die geschichtliche Entwicklung unwiderruflich gegebene Staatsform, jeden Angriff auf sie als ein Attentat auf die Lebensrechte des Volkes.
Die Sozialdemokratische Partei kann sich aber nicht darauf beschränken, die Republik vor den Anschlägen ihrer Feinde zu schützen. Sie kämpft um die Herrschaft des im freien Volksstaat organisierten Volkswillens über die Wirtschaft, um die Erneuerung der Gesellschaft im Geiste sozialistischen Gemeinsinns.

W. Treue, Deutsche Parteiprogramme, Göttingen 1954, S. 112 f.

M 9 Zentrum

Aus den Richtlinien von 1923:

Die Stellung der Zentrumspartei zu den innerstaatlichen Angelegenheiten wird durch die christliche Staatsauffassung und durch den überlieferten Charakter als Verfassungspartei bestimmt. Jeden gewaltsamen Umsturz der verfassungsmäßigen Zustände lehnt sie grundsätzlich ab. Ebenso entschieden, wie sie die Staatsallmacht verwirft, bekämpft sie die Verneinung und Auflösung des Staatsgedankens. Die Staatsgewalt findet ihre Grenzen im natürlichen Recht und im göttlichen Gesetz; die Unterordnung und Pflichterfüllung dem Staate gegenüber ist eine Forderung des Gewissens.
Die Zentrumspartei bekennt sich zum deutschen Volksstaat, dessen Form durch den Willen des Volkes auf verfassungsmäßigem Wege bestimmt wird.

H. Mommsen, Die verspielte Freiheit, Berlin 1989, S. 124.

Wahlen zur Nationalversammlung und zum Reichstag 1919 bis 1928									
Wahl	Wahlbeteiligung (in %)	DNVP		DVP		Zentrum		BVP	
		Stimmenanteil (in%)	Anzahl der Sitze	Stimmenanteil (in%)	Anzahl der Sitze	Stimmenanteil (in%)	Anzahl der Sitze	Stimmenanteil (in%)	Anzahl der Sitze
19.01.1919	83,0	10,3	44	4,4	19	19,7	91	–	–
06.06.1920	79,2	15,0	71	13,9	65	13,6	64	4,1	21
04.05.1924	77,4	19,5	95	9,2	45	13,3	65	3,2	16
07.12.1924	78,7	20,4	103	10,6	51	13,5	69	3,7	19
20.05.1928	75,6	14,2	73	8,7	35	11,9	62	3,9	16
Wahl	Wahlbeteiligung (in %)	DDP		SPD		USPD		KPD	
		Stimmenanteil (in%)	Anzahl der Sitze	Stimmenanteil (in%)	Anzahl der Sitze	Stimmenanteil (in%)	Anzahl der Sitze	Stimmenanteil (in%)	Anzahl der Sitze
19.01.1919	83,0	18,5	75	37,9	163	7,6	22	–	–
06.06.1920	79,2	8,2	39	21,7	102	17,8	84	2,0	4
04.05.1924	77,4	5,3	28	23,9	100	0,7	–	12,5	62
07.12.1924	78,7	6,3	32	26,0	131	0,3	–	8,9	45
20.05.1928	75,6	4,9	25	28,7	153	–	–	10,6	54

Quelle: Statistisches Jahrbuch für das Deutsche Reich, Bd. 27 (1928), S. 579, Bd. 33 (1934), S. 302.

M 10

Aufgaben

1. Erkläre den Namen „Weimarer Republik".
   → Text
2. a) Erläutere die Stellung des Reichspräsidenten in der Weimarer Reichsverfassung.
   b) Überlege, ob es berechtigt ist, den Reichspräsidenten als „Ersatzkaiser" zu bezeichnen.
   → Text, M1
3. Stelle in einer Tabelle stichpunktartig die wichtigsten Programmpunkte der einzelnen Parteien zusammen.
   → M4–M9
4. a) Zeichne auf der Grundlage der Wahlergebnisse für die einzelnen Parteien eine Kurve für die Stimmenanteile und eine Kurve für die Anzahl der Sitze im Reichstag. Verwende für die Parteien verschiedene Farben.
   b) Werte die Kurven aus: Welche Partei hat am meisten gewonnen, welche am meisten verloren?
   c) Suche Gründe für diese Veränderungen.
   → M10
5. a) Erkläre den Begriff „Weimarer Koalition".
   b) Errechne, wie sich der Stimmenanteil der Weimarer Koalition im Laufe der Zeit veränderte.
   c) Interpretiere deine Ergebnisse.
   → Text, M10

Die Weimarer Republik

Der Versailler Vertrag

Der Abschluss des Friedensvertrags

„Welche Hand müsste nicht verdorren, die sich und uns in diese Fesseln legt", urteilte Reichskanzler Scheidemann über den Friedensvertrag mit Deutschland – den **Vertrag von Versailles,** der am 28. Juni 1919 in Versailles bei Paris unterzeichnet wurde und im Januar 1920 in Kraft trat. Vorausgegangen war der Waffenstillstand am 11. November 1918 – also zwei Tage nach der Revolution. Der Vertrag wurde von einer deutschen Kommission unter dem Zentrumspolitiker Matthias Erzberger unterzeichnet, also nicht die Krieg führenden Militärs, sondern zivile Politiker der Revolutionsregierung schlossen den Waffenstillstand.

Im Mai 1919 übergaben die Sieger ihre Forderungen, die bei allen Parteien in der Nationalversammlung und bei der Bevölkerung auf einmütige Ablehnung stießen. Da sich Deutschland durch die Errichtung einer Republik dem politischen System des Westens angepasst hatte, war ein milder Frieden erwartet worden. Doch die „großen Drei", der US-Präsident Wilson, der britische Premier Lloyd George und der französische Ministerpräsident Clemenceau, zeigten kein Entgegen-

M 1 Europa nach dem Ersten Weltkrieg (1918–1937)

kommen. Die deutschen Vertreter wurden von den Verhandlungen ausgeschlossen, und die Siegermächte erzwangen die Annahme des Friedensvertrages mit der Drohung, in Deutschland einzumarschieren und das Land militärisch zu besetzen. Parallel dazu wurden in den Pariser Vororten Saint Germain-en-Laye und Trianon mit Bulgarien, der Türkei und Österreich-Ungarn separate Friedensverträge abgeschlossen. Sie bedeuteten das Ende des Habsburger Vielvölkerstaates.

Die Bestimmungen

Der Vertrag von Versailles legte die Alleinschuld Deutschlands und seiner Verbündeten am Ausbruch des Ersten Weltkrieges fest und führte bis ins Kleinste alle Forderungen auf, die das Reich gegenüber den Siegern zu erfüllen hatte. Der Kriegsschuldartikel 231 diente dabei als Begründung für die Zahlung von Entschädigungen, so genannten Reparationen, deren endgültige Höhe später bestimmt werden sollte. Deutschland musste Gebiete wie zum Beispiel Elsass-Lothringen abtreten, ohne dass die Bevölkerung gefragt wurde. In anderen Gebieten sollten Volksabstimmungen stattfinden. Danzig wurde zur „Freien Stadt" unter Aufsicht des Völkerbundes erklärt. Das linke Rheinufer und ein 50 km breiter Gebietsstreifen rechts des Rheins wurden entmilitarisiert.

Neben Kriegsschuld, Reparationen und Gebietsverlusten wurde Deutschland auch entmilitarisiert: An die Stelle der allgemeinen Wehrpflicht sollte ein Berufsheer mit 100 000 Mann treten. Fast das gesamte Kriegsmaterial musste abgeliefert werden. Zudem wurde gefordert, dass die Regierung „Kriegsverbrecher" ausliefert und dass Kaiser Wilhelm II. unter Anklage gestellt wird.

Revisionspolitik und Dolchstoßlegende

Ziel der deutschen Außenpolitik in den folgenden Jahren war eine Änderung dieses Friedensvertrages durch Verhandlungen. Diese Politik wurde als Revisionspolitik bezeichnet. In der öffentlichen Diskussion spielte in diesem Zusammenhang die Dolchstoßlegende eine wichtige Rolle. Diese Unterstellung besagte, dass die Deutschen den Krieg nur deswegen verloren hätten, weil ihre Armee von „hinten" erdolcht worden sei. Nicht im äußeren Gegner, sondern bei denjenigen, die den Umsturz im Innern herbeigeführt hatten, sahen diese Gruppen die Verantwortlichen für die militärische Niederlage Deutschlands. Diese wurden als „Erfüllungspolitiker", ja als „Novemberverbrecher" beschimpft.

M 2 **Gegen den Versailler Vertrag**
Postkarte, um 1920

Der Völkerbund

Die Idee des amerikanischen Präsidenten Wilson, einen **Völkerbund** zu schaffen, der künftig den Weltfrieden sichern sollte, fand große Zustimmung und wurde schließlich verwirklicht. Zum Sitz dieser neuen internationalen Organisation wurde die Schweizer Stadt Genf bestimmt. Die USA und auch das kommunistische Russland traten dem Völkerbund nicht bei, das besiegte Deutschland wurde erst Jahre später aufgenommen. Der Völkerbund als internationales Gremium gilt als Vorläufer der heutigen UN.

Die Weimarer Republik

M 3 Der Friedenskuss
Karikatur aus dem Simplizissimus

M 4 „Die Stunde der Abrechnung"

Aus der Ansprache des französischen Ministerpräsidenten Clemenceau an die deutsche Delegation in Versailles am 7.5.1919 vor der Aushändigung des Vertragstextes:

Meine Herren Delegierten des Deutschen Reiches! Es ist hier weder der Ort noch die Stunde für überflüssige Worte. Sie haben vor sich die Versammlung der Bevollmächtigten der kleinen und großen Mächte, die sich vereinigt haben, um den fürchterlichsten Krieg auszufechten, der ihnen aufgezwungen worden ist. Die Stunde der Abrechnung ist da. Sie haben uns um Frieden gebeten. Wir sind geneigt ihn Ihnen zu gewähren. Wir übergeben Ihnen das Buch des Friedens. Jede Muße zu seiner Prüfung wird Ihnen gegeben werden. Ich rechne darauf, dass Sie diese Prüfung im Geiste der Höflichkeit vornehmen werden, welche zwischen den Kulturnationen vorherrschen muss; der zweite Versailler Friede ist zu teuer von uns erkauft worden, als dass wir es auf uns nehmen könnten, die Folgen dieses Krieges allein zu tragen.

Um auch die andere Seite meines Gedankens zu Ihrer Kenntnis zu bringen, muss ich notwendigerweise hinzufügen, dass dieser zweite Versailler Friede, der den Gegenstand unserer Verhandlungen bilden wird, von den hier vertretenen Völkern zu teuer erkauft worden ist, als dass wir nicht einmündig entschlossen sein sollten, sämtliche uns zu Gebote stehenden Mittel anzuwenden, um jede uns geschuldete berechtigte Genugtuung zu erlangen.

Lautemann, W./Schlenke, M. (Hg.), Geschichte in Quellen, München 1975, S. 126 f.

M 5 Flammender Protest

Rede des Reichsministerpräsidenten Philipp Scheidemann in der Nationalversammlung am 12.5.1919:

Die deutsche Nationalversammlung ist heute zusammengetreten, um am Wendepunkte im Dasein unseres Volkes gemeinsam mit der Reichsregierung Stellung zu nehmen zu dem, was unsere Gegner Friedensbedingungen nennen. […] Heute, wo jeder die erdrosselnde Hand an der Gurgel fühlt, lassen Sie mich ganz ohne taktisches Erwägen reden: was unseren Beratungen zugrunde liegt, ist dies dicke Buch, in dem 100 Absätze beginnen: Deutschland verzichtet, verzichtet, verzichtet! Dieser schauerliche und mörderische Hexenhammer, mit dem einem großen Volke das Bekenntnis der eigenen Unwürdigkeit, die Zustimmung zur erbarmungslosen Zerstückelung abgepresst werden soll, dies Buch darf nicht zum Gesetzbuch der Zukunft werden. Seit ich die Forderungen in ihrer Gesamtheit kenne, käme es mir wie eine Lästerung vor, das Wilson-Programm, diese Grundlagen des ersten Waffenstillstandvertrages, mit ihnen auch nur vergleichen zu wollen! Aber eine Bemerkung kann ich nicht unterdrücken: Die Welt ist wieder einmal um eine Illusion ärmer geworden. Die Völker haben in einer an Idealen armen Zeit wieder einmal den Glauben verloren. […]
Ich frage Sie: Wer kann als ehrlicher Mann – ich will gar nicht sagen als Deutscher – nur als ehrlicher, vertragstreuer Mann solche Bedingungen eingehen? Welche Hand müsste nicht verdorren, die sich und uns solche Fesseln legte? […]
Dieser Vertrag ist nach der Auffassung der Reichsregierung unannehmbar …

Lautemann, W./Schlenke, M. (Hg.), a.a.O., S. 129.

M 7 Wahlplakat der DNVP von 1924

M 8 Dolchstoßlegende

Die Nationalversammlung setzte einen Untersuchungsausschuss ein, um die Ursachen für den deutschen Zusammenbruch 1918 zu ergründen. Am 18.11.1919 sagte der oberste Militär, Generalfeldmarschall Paul von Hindenburg aus:

Unsere wiederholten Anträge auf strenge Zucht und strenge Gesetzgebung wurden nicht erfüllt. So mussten unsere Operationen misslingen, es musste der Zusammen- 5 bruch kommen; die Revolution bildete nur den Schlussstein. Ein englischer General sagte mit Recht: „Die deutsche Armee ist von hinten erdolcht worden." Den guten Kern 10 des Heeres trifft keine Schuld […]. Wo die Schuld liegt, ist klar erwiesen. Bedurfte es noch eines Beweises, so liegt er in dem angeführten Ausspruch des englischen Generals 15 und in dem maßlosen Erstaunen unserer Feinde über ihren Sieg.

Michaelis, Herbert/Schraepler, Ernst (Hg.), Ursachen und Folgen. Vom deutschen Zusammenbruch 1918 und 1945 bis zur staatlichen Neuordnung Deutschlands in der Gegenwart, Bd. 4, Berlin o.J., S. 7 f.

Aufgaben

1. a) Erkläre die Bezeichnung „Versailler Vertrag".
   b) Informiere dich, wann das Schloss Versailles für die Beziehungen zwischen Deutschland und Frankreich im 19. Jahrhundert wichtig war.
   → Text, Lexikon oder Internet

2. a) Fasse die Friedensbestimmungen für Deutschland stichpunktartig zusammen.
   b) Vergleiche aufgrund der Karte die territorialen Regelungen für Deutschland und für Österreich-Ungarn.
   → Text, M1

3. a) Welche Einstellung gegenüber dem Vertrag kommt in der Karikatur „Der Friedenskuss" zum Ausdruck? Begründe deine Deutung.
   b) Erläutere, wie Philipp Scheidemann den Versailler Vertrag bewertet. Belege deine Aussagen mithilfe von Zitaten aus der Rede.
   c) Welche Einstellung vertritt Clemenceau?
   → M4–M6

4. a) Erläutere den Begriff „Dolchstoßlegende".
   b) Überlege, wen die DNVP mit ihrem Wahlplakat ansprechen wollte. Beziehe den Text und das Bild in deine Überlegungen mit ein.
   c) Wem weist Hindenburg die Schuld an der Kriegsniederlage zu?
   → M7, M8

Methode: Umgang mit Geschichtskarten

M 1 Wandkarte
Von der Reichsregierung 1928 für den Gebrauch in Schulen herausgegeben

Geschichtskarte und historische Karte

Die Begriffe „Geschichtskarte" und „historische Karte" werden oft gleich verwendet, bezeichnen aber Unterschiedliches. Historische Karten stammen aus vergangenen Zeiten und geben die damalige Sichtweise wieder, während Geschichtskarten aus einer späteren Zeit geschichtliche Zusammenhänge rückblickend darstellen.

Karten erwecken oft den Eindruck, Zusammenhänge objektiv darzustellen. Bei genauerer Betrachtung lässt sich allerdings feststellen, dass die in der Entstehungszeit wirksamen Wahrnehmungen und Deutungen auch die Gestaltung der Karten beeinflussen konnten. Bei einem so umstrittenen Ereignis wie dem Versailler Vertrag ist dies auch nicht verwunderlich.

So gibt es zur Situation nach dem Ersten Weltkrieg kartografische Darstellungen aus den 1920er Jahren wie die für den Schulgebrauch gedachte Karte „Deutschlands Verstümmelung", aber auch solche aus heutiger Zeit wie die Karte „Deutschland nach dem Ersten Weltkrieg" aus einem Schulbuch. Beim Vergleich beider Karten können unterschiedliche Sichtweisen auf das historische Ereignis sichtbar werden.

Fragen an historische Karten und Geschichtskarten

1. Bestandteile der Karten

a) Vergleiche den Ausschnitt und den Maßstab der Karten. Gibt es dabei Unterschiede?
b) Betrachte die jeweilige Legende und stelle in einer Liste gegenüber, was im Einzelnen aufgeführt wird. Worin unterscheiden sich die Karten?
c) Achte auf die Farbgebung, die Linienführung und die Beschriftung. Konzentriere dich dabei auf das Gebiet um Danzig und auf Ostpreußen. Welche Unterschiede fallen dir dabei auf?
d) Vergleiche die Überschriften: Was fällt dabei auf?

2. Art der Karten

a) Überlege, welchen Zweck die jeweilige kartografische Darstellung hat.
b) Welche Karte ist eine historische, welche eine Geschichtskarte? Begründe.
c) Überlege, ob die Geschichtskarte auch zu einer historischen werden könnte.

3. Aussagewert der Karten

a) Welche der beiden Karten enthält mehr Informationen zum Versailler Vertrag?
b) Welche Einstellung gegenüber dem Versailler Vertrag lässt sich aus den Überschriften entnehmen?
c) Überlege, ob die Karte „Deutschlands Verstümmelung" als Quelle gelten kann.
d) Die Karte „Deutschlands Verstümmlung" trägt nicht zur Versöhnung bei. Nimm zu dieser Aussage Stellung.

Vertiefung: Bayern und die Demokratie

Revolution in Bayern

Umsturz in Bayern

„Majestät, schaug'n S, dass hoamkumma, sunst is's g'fehlt aa!" („Majestät, schauen Sie, dass sie nach Hause kommen, sonst ist alles verloren!"). Mit diesen Worten warnte ein Arbeiter den im Englischen Garten in München spazieren gehenden bayerischen König Ludwig III. aus der Dynastie der Wittelsbacher vor Unruhen. Denn am 7. November 1918 – also zwei Tage vor den dramatischen Ereignissen in Berlin – gab es Demonstrationen gegen den Krieg und die Not der Bevölkerung, die zum Ende der Monarchie in Bayern führten.

Am Nachmittag versammelten sich Anhänger der beiden sozialdemokratischen Parteien SPD und USPD mit ihren Führern Erhard Auer und Kurt Eisner auf der Münchner Theresienwiese. Nach Abschluss der Kundgebung marschierten Eisner und seine Anhänger, zu denen viele Soldaten aus den Münchner Kasernen stießen, zum bayerischen Landtag, wo Kurt Eisner das Ende der Dynastie Wittelsbach verkündete und die Republik ausrief. An die Stelle der Monarchie sollte künftig der „Freistaat Bayern" treten.

Tags darauf übernahm ein Arbeiter-, Soldaten- und Bauernrat die Macht und wählte Eisner zum provisorischen Ministerpräsidenten. Ähnlich wie in Berlin entstand auch in München eine sozialistische Koalitionsregierung.

M 1 Revolution in Bayern
Fotografie vom 7. November 1918

M 2 Kurt Eisner (1867–1919)
Fotografie, November 1918

Ein Attentat

Im Gegensatz zu Berlin verlief die Entwicklung in Bayern bis zur Landtagswahl vom 12. Januar relativ friedlich. Eisners USPD bekam bei der Wahl nur drei von 180 Mandaten, während die bürgerliche Bayerische Volkspartei (BVP) als Gewinnerin aus der Abstimmung hervorging.

Am Tag der Eröffnung des neu gewählten Landtags geschah etwas Furchtbares: Eisner, der sich auf dem Weg zum bayerischen Parlament befand, um dort seinen Rücktritt bekannt zu geben, wurde von Graf Arco-Valley ermordet. Im Landtagsgebäude gab es kurze Zeit später mehrere Anschläge, bei denen auch Innenminister Auer von der SPD schwer verletzt wurde. In München übernahm in der Folge ein Rätegremium die politische Macht, während das gewählte Parlament außerhalb von München tagte und sich auf eine Koalitionsregierung aus SPD und USPD unter Johannes Hoffmann, dem ehemaligen Stellvertreter Eisners, einigte. Die bürgerlichen Parteien, obwohl sie in der Mehrheit waren, tolerierten Hoffmann und sein Kabinett.

Bayerische Räterepubliken

Die Münchner Revolutionäre bekämpften jedoch die Regierung Hoffmann und riefen knapp drei Wochen später, am 7. April, eine sozialistische Räterepublik aus. Daraufhin verlegte Hoffmann den Sitz der bayerischen Regierung nach Bamberg.

In München verschärfte sich die Entwicklung. Nachdem die Kommunistenführer Max Lewien und Eugen Leviné die Macht an sich gerissen, eine zweite Räterepublik ausgerufen und den Aufbau einer „Roten Armee" beschlossen hatten, bat Hoffmann das Reich um Militärhilfe. Freikorps und Reichswehrtruppen besetzten München und beseitigten mit Gewalt die Räteherrschaft. Dem Terror der „roten" Räte mit Beschlagnahmungen und Geiselerschießungen folgten Gräueltaten wie willkürliche Hinrichtungen und Misshandlungen durch Militärs und Freikorpsverbände, die Zeitgenossen als „weißen" Terror bezeichneten.

Bamberger Verfassung und „Ordnungszelle Bayern"

Nach der Niederschlagung der Räterepubliken im Mai 1919 verabschiedete der bayerische Landtag die Bamberger Verfassung. Diese löste die vom König erlassene Konstitution von 1818 ab. Zwar gab es bis 1918 unterschiedliche Parteien im Parlament, aber nicht sie, sondern nur der König hatte Einfluss auf die Regierungsbildung. Grundlage sowohl für die „Weimarer" als auch für die „Bamberger" Verfassung waren hingegen die parlamentarische Demokratie und die republikanische Staatsform.

Der sozialdemokratische Ministerpräsident Hoffmann konnte noch ein knappes Jahr weiterregieren, bevor er zurücktreten musste und durch Gustav von Kahr ersetzt wurde, der eine reichsfeindliche und reaktionäre Politik betrieb. Bayern wurde in den folgenden Jahren zu einem bevorzugten Sammelplatz für Freikorpsverbände und nationalistische Gruppen, sodass von der „Ordnungszelle Bayern" gesprochen wurde. Dieses Klima kam auch der gewaltbereiten und demokratiefeindlichen nationalsozialistischen Bewegung mit ihrem Führer Adolf Hitler zugute.

Vertiefung: Bayern und die Demokratie

M 3 **Revolution in Bayern**

Den Verlauf der Kundgebung am 7. November 1918 in München schildert Kurt Eisners Sekretär Felix Fechenbach:

Es war keine alltägliche Kundgebung. Auf den Gesichtern lag Spannung. Man wusste: Heute geschieht Entscheidendes. Die Ortskommandantur hatte den größten Teil der Soldaten in den Kasernen zurückgehalten. Sie standen dort in bewaffneter Bereitschaft. Aber manche waren ohne Erlaubnis weggegangen, und vom Feld waren viele Urlauber in München. Und die grauen Uniformen mischten sich unter die Männer im Arbeitskittel.

Plötzlich hebt ein Soldat eine wallende rote Fahne hoch über die Köpfe und ruft in die Menge: „Alle Soldaten zu Kurt Eisner!" Der Ruf pflanzt sich fort wie ein Befehl. Die Feldgrauen sammeln sich um die rote Fahne. Fünfzehn Minuten sollten die Redner sprechen, dann sollte eine Resolution angenommen werden, die den Abschluss des Waffenstillstandes forderte und den von den Alldeutschen propagierten Gedanken der „nationalen Verteidigung" ablehnte. Auch Forderungen nach Parlamentarisierung des Staatswesens und Demokratisierung der Verwaltung fehlten nicht.

Oben an der Bavaria, auf der großen Freitreppe, stand Erhard Auer, der Führer der SPD; dann folgten die anderen Redner am Wiesenhang entlang mit 50 Metern Abstand, und weit unten stand Kurt Eisner, der Hauptredner der USPD. Da kommt Bewegung in die Massen. Die Soldaten ziehen hinter einer roten Fahne mitten durch die Menge zu Kurt Eisner. Ein Zeichen wird gegeben. Die Ansprachen beginnen. Die Resolution wird begründet, die ganze Gefahr der augenblicklichen Situation geschildert. Abstimmung: Weit über hunderttausend Hände erheben sich für die Forderung der Münchner Arbeiter. Dann zieht Auer mit einem Teil der Demonstranten durch die Stadt. An der Spitze des Zuges marschiert ein Musikkorps. [...]

Dort [am Friedensengel], wo auf der Wiese die Soldaten standen, war nicht alles so programmmäßig verlaufen. Drei Redner sprachen an dieser Stelle. Zuerst Kurt Eisner, kurz und bündig. Es sei jahrelang geredet worden, man müsse jetzt handeln! [...]

Dann trete ich vor in Uniform, die rote Fahne in der Hand, erinnere daran, dass die Soldaten in den Kasernen zurückgehalten werden. Und dann: „Soldaten! Auf in die Kasernen! Befreien wir unsere Kameraden! Es lebe die Revolution!"

Das war das Signal. Brausender Jubel setzt ein, und im Sturmschritt geht`s zu den Kasernen, voran die rote Fahne. In der Guldeinschule waren Landstürmer untergebracht. Sie standen mit scharfer Munition in Bereitschaft. [...]

Das Tor wird gesprengt. Die bewaffnete Bereitschaft geht zu den Stürmenden über. Waffen und Munition werden mitgenommen, und weiter geht`s zur großen Kaserne auf dem Marsfeld. Dort standen im Hof Truppen in feldmarschmäßiger Ausrüstung. Sie sollten gegen die „Ordnungsstörer" eingesetzt werden, gingen aber sofort zu uns über, als hätten sie nur darauf gewartet, dass wir kommen.

So ging`s fast in allen Kasernen. Nur in der Türkenkaserne, wohin ein Trupp von Auers Demonstrationszug abgeschwenkt war, versuchte man mit Tränengas einen schwachen Widerstand, der aber schnell gebrochen wurde.

> **Proklamation.**
>
> **Volksgenossen!**
>
> Um nach jahrelanger Vernichtung aufzubauen, hat das Volk die Macht der Zivil- und Militärbehörden gestürzt und die Regierung selbst in die Hand genommen. Die Bayerische Republik wird hierdurch proklamiert. Die oberste Behörde ist der von der Bevölkerung gewählte Arbeiter-, Soldaten- und Bauernrat, der provisorisch eingesetzt ist, bis eine endgültige Volksvertretung geschaffen werden wird. Er hat gesetzgeberische Gewalt.
>
> Die ganze Garnison hat sich der Republikanischen Regierung zur Verfügung gestellt. Generalkommando und Polizeidirektion stehen unter unserem Befehl. Die Dynastie Wittelsbach ist abgesetzt.
>
> **Hoch die Republik!**
>
> Der Arbeiter- u. Soldatenrat.
> Kurt Eisner.

M 4 Proklamation der Republik
München, 7. November 1918

M 5 „Ritt auf dem Löwen"
Karikatur aus dem Simplizissimus vom 3. Dezember 1918

M 6 Kurt Eisner

Der Historiker Bernhard Grau schreibt:

Die Ermordung Eisners zerstörte nicht nur das Leben dieses jede Gewaltanwendung ablehnenden Mannes, sondern auch sein politisches Werk. Aber nicht nur deshalb zählte sein Tod zu den besonders tragischen Momenten der bayerischen Geschichte. Er kam zu einem Zeitpunkt, da Eisner von sich aus den Rücktritt seiner Regierung bekannt geben wollte. Und er stürzte Bayern in eine gewaltsame Auseinandersetzung, bei der dem linksextremen Räte-Experiment wie beim Schlag des Pendels auf der Gegenseite das Wiedererstarken der reaktionären Kräfte in Gestalt der „Ordnungszelle Bayern" folgte. Die damit in Verbindung stehenden Ereignisse wurden zum Trauma der jungen bayerischen Republik und haben deren Gedeihen, aber auch das der Weimarer Demokratie auf Dauer schwer belastet.

Bernhard Grau, Kurt Eisner 1867–1919. Eine Biographie, München 2001, S. 471.

Aufgaben

1. a) Wie schildert Felix Fechenbach die Atmosphäre der Friedenkundgebung?
   b) Vergleiche dazu das Foto der Demonstration: Stimmen bildliche Darstellung und erzählende Wiedergabe überein?
   → M1, M3
2. a) Wie entwickelte sich die Situation nach der Kundgebung weiter?
   b) Fechenbach stand Kurt Eisner nahe. Lässt sich dies an seinem Bericht erkennen?
   → M3
3. a) Fasse den Inhalt des Aufrufs zusammen.
   b) Erläutere den Satz „Die bayerische Republik wird hierdurch proklamiert."
   c) Wer hatte gemäß diesem Aufruf die Macht in Bayern inne?
   → M4
4. a) Erkläre die Karikatur.
   b) Steht der Karikaturist Eisner wohlwollend oder ablehnend gegenüber?
   → M5
5. Wie schätzt der Historiker Bernhard Grau den Mord an Eisner für die weitere Entwicklung ein?
   → M6

Methode: Umgang mit politischen Plakaten

M 1 **Wahlplakat der Bayerischen Volkspartei** zur bayerischen Landtagswahl am 12. Januar 1919

Plakate als Spiegel der politischen Parteien

Als „aufgehängte Geschichte" bezeichnet man Plakate, die an Litfaßsäulen, Hauswänden oder an anderen Orten angebracht sind. Sie sollen Menschen über die politischen Ziele einer Partei informieren, sie aber auch gefühlsmäßig beeinflussen. Deshalb arbeiten die Gestalter von Plakaten häufig mit Bildern oder mit Symbolen beziehungsweise mit griffigen Slogans. Man unterscheidet zwischen Schrift- und Bildplakat, es gibt jedoch auch eine Kombination beider Typen.

Im Ersten Weltkrieg und in der Weimarer Republik haben alle Parteien Plakate dazu benutzt, um ihre Botschaften einfach und einprägsam zu vermitteln. Die moderne Technik ermöglichte es, dass auch Bildcollagen oder Fotomontagen (z.B. John Heartfield) auf Plakaten zu finden waren.

Neben der Politik arbeitet auch die Werbebranche mit Plakaten.

Das vorliegende Plakat diente der Bayerischen Volkspartei (BVP) als Wahlwerbung für die Landtagswahl am 12. Januar 1919. Die BVP war die bayerische Ausprägung des Zentrums, das die Interessenvertretung der deutschen Katholiken darstellte und konservativ ausgerichtet war. Die revolutionären Ereignisse in Berlin und München bildeten den Hintergrund für die grafische Gestaltung.

Fragen an politische Plakate

1. Beschreibung des Plakats
- a) Beschreibe die auf einer Deutschlandkarte liegende Gestalt.
- b) Betrachte ihre Gesichtszüge, ihre Kleidung und ihre Lage.
- c) Erkläre, welche Bedeutung die Brandfackel hat.
- d) Erläutere, warum Bayern weiß, das übrige Deutschland rot gezeichnet ist.

2. Einordnung des Plakats
- a) Erkläre die Aussage: „Der Bolschewik geht um! Hinaus mit ihm am Wahltag!"
- b) Informiere dich anhand des Geschichtsbuchs über die politischen Hintergründe.

3. Analyse des Plakats
- a) Erläutere die Absicht des Plakats.
- b) Beschreibe, welche Gefühle und Stimmungen sich beim Betrachter einstellen.
- c) Erläutere den Begriff „Feindbild" und erörtere die Art der politischen Auseinandersetzung.

Die Weimarer Republik

Die schwierigen Anfänge

Die Weimarer Republik im Überblick

Die Weimarer Republik entstand nach dem Ersten Weltkrieg und endete mit der Errichtung der nationalsozialistischen Herrschaft unter Hitler. Die etwa 14 Jahre ihres Bestehens werden oft in drei Phasen eingeteilt: Die schwierigen Anfänge der Jahre 1918 bis 1923, in denen es immer wieder zu schweren Krisen kam; die so genannten „Goldenen zwanziger Jahre" von 1924 bis 1930, die durch relativ stabile Verhältnisse gekennzeichnet waren, und schließlich die Auflösungsphase von 1930 bis 1933.

„Reichswehr schießt nicht auf Reichswehr"

Aufstände gegen die Republik und Attentate auf ihre führenden Vertreter verhinderten in den ersten Jahren, dass sich die politischen Verhältnisse stabilisierten. Drei Männer waren es, die im März 1920 eine Staatskrise auslösten: General Walther von Lüttwitz, der Reichswehrbefehlshaber von Berlin, Wolfgang Kapp, ein nationalistischer Politiker, und der Freikorpsführer Hermann Ehrhardt. Sie widersetzten sich der nach dem Versailler Vertrag geplanten Auflösung von Freikorps und Armeeverbänden und versuchten die gewählte Reichsregierung zu stürzen.

Dieser so genannte Kapp-Putsch – ein Putsch ist eine Machtübernahme durch das Militär – begann am 13. März, als die 5000 Mann starke Marinebrigade von Ehrhardt nach Berlin marschierte, die Ministerien besetzte und Kapp zum Reichskanzler ausrief. Als sich die Regierung an die Reichswehrführung wandte und um militärische Hilfe gegen die Putschisten bat, weigerte sich diese und betonte ihre Neutralität. „Reichswehr schießt nicht auf Reichswehr", soll General Hans von Seeckt als Begründung für das Verhalten des Militärs gesagt haben.

M 1 Kapp-Putsch
Putschisten auf dem Pariser Platz vor dem Brandenburger Tor in Berlin mit der Reichskriegsflagge, Fotografie vom 13.3.1920

M 2 Aufruf zum Generalstreik
SPD-Plakat zum Kapp-Putsch

Die Regierung floh nach Stuttgart und rief den Generalstreik aus, der nach vier Tagen zum Zusammenbruch des Aufstands führte. Kapp und von Lüttwitz flohen ins Ausland, Ehrhardt wurde verhaftet. Das Verhalten der Reichswehrführung und die milden Gerichtsurteile gegen die Aufständischen zeigten außerdem, dass wichtige Gruppen in der Gesellschaft dem neuen Staat distanziert bis ablehnend gegenüberstanden.

Politische Attentate

Seit der Reichstagswahl von 1920 gab es keine Mehrheit für die Parteien der „Weimarer Koalition", die fest auf dem Boden der Verfassung stand. Die einsetzende Wirtschaftskrise, harte Reparationsforderungen Frankreichs und die unsichere politische Lage begünstigten ein Klima der Gewalt, aus dem sich Anschläge gegen Vertreter der Republik entwickelten.

So fiel Matthias Erzberger 1921 einem Attentat zum Opfer. Er hatte den Waffenstillstand unterzeichnet und den Versailler Friedensvertrag akzeptiert. Weil er die Auffassung vertreten hatte, eine Erfüllung des Versailler Vertrages würde den Siegermächten zeigen, dass er unerfüllbar sei, wurde er als „Erfüllungspolitiker" verleumdet. Den Tätern, die Mitglieder einer Geheimorganisation namens „Organisation Consul" waren, gelang die Flucht ins Ausland.

Im Juni 1922 ermordeten zwei ehemalige Offiziere Walther Rathenau, den international geachteten Außenminister der Republik. Als die Polizei die Attentäter einen Monat später fassen wollte, wurde einer von ihnen bei der Verfolgungsjagd getötet, während der andere Selbstmord beging.

Reichspräsident Ebert erließ als Reaktion auf die politischen Morde eine „Verordnung zum Schutz der Republik" und setzte einen Staatsgerichtshof ein. Das Parlament beschloss zudem ein „Gesetz zum Schutz der Republik" als Mittel im Kampf gegen die Verfassungsfeinde von rechts und links. Bevor sich die Situation in der Weimarer Republik beruhigte, hatte sie das Krisenjahr 1923 zu bestehen.

M 3 Walther Rathenau
Der Außenminister (links) in seinem Dienstwagen, Fotografie von 1922

Die Weimarer Republik

M 4 Der Rathenau-Mord

a) In der Reichstagsdebatte über den Mord an Außenminister Rathenau äußerte sich der Reichskanzler Dr. Wirth (Zentrum):

Ist es denn eine Schande, wenn jemand von uns, von der äußersten Linken bis zur äußersten Rechten, in idealem Schwung die Fäden der Verständigung mit allen Nationen anzuknüpfen versucht? Ist es eine Schande, wenn wir mit jenem gemäßigten Teil des französischen Volkes, der die Probleme nicht nur unter dem Gesichtspunkt sieht: „Wir sind die Sieger, wir treten die Boches [französisches Schimpfwort für Deutsche] nieder, heraus mit dem Säbel, Einmarsch ins Ruhrgebiet", wenn wir durch persönliche Beziehungen mit allen Teilen der benachbarten Nationen zu einer Besprechung der großen Probleme zu kommen suchen? Dr. Rathenau war wie kaum einer zu dieser Aufgabe berufen. [Sehr richtig! links.]
Seine Sprachkenntnisse, die formvollendete Art seiner Darstellung machten ihn in erster Linie geeignet, an dieser Anknüpfung von Fäden zwischen den Völkern erfolgreich zu arbeiten. [Zustimmung von links.]
Wenn dann ein Mann wie Rathenau über trennende Grenzpfähle hinaus bei aller Betonung des Deutschen, seines Wertes für die Geschichte, seiner kulturellen Taten, seines Forschungstriebes, seines Wahrheitssuchens, die großen Probleme der Kulturentwicklung Europas und der Wirtschaft organisatorisch durch seine Arbeiten in allen Ländern, dann als Staatsmann im Auswärtigen Amt mit den reichen Gaben seines Geistes und unter Anknüpfung von Beziehungen gefördert hat, die ihm ja das Judentum in der ganzen Welt, das kulturell und politisch bedeutsam ist, gewährt hat, dann hat er damit dem deutschen Volke einen großen Dienst erwiesen. […]
Es ist notwendig, dass jeder Faden geflochten wird, der die zerrissenen Völker einander wieder näherbringt. [Lebhafte Zustimmung links und in der Mitte.] Dabei geben wir nichts auf, was unser eigenes Volk angeht. […]
Geduld, meine Damen und Herren, wieder Geduld und nochmals Geduld und die Nerven angespannt und zusammengehalten auch in den Stunden, wo es persönlich und parteipolitisch angenehmer wäre, sich in die Büsche zu drücken.

Wolfgang Michalka/Gottfried Niedhart (Hg.), Die ungeliebte Republik, München 1984, S. 86.

b) Der sozialdemokratische Politiker Otto Wels äußerte sich in der gleichen Reichstagsdebatte:

Meine Damen und Herren! Wir fordern ein rücksichtsloses Vorgehen der Regierung gegen die geheimen Organisationen, welche die Mörderbanden beherbergen. Wir fordern rücksichtsloses Verbot all der Regimentsfeiern und -appelle, die doch lediglich zum Gegenstand monarchischer, antirepublikanischer Kundgebungen werden. […] Wir fordern rücksichtsloses Zugreifen seitens der Regierung, die uns im Namen des deutschen Volkes dafür haftbar ist. [Sehr richtig! bei den Sozialdemokraten. – Zurufe von den Kommunisten: Und eure Minister?]
Auch die!
Wir wissen, dass die Ausführung der Verordnung der Regierung das Entscheidende ist. Wir kennen die Schwierigkeiten, die in dem reaktionären Beamtenheer dem wirkungsvollen Schutz der Republik entstehen. [Zurufe links … Aufräumen mit der Gesellschaft!]
An sie richte ich das Wort: Wer der Republik nicht dienen will, der soll darauf verzichten, von ihr Gehalt und Einkommen zu beziehen [Wiederholte lebhafte Zustimmung links.], der soll aus ihrem Dienst ausscheiden! [Sehr wahr! links.]
Wir fordern, dass der Zustand der Verordnung auf das schnellste durch gesetzgeberische Maßnahmen abgelöst wird, die die Mängel beseitigen, welche wir heute noch in der Verordnung des gestrigen Tages erblicken. Die Regierung muss sich klar darüber sein: Der Glaube in den Arbeiterklassen an ein rücksichtsloses Zugreifen gegen rechts ist gering. [Sehr richtig! links.]
Die Tatsache, dass von allen den Kapp-Verbrechern als einzige Ausnahme Herr v. Jagow die Regel bestätigt, dass man in Deutschland an der Republik ungestraft sündigen kann, die Tatsache, dass man erst noch in diesen Tagen Dutzende meiner Parteifreunde in Hannover und anderen Städten zu Gefängnisstrafen verurteilt hat, weil sie die schwarz-weiß-rote, zu provokatorischen Zwecken gehisste Fahne heruntergeholt haben, [Hört! Hört! links.], zwingt uns zu der Forderung der politischen Amnestie, soweit nicht gemeine Verbrecher in Frage kommen […]. Die Justiz in unserem Lande ist ein Skandal, der zum Himmel schreit.

Michalka/Niedhart, Die ungeliebte Republik, a. a. O., S. 84 f.

MILITÄRS DER KAPP-REGIERUNG				MILITÄRS DER RÄTE-REGIERUNG			
Lfd. Nr.	Name	Rang	Schicksal	Lfd. Nr.	Name	Rang	Schicksal
1	Ludendorff	General (nahm an allen Kabinettssitzungen der Kappregierung teil)	keine Anklage	1	R. Eglhofer	Oberkommandierender	erschlagen
2	Freih. v. Lüttwitz	Reichswehrminister und Oberbefehlshaber	im Ausland	2	Eugen Maria Karpf	Adj. d. Oberkommand.	12 J. Festung
3	v. Hülsen	Adjutant d. Oberbefehlsh.	in Freiheit	3	Wilh. Reichart	Mitgl. d. Militärkomm.	3 J. Festung
4	v. Klewitz	Stabschef b. v. Hülsen	in Freiheit	4	Ernst Toller	Kommand. im Abschnitt Dachau	5 J. Festung
5	v. Trotha	Admiral	in Freiheit	5	G. Klingelhöfer	Adj. des Kommandeurs	5½ J. Festung
6	v. Oven	General	in Freiheit	6	E. Wollenberg	Kommandeur d. Infanterie	2 J. Festung
7	v. Dassel	General	in Freiheit	7	H.F.S. Bachmair	Kommandeur d. Artillerie	1½ J. Festung
8	v. Watter	General	in die Ebertreg. übernommen	8	R. Podubecky	Kommand. d. Fernsprechtruppen	3 J. Festung
				9	Winkler	Kommand. eines Abschn.	4 J. Zuchthaus
9	v. Loßberg	Generalmajor	in Freiheit	10	G. Riedinger	Adj. d. Kommandeurs in Starnberg	1½ J. Festung entlass.
10	Bauer	Oberst	im Ausland	11	Er. Günther	in d. Kommandant. Dachau	1 J. 9 M. Fest.
11	Ehrhardt	Kapitän (Eroberer v. Berlin)	steckbrieflich verfolgt	12	Fritz Walter	Rotgardist	3 J. Festung
				13	Max Schwab	im Kriegsministerium	4 J. Festung
				14	H. Taubenberger	Streckenkommandant in Dachau	3 J. Festung
				15	Gottfr. Bareth	Rotgardist	1½ J. Festung
				16	Max Huber	Rotgardist	3 J. Festung
12	Hpt. Pabst	persönlicher Adj. Kapps	in Freiheit	17	Peter Regler	Rotgardist	2 J. Festung
13	Freih. v. Lützow	Freikorpsführer	in Freiheit	18	Haßlinger	Rotgardist	5 J. Festg. (begnadigt)
14	Maj. Schulz	Freikorpsführer	in Freiheit	19	And. Rauscher	Rotgardist	1 J. 4 M. Fest.
15	Ltn. Roßbach	Freikorpsführer	in Freiheit	20	M. Reichert	Rotgardist u. Propagandist	1 J. 3 M. Fest.
16	Hpt. Pfeffer v. Salomon	Freikorpsführer	in Freiheit	21	Jos. Vogl	Rotgardist	3 J. Festung
				22	Josef Faust	Rotgardist	3 J. Zuchthaus
				23	Rentsch	Rotgardist	5 J. Zuchthaus
17	v. Löwenfeld	Freikorpsführer	in Freiheit	24	Zöllner	Rotgardist	3 J. Zuchthaus

M 5 „Vier Jahre politischer Mord"

Der Mathematiker Emil Julius Gumbel (1891–1966) analysierte in seiner Schrift „Vier Jahre politischer Mord" die politischen Straftaten und ihre gerichtliche Ahndung in der Anfangsphase der Weimarer Republik.

Aufgaben

1. a) Welche drei Phasen in der Geschichte der Weimarer Republik lassen sich unterscheiden?
   b) Stelle die Ereignisse zusammen, die den Bestand des neuen Staates in den Anfangsjahren gefährdeten.
   c) Suche Gründe, warum es zu diesen Krisen kam.
   → Text

2. a) Erkläre den Begriff „Putsch".
   b) Erläutere den Satz „Reichswehr schießt nicht auf Reichswehr".
   → Text

3. a) Fasse die Aussagen von Wirth und Wels knapp zusammen.
   b) Wie bewerteten die Politiker das Attentat auf Walther Rathenau, und welche politischen Folgerungen zogen sie daraus?
   c) Woran wird erkennbar, dass es sich um Aussagen eines Zentrums- und eines SPD-Politikers handelt?
   → M4

4. a) Betrachte die Aufstellung über die politischen Straftaten in der Weimarer Republik. Was fällt dir dabei auf?
   b) Deute deine Beobachtungen.
   → M5

Die Weimarer Republik

M 1 „Produktive Pfänder"
Ein französischer Soldat bewacht einen Kohlenwaggon im Ruhrgebiet 1923, kolorierte Fotografie.

Das Krisenjahr 1923

Reparationen als gefährlicher Konfliktherd

Da Anfang der 20er Jahre in Deutschland eine Wirtschaftskrise herrschte, beendete die Reichsregierung die Erfüllungspolitik, die durch Entgegenkommen eine Abschwächung, ja Rücknahme der im Versailler Vertrag verankerten Reparationen erreichen wollte. „Erst Brot, dann Reparationen!", lautete die Forderung der deutschen Regierung, die einen Zahlungsaufschub verlangte.

Der französische Ministerpräsident Poincaré forderte jedoch als Gegenleistung dafür Garantien, die er sich dadurch beschaffte, dass Truppen aus Frankreich und Belgien Anfang des Jahres 1923 das Ruhrgebiet besetzten. Diese „Politik der produktiven Pfänder", die in Deutschland auf Empörung stieß, beantwortete die Reichsregierung mit dem Aufruf zum passiven Widerstand in den besetzen Gebieten. Der Konflikt verschärfte sich in der Folgezeit, da die französische Besatzungsmacht mit aller Härte vorging: Es kam zu Ausweisungen, Verhaftungen und Beschlagnahmungen. Gegen streikende Arbeiter und einzelne Saboteure wurden sogar Todesurteile verhängt.

Inflation

Dieser Konflikt verschärfte die wirtschaftliche Krise noch mehr, da die Reichsregierung den passiven Widerstand im Ruhrgebiet durch staatliche Zuschüsse finanzierte. Dies führte zu einer **Inflation,** einer nahezu vollständigen Entwertung des Geldes, und zum Zusammenbruch des Währungssystems.

Wen traf dies besonders hart? Diejenigen, die Geld gespart hatten, verloren ihr Vermögen. Schuldner und Spekulanten dagegen galten als Gewinner dieser wirtschaftlichen Krise. Die politischen Folgen der großen Inflation des Jahres 1923 waren unübersehbar: Die bürgerlichen Mittelschichten sahen im Staat den Schuldigen, der für ihre verzweifelte wirtschaftliche Lage die Verantwortung trug und wandten sich von der Republik ab. Viele setzten in die Parteien der extremen Rechten, die die Weimarer Demokratie bekämpften, ihre Hoffnung.

M 2 Geldschein
Aus Erlangen, 1923

M3 Einmarsch der Reichswehr
In Sachsen wurden die kommunistischen Aufstände mithilfe der Reichswehr unterdrückt, Fotografie aus Freiberg von 1923.

Kurswechsel
Wegen der ungeheuren finanziellen Verluste musste die Regierung den passiven Widerstand aufgeben. Der DVP-Politiker Gustav Stresemann, der im Herbst eine Koalition mit SPD, Zentrum und DDP bildete, führte eine Währungsreform durch. Die so genannte Rentenmark erwies sich in der Folgezeit als stabil. Dies trug dazu bei, dass sich in den folgenden Jahren die politische Lage entspannte.

Der „deutsche Oktober"
Als in Sachsen und Thüringen Kommunisten versuchten, die Macht zu übernehmen, griffen Reichsregierung und Reichswehr ein. Dies führte in Sachsen – im Unterschied zu Thüringen – zu gewaltsamen Auseinandersetzungen, die durch die Einsetzung eines Reichskommissars, der die Regierung übergangsweise übernahm, beendet wurden. Die geplante proletarische Revolution fand nicht statt.

Die Situation in Bayern
Die Reichsregierung hatte angesichts der vielfältigen Krisen des Jahres 1923 den Ausnahmezustand verhängt, also angesichts der Notsituation für sich besondere Befugnisse beansprucht. Der bayerische Ministerpräsident Gustav von Kahr erkannte dies jedoch nicht an: Er erließ einen eigenen Ausnahmezustand für Bayern und suchte damit den offenen Konflikt mit der Regierung in Berlin. Als sich der Chef des bayerischen Reichswehrkommandos, General von Lossow, weigerte, Befehle aus Berlin entgegenzunehmen, verschärfte sich die Auseinandersetzung zwischen Bayern und dem Reich.

Die Weimarer Republik

Während die Reichswehr in Sachsen und Thüringen gegen die Kommunisten mit aller Härte vorgegangen war, hatte der Chef der Reichswehr, General von Seeckt, Verständnis für die reichsfeindliche Politik der bayerischen Regierung. Er warnte aber Kahr und Lossow vor einem Putsch.

Der Hitler-Putsch
Die Ereignisse in Bayern überschlugen sich, als Hitler und seine Anhänger am 8. November eine Versammlung im Münchner Bürgerbräukeller dazu nutzten, von Kahr und seine Verbündeten zur Beteiligung an der „nationalen Revolution" und zur Bildung einer provisorischen Regierung mit dem Weltkriegsgeneral Ludendorff zu zwingen. Noch in der Nacht widerriefen von Kahr, Lossow und der Kommandeur der bayerischen Polizei von Seisser ihre Zusage und wandten sich gegen den nationalsozialistischen Aufstand.

Der Demonstrationszug der Aufständischen wurde am 9. November an der Münchner Feldherrnhalle von bayerischen Polizisten gewaltsam aufgelöst. Hitler und Ludendorff wurden verhaftet und Anfang April 1924 wegen Hochverrats vor Gericht gestellt. Der Richter behandelte die Aufrührer jedoch außerordentlich milde: Ludendorff wurde freigesprochen, Hitler bekam fünf Jahre Festungshaft, wurde allerdings nach einigen Monaten wieder entlassen. Während er in Landsberg einsaß, schrieb er „Mein Kampf", ein Buch, in dem er seine politischen Ziele offen darlegte.

Ende 1923 hatte der neue Staat seine bislang schwersten Herausforderungen überstanden. Die Demokratie war aber nicht dauerhaft gesichert.

M 4 **Hitler-Putsch**
Stoßtrupp der NSDAP in München am 8./9. November 1923, Fotografie

Dollarnotierung (Juli 1914 - November 1923)

Jahr		Mark	Jahr		Mark
Juli	1914	4,2	Januar	1922	191,8
			Juli	1922	493,2
Januar	1919	8,9	Januar	1923	17 972,0
Juli	1919	14,0	Juli	1923	353 412,0
Januar	1920	64,8	August	1923	4 620 455,0
Juli	1920	39,5	September	1923	98 860 000,0
Januar	1921	64,9	Oktober	1923	25 260 208 000,0
Juli	1921	76,7	15. November	1923	4 200 000 000 000,0

Quelle: Wolfgang Michalka/Gottfried Niedhart, Die ungeliebte Republik, München, Seite 118

M 5

M 6 **Wertloses Geld**

Eine Zeitzeugin berichtet über ihre Erfahrungen mit der Inflation 1923:

Die fürchterliche Geldentwertung, die ständig wachsende Zahl der Erwerbslosen, die aus dem Stadtsäckel gespeist werden müssen, die aus der Arbeitslosigkeit entspringende Unmoral der
5 Unbeschäftigten, über die vor allem die Frauen aus dem Arbeiterstand am heftigsten klagen, das tägliche weitere Sinken des materiellen und geistigen Lebensniveaus, die stete Beschäftigung mit der Frage: „Wie hoch steht der Dollar?", da von
10 dessen Stande all unsere Preise abhängen, oder vielmehr, da das Sinken unserer Währung sich am deutlichsten vom ständigen Höherklettern des Dollars ablesen lässt – das Bemühen eines jeden Menschen, ob Knabe, Jüngling, Mann oder Greis,
15 irgendein Wechselgeschäft zu machen, das heißt morgens um zehn einen Dollar zu kaufen, den man dann um elf mit einem Gewinn wieder verkaufen kann – diese einzige Beschäftigung fast aller Menschen, sich mit diesem entsittlichenden
20 und entnervenden Börsenspiel kärglich am Leben zu erhalten – […] dies Ganze verbraucht die Energie der Menschen, besonders aber die der Hausfrauen in einem zu krankhaften Zuständen hintreibenden Maße. Und dies Notgeld, dass sich jede
25 größere Firma unter gewissen Umständen selbst drucken lassen darf und natürlich zu fürchterlichen Schwindeleien aufruft, all dies unbegründete, unfundierte, unsolide, schwankende Gehabe und Gewese macht das gesundeste Gemüt see-
30 krank.

Hedda Eulenburg, in: Rainer Beck (Hg.), Streifzüge durch die Jahrhunderte. Ein historisches Lesebuch, München 1987, S. 215.

M 7 **Gewinner und Verlierer**

Der Historiker Detlev Peukert äußert sich über die sozialen Folgen der Inflation:

Unter den sozialen Klassen standen die Unternehmer auf der Gewinnerseite. Sie erhielten billige Kredite, konnten größere Investitionen tätigen und Konzernbildungen […] vorantreiben.
5 Zur Gewinnerseite gehörten auch die Bauern und alle sonstigen Hypothekenschuldner, die ihre Verpflichtungen mit wertlosem Geld abtragen konnten, ebenso alle Devisen- und Sachwertbesitzer. […] Für die Arbeiter fiel die Bilanz nicht so ein-
10 deutig positiv aus […]. Vor allem kam es bis in das Jahr 1923 hinein zu keiner nennenswerten Arbeitslosigkeit, wenn man von einer schnell überwundenen Problemzeit in der frühen Nachkriegsphase absieht. Insgesamt aber blieb das Lebensni-
15 veau kärglich. Nur die ungelernten Arbeiter konnten ihre Position im Vergleich zu den Facharbeitern und den Angestellten und Beamten eindeutig verbessern.
Zu den Verlierern der Inflation gehörten dagegen
20 all jene, die bisher von den Zinsen ihres langfristig angelegten Geldvermögens gelebt hatten, eine im Vorkriegsdeutschland bedeutsame Gruppe des Bürgertums, zu der auch viele Intellektuelle gehörten. Es verschlechterte sich ebenfalls die
25 Position der gehaltsabhängigen Mittelschichten, der Angestellten und Beamten. Auch die Rentner und die Bezieher von Fürsorgeleistungen gerieten mit steigender Inflation in Not, weil ihre Einkünfte nur verzögert und unvollkommen an die Preis-
30 steigerungen angepasst wurden.

Detlev J. K. Peukert, Die Weimarer Republik, Krisenjahre der Moderne, Frankfurt 1987, S. 74 f.

Die Weimarer Republik

Proklamation an das deutsche Volk!

Die Regierung der Novemberverbrecher in Berlin ist heute für abgesetzt erklärt worden. Eine provisorische deutsche Nationalregierung ist gebildet worden, diese besteht aus

Gen. Ludendorff
Ad. Hitler, Gen. v. Lossow
Obst. v. Seisser

M 8 Aufruf der Hitler-Putschisten 9. November 1923

M 9 Urteile im Prozess

Folgendes Urteil fällte das Gericht über die Beteiligten am Hitler-Putsch:

Urteil
I. Von den Angeklagten:
1. Hitler Adolf, geboren am 20. April 1889 in Braunau (Oberösterreich), Schriftsteller in München, seit 14. November 1923 in dieser Sache in Untersuchungshaft;
2. Ludendorff Erich, geboren am 9. April 1865 in Kuszewia, General der Infanterie a. D., Exzellenz in München;
3. Pöhner Ernst, geboren am 11. Januar 1870 in Hof a. S., Rat am Obersten Landesgerichte in München, in dieser Sache vom 9. November 1923 bis 23. Januar 1924 in Untersuchungshaft gewesen;
4. Frick Wilhelm, geboren am 12. März 1877 in Alsenz B. A. Reckenhausen, Oberamtmann der Polizeidirektion München, Dr. jur., in dieser Sache seit 9. November 1923 in Untersuchungshaft;
5. Weber Friedrich, geboren am 30. Januar 1892 zu Frankfurt a. M., Assistent an der tierärztlichen Fakultät der Universität München, Dr. med. vet., in dieser Sache seit 9. November 1923 in Untersuchungshaft;
6. Röhm Ernst, geboren am 28. November 1887 in München, Hauptmann A. D. in München, in dieser Sache seit 9. November 1923 in Untersuchungshaft;
[…]
werden verurteilt:

Hitler, Weber, Kriebel und Pöhner

jeder wegen eines Verbrechens des Hochverrats je zu fünf Jahren Festungshaft,
ab bei Hitler vier Monate zwei Wochen, Weber vier Monate drei Wochen, Kriebel und Pöhner je zwei Monate zwei Wochen Untersuchungshaft, sowie jeder zur Geldstrafe von zweihundert Goldmark, ersatzweise zu je weiteren zwanzig Tagen Festungshaft;

Brückner, Röhm, Pernet, Wagner und Frick

jeder wegen eines Verbrechens der Beihilfe zu einem Verbrechen des Hochverrats zu je einem Jahr drei Monaten Festungshaft, ab bei Brückner vier Monate eine Woche, Röhm und Frick je vier Monate drei Wochen, Pernet und Wagner je zwei Monate drei Wochen Untersuchungshaft, sowie jeder zur Geldstrafe von einhundert Goldmark, ersatzweise zu je weiteren zehn Tagen Festungshaft,
sowie endlich alle zu den Kosten.

II. Ludendorff wird von der Anklage eines Verbrechens des Hochverrats unter Überbürdung der ausscheidbaren Kosten auf die Staatskasse freigesprochen.

III. Die Haftanordnungen gegen Frick, Röhm und Brückner werden aufgehoben.

Otto Gritschneder, Bewährungsfrist für den Terroristen Adolf H. Der Hitler-Putsch und die bayerische Justiz, München 1990, S. 60.

Vorwort

Am 1. April 1924 hatte ich, auf Grund des Urteilsspruches des Münchner Volksgerichts von diesem Tage, meine Festungshaft zu Landsberg am Lech anzutreten.

Damit bot sich mir nach Jahren ununterbrochener Arbeit zum ersten Male die Möglichkeit, an ein Werk heranzugehen, das von vielen gefordert und von mir selbst als zweckmäßig für die Bewegung empfunden wurde. So habe ich mich entschlossen, in zwei Bänden nicht nur die Ziele unserer Bewegung klarzulegen, sondern auch ein Bild der Entwicklung derselben zu zeichnen. Aus ihr wird mehr zu lernen sein als aus jeder rein doktrinären Abhandlung.

Ich hatte dabei auch die Gelegenheit, eine Darstellung meines eigenen Werdens zu geben, soweit dies zum Verständnis sowohl des ersten als auch des zweiten Bandes nötig ist und zur Zerstörung der von der jüdischen Presse betriebenen üblen Legendenbildung über meine Person dienen kann.

Ich wende mich dabei mit diesem Werk nicht an Fremde, sondern an diejenigen Anhänger der Bewegung, die mit dem Herzen ihr gehören und deren Verstand nun nach innigerer Aufklärung strebt.

Ich weiß, daß man Menschen weniger durch das geschriebene Wort als vielmehr durch das gesprochene zu gewinnen vermag, daß jede große Bewegung auf dieser Erde ihr Wachsen den großen Rednern und nicht den großen Schreibern verdankt.

Dennoch muß zur gleichmäßigen und einheitlichen Vertretung einer Lehre das Grundsätzliche derselben niedergelegt werden für immer. Hierbei sollen diese beiden Bände als Bausteine gelten, die ich dem gemeinsamen Werke beifüge.

Landsberg am Lech,
Festungshaftanstalt.

Der Verfasser.

M 10 „Mein Kampf": Vorwort

Am 9. November 1923, 12 Uhr 30 Minuten nachmittags, fielen vor der Feldherrnhalle sowie im Hofe des ehemaligen Kriegsministeriums zu München folgende Männer im treuen Glauben an die Wiederauferstehung ihres Volkes:

Alfarth, Felix, Kaufmann, geb. 5. Juli 1901
Bauriedl, Andreas, Hutmacher, geb. 4. Mai 1879
Casella, Theodor, Bankbeamter, geb. 8. Aug. 1900
Ehrlich, Wilhelm, Bankbeamter, geb. 19. Aug. 1894
Faust, Martin, Bankbeamter, geb. 27. Januar 1901
Hechenberger, Ant., Schlosser, geb. 28. Sept. 1902
Körner, Oskar, Kaufmann, geb. 4. Januar 1875
Kuhn, Karl, Oberkellner, geb. 26. Juli 1897
Laforce, Karl, stud. ing., geb. 28. Oktober 1904
Neubauer, Kurt, Diener, geb. 27. März 1899
Pape, Claus von, Kaufmann, geb. 16. Aug. 1904
Pfordten, Theodor von der, Rat am obersten Landesgericht, geb. 14. Mai 1873
Rickmers, Joh., Rittmeister a. D., geb. 7. Mai 1881
Scheubner-Richter, Max Erwin von, Dr. ing., geb. 9. Januar 1884
Stransky, Lorenz Ritter von, Ingenieur, geb. 14. März 1899
Wolf, Wilhelm, Kaufmann, geb. 19. Oktober 1898

Sogenannte nationale Behörden verweigerten den toten Helden ein gemeinsames Grab.

So widme ich ihnen zur gemeinsamen Erinnerung den ersten Band dieses Werkes, als dessen Blutzeugen sie den Anhängern unserer Bewegung dauernd voranleuchten mögen.

Landsberg a. L., Festungshaftanstalt, 16. Oktober 1924.

Adolf Hitler.

M 11 „Mein Kampf": Gedenkblatt

Während seiner Festungshaft in Landsberg verfasste Adolf Hitler die Schrift „Mein Kampf". Der erste Teil enthält eine Darstellung seines bisherigen Lebens, der zweite seine politischen Vorstellungen. Das Buch, das in der Zeit des Nationalsozialismus massenhaft verbreitet war, enthielt in den Augen seiner Anhänger unumstößliche Wahrheiten.

In seinem Vorwort (M10) gab Hitler Auskunft über die Entstehung der Schrift. Das Gedenkblatt (M11) erinnerte an die Ereignisse im November 1923.

Aufgaben

1. Erläutere, warum das Jahr 1923 als „Krisenjahr" bezeichnet wird.
   → Text

2. a) Erkläre den Begriff Inflation.
   b) Ab wann beschleunigte sich die Entwertung der Reichsmark gegenüber dem Dollar?
   c) Welche Folgen der Geldentwertung sieht die Zeitgenossin Hedda Eulenburg?
   d) Stelle zusammen, welche sozialen Gruppen von der Inflation besonders betroffen waren.
   → M5–M7

3. a) Schildere den Ablauf des Hitler-Putsches.
   b) Analysiere den Aufruf der Putschisten.
   c) Erscheinen dir die Urteile gerecht? Begründe.
   → M8–M9

4. a) Erkläre den Titel von Hitlers Buch.
   b) Welche Motive waren für Hitler maßgeblich, das Buch zu schreiben?
   c) Woran erinnert das Gedenkblatt, das dem Buch vorangestellt war?
   d) Stelle dar, welche Deutung der Ereignisse im November 1923 im Gedenkblatt vermittelt werden soll.
   → M10–M11

Die Weimarer Republik

Außenpolitik der Weimarer Republik (1919–1929)

Besiegte und Sieger

Grundlage der Außenpolitik nach dem Ersten Weltkrieg war der Versailler Vertrag. Den deutschen Politikern ging es darum, die harten Friedensbedingungen durch Verhandlungen abzumildern, ja rückgängig zu machen und die Reparationszahlungen zu reduzieren. Dies wurde Revisionspolitik genannt. Außenminister Walther Rathenau vertrat die Auffassung, dass Deutschland den Siegermächten entgegenkommen müsse, indem die Forderungen soweit wie möglich erfüllt würden. Dies – so die Überlegung – würde deutlich machen, dass der Versailler Vertrag insgesamt unerfüllbar ist.

Die Gegner der Republik benutzen den Begriff „Erfüllungspolitik" allerdings, um die verantwortlichen Politiker und das demokratische System insgesamt zu verunglimpfen.

Die Siegermächte verfolgten keine einheitliche Politik, denn sie hatten unterschiedliche Interessen. Während sich die USA nach 1918 aus Europa zurückzogen, vertrat Großbritannien – wie schon zu früheren Zeiten – die Idee einer „balance of power" auf dem europäischen Festland. Frankreich dagegen baute ein System von Bündnissen auf, das Deutschland isolieren und die eigene Sicherheit garantieren sollte.

Der Ausgleich mit der Sowjetunion

Angesichts der internationalen Lage nach dem Ersten Weltkrieg galt es als eine Sensation, als bekannt wurde, dass die beiden isolierten Staaten, das Deutsche Reich und die Sowjetunion, 1922 in Rapallo unweit von Genua einen Vertrag geschlossen hatten. Er sah die Aufnahme diplomatischer Beziehungen, den Verzicht auf Kriegsentschädigungen, militärische Kontakte und verbesserte wirtschaftliche Beziehungen vor. Deutschland war das erste Land, das den aus der Russischen Revolution hervorgegangenen kommunistischen Staat international anerkannte. Die Zusammenarbeit zwischen Deutschland und der Sowjetunion wurde 1926 erneuert.

Der Ausgleich mit dem Westen

Das Verhältnis zwischen Deutschland und Frankreich war vor allem wegen des Ruhrkampfes stark belastet. In dieser Situation versuchte Gustav Stresemann einen Kurswechsel. Als Außenminister prägte der Politiker die Außenpolitik der Republik von 1924 bis zu seinem Tod im Jahr 1929 entscheidend. Sein Ziel war es, durch einen Ausgleich mit dem Westen für Deutschland wieder den Rang einer europäischen Großmacht zu erreichen.

Gleich nach seinem Amtsantritt versuchte Gustav Stresemann, die ehemaligen Kriegsgegner durch eine „Friedensoffensive" zu besänftigen. Sowohl der englische Außenminister Chamberlain als auch sein französischer Kollege Briand reagierten positiv auf die deutschen Vorschläge und luden im Herbst 1925 zu einer Konferenz in den Schweizer Ort Locarno ein. Anwesend waren auch Vertreter aus Belgien, Italien, Polen und der Tschechoslowakei.

In den so genannten Locarno-Verträgen von 1926 verzichteten Deutschland und seine westlichen Nachbarn auf eine kriegerische Ver-

M1 Vertrag von Locarno
Der deutsche Außenminister Gustav Stresemann (1878–1929) und der französische Außenminister Aristide Briand (links) nach der Unterzeichnung der Verträge, Fotografie von 1925

M2 Deutschland im Völkerbund
Gustav Stresemann spricht auf einer Vollversammlung des Völkerbundes in Genf, Fotografie.

änderung der bestehenden Grenzen und erkannten somit die Regelungen des Versailler Vertrags grundsätzlich an. Eine förmliche Anerkennung der Grenzen zur Tschechoslowakei und zu Polen fand sich jedoch nicht. Die Revision der Ostgrenze blieb damit weiterhin ein Ziel deutscher Politik. Zudem wurde vereinbart, dass Deutschland Mitglied im Völkerbund werden sollte. Für ihre Verständigungspolitik erhielten Stresemann und Briand den Friedensnobelpreis.

Das Dauerproblem der Reparationen

Eng verbunden mit der Revisionspolitik war das Problem der im Versailler Vertrag festgelegten Reparationsforderungen. 1921 setzten die Siegermächte den Betrag auf 132 Milliarden Goldmark fest und verbanden ihre Forderung mit der Drohung, das Ruhrgebiet zu besetzen, falls sich Deutschland weigern würde zu zahlen („Londoner Ultimatum"). Der Ruhrkampf und die Inflation machten allerdings deutlich, dass eine Neuregelung der Zahlungen notwendig war.

Der Amerikaner Charles G. Dawes entwickelte 1924 einen nach ihm benannten Plan, in dem die jährlichen Raten und die Art, wie das Geld aufgebracht werden sollte, festgelegt wurden. Er sah aber auch vor, dass Deutschland eine Auslandsanleihe von 800 Millionen Goldmark erhalten solle. Der heftig kritisierte Dawes-Plan stellte eine Verbesserung der deutschen Situation dar, da auf diese Weise die Besetzung des Rheinlands rückgängig gemacht wurde, war jedoch von den Forderungen Deutschland nach einer Revision des Versailler Vertrags noch weit entfernt.

Eine weitere Entschärfung der Reparationsfrage entwickelte der amerikanische Finanzexperte Owen D. Young. Die Republik sollte 59 Jahre lang jährlich zwei Milliarden Mark zahlen, dafür verpflichteten sich die Siegermächte, alle besetzten Gebiete im Rheinland vor Ablauf der vereinbarten Frist zu räumen. Auch der Young-Plan war in Deutschland höchst umstritten. Erst 1932 kam es zu einer dauerhaften Einigung.

Die Auseinandersetzungen um den Versailler Vertrag und das Bemühen um internationalen Ausgleich stellten somit ständige Herausforderungen für die europäischen Staaten dar.

M3 Gegen den Dawes-Plan
Wahlplakat

Die Weimarer Republik

M 4 Plakat der DNVP
Zu den Reichstagswahlen am 20. Mai 1928

M 5 Streit um Locarno

a) *Um den von Stresemann ausgehandelten Locarno-Vertrag vom 16.10.1925 gab es eine heftige innenpolitische Auseinandersetzung. Der „Völkische Kurier" schrieb am 19.10.1925:*

Die Verantwortung, die Luther und Stresemann auf sich geladen haben, wird nicht im Reichstag festgestellt werden. Darüber wird die Geschichte befinden. Deren Urteile werden die selbstgefälligen Logenbrüder von Locarno hoffentlich noch hören. Auf jeden Fall wünschen wir ihnen aus diesem Grunde ein recht langes Leben. Denn die große Gnade, die Bethmann Hollweg und Ebert widerfuhr, vor dem Tage der irdischen Abrechnung abberufen zu werden, wird nicht jedem zuteil.

b) *Der KPD-Abgeordnete Bartels am 30.10.1925:*

Was ist Locarno? Wenn man die einzelnen Verträge und ihre Paragrafen durchgeht, so sehen wir, dass Deutschland hinreichend Garantie gibt, aber dafür lediglich die Garantie erhält, dass es Kriegsbütteldienste leisten darf und andererseits Deutschland als Kriegsschauplatz ausliefern muss. Locarno bedeutet in Wirklichkeit – das wird auch in diesem Hause niemand zu bestreiten versuchen – die Auslieferung der Rheinlande, es bedeutet direkt ein Verschenken preußisch-deutschen Gebietes, es bedeutet die Garantie des Einmarsch- und Durchmarschrechtes durch Deutschland, es bedeutet die Kriegsdienstverpflichtung der deutschen Bevölkerung für die Entente gegen Russland, es bedeutet vor allem die Anerkennung der Aufrechterhaltung des Besatzungsregimes, und es bedeutet erneut das Bekenntnis zu dem Versailler Vertrag. Es bedeutet darüber hinaus verschärfte Ausbeutung, verschärfte Entrechtung, Unterdrückung, Elend, Übel, Not und alles, was im Gefolge des neuen Krieges eben zu erwarten ist.

c) *Der DNVP-Politiker Hugenberg am 5.11.1925:*

Sachlich betrachtet ist vor allem die Auffassung falsch, dass Locarno einen zehn- bis zwanzigjährigen Frieden bedeute. Gerade das Gegenteil ist richtig. Ich bin kein Pazifist, aber ich muss der Tatsache Rechnung tragen, dass Deutschland waffenlos ist, und muss deshalb verlangen, dass die deutsche auswärtige Politik mit einer dieser Tatsache Rechnung tragenden Vorsicht geführt wird! Seit unserem Zusammenbruch hat mir immer als größte Sorge vorgeschwebt, dass Deutschland der Kriegsschauplatz zwischen Russland und dem Westen werden, dass Deutschland den Fehler einer Verfeindung mit Russland wiederholen könnte. […]

Manche Leute sind sich des Unterschiedes in der Struktur des Westens und des Ostens Deutschlands nicht bewusst. Das dichtbevölkerte industrielle Rheinland zu französieren, würde den Franzosen auch dann nicht gelingen, wenn sie es – was Gott

20 verhüte – eine Zeitlang beherrschten. Ganz anders im weiten Osten mit seinem ausgedehnten Großgrundbesitz und seiner dünnen Bevölkerung. Was wir in Polen heute sehen, kann sich für den ganzen deutschen Osten wiederholen!

25 Man muss auch als Gegner anerkennen, dass alle Regierungen seit der Revolution diesen gefahrvollen, sich jedermann aufdrängenden Tatbestand berücksichtigt haben. Es ist Herrn Stresemann vorbehalten geblieben, mit diesem Feuer zu spielen.

30 Denn Locarno, wie es geworden ist, bedeutet tatsächlich und trotz aller Vorbehalte, dass Deutschland in dem Gegensatz Westmächte-Russland optiert und damit – waffenlos wie es ist – sich leichtsinnig mitten in Gegensätze hineinspielt, bei
35 deren Austragung es nur die Rolle des furchtbar Leidenden spielen kann. […]

d) Otto Wels (SPD) am 24.11.1925:

Wie man zu den Verträgen von Locarno und zu dem Eintritt Deutschlands in den Völkerbund stehen mag, dass fühlt ein jeder: Wir stehen jetzt am Scheidepunkte der europäischen Politik. Es fragt
5 sich jetzt, ob eine neue Welt, in der der Gedanke des Friedens lebendige Kraft haben soll, das Leben der Völker Europas in Zukunft beherrschen wird, oder ob die Mächte, die, auf Gewalt und kriegerischen Auseinandersetzungen fußend, dem Fort-
10 schritt, dem moralischen und materiellen Wiederaufbau den Weg dauernd versperren sollen. […] Was seit Jahrzehnten in Europa fehlte, das Bedürfnis nach europäischer Solidarität, das ist heute ein sichtbares Bedürfnis aller europäischen Völker
15 geworden. […] Es zeigt sich jetzt allerdings mehr denn je die Notwendigkeit, die Allgemeininteressen Europas, die mit den Interessen jedes einzelnen Landes identisch sind, den selbstsüchtigen Interessen von Gruppen, Cliquen und Parteien voranzustellen. 20

e) Konstantin Fehrenbach (Zentrum) am 24.11.1923:

Oberstes Gesetz unseres politischen Handelns nach dem unglücklichen Ausgang des Weltkrieges ist die Wiederaufrichtung unseres Deutschen Reiches aus Knechtschaft zur Freiheit, aus Not und Elend zur wirtschaftlichen Gesundung. Dabei sind 5 wir uns bewusst, dass dieses hohe Ziel nur auf dem Wege friedlicher Verständigung mit den anderen Nationen in stufenweise sich aufbauenden Teilerfolgen zu erreichen ist. […]
Von dieser Überzeugung durchdrungen, haben 10 wir im Vorjahre dem Londoner Abkommen und den Dawes-Gesetzen zugestimmt, um unseren wirtschaftlichen Wiederaufstieg zu ermöglichen. In demselben Geiste nehmen wir heute Stellung zu den Verträgen von Locarno, die der politischen 15 Befriedung Europas dienen sollen.
Wir fragen uns: Sind diese Verträge in Wirklichkeit ein Instrument des Friedens, eines Friedens, dem Deutschland in Ehren zustimmen kann?
Dazu ist unseres Erachtens zunächst erforderlich, 20 dass sowohl in der Form wie in der Sache die volle Gleichberechtigung Deutschlands gewahrt ist und dass dem deutschen Volke nichts zugemutet wird, was seiner nationalen Würde und unveräußerlichen, durch die natürliche Ordnung der Dinge 25 garantierten Rechten eines jeden Staatsvolkes zuwiderliefe.
Diese Bedingung ist erfüllt. Nach der formalen Seite ist das unbestritten. Aber auch der Inhalt der Verträge entspricht der gestellten Anforderung. 30

Wolfgang Michalka/Gottfried Niedhart (Hg.), Die ungeliebte Republik, München 1984, S. 167 ff.

Aufgaben

1. Erläutere, inwiefern Gustav Stresemann für die Außenpolitik der Weimarer Republik eine so bedeutsame Rolle spielte.
   → Text
2. Stelle zusammen, welche Regelungen im Hinblick auf die Reparationen getroffen wurden.
   → Text
3. Erkläre, was der Völkerbund war.
   → Text
4. a) Fasse die wichtigsten Bestimmungen der Locarno-Verträge zusammen.
   b) Welche Einstellung gegenüber diesen Verträgen ist im Wahlplakat der DNVP erkennbar?
   c) Fasse die in der Reichstagsdebatte vertretenen Positionen knapp zusammen.
   d) Erkläre die jeweilige Beurteilung. Beziehe dabei die Parteizugehörigkeit der jeweiligen Redner mit ein.
   → Text, M4, M5

Die ruhige Zwischenphase der Weimarer Republik

„Goldene Zwanziger"
Der Begriff „Die Goldenen Zwanziger" rührt von den kulturellen Entwicklungen, den künstlerischen Leistungen sowie den wissenschaftlichen Entdeckungen und technischen Erfindungen her, die für die Mitte der zwanziger Jahre kennzeichnend sind. Dies überstrahlte zeitweise die wirtschaftliche und politische Entwicklung. Zwar kam es in den Jahren nach 1923 bis zum Ausbruch der Weltwirtschaftkrise 1929 zu einer Stabilisierung der ersten deutschen Demokratie, es blieben jedoch die Probleme wirksam, die die Frühphase gekennzeichnet hatten.

Politische Entwicklungen
Auch in den 1920er Jahren blieb die politische Situation unsicher. Zwar ging die politische Gewalt zurück und es gab keine offenen Aufstände mehr, jedoch gab es keine stabilen Mehrheiten im Reichstag und die Regierungen wechselten deshalb oft. Ein wichtiges Ereignis war die Wahl des Reichspräsidenten. Nach dem Tod von Friedrich Ebert 1925, der als SPD-Politiker in der Revolution eine entscheidende Rolle gespielt hatte, wurde eine Neuwahl notwendig. Im zweiten Wahlgang setzte sich schließlich der General des Ersten Weltkriegs Paul von Hindenburg durch. Dies galt Zeitgenossen und späteren Historikern als Zeichen der Wende nach rückwärts. Auch wenn der Monarchist Hindenburg sich in den ersten Jahren streng an die Reichsverfassung hielt, bekamen republikfeindliche Kräfte dennoch Zulauf.

M 1 Reichspräsident Hindenburg
Nach der Wahl 1925 in Berlin, Fotografie

Zur politischen Stabilisierung trug der wirtschaftliche Aufschwung bei. Dieser war durch die Währungsreform begründet, die die Inflation beendete, und durch die Entlastung von den Reparationszahlungen, die der Dawes-Plan mit sich brachte. Für viele verbesserte sich die materielle Situation, allerdings blieb die Wirkung begrenzt.

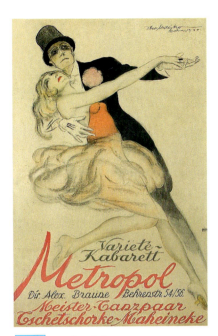

M 2 Werbeplakat
Kabarett-Veranstaltung in Berlin

Die neue Rolle der Frau

Die Lebenssituation der Frauen änderte sich nach dem Ersten Weltkrieg tief greifend. Das Frauenwahlrecht sicherte ihnen mehr politische Mitsprache. Die wachsende Berufstätigkeit verbesserte ihre soziale Stellung. Insbesondere weibliche Angestellte im Büro übten qualifizierte Tätigkeiten aus. Dieses veränderte Selbstbewusstsein äußerte sich in Frisur und Kleidung: Kurze als „Bubikopf" geschnittene Haare sowie Seidenstrümpfe und kürzere Röcke spiegelten das neue Rollenverhalten in der Gesellschaft wider. Im Haushalt erleichterten neue Geräte wie der Staubsauger die Arbeit.

Moderne Massenkultur

Eine der auffallendsten Entwicklungen war die Entstehung einer modernen Massenkultur, bei der die neuen Medien Rundfunk und Film eine wichtige Rolle spielten. So sendete 1923 die „Funkstunde AG" zum ersten Mal, drei Jahre später gab es bereits mehr als eine Million Radiohörer. In den neu entstandenen Kinos wurden zunächst Stummfilme, dann Tonfilme gezeigt. Die 1917 gegründete Universum Film AG (UFA) war der wichtigste deutsche Filmproduzent. „M", das Porträt eines Kindermörders (Regie: Fritz Lang) mit Peter Lorre und Gustaf Gründgens, und „Der Blauer Engel" (Regie: Josef von Sternberg) mit Marlene Dietrich und Emil Jannings waren die großen Kinoerfolge. Das Kino erwies sich als der große Publikumsmagnet, bereits 1925 kauften täglich zwei Millionen Menschen eine Kinokarte.

Eng verbunden mit dem Film waren auch populäre Schlager, modische Tänze, Swing- und Jazzmusik, die das Bild einer ausgelassenen Epoche bis in unsere Gegenwart prägen. Charleston und Foxtrott sowie die Lieder der „Comedian Harmonists" sind Beispiele für die „Goldenen Zwanziger". Einen großen Einfluss übte auch die Presse aus. 1928 erschienen 3356 unterschiedliche Tageszeitungen. Die Entwicklungen in der Weimarer Republik waren ein entscheidender Schritt auf dem Weg zu einer durch Medien geprägten Gesellschaft, wie sie heute in Deutschland existiert.

Kunst, Wissenschaft und Technik

Für die Kunst in dieser Phase der Republik mit ihren nüchternen, wirklichkeitsgetreuen Ausdrucksformen setzte sich der Begriff „Neue Sachlichkeit" durch. In der Architektur wurden klare, einfache Formen bevorzugt, in der Literatur experimentierten die Autoren mit neuen Ausdrucksformen, für das Theater schrieb Bertolt Brecht Stücke, die sich mit aktuellen Problemen auseinandersetzten.

In der Wissenschaft bewiesen deutsche Nobelpreisträger wie Carl Bosch, Albert Einstein und Werner Heisenberg die herausragende Stellung der Naturwissenschaft in der Weimarer Republik. Mit dem Namen Hugo Junkers verbindet sich die Entwicklung der zivilen Luftfahrt. Die 1926 gegründete „Luft–Hansa AG" brachte den Durchbruch des Flugzeugs als Transportmittel.

In den Bereichen Kultur, Wissenschaft und Technik war die Weimarer Republik ein moderner, zukunftsoffener Staat, während sich ihre politischen Führungskräfte noch stark an den Traditionen des vergangenen Kaiserreichs orientierten.

M 3 Luft-Hansa Flug
Fotografie, um 1930

Die Weimarer Republik

Erwerbspersonen nach Stellung im Beruf (1907 - 1933)

Jahr	Erwerbspersonen insgesamt 1000	Stellung im Beruf als							
		Selbstständige		Mithelfende Familienangehörige		Beamte und Angestellte		Arbeiter	
		1000	%[1]	1000	%[1]	1000	%[1]	1000	%[1]
1907	28 092	5496	19,6	4288	15,3	2882	10,3	15 427	54,9
1925	32 009	5288	16,5	5437	17,0	5525	17,3	15 759	49,2
1933	32 296	5303	16,4	5312	16,4	5513	17,1	16 168	50,1

[1] in % der Erwerbspersonen

M 4

Weibliche Erwerbspersonen nach Stellung im Beruf (1907 - 1933)

Jahr	Weibliche Erwerbspersonen insgesamt 1000	Stellung im Beruf als							
		Selbstständige		Mithelfende Familienangehörige		Beamtinnen und Angestellte		Arbeiterinnen	
		1000	%[1]	1000	%[1]	1000	%[1]	1000	%[1]
1907	9 493	1091	11,5	3178	33,5	371	3,9	4853	51,1
1925	11 478	1081	9,4	4133	36,0	1450	12,6	4814	41,9
1933	11479	936	8,2	4149	36,1	1695	14,8	4699	40,9

[1] in % der Erwerbspersonen

M 5

M 6 „Vampyr-Staubsauger"
Werbeplakat der Firma AEG, um 1929

M 7 „Plätteisen"
Werbeplakat der Firma AEG, um 1929

M 8 Filmplakate „Metropolis" von 1926 (links) und „Der blaue Engel" von 1930 (rechts)

Aufgaben

1. Erläutere, warum der Begriff „Goldene Zwanziger" missverständlich ist.
   → Text

2. a) Erkläre, warum es zu einer politischen und wirtschaftlichen Stabilisierung kam.
   b) Welche Bedeutung hatte die Wahl Hindenburgs zum Reichspräsidenten?
   → Text

3. a) Berechne, wie sich der Anteil der Frauen an den Berufstätigen zwischen 1907 und 1933 insgesamt veränderte.
   b) In welchen Bereichen nahm die Erwerbstätigkeit der Frauen zu, in welchen ab?
   → M4–M5

4. a) In den 1920er Jahren wurde von der „neuen Frau" gesprochen. Worin bestand das Neue im Leben der Frauen?
   b) Inwiefern haben die damaligen Veränderungen Auswirkungen bis heute?
   → M6–M7

5. a) Welche Handlung erwartest du aufgrund der Filmplakate in den beiden Filmen?
   b) Informiere dich über den Inhalt der beiden Filme und vergleiche den tatsächlichen Inhalt mit deinen Erwartungen.
   c) Suche Informationen zu Emil Jannings, Josef von Sternberg, Marlene Dietrich und Fritz Lang. → M8, Lexikon oder Internet

Die Weimarer Republik

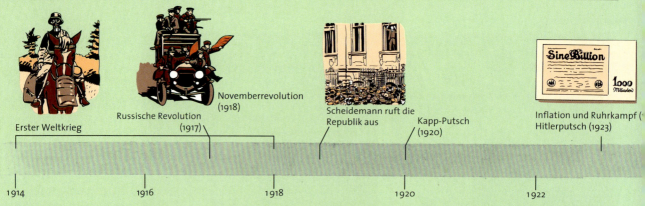

Erster Weltkrieg | Russische Revolution (1917) | Novemberrevolution (1918) | Scheidemann ruft die Republik aus | Kapp-Putsch (1920) | Inflation und Ruhrkampf / Hitlerputsch (1923)

1914 — 1916 — 1918 — 1920 — 1922

Grundwissen: Zeit	Grundwissen: Begriffe	Grundwissen: Methoden
14.7.1789 Beginn der Französischen Revolution 1806 Ende des Heiligen Römischen Reiches 1815 Wiener Kongress 1832 Hambacher Fest 1848/49 Revolution in Deutschland	Menschenrechte Gewaltenteilung Verfassung Volkssouveränität Bürgertum Nation Nationalismus Nationalversammlung Kaisertum Napoleons Code civil Montgelas Liberalismus Deutscher Bund	Umgang mit schriftlichen Quellen Umgang mit darstellenden Texten Umgang mit Karikaturen
	Industrielle Revolution Soziale Frage Sozialismus Arbeiterbewegung	Umgang mit Statistiken
1871 Reichsgründung	Deutsches Kaiserreich Bismarck Parteien Reichstag Kulturkampf Sozialistengesetz Sozialgesetzgebung Wilhelm II.	Umgang mit Historiengemälden
1914–1918 Erster Weltkrieg 1917 Russische Revolution	Imperialismus Attentat von Sarajewo Lenin	Umgang mit dem Internet
1918 Novemberrevolution **1923 Hitlerputsch**	**Vertrag von Versailles** **Völkerbund** **Weimarer Verfassung** **Inflation**	**Umgang mit Geschichtskarten** **Umgang mit Plakaten**

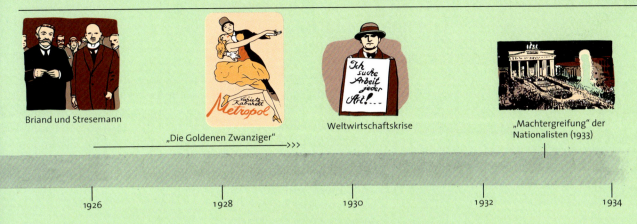

Zusammenfassung

Die nach Kriegsniederlage und Revolution entstandene erste deutsche Demokratie wurde „Weimarer Republik" genannt, weil die verfassungsgebende Nationalversammlung aus Sicherheitsgründen ihren Sitz in die thüringische Kleinstadt verlegt hatte. Befürworter eines sozialistischen Rätesystems beugten sich nach harten Auseinandersetzungen der Mehrheit, die im Reich und in den Ländern die parlamentarische Demokratie durchsetzte.

Neben der Ausarbeitung einer Verfassung, die dem Präsidenten eine starke Machtfülle gab, musste die junge Republik den Diktatfrieden von Versailles unterschreiben, obwohl die Verantwortung für Krieg und Niederlage bei den Eliten des vergangenen Kaiserreichs lag. In der Folgezeit haben Republikgegner die so genannte Dolchstoßlegende dazu benutzt, der Heimatfront die Schuld an der militärischen Niederlage zuzuschieben. Radikale von links und rechts versuchten durch Putsche oder Attentate auf führende Politiker die demokratische Staatsform zu schwächen beziehungsweise sie zu beseitigen.

In der großen Krise von 1923, die durch Ruhrkampf, Inflation, Hitlerputsch und kommunistische Aufstände gekennzeichnet war, konnte sich die Republik am Ende des Jahres behaupten. Daraufhin trat eine zeitweilige politische und wirtschaftliche Stabilisierung ein. Sie trug dazu bei, dass in den „Goldenen Zwanzigern" kulturelle und wissenschaftliche Hochleistungen zustande kamen, die internationale Bedeutung erlangten.

Auch die Außenpolitik von Gustav Stresemann, der in der Reparationsfrage Erleichterungen erzielen und sich mit den Westmächten verständigen konnte, entspannte das Verhältnis zu den ehemaligen Kriegsgegnern. Hatte Walther Rathenau diplomatische Beziehungen Deutschlands zur Sowjetunion begründet, so war es sein Kollege Stresemann, der mit den Westmächten Verträge abschloss und Deutschland in den Völkerbund führte. Zusammen mit seinem französischen Kollegen Briand erhielt er wegen seiner Verständigungspolitik den Friedensnobelpreis. Ziel der Außenpolitik Stresemanns blieb bis zu seinem Tod 1929 die Revision des Versailler Vertragssystems und die Rückführung Deutschlands in den Kreis der europäischen Großmächte.

Vertiefung: Geschichte der Medizin

Cholera und Tuberkulose

„Das Alter – ein Geschenk Gottes"

Neun von zehn Menschen sterben an einer Krankheit, bevor sie alt werden – so die Erfahrung eines preußischen Arztes aus dem Jahr 1797. Ein Mensch musste damals damit rechnen, dass er schwere Krankheiten nicht überleben würde, denn deren Ursachen waren zumeist unbekannt. Das Alter, so hieß es, sei ein Geschenk Gottes. Erst allmählich änderte sich die Einstellung der Menschen, die Krankheiten nicht mehr nur als gottgegeben hinnahmen, sondern vielmehr als einen Gegner verstanden, der bekämpft werden kann.

Die Cholera

Die Cholera war die Pest des 19. Jahrhunderts. Sie hatte seit 1817 in Indien innerhalb weniger Jahre unzählige Opfer gefordert und breitete sich in den 1830er Jahren bis nach Westeuropa aus. Deshalb wurde sie das „asiatische Ungeheuer" genannt. Die Ausdehnung des britischen Kolonialreiches und die Beschleunigung des Verkehrs brachten es mit sich, dass Soldaten und Kolonialarbeiter die Cholera auf Schiffen nach Europa einschleppten. Die schlechten hygienischen Verhältnisse in den Arbeitervierteln zur Zeit der Industrialisierung begünstigten die Ausbreitung der Krankheit. 1831/32 kam es zu ersten Epidemien beispielsweise in Berlin oder Paris. In immer neuen Wellen forderte die Cholera im 19. Jahrhundert ihre Opfer. Kaum war eine Epidemie vorüber, kam schon die nächste.

Die Ursachen der Cholera

Cholera ist eine Erkrankung der Darmschleimhaut, die zu heftigem Durchfall und Erbrechen führt. Der starke Wasserverlust lässt den Körper regelrecht austrocknen. Ohne Behandlung sterben zwei Drittel der Erkrankten innerhalb weniger Tage. Da es keine wirksamen Medikamente gab, versuchten es die Ärzte mit den verschiedensten Heilmethoden: Den Kranken wurden beispielsweise Abführmittel, Cholera-

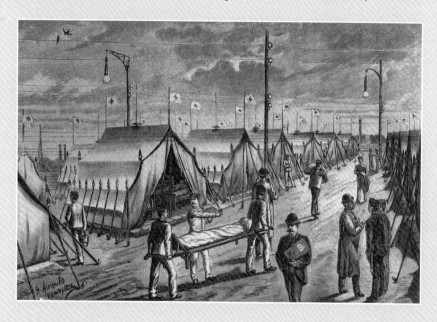

M 1 Cholera-Epidemie in Hamburg
Die letzte Cholera-Epidemie auf deutschem Boden ereignete sich 1892 in Hamburg, bei der mehr als 8 500 Menschen starben; Feldlazarett beim Eppendorfer Krankenhaus, Holzstich von 1892.

M2 Robert Koch (1843–1910)
Fotografie von 1896

Schnäpse und andere „Wundertropfen" verabreicht. Einige bekamen Opium, andere wurden sogar zur Ader gelassen, was den Tod nur noch schneller herbeiführte.

Unter den Ärzten und Wissenschaftlern gab es zwei Schulen. Max von Pettenkofer, der seit 1865 an der Münchner Universität den ersten Lehrstuhl für Hygiene in Deutschland innehatte, war der Ansicht, dass feuchtes Erdreich in Verbindung mit Kot und Harn infizierter Menschen ein Gas bildet, das die Cholera verursacht. Der Berliner Arzt und Forscher Robert Koch dagegen glaubte, dass unsauberes Wasser die Ursache für die Cholera sei. Auf einer Expedition nach Indien konnte er seine Vermutung beweisen. Im Darm von verstorbenen Cholera-Kranken fand er 1883 den Erreger, ein im Wasser lebendes Bakterium.

Da die Ursache der Krankheit nun bekannt war, konnten entsprechende Maßnahmen ergriffen werden: Ausbau der Kanalisation, Errichtung von Wasserwerken mit Filteranlagen, Ausweitung der Müllabfuhr und Schaffung besserer Wohnbedingungen.

Die Tuberkulose

Tuberkulose war eine der häufigsten Todesursachen der Menschen in der zweiten Hälfte des 19. Jahrhunderts in Deutschland: Jährlich starben mehr als 100 000 Menschen auf dem Gebiet des Deutschen Reiches an der als „Schwindsucht" genannten Volkskrankheit.

Tuberkulose ist eine chronische Infektionskrankheit, die alle Organe des Körpers befallen kann. Die bekannteste Form ist die Lungentuberkulose. Fieber, Mattigkeit, Nachtschweiß, Appetitmangel und Gewichtsabnahme, bei Lungentuberkulose außerdem Husten, Brustschmerzen und blutiger Auswurf sind typische Symptome. Ein Jahr vor der Entdeckung des Choleraerregers hatte Robert Koch bereits die Ursache für die Tuberkulose gefunden: das Tuberkelbakterium. 1905 erhielt er für seine Entdeckungen den Nobelpreis für Medizin.

Die Bekämpfung der Tuberkulose

Mit der Entdeckung des Erregers 1882 war aber noch lange keine Heilung in Sicht. Ein wirklicher Durchbruch bei der Behandlung von Tuberkulose-Kranken stellte erst die Erfindung der Antibiotika in den 1940er Jahren dar. Bis heute ist die Krankheit nicht ausgerottet.

Auf Plakaten und Merkblättern erklärte das Kaiserliche Gesundheitsamt den Menschen, wie sie sich vor einer Ansteckung schützen könnten. Auch wurde eine Meldepflicht für Infektionskrankheiten eingeführt. In Sanatorien sollten Tuberkulosekranke in Liegekuren mehrere Stunden am Tag an der frischen Luft verbringen.

Quellen für die Geschichte der Medizin

Krankenakten und Sterbestatistiken, Verordnungen, Plakate und wissenschaftliche Aufsätze sind heute unsere wichtigsten schriftlichen Quellen. Aber auch Karikaturen, Fotopostkarten von Sanatorien, Briefe und die literarische Verarbeitung von Krankheit geben uns einen Einblick in die Geschichte der ansteckenden Krankheiten, die das 19. Jahrhundert bestimmten. Cholera und Tuberkulose sind dabei nur zwei Beispiele. Auch Kinderkrankheiten wie Masern, Keuchhusten oder Diphtherie verursachten noch bis ins 20. Jahrhundert bei den Menschen Angst und Schrecken, da sie häufig tödlich verliefen.

Vertiefung: Geschichte der Medizin

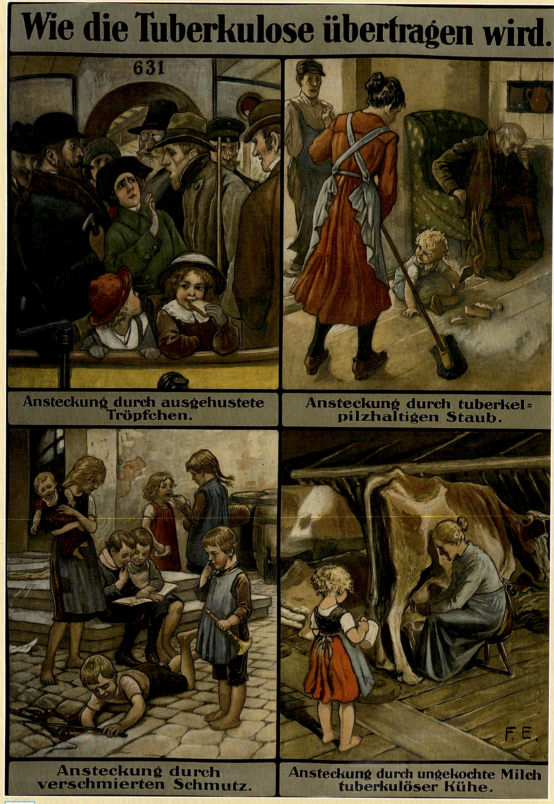

M 3 „Wie die Tuberkulose übertragen wird."
Bildtafel zur Erkennung und Verhütung der Tuberkulose, um 1925

M 4 Cholera und Tuberkulose

a) Folgende Lexikon-Artikel eines Konversationslexikons aus den Jahren 1875 und 1878 spiegeln den Wissensstand der damaligen Zeit wider. Unter dem Stichworten Cholera heißt es:

Ganz besondere Aufmerksamkeit hat man auf die Erforschung der Art und Weise verwendet, wie sich die C. ausbreitet. Früher glaubte man, dass sie eine ansteckende Krankheit sei, und dass sie unmittelbar von einem Menschen auf den andern übertragen werde.
Bald jedoch ließen zahlreiche Erfahrungen diese Annahme als unhaltbar erscheinen, und man verfiel nun in den entgegengesetzten Fehler, die Krankheit mehr oder minder ausschließlich für eine miasmatische zu halten und anzunehmen, dass sie sich nicht sowohl durch Ansteckung von Mensch zu Mensch, als vielmehr durch Vermittlung des Bodens und der Luft verbreite. Man weiß nun gegenwärtig ganz sicher, dass die C. eine kontagiös-miasmatische Krankheit ist.
Was dieser Ausdruck besagen will, wird sich aus folgender Betrachtung ergeben. Die C. ist eine Infektionskrankheit; sie entsteht nur, wenn ein gewisser, seiner Natur nach übrigens nicht näher bekannter Giftstoff, welchen wir Choleragift nennen wollen, in den Körper des Menschen gelangt. Dieser Giftstoff stammt ursprünglich aus dem Boden; er gehört folglich zu derjenigen Klasse von Ansteckungsstoffen, welche wir als Miasmen oder Bodenausdünstungen bezeichnen.

Meyers Konversations-Lexikon. Eine Enzyklopädie des allgemeinen Wissens, 3. Aufl. Bd. 4, Leipzig 1875, S. 494.

b) Über die Ursachen der Tuberkulose heißt es:

Die Ursachen der Tuberkelbildung und der Tuberkulose sind selten lokaler, sondern meist allgemeiner Natur. Eine lokale Ursache der Tuberkelbildung müssen wir annehmen bei manchen Handwerkern, z. B. bei Schleifern, Stein- und Metallarbeitern [...], bei denen allen durch Aufnahme reizender Staubteilchen in die Luftwege ein chronischer Entzündungszustand der letzteren verursacht und die Tuberkulosebildung angeregt wird. Die allgemeinen Ursachen der Tuberkulose sind vorzugsweise Erblichkeit und schlechte Ernährung. Der Einfluss der Eltern auf die Entstehung der Tuberkeln der Kinder ist zweifellos und lässt sich häufig konstatieren. Die Tuberkulose betrifft die Kinder sowohl, wenn beide Eltern tuberkulös sind, als auch, wenn nur der Vater oder nur die Mutter es ist. Indes müssen durchaus nicht alle Kinder tuberkulöser Eltern notwendig wieder tuberkulös werden. Ebenso sicher ist schlechte Ernährung eine häufige Ursache der Tuberkulose. Wir sehen dies bei unzweckmäßiger Ernährung besonders kleiner Kinder (künstliche Auffütterung der Säuglinge), ferner an den Insassen von Waisenhäusern, Gefängnissen und dergleichen Anstalten, bei Menschen, welche schwere Krankheiten überstanden haben und dadurch in ihrer Ernährung sehr herabgekommen sind, bei Geisteskranken, welche die Nahrung verweigern, nach geschlechtlichen Exzessen, Kummer und derartigen Affekten.

Meyers Konversations-Lexikon. Eine Enzyklopädie des allgemeinen Wissens, 3. Aufl. Bd. 15, Leipzig 1878, S. 192.

Aufgaben

1. a) Erläutere, welche Erklärungen für die Cholera im 19. Jahrhundert gängig waren.
   b) Welche Erklärung der Krankheit wurde im Lexikon aus den 1870er Jahren angegeben?
   c) Welche der Erklärungen hat sich als zutreffend erwiesen?
   → Text, M3, M4

2. a) Fasse die aktuellen medizinischen Informationen zur Cholera zusammen. Ziehe dazu auch andere Informationsquellen (Lexikon, Internet usw.) heran.
   b) Informiere dich, ob die Cholera heute noch existiert und wo sie verbreitet ist.
   → Text, Lexikon oder Internet

3. a) Erkläre, was Tuberkulose ist.
   b) Welche Ursachen für die Tuberkulose wurden im Lexikonartikel aus den 1870er Jahren angegeben? Waren die Informationen aus heutiger Sicht zutreffend?
   c) Stelle dar, wie die Krankheit bekämpft wurde, und beurteile die Wirksamkeit der Gegenmaßnahmen.
   → Text, M2, M3, M4

4. a) Informiere dich über die Wirkungsweise von Antibiotika.
   b) Überlege, warum zwischen der Entdeckung des Tuberkulose-Erregers und der Entwicklung eines wirksamen Gegenmittels eine so lange Zeitspanne lag.
   → Text, Lexikon oder Internet

Minilexikon

Absolutismus (lat. absolutus = losgelöst). Regierungsform, in der ein Monarch die uneingeschränkte und ungeteilte Herrschaftsgewalt (Souveränität) besitzt. Er regiert von den Gesetzen losgelöst und muss sich keinem Menschen, sondern nur Gott gegenüber rechtfertigen. Er sieht seine Macht als gottgegeben (Gottesgnadentum) und fordert unbedingten Gehorsam von allen Untertanen. Der Begriff bezeichnet die Epoche vom 16.–18.Jh., als der A. in Europa vorherrschte. Als Vorbild galt der französische König Ludwig XIV. Um die Macht zu zentralisieren, unterwarf er den politisch selbstständigen Adel und brach das Steuerbewilligungsrecht der Stände. Zu Stützen seiner Macht entwickelte er das Stehende Heer, die Beamtenschaft und den Merkantilismus.

Antisemitismus. Abneigung oder Feindseligkeit gegenüber Juden. Bezeichnung für völkisch-rassistische Anschauungen, die sich auf soziale, religiöse und ethnische Vorurteile stützen. Derartige Vorstellungen spielten eine zentrale Rolle in der Ideologie der Nationalsozialisten und wurden mit ihrem Machtantritt 1933 in Deutschland politisch wirksam.

Arbeiterbewegung. Die mit der Industriellen Revolution verbundenen sozialen Probleme schufen unter den Arbeitern das Gefühl der Zusammengehörigkeit. Sie entwickelten vielfach ein gesellschaftliches Klassenbewusstsein und organisierten sich Ende des 19. Jh. in Arbeiterparteien und Gewerkschaften zur Durchsetzung ihrer Interessen.

Attentat von Sarajewo. Die Ermordung des österreichischen Thronfolgers Franz Ferdinand in der seit 1878 zum Habsburger Vielvölkerstaat gehörenden bosnischen Stadt S. am 28. Juni 1914 führte nach der folgenden Julikrise zum Ausbruch des Ersten Weltkrieges.

Aufklärung. Eine Bewegung im 18. Jh. in West- und Mitteleuropa gegen den Absolutismus. Ihre zumeist bürgerlichen Vertreter – Schriftsteller, Philosophen und Staatstheoretiker – hielten alle Menschen „von Natur aus" für vernunftbegabt und befähigt, ihr Leben „vernünftig" zu gestalten. Die Zeit war erfüllt von Fortschrittsglauben und Optimismus. Mithilfe von Büchern, Zeitungen und Diskussionen gewannen die Aufklärer die öffentliche Meinung in ihrem Kampf gegen religiösen Fanatismus und überlieferte politische Machtverhältnisse.

Binnenwanderung. Wanderbewegung größerer Bevölkerungsteile innerhalb eines Staates. Sie wird zumeist ausgelöst durch die Suche nach besseren Arbeits- und Lebensbedingungen oder auch durch kriegerische Ereignisse. In Deutschland setzte um 1870 mit fortschreitender Industrialisierung eine Binnenwanderung vom Land in die Stadt und vom Osten in den industriellen Westen ein.

Bismarck. Preußischer Ministerpräsident seit 1862. Nach Gründung des Kaiserreiches blieb er Ministerpräsident, wurde Reichskanzler und Vorsitzender des Bundesrates. Innenpolitisch arbeitete er mit wechselnden Parteien, bekämpfte katholisches Zentrum und die Sozialdemokraten. Zugleich versuchte er mit seiner Sozialgesetzgebung die Arbeiterschaft mit dem monarchischen Staat zu versöhnen. Außenpolitisch gelang es ihm, Frankreich durch ein Bündnissystem zu isolieren und den status quo in Europa zu sichern.

Blutsonntag. Bezeichnung für den 22. Januar 1905, an dem Truppen vor dem Winterpalais in Petersburg das Feuer auf eine friedliche Arbeiterdemonstration eröffneten. Er löste einen allgemeinen Aufstand aus, die erste (bürgerliche) russische Revolution 1905–1907.

Bolschewismus, Bolschewiki (russ. = Mehrheitler). Bezeichnung für die radikalen sozialdemokratischen Anhänger Lenins, die seiner revolutionären Taktik (Leninismus) auf einem Parteitag 1903 zustimmten. Die bei dieser Abstimmung Unterlegenen akzeptierten sich den Namen Menschewiki (= Minderheitler). Nach Lenins Theorie muss die Proletarische Revolution von einer straff geführten Kaderpartei getragen werden. Sie ist die bestimmende Kraft auf dem Weg zum Sozialismus und muss durch Parteifunktionäre alle nachgeordneten gesellschaftlichen Gruppierungen beherrschen. In der Sowjetunion erzwang Stalin die Umgestaltung von Staat und Gesellschaft nach bolschewistischen Prinzipien, was nach 1945 von allen Staaten innerhalb des sowjetischen Machtbereichs übernommen wurde.

Bundesstaat. Zusammenschluss selbstständiger Staaten zu einem Gesamtstaat, wobei die Gliedstaaten einen Teil ihrer Hoheitsrechte auf den Gesamtstaat übertragen (z.B. Deutschland, USA, Schweiz). Dieses Gestaltungsprinzip nennt man Föderalismus.

Bürgertum. Ein vielschichtiger Begriff, der sowohl den Dritten Stand in der Ständegesellschaft des Absolutismus als auch die mittleren Schichten im Zeitalter der Industrialisierung bezeichnet. Der Begriff B. wurde eingegrenzt, indem man z. B. vom Groß- und Kleinbürgertum oder vom Bildungs- und Besitzbürgertum gesprochen hat. Im Marxismus wird das B. als Bourgeoisie bezeichnet, die das Proletariat ausbeutet. Heute spricht man eher von sozialen Schichten, da eine Klassengesellschaft nicht mehr existiert.

Burschenschaft. 1815 in Jena gegründete studentische Verbindung, die sich zu einer rasch ausbreitenden Bewegung an den Universitäten entwickelte. Sie forderte neben einer Studienreform die staatliche Einigung Deutschlands und verkündete ihre liberalen Ziele 1817 auf dem Wartburgfest. Die Karlsbader Beschlüsse führten 1820 zum Verbot der B., welches jedoch fortbestand. Nach der Reichsgründung 1871 setzten sich konservative Strömungen in der B. durch.

Code civil. Von Napoleon geschaffenes bürgerliches Zivilgesetzbuch (1804), das die Grundgedanken der Französischen Revolution (persönliche Freiheit, Gleichheit vor dem Gesetz, Trennung von Staat und Kirche) verankerte. Der Code civil (auch: Code Napoleon) beeinflusste die europäische Rechtsprechung erheblich.

Dampfmaschine. Die Dampfkraft wurde bereits Ende des 17. Jahrhunderts genutzt, um Wasser aus den Kohlebergwerken zu pumpen. James Watt erfand 1769 eine Maschine, die auch für die Industrie geeignet war. Sie ersetzte Wasser- und menschliche Arbeitskraft und schuf eine Voraussetzung für die Industrialisierung.

Depression. Phase eines Abschwungs der Wirtschaftskonjunktur, zumeist verbunden mit Überproduktion, mangelnder Konkurrenzfähigkeit, Geldentwertung und Arbeitslosigkeit.

Deutscher Bund. 1815 auf dem Wiener Kongress gegründeter loser Staatenbund, dem 34 souveräne Fürsten, 4 Freie Städte sowie 3 ausländische Staaten angehörten. Einziges Organ war der Bundestag (Bundesversammlung) in Frankfurt/M., wo die Gesandten unter Vorsitz Österreichs tagten. Er zerbrach 1866 am preußisch-österreichischen Dualismus.

Deutscher Zollverein. 1834 unter Preußens Führung gegründete Vereinigung 18 deutscher Staaten, der nach und nach alle Staaten Deutschlands (außer Österreich) beitraten. Ziel war die Schaffung eines einheitlichen deutschen Wirtschaftsraums ohne Binnenzölle.

Deutsches Kaiserreich. Das mittelalterliche Kaiserreich, das ab dem 16. Jahrhundert als Heiliges Römisches Reich Deutscher Nation bezeichnet wurde, erlosch im Jahr 1806 nach einer mehr als 800jährigen Geschichte. Das D. K. wurde im Krieg gegen Frankreich 1871 im Spiegelsaal des Schlosses von Versailles ausgerufen. Nur 47 Jahre bis zum Ende des Ersten Weltkrieges hatte dieses sog. Zweite Reich Bestand. Der Staat Adolf Hitlers wurde später als Drittes Reich bezeichnet.

Direktorium. Nach der Verfassung von 1795 oberste Regierungsbehörde Frankreichs. Es bestand aus 5 Mitgliedern, die durch den Rat der Alten auf Vorschlag des Rats der 500 gewählt wurden. 1799 beseitigte Napoleon das Direktorium durch einen Staatsstreich.

Dolchstoßlegende. Nach dem 1. Weltkrieg von deutschen Nationalisten verbreitete Behauptung, dass nicht das Militär und die kaiserliche Führung für Deutschlands Niederlage verantwortlich seien, sondern Sozialisten und demokratische Politiker. Diese Propaganda diente nationalistischen und antidemokratischen Kräften zur Diffamierung der Weimarer Republik.

Dreiklassenwahlrecht. Von 1849–1918 gültiges Wahlrecht in Preußen für die Wahl zum Abgeordnetenhaus. Nach der Höhe ihrer Steuerleistung wurden die Wähler in jedem Wahlbezirk in 3 Klassen eingeteilt, die jeweils 1/3 des Steueraufkommens erbrachten. Jede Klasse konnte über Wahlmänner die gleiche Zahl von Abgeordneten wählen. Die wenigen Höchstbesteuerten in Preußen stellten somit die gleiche Zahl von Abgeordneten, wie die große Masse der Bürger mit geringem Steuereinkommen.

Minilexikon

Emanzipation. In der Aufklärung wurzelnde Bewegung, welche die rechtliche und gesellschaftliche Gleichstellung aller Bürger anstrebte. Dazu zählen Bauernbefreiung, Judenemanzipation oder Frauenemanzipation (Frauenrechtsbewegung).

Entente cordiale (frz. = herzliches Einvernehmen). 1904 zwischen Großbritannien und Frankreich geschlossenes Bündnis, das 1907 um Russland erweitert wurde.

Erfüllungspolitik. Demagogisches Schlagwort von rechten Gegnern der Weimarer Republik. Es bezeichnete die 1921 eingeleitete Politik der deutschen Regierung, die Reparationsverpflichtungen nach Möglichkeit zu erfüllen trachtete, um damit zugleich die Grenzen der Leistungsfähigkeit offenkundig zu machen. Ziel war somit eine Revision der Reparationsbestimmungen.

Frauenrechtsbewegung. Organisierter Kampf der Frauen für politische und soziale Gleichberechtigung. Während der Französischen Revolution setzten erste Reformbestrebungen ein, die sich seit der Industriellen Revolution im 19. Jh. verstärkten. Die Hauptforderungen zielten auf die Erlangung der vollen politischen und bürgerlichen Rechte sowie auf Zugang zu allen Berufen und Bildungsinstituten. 1865 wurde der „Allgemeine Deutsche Frauenverein" gegründet, 1897 entstand der „Internationale Frauenbund" als übernationale Organisation.

Freikorps. Ein aus Freiwilligen bestehender Kampfverband, der nicht zur regulären Armee zählt. In den Jahren 1919–23 setzte die Reichsregierung mehrfach Freikorps zur Abwehr kommunistischer Aufstände und zum Grenzschutz im Osten ein. Auch nach ihrer offiziellen Auflösung bestanden die oft antirepublikanisch eingestellten Freikorps vielfach fort, meist in Form rechtsextremer Untergrundorganisationen, die den inneren Frieden der Weimarer Republik bedrohten.

Generalstände. Versammlung von Vertretern der drei Stände (Geistlichkeit, Adel, Bürger und Bauern) in Frankreich mit dem Recht der Steuerbewilligung.

Gewaltenteilung. Teilung der Staatsgewalt in eine gesetzgebende (legislative), gesetzesvollziehende (exekutive) und rechtsprechende (judikative) Gewalt. Sie entspringt der Aufklärung und soll einen Missbrauch staatlicher Macht verhindern. Dem Prinzip der Gewaltenteilung entsprechen die voneinander unabhängigen Verfassungsorgane Parlament, Regierung und Gerichte.

Gewerbefreiheit. In vorindustrieller Zeit unterlag das Gewerbe einer Preis- und Produktionskontrolle durch die Zünfte. Dieser Zunftzwang wurde im 19. Jh. aufgehoben und die Gewerbefreiheit eingeführt. Jeder konnte nunmehr einen Gewerbebetrieb mit beliebigen Produkten eröffnen.

Gewerkschaften. Zusammenschlüsse von Arbeitnehmern zur Wahrung ihrer wirtschaftlichen Interessen. In England organisierten sich Arbeiter erstmals Ende des 18. Jh. (Trade Unions), in Deutschland entstanden seit 1848 zahlreiche lokale Arbeiterverbände. Nach 1890 (Aufhebung des Sozialistengesetzes) entwickelten sich die Gewerkschaften zu breiten Massenorganisationen.

Girondisten. Politische Gruppe von Abgeordneten während der Französischen Revolution, deren wichtigste Führer aus dem Departement Gironde stammten. Sie spalteten sich von den Jakobinern ab und verfolgten als Vertreter des Bürgertums eine gemäßigte republikanische Richtung.

Golden Twenties s. Prosperität

Großdeutsch. In der Frankfurter Nationalversammlung 1848/49 bildeten sich zwei Richtungen hinsichtlich Österreichs Zugehörigkeit zu einem deutschen Nationalstaat. Während die eine Gruppe die Einbeziehung Österreichs befürwortete (großdeutsche Lösung), lehnte die andere dies ab (kleindeutsche Lösung).

Heilige Allianz. 1815 veröffentlichte Erklärung der Monarchen von Russland, Österreich und Preußen, der sich später zahlreiche europäische Fürsten anschlossen. Ziel der Allianz sollte eine Politik sein, welche die Prinzipien der christlichen Religion und des Friedens verfolgte. Tatsächlich diente sie der Unterdrückung nationaler und liberaler Bewegungen und wurde – obwohl politisch weitgehend folgenlos – zum Symbol der Reaktion.

Imperialismus. Das Streben eines Staates seine Herrschaft auf andere Länder und Völker auszudehnen. Als Machtmittel dienen Eroberungen oder wirtschaftliche Beherrschung aufgrund ökonomischer Überlegenheit. Als Epoche des Imperialismus gilt besonders die Zeit von 1880–1914, in der die Großmächte ihre Kolonialreiche ausbauten und die Welt in Einflusssphären aufteilten.

Industrielle Revolution. Einschneidender wirtschaftlicher und gesellschaftlicher Umwälzungsprozess, ausgelöst durch die um 1760 in England einsetzende Industrialisierung. Sie erreichte um 1840 Deutschland und breitete sich später weltweit aus. Zu ihren Voraussetzungen zählte vor allem der Einsatz von Maschinen, was neue industrielle Produktionsweisen nach sich zog (Massenfabrikation, Arbeitsteilung, Fabriken). Besonders in ihrer Anfangsphase war sie mit sozialer Verelendung verbunden, zugleich entstanden neue Klassengegensätze aufgrund sozialer Probleme der Arbeiterschaft (Soziale Frage).

Inflation. Geldentwertung, die eine Erhöhung der Preise zur Folge hat. Wegen des riesigen Geldbedarfs der kriegsführenden Staaten im Ersten Weltkrieg stieg die I. überall an, weil die Regierungen Papiergeld drucken ließen. Den stärksten Währungsverfall hatte Deutschland im Jahr 1923, als eine Billion Papiermark dem Wert einer Goldmark entsprach.

Jakobiner. Die Mitglieder eines politischen Klubs während der Französischen Revolution, benannt nach ihrem Tagungsort, dem Pariser Kloster St. Jakob. Nach Abspaltung der Girondisten Bezeichnung allein der radikalen Republikaner.

Kaisertum Napoleons. Das seit dem Mittelalter bestehende Wahl- und Erbkaisertum im Heiligen Römischen Reich wurde 1806 durch Niederlegung der Kaiserkrone staatsrechtlich aufgelöst. Napoleon hatte sich 1804 mit päpstlicher Beteiligung selbst zum Kaiser der Franzosen gekrönt. Mit seinem Sturz endete sein 10jähriges Kaisertum, das nach 1850 durch seinen Neffen Napoleon III. bis zur Niederlage Frankreichs im Krieg von 1870/71 erneuert worden war. Machtgrundlage des K. N. waren Militär und Massen, die durch Plebiszite die Herrschaft des Kaisers stützten, und nicht die dynastische Erbfolge.

Kapitalismus. Wirtschaftssystem, bei dem das Kapital unternehmerisch eingesetzt wird, um hohe Gewinne zu erzielen. Angebot und Nachfrage bestimmen den Verkaufspreis und der Staat enthält sich jeder Einflussnahme. Für den Marxismus ist der Kapitalismus ein System profitorientierten Eigentums, das die Lohnarbeiter ausbeutet und ihre Verelendung bewirkt. Zentrale Bedeutung hat daher das Produktivkapital, das alle Produktionsmittel wie Maschinen oder Produktionsstätten umfasst. Sie gehören Privatpersonen – Unternehmern bzw. „Kapitalisten" –, denen die Lohnarbeiter – das Proletariat – gegenüberstehen. Nur der Klassenkampf kann nach Marx ihre Ausbeutung beenden.

Karlsbader Beschlüsse. Die auf den Karlsbader Ministerkonferenzen 1819 beschlossenen Maßnahmen gegen nationale und liberale Bewegungen. Anlass war die Ermordung des reaktionären Dichters von Kotzebue. An den Beschlüssen, die auf Initiative Metternichs zu Stande kamen, wirkten Österreich, Preußen sowie acht weitere deutsche Staaten mit.

Klassen. Gesellschaftliche Gruppen innerhalb einer Sozialordnung, deren Stellung durch Vermögen, Bildungsgrad und gesellschaftliches Bewusstsein gekennzeichnet ist. Die folgenreichste Klassentheorie entwickelte der Marxismus. Hiernach beutet die herrschende Klasse der Bourgeoisie die Klasse der Arbeiter – das Proletariat – aus, weil sie über die Produktionsmittel verfügt (Kapitalismus). Daraus resultiert ein Klassenkampf, der schließlich zur Revolution führt und mit dem „Sieg des Proletariats" endet („Diktatur des Proletariats"). Nach Überführung der Produktionsmittel in Gemeineigentum entsteht allmählich die klassenlose Gesellschaft des Kommunismus.

Kleindeutsch (s. Großdeutsch)

Kolonialismus. Eroberung zumeist überseeischer Gebiete durch einen militärisch überlegenen Staat. Der neuzeitliche K. beginnt im 16. Jh. und verfolgt vor allem militärische und wirtschaftliche Ziele.

Kommunismus. Von Marx und Engels begründete Ideologie, die im „Kommunistischen Manifest" 1848 zusammengefasst wurde. Er enthält die Vorstellung einer klassenlosen Gesellschaft, in der das Privateigentum abgeschafft ist und die Produktionsmittel in Gemeineigentum überführt worden sind. Im 20. Jh. bezeichnet

249

Minilexikon

der K. vor allem eine Gesellschaftsform, die erstmals durch die Oktoberrevolution 1917 in der Sowjetunion errichtet wurde und durch die Diktatur der Kommunistischen Partei gekennzeichnet war.

Konservatismus. Geistige und politische Haltung, die auf Bewahrung überlieferter Werte abzielt. Reformen werden nicht abgelehnt, wohl aber Neuerungen, die auf unüberprüfbaren Theorien oder Ideologien beruhen. Er entstand in der Auseinandersetzung mit den Ideen der Französischen Revolution und wurde im 19. Jh. zum Verbündeten der Restauration gegen den Liberalismus.

Konstitutionelle Monarchie. Regierungsform, in der die Gewalt des Monarchen an eine Verfassung (Konstitution) gebunden ist, die eine Mitwirkung der Volksvertretung bei der Gesetzgebung vorsieht.

Kontinentalsperre. Von Napoleon 1806 gegen Großbritannien verhängte Wirtschaftsblockade, die den europäischen Kontinent abriegelte.

Konvent. Französische Nationalversammlung von 1792–95. Er proklamierte 1792 die Republik und entwarf eine nie in Kraft getretene republikanische Verfassung. Sein ausführendes Organ war der Wohlfahrtsausschuss.

Kulturkampf. Die von Bismarck geführte Auseinandersetzung zwischen dem preußischen Staat und der katholischen Kirche 1871–87.

Legitimität. Nach diesem Prinzip sollten auf dem Wiener Kongress nur solche Herrscher als rechtmäßig (legitim) anerkannt werden, die sich auf althergebrachte Rechte einer königlichen oder fürstlichen Familie berufen konnten.

Lenin. Deckname für den russischen Politiker Uljanow, der 1917 in der bolschewistischen Oktoberrevolution die Macht in Russland übernahm. L. war Vorsitzender des Rates der Volkskommissare und sicherte mit der Schaffung des Politbüros, des ZK-Sekretariats und dem Verbot der Fraktionsbildung die Diktatur der Kommunistischen Partei in der neu entstandenen Sowjetunion. Nach seinem Tod im Jahr 1924 gelangte der von ihm abgelehnte Stalin an die Macht.

Liberalismus. In der Aufklärung wurzelnde politische Bewegung, die im 19. Jh. Bedeutung erlangte. Im Zentrum steht das Recht des Einzelnen auf freie Entfaltung gegenüber staatlicher Bevormundung. Zu seinen Forderungen zählen Glaubens- und Meinungsfreiheit, Sicherung der bürgerlichen Grundrechte sowie Beteiligung an politischen Entscheidungen. Der wirtschaftliche Liberalismus fordert einen freien Wettbewerb ohne staatliche Eingriffe und Zollschranken.

Marxismus. Bezeichnung für die von Karl Marx und Friedrich Engels im 19. Jh. begründete Theorie des wissenschaftlichen Sozialismus. Zentrale Grundlage ist der „Historische Materialismus", der von der Notwendigkeit einer sozialistischen Gesellschaftsordnung ausgeht, die das Ergebnis der sozialen und wirtschaftlichen Entwicklung ist (Klassenkampf, Kommunismus). Weiterhin die „Kritik der politischen Ökonomie", in der Marx die kapitalistischen Produktionsweisen und ihre Auswirkungen auf die gesellschaftlichen Verhältnisse untersucht (Kapitalismus).

Menschenrechte. In der Aufklärung entstandene Überzeugung, wonach jeder Mensch unantastbare Rechte besitzt, die der Staat achten und schützen muss. Hierzu zählen das Recht auf Gleichheit, Unversehrtheit, Eigentum, Meinungs- und Glaubensfreiheit, Widerstand gegen Unterdrückung. Diese Rechte wurden erstmals in die amerikanische Unabhängigkeitserklärung (1776) und die französische Verfassung von 1791 aufgenommen und sind seitdem Bestandteil vieler Verfassungen.

Mediatisierung. Beseitigung der Selbstständigkeit kleinerer weltlicher Reichsstände (z.B. Grafschaften, Reichsritter) und ihre Unterwerfung unter die Landeshoheit anderer Territorien. Sie erfolgte seit 1803 (Reichsdeputationshauptschluss) zur Entschädigung jener Fürsten, deren linksrheinische Gebiete an Frankreich gefallen waren.

Mittelmächte. Die im Ersten Weltkrieg verbündeten Staaten Deutsches Reich und Österreich-Ungarn, später auch die hinzugetretenen Verbündeten Osmanisches Reich und Bulgarien.

Monroe-Doktrin. Die 1832 von Präsident Monroe dargelegten Grundsätze der amerikanischen Außenpolitik. Im Zentrum steht die strikte Trennung amerikanischer und europäischer Angelegenheiten und die Abwehr jeder Einmischung europäischer Mächte auf dem amerikanischen Kontinent.

Montgelas. Gilt als Schöpfer des modernen Bayern. Durch eine Revolution von oben reformierte er grundlegend Justiz, Verwaltung, das Wirtschafts- und Bildungssystem und schuf damit die Voraussetzung für einen geschlossenen Gesamtstaat. Kirchliche Besitztümer wurden durch Säkularisierung, Reichsgebiete durch Mediatisierung enteignet und Bayern zugeschlagen, das dadurch zu einer starken Mittelmacht wurde.

Nationalismus. Meist negativ besetzter Begriff für ein übersteigertes Nationalgefühl und die Überbewertung der eigenen Nation.

Nation. Als Merkmal einer Nation gelten gemeinsame Abstammung, Sprache, Kultur und Geschichte sowie das Zusammengehörigkeitsgefühl der in einem Gebiet zusammenlebenden Menschen. Die Begriffe „Nation" und „Volk" sind nicht eindeutig voneinander abzugrenzen und werden häufig synonym gebraucht. Ein Nationalgefühl entwickelte sich bereits im Mittelalter, vor allem in den westeuropäischen Staaten (England, Frankreich, Spanien). Im 19. Jh. verstärkte sich diese Tendenz, besonders bei Völkern, die keine politische Unabhängigkeit erlangt hatten (z.B. Polen, Südslawen, Griechen) oder aufgrund ihrer Geschichte in zahlreiche Einzelstaaten zersplittert waren (z.B. Deutschland, Italien). Sie erhoben die Forderung nach einem Nationalstaat, der ein politisch geeintes Volk umfassen sollte.

Nationalsozialismus. Nach dem 1. Weltkrieg in Deutschland entstandene rechtsradikale Bewegung, die nationalistische, expansive und demokratiefeindliche Ziele vertrat. Der Nationalsozialismus ist eine deutsche Ausformung des Faschismus, von dem er sich durch besonders radikale Positionen abhebt. So vor allem durch einen übersteigerten Rassenwahn („Rassenlehre"), einen extremen Antisemitismus und die mythische Überhöhung des „arisch-nordischen Herrenmenschen".

Nationalversammlung. Gewählte Volksversammlung einer Nation, die vor allem zur Ausarbeitung einer → Verfassung zusammentritt. So z.B. die französische Nationalversammlung 1789–92 oder die Frankfurter Nationalversammlung 1848–49.

Naturrecht. Gegensatz zum staatlich festgesetzten sog. positiven Recht. Gilt seit der Antike als eine Rechtsform, auf die sich jeder Mensch berufen kann. In der Neuzeit dient es dazu, die rechtliche Gleichheit aller zu begründen. Das N. wird von unterschiedlichen Gruppen benutzt. Sowohl der absolutistische Staat als auch dessen Gegner bezogen sich auf das N., um ihre Herrschaftsvorstellungen zu begründen. Heute bezieht sich vor allem die katholische Kirche auf ein von Gott eingesetztes N., während es viele Juristen als unwissenschaftlich ablehnen.

Norddeutscher Bund. Der 1867 durch Bismarck geschaffene Bundesstaat, dem Preußen und alle nördlich des Mains gelegenen Staaten angehörten. Die Regierungsgewalt lag beim Bundesrat der verbündeten Regierungen, dessen Präsidium beim König von Preußen. Bismarck war Bundeskanzler. Die Gesetzgebung lag beim Bundesrat und Reichstag, der in allgemeinen Wahlen direkt gewählt wurde. Diese Verfassung war Grundlage der Reichsverfassung von 1871.

Notverordnung. Durch Artikel 48 der Weimarer Verfassung war der Reichspräsident ermächtigt, bei Gefährdung der „öffentlichen Sicherheit und Ordnung" gesetzesvertretende Verordnungen zu erlassen, welche die Grundrechte völlig oder teilweise außer Kraft setzten. Diese Maßnahmen mussten zwar auf Verlangen des Reichstags rückgängig gemacht werden, doch da der Reichspräsident den Reichstag jederzeit auflösen konnte, verlieh ihm der Artikel 48 praktisch diktatorische Vollmachten. In der Endphase der Weimarer Republik (1930–33) wurden Notverordnungen zum eigentlichen Regierungsinstrument und ermöglichten den totalitären Staat der Nationalsozialisten.

Novemberrevolution. Im November 1918 in Deutschland ausgebrochene Aufstände, welche zum Ende der Monarchie führten und den Übergang zur parlamentarischen Republik einleiteten.

Oktoberrevolution. Bolschewistischer Umsturz in Russland am 25. Oktober 1917 (nach westlicher Zeitrechnung der 7. November 1917), der eine gewaltige politisch-soziale Umwälzung einleitete. Der wirt-

Minilexikon

schaftliche und militärische Zusammenbruch des Zarenreichs als Folge des Ersten Weltkriegs schuf Mitte 1917 die Voraussetzungen für die Revolution. Bolschewistische Truppen und Arbeitermilizen besetzten die wichtigsten Gebäude von St. Petersburg und erstürmten den Regierungssitz. Unter Führung Lenins übernahm der „Rat der Volkskommissare" die Regierung, die bei Bauern und Soldaten Rückhalt fand. Sofort erlassene Dekrete enteigneten den Großgrundbesitz zu Gunsten der Bauern, verstaatlichten Banken und Industrie, beseitigten die Pressefreiheit und bereiteten den Friedensschluss mit den Mittelmächten vor.

Panslawismus. Bestrebungen nach einem Zusammenschluss aller Slawen. Die Bewegung erhielt nach dem Prager Slawenkongress 1848 politische Stoßkraft, zugleich erhob Russland einen Führungsanspruch innerhalb der slawischen Völker. Der P. führte zu starken Spannungen mit Österreich-Ungarn, dessen Staatsgebiet beträchtliche slawische Bevölkerungsteile umfasste.

Parlament. In demokratischen Staaten die aus freien Wahlen hervorgegangene Volksvertretung. Sie entscheidet als oberstes Staatsorgan über die Gesetze und kontrolliert die Regierung (Gewaltenteilung).

Parteien. Organisierte Zusammenschlüsse politisch gleichgesinnter Bürger, die Einfluss auf die Gestaltung des Staats nehmen wollen. Die modernen Parteien entwickelten sich Anfang des 19. Jh. aus lockeren Vereinigungen angesehener Persönlichkeiten (Honoratioren-Parteien). Getragen von der Arbeiterbewegung bildeten die sozialistischen Parteien erstmals den Typ der Massenpartei, dem später häufig auch katholisch-konfessionelle Parteien (Zentrum) entsprachen. Mit dem Durchsetzung des Parlamentarismus erhielten die Parteien im 20. Jh. staatstragende Bedeutung.

Pauperismus (lat. pauper = arm). Um 1840 entstandener Begriff für die anhaltende Armut großer Bevölkerungsschichten. Aufgrund dieser Massenarmut konnten die Menschen kaum den notdürftigsten Lebensunterhalt erwerben oder waren auf Unterstützung angewiesen.

Politik der offenen Tür. Der Begriff hängt eng mit dem Dollarimperialismus zusammen. Da die USA ihre imperialistischen Ziele vorwiegend auf dem Wege wirtschaftlicher Durchdringung zu verwirklichen suchten, mussten sie entsprechende Voraussetzungen schaffen. Sie strebten daher die Öffnung der ausländischen Märkte und einen gleichberechtigten Zugang an.

Proletariat. Im antiken Rom die unterste Bevölkerungsschicht ohne Besitz. Im 19. Jh. ein durch den Marxismus geprägter Begriff für die im Kapitalismus entstandene Klasse der abhängigen Lohnarbeiter. Nach Marx hat der Proletarier allein seine Arbeitskraft zu verkaufen und ist daher von der Bourgeoisie abhängig, die die Produktionsmittel besitzt und ihn ausbeutet. Erst der Klassenkampf und die „Proletarische Revolution" können die Unterdrückung beenden.

Prosperität („prosperity"). Konjunktureller Aufschwung einer Volkswirtschaft. Im engeren Sinn Bezeichnung für einen 1922 einsetzenden Wirtschaftsboom in den USA. Massenfabrikation, Produktivitätssteigerungen und eine expandierende Konsumgüterindustrie bewirkten einen rasanten Wirtschaftsaufschwung, der durch die entstehende Massenkonsumgesellschaft zusätzliche Impulse erhielt. Insbesondere in den Großstädten entwickelten sich während dieser „Golden Twenties" liberalere Lebensformen, die auch nach Deutschland ausstrahlten.

Räterepublik. Staatsform, die unterprivilegierte Bevölkerungsschichten (z.B. Arbeiter, Bauern, Soldaten) direkt an der Macht beteiligt. Gewählte Delegierte bilden den einen Rat, der alle Entscheidungsbefugnisse besitzt und ausführende, gesetzgebende und richterliche Gewalt in seiner Hand vereinigt. Die Gewaltenteilung ist damit aufgehoben. Die Räte sind ihrer Wählerschaft direkt verantwortlich und jederzeit abwählbar. Das Rätesystem bildet somit ein Gegenmodell zur parlamentarischen Demokratie.

Rationalismus. Die Vorstellung, dass durch logisches und begriffliches Denken alle Dinge des Lebens erkannt und verstanden werden können. Im Gegensatz zum Empirismus, der sich auf die Wirklichkeit bezieht und Erkenntnisse durch Lebenserfahrung gewinnen will, geht der R. davon aus, dass sie durch Einsatz der Vernunft erworben werden. Obwohl es den R. zu allen Zeiten gab, war diese Methode der Erkenntnisgewinnung vor allem im Zeitalter der Aufklärung bei Gelehrten verbreitet.

Reaktion. Bezeichnung für politische Bestrebungen, alle die durch Französische Revolution ausgelösten fortschrittlichen Entwicklungen zurückzudrängen. In Deutschland ist dies besonders die Zeit von 1819–30 und 1850–58. Eine fortschrittsfeindliche Haltung, die überholte Verhältnisse verteidigt, bezeichnet man als „reaktionär".

Reichsdeputationshauptschluss. Beschluss eines Reichstagsausschusses von 1803, durch den jene weltlichen Fürsten entschädigt wurden, die von der Abtretung des linken Rheinufers an Frankreich betroffen waren. Dadurch wurden fast alle geistlichen Gebiete des Reichs säkularisiert, zahlreiche weltliche Fürstentümer, Reichsstädte und alle Reichsritter mediatisiert.

Reichstag. Bezeichnung für das Parlament des Kaiserreiches und der Weimarer Republik. Im Kaiserreich konnten Männer nach allgemeinem und geheimen Wahlrecht in den Berliner R. gewählt werden, sie hatten jedoch keinen Einfluss auf die Regierungsbildung. Nach dem Weltkrieg gab es auch das Frauenwahlrecht und der R. konnte durch Misstrauensvoten Regierungen stürzen. Zu Beginn der NS-Herrschaft wurde das Reichstagsgebäude in Berlin durch einen Brand zerstört, heute tagt in dem renovierten Gebäude der Deutsche Bundestag.

Reparationen (lat. reparare = wiederherstellen). Alle Leistungen, die einem besiegten Staat auferlegt werden, um die Kriegsschäden des Siegerstaates zu beheben. Hierzu zählen Geld-, Sach- oder Dienstleistungen.

Restauration. Bemühungen frühere Zustände wiederherzustellen. Der Begriff wird auf die Epoche zwischen 1815–1848 angewandt und umfasst die Bestrebungen der Politik, die vor der Französischen Revolution geltenden Ordnungsprinzipien erneut Geltung zu verschaffen.

Revolution. Gewaltsamer Umsturz der bestehenden Ordnung, der zu tief greifenden politischen und gesellschaftlichen Veränderungen führt. Sie wird von breiten Bevölkerungsschichten getragen – im Gegensatz zum Staatsstreich oder Putsch, wo nur eine neue Führungsgruppe die Macht an sich reißt. Typische Beispiele sind die Französische Revolution 1789 und die Russische Revolution 1917.

Rheinbund. 1806 erklärten 16 Reichsfürsten ihren Austritt aus dem Reich und gründeten unter dem Schutz Napoleons den Rheinbund. Der Habsburger Franz II. legte daraufhin die römisch-deutsche Kaiserwürde nieder und nannte sich künftig Kaiser von Österreich. Nach Napoleons verlorenem Russlandfeldzug löste sich der Rheinbund rasch auf.

Rückversicherungsvertrag. 1887 zwischen dem Deutschen Reich und Russland abgeschlossener geheimer Vertrag. Er verpflichtete den jeweiligen Vertragspartner zur Neutralität, falls Deutschland von Frankreich oder Russland von Österreich angegriffen würde. Im Rahmen des von Bismarck entworfenen Bündnissystems sollte der Vertrag Frankreich isolieren und einen deutschen Zweifrontenkrieg verhindern.

Säkularisation. Überführung von Kirchengut in weltlichen Besitz. Zu einer umfassenden S. kam es in Frankreich durch die Französische Revolution, vor allem aber in Deutschland aufgrund des Reichsdeputationshauptschlusses 1803.

Sezessionskrieg. Amerikanischer Bürgerkrieg, verursacht durch den Gegensatz zwischen Nord- und Südstaaten in der Sklavenfrage. Der Konflikt begann 1861 nach Austritt (Sezession) der Südstaaten aus der Union und endete 1865 mit dem Sieg der Nordstaaten.

Sowjet (russ. = Rat). In der russischen Oktoberrevolution von 1917 bildeten sich – wie schon zuvor in der Revolution von 1905 – spontane Arbeiter-, Soldaten- und Bauernräte. Sie gerieten rasch unter den Einfluss der Bolschewiken, die mit dem „Rat der Volkskommissare" unter Lenin die Regierungsgewalt übernahmen.

Soziale Frage. Bezeichnung für die ungelösten sozialen Probleme der Arbeiter im 19. Jh., die aufgrund der Industrialisierung (Industrielle Revolution) entstanden waren. Hierzu zählten: Verelendung aufgrund niedriger Löhne und hoher Arbeitslosigkeit, extrem lange Arbeitszeiten und unzumutbare Arbeitsbedingungen, menschenunwürdige Wohnverhältnisse, schwere

Minilexikon

Frauen- und Kinderarbeit. Hinzu kam die fehlende Absicherung bei Krankheit, Arbeitsunfällen, Invalidität und im Alter. Versuche zur Lösung der Sozialen Frage kamen von einzelnen Unternehmern, der Kirche, vor allem jedoch durch die vom Staat seit 1883 eingeleitete Sozialgesetzgebung. Die Arbeiter selbst bemühten sich im Rahmen von Gewerkschaften und Arbeiterparteien um eine Durchsetzung ihrer Interessen und schufen verschiedene Selbsthilfeorganisationen.

Sozialgesetzgebung. Allgemein die Gesamtheit aller sozialen Regelungen für die Bürger, um deren soziale Sicherheit herzustellen. Im Kaiserreich bezeichnet die S. die von Bismarck begründeten Maßnahmen, um Probleme von Alter, Krankheit und Invalidität durch gesetzliche Versicherungen zu verbessern.

Sozialismus. Im 19. Jh. entstandene politische Bewegung, die bestehende gesellschaftliche Verhältnisse mit dem Ziel sozialer Gleichheit und Gerechtigkeit verändern will. Im Marxismus ist er das Übergangsstadium vom Kapitalismus zum Kommunismus. Seit Ende des 19. Jh. bildeten sich gemäßigte und radikale sozialistische Richtungen, deren Ziele von einer Reform der kapitalistischen Wirtschaftsweise bis zum Umsturz der auf ihr bestehenden Gesellschaftsordnung reichen (Klassenkampf).

Sozialistengesetz. Ein von Bismarck 1878 erlassenes Gesetz, das sich gegen die Sozialdemokratie richtete. Es verbot alle sozialdemokratischen, sozialistischen oder kommunistischen Vereine, Versammlungen und Schriften und bedrohte „Agitatoren" mit Ausweisung aus dem Bezirk. Ziel war die Zerschlagung der sozialdemokratischen Organisationen und Gewerkschaften, wobei die sozialdemokratische Reichstagsfraktion bestehen blieb. Das bis 1890 währende Gesetz erwies sich als Fehlschlag, denn die Sozialdemokratie ging aus dieser Zeit gestärkt hervor.

Stände. Gesellschaftliche Gruppen, die sich voneinander durch Herkunft, Beruf, Bildung und eigene Rechte abgrenzen. Im Mittelalter unterschied man drei Stände: Geistlichkeit, Adel, Bauern und Bürger. Seit der Französischen Revolution und den Reformen im 19. Jh. verschwand diese Ständeordnung als gesellschaftliches Grundprinzip. Für die Arbeiterschaft kam im 19. Jh. die Bezeichnung „Vierter Stand" auf. Von einem Ständestaat spricht man, wenn in einem Staat die Vertreter bestimmter Stände an der Herrschaft beteiligt sind.

Streik. Die planmäßige Niederlegung der Arbeit durch eine größere Zahl von Arbeitnehmern, um höhere Löhne oder bessere Arbeitsbedingungen vom Unternehmer zu erzwingen. Im 19. Jh. führten Arbeitsniederlegungen von Industriearbeitern zur Gründung von Gewerkschaften und der Streik wurde zum wichtigsten Mittel gewerkschaftlicher Forderungen Nachdruck zu verleihen. In Deutschland waren Streiks bis 1918 verboten und strafbar. Heute ist das Streikrecht in vielen Ländern anerkannt und ein wichtiger Bestandteil des demokratischen Rechtsstaats.

Terror (lat. = Schrecken). Gewalttätige Form des politischen Machtkampfs, um jeden Widerstand durch Furcht zu ersticken. Er kann durch den Staat ausgeübt werden (Staatsterrorismus) oder von extremen Organisationen zum Sturz der Staats- oder Gesellschaftsordnung. Typische Beispiele sind die Schreckensherrschaft der Jakobiner während der Französischen Revolution 1793–94 oder der Terror unter den Herrschaftssystemen des Faschismus, Nationalsozialismus und Kommunismus.

Unternehmer. Wer einen Gewerbebetrieb leitet und selbstständig nach außen vertritt, wird als Unternehmer bezeichnet. Dies trifft bereits auf die Verleger, Handwerksmeister oder Manufakturbesitzer der vorindustriellen Zeit zu. Während der Industriellen Revolution erlangten die Unternehmer als Leiter der entstehenden Industriebetriebe zunehmende Bedeutung, da sie die Wirtschaft entscheidend prägten und das Schicksal großer Bevölkerungsteile mitbestimmten. Ursprünglich war der Unternehmer zugleich Eigentümer des Kapitals („Kapitalist") und damit Träger des Unternehmerrisikos. Später fielen Kapitalbesitz und leitende Tätigkeit häufig auseinander. Es entstanden Kapitalgesellschaften (z.B. Aktiengesellschaften), deren Kapital bei den Aktionären liegt, während die Leitungsfunktion von angestellten „Managern" wahrgenommen wird.

Verfassung (Konstitution). Die politische Grundordnung eines Staates, die alle Regelungen über die Staatsform, die Herrschaftsausübung und die Bildung und Aufgaben der Staatsorgane enthält. Eine demokratische Verfassung wird durch eine verfassunggebende Versammlung (Nationalversammlung) entworfen und direkt dem Volk oder aber seinen gewählten Vertretern (Parlament) zur Abstimmung vorgelegt. Sie enthält das Prinzip der Gewaltenteilung und das Mitbestimmungsrecht des Volkes.

Vertrag von Versailles. Von der Entente dem Deutschen Reich aufgezwungener Diktatfriede nach dem Ersten Weltkrieg, der im Spiegelsaal des Schlosses von Versailles durch einen Vertrag besiegelt wurde. An gleicher Stelle hatten die im Krieg gegen Frankreich siegreichen Deutschen 1871 das Kaiserreich ausgerufen. Den V.V. von 1919 mussten zivile Politiker und nicht die am Krieg verantwortlichen Militärs unterzeichnen, was in der Folgezeit dazu führte, dass ihnen die Schuld an der deutschen Niederlage gegeben wurde („Dolchstoßlegende").

Völkerbund. Internationales Gremium, das nach den Vorstellungen des US-Präsidenten Wilson nach dem Ersten Weltkrieg ins Leben gerufen wurde. Mit Sitz in Genf sollte er künftig den Weltfrieden sichern und Sanktionen gegen Kriegstreiber verhängen. Die USA traten dem V. nicht bei, das besiegte Deutschland wurde 1926 Mitglied des V. und verließ ihn nach der Machtergreifung der Nationalsozialisten wieder.

Volkssouveränität. Im Gegensatz zur Souveränität des Monarchen sieht die V. die oberste Gewalt im Volk verankert. Aufgrund dessen gilt die Wahl der Regierenden durch das Volk als Ausdruck der V. Neben der Gewaltenteilung kennzeichnet die V. den modernen demokratischen Staat. Der große Theoretiker der V. in der Neuzeit war J. J. Rousseau, der sie in seinem Werk über den „Gesellschaftsvertrag" begründet hat.

Vormärz. Die Zeit vom Wiener Kongress 1815 bis zur deutschen Revolution von März 1848. Kennzeichnend für diese Epoche sind äußerer Friede und innenpolitische Ruhe, erzwungen durch die Beschränkung von Bürgerrechten (Karlsbader Beschlüsse). Dennoch entwickelte sich im Vormärz eine liberale, demokratische und nationale Bewegung, getragen von einem Bürgertum, das schließlich politische Mitsprache beanspruchte.

Weimarer Verfassung. Die nach der Revolution von 1918 in Weimar entwickelte Verfassung einer parlamentarischen Republik mit einer in Artikel 48 verankerten starken Stellung des Reichspräsidenten und einem Vielparteiensystem. Der Präsident konnte das Parlament auflösen (Art. 25), den Reichskanzler ernennen und entlassen. Mithilfe von Notverordnungen konnte der Kanzler, gestützt auf das Vertrauen des Präsidenten, ohne parlamentarische Mehrheit im Parlament regieren. Die W. V. war nicht – wie das Grundgesetz der Bundesrepublik – den Grundrechten verpflichtet, sie konnte der Reichspräsident außer Kraft setzen.

Wiener Kongress. Konferenz europäischer Fürsten und Staatsmänner, um die politische Neuordnung Europas nach Napoleons Sturz zu beraten (1814/15). Den Vorsitz führte der österreichische Außenminister Fürst Metternich, der den Kongress in weiten Teilen prägte. Die Teilnehmer des Wiener Kongresses verfolgten die Prinzipien der Restauration und Legitimität.

Wilhelm II. 1888 an die Spitze des Reiches gelangter Kaiser, der die deutsche Politik im Zeitalter des Imperialismus bis zu seinem erzwungenen Rücktritt im Jahr 1918 maßgeblich bestimmte. Nach ihm wurde diese Epoche „Wilhelminische Ära" genannt, weil der Kaiser, im Gegensatz zu seinem Großvater Wilhelm I., ein „persönliches Regiment" bevorzugte.

Wohlfahrtsausschuss. Regierungsorgan des französischen Konvents und Terrorinstrument der jakobinischen Diktatur. Der Ausschuss bestand aus zwölf Exekutivkommissaren, führendes Mitglied war Robespierre.

Register

Abbe, Ernst 120
Absolutismus 8, 14, 20, 38, 48, 82, 91
Abukir 40
Adel 8f., 13ff., 20, 24, 30, 35, 39, 41, 53, 92, 137, 156, 192
Ägypten 40, 154, 167, 170
Aktien(gesellschaften) 100
Aktivbürger 20
Allgemeiner Deutscher Arbeiterverein (ADAV) 118
Alliierte 189
Allrussischer Sowjetkongress 196
Amerika 14, 166
Angestellte 156, 193, 239
Antibiotika 245
Arbeiter 72f., 76, 99, 106, 112f., 116, 118f., 122f., 125, 138, 143, 156, 158, 192f.
Arbeiter- u. Bauernräte/Arbeiter- u. Soldatenräte s. Räte
Arbeiterbewegung 118f., 192
Arbeitsbedingungen 113, 118, 125, 156
Arbeitsteilung 91
Arndt, Ernst Moritz 39
Attentate 68, 143, 180, 219, 225, 243
Auer, Erhard 218f.
Aufklärung 14, 18, 40, 48, 74

Baden 45, 65, 82, 100
Baden, Max von 189, 204
Balkan 180
Ballhausschwur 9, 11
Bamberger Verfassung 219
Bastille 8ff., 12, 21
Bauern 12-15, 20, 38, 53, 57, 72, 90, 92, 97, 192f., 196
Bauernbefreiung 53, 97
Bayerische Volkspartei (BVP) 209, 219, 223
Bayern 45, 48f., 51, 56, 65, 68, 97, 100, 218ff., 229f.
Beamte 13, 48f., 73, 156, 170f., 193
Bebel, August 118, 133, 144
Befreiungskriege 57, 68, 133
Belgien 69, 184, 228, 234
Bell, Alexander 104
Bergbau 106, 125
Bergpartei s. Montagnards
Berlin 52f., 77f., 130, 135, 151, 157, 204, 209, 224, 244
Berliner Kongress 151
Beschwerdehefte (cahiers de doléances) 15
Bevölkerungsentwicklung 112, 125, 156
Bewegungskrieg 184
Bildungssystem, -wesen 157f., 192
Bismarck, Otto von 120, 128ff., 135, 137, 142ff., 150-153, 163, 174
Bolschewiki 193, 196f.
Bonaparte, Jérôme 46
Bonaparte, Joseph 56
Bonaparte, Napoleon s. Napoleon I.
Borsig, August 101
Bosch, Carl 239
Bourgeoisie 119
Briand, Aristide 234f., 243
Bülow, Bernhard Heinrich Martin von 175f.

Bund Deutscher Frauenvereine 158
Bundesrat 136f.
Bundesstaat 83
Bundestag 65, 73
Bürger(tum) 8ff., 13ff., 17, 22f., 30, 34f., 38, 41, 52f., 55, 68, 72, 82, 87, 119, 128, 137, 156, 158
Bürgerkrieg 30, 34, 197
Bürgerrechte 22, 38, 87
Burgfrieden 184, 188f.
Burschenschaft(en) 68ff.

Chamberlain, Joseph 170
Chamberlain, Joseph Austen 234
Cholera 114, 244f., 247
Clemenceau, Georges 212, 214
Code civil (Code Napoleon) 41, 46, 69
Commonwealth 170
Curzon, George Nathaniel 172

Dampfmaschine 91ff., 97, 125
Dänemark 65f., 81
Danton, Georges Jacques 25, 28, 31
Dawes-Plan 235, 237f.
Demokratie, Demokraten 19, 54, 82, 208, 219, 228, 230, 238, 243
Desmoulins, Camille 25
Deutsch-Dänischer Krieg 129
Deutsch-Französischer Krieg 130, 132
Deutsche Demokratische Partei (DDP) 209f., 229
Deutsche Volkspartei (DVP) 209f., 229
Deutscher Bund 65-68, 77, 81, 83, 128ff.
Deutscher Krieg 129
Deutscher Zollverein 97, 103
Deutsches Reich 83, 130, 132, 137, 150, 153, 168, 182f.
Deutschland 36, 44, 47, 66, 68ff., 73f., 77, 80-83, 85, 96f., 104, 106, 112, 118f., 125, 128, 130f., 133, 135, 137f., 143, 147, 151f., 155, 163, 174f., 177, 179, 180, 184ff., 188f., 191, 201, 205, 212f., 228, 234f., 243, 245
Deutschnationale Volkspartei (DNVP) 209f., 236
Direktorium 34f., 40, 87
Disraeli, Benjamin 170
Dolchstoßlegende 213, 215, 243
Dreibund 151
Dreikaiserabkommen 151
Dreiklassenwahlrecht 139
Duma 192f.

Ebert, Friedrich 204f., 208, 225, 236, 238
Edison, Thomas Alva 104
Einstein, Albert 239
Eisenbahn 97, 100-105, 111, 125, 170
Eisner, Kurt 218-221
Emser Depesche 130
Engels, Friedrich 119, 121, 125
England (Großbritannien) 12, 33, 40, 46, 56f., 64f., 73, 76, 83, 87, 91f., 96, 99, 101, 112, 125, 151, 153f., 166-171, 174f., 180-183, 191, 201, 234
Entente 153, 189
Entmilitarisierung 213
Erbuntertänigkeit 53, 97

Erhardt, Hermann 224f.
Ernst August (Kg. v. Hannover) 73
Erster Weltkrieg 59, 152f., 167, 169, 171, 175, 180ff., 185, 191, 193, 201, 213, 224, 234
Erzberger, Matthias 189, 212, 225

Fabrik(en), Fabrikanten 73, 91f., 98f., 112ff., 119f., 125, 156, 196
Familie 158
Februarrevolution (russ.) 193
Feudalismus 20
Feuillants 24
Film 239, 241
Flottenpolitik 153, 175
Föderalismus 65
Fontane, Theodor 159
Frankfurt a. M. 65, 73, 77, 79f., 83
Frankreich 8ff., 11-15, 20f., 24f., 30, 32-36, 38, 40, 44f., 47, 52, 60, 64, 83, 85, 87, 130f., 133, 150-154, 163, 167f., 174, 180, 182-185, 191, 201, 225, 228, 234
Franz II. (Ks. v. Österreich) 45
Franz Ferdinand (Erzhzg. v. Österreich) 180
Franz Joseph I. (Ks. v. Österreich) 180
Französische Revolution 8, 10, 14, 18, 21, 32, 34f., 38f., 41, 46, 48, 54, 64, 87, 90, 199
Frauen 20f., 23, 113f., 119, 125, 138, 157f., 209, 239f.
Freikorps 205, 219, 224
Freistaat Bayern 218
Frieden
– von Brest-Litowsk 189, 197, 204
– von Campoformio 40
– von Lunéville 44
– von Tilsit 52
Friedensnobelpreis 235, 243
Friedrich Wilhelm III. (Kg. von Preußen) 54
Friedrich Wilhelm IV. (Kg. von Preußen) 77f., 81

Gandhi, Mahatma 171, 173
Geistlichkeit 41, 119
Generalstände 8f., 11, 15, 17, 87
Gesellschaft 13, 15, 18, 22, 38, 52, 64, 87, 90, 95, 112, 119, 121, 125, 138, 149, 156, 192, 198f.
Gesellschaftsvertrag 18f.
Gewaltenteilung 18, 20, 34
Gewerbefreiheit 20, 53, 97
Gewerkschaften 112, 118, 125, 138
Girondisten 25, 30f., 34
Gleichberechtigung 119, 158
Goethe, Johann Wolfgang 36, 68
Gottesgnadentum 64
Göttinger Sieben 73
Gouges, Olympe de 23
Grimm, Jakob und Wilhelm 73
Großbritannien s. England
großdeutsche Lösung 81, 83, 85
Großgrundbesitzer 196
Grundherrschaft, Grundbesitzer 12-15, 38, 73, 92
Grundrechte 80ff.

Register

Guerillakrieg 56
Guillotine 30ff.
Gutsherrschaft, Gutsherrn 53

Habsburg(er) 180, 213
Hambacher Fest 72ff., 76, 133
Handel 12, 38, 97, 143, 156, 196
Handwerk(er) 30, 112, 118, 156
Hannover 65, 69, 73, 130
Hardenberg, Karl August Freiherr von 53f.
Harkort, Friedrich 97
Heilige Allianz 65
Heiliges Römisches Reich Deutscher Nation s. Reich
Heimarbeit 96, 113f.
Heisenberg, Werner 239
Herero(aufstand) 175, 177
Hindenburg, Paul von 184, 188, 215, 238
Hitler, Adolf 219, 224, 230, 232f.
Hitler-Putsch 230, 232, 243
Hobbes, Thomas 18
Hofer, Andreas 56
Hoffmann, Johannes 219
Hohenzollern 130
Holstein 65, 129
Humboldt, Wilhelm von 53, 55
Hygiene 244f.

Imperialismus 167, 169f., 174f., 179, 201
Indien 40, 170-173
Industrialisierung 38, 90ff., 96f., 100, 104, 111ff., 118, 125, 138, 156ff., 166
Industrie 106, 174
Industriegesellschaft 147, 156, 163
Industrielle Revolution 90f., 95, 125
Industriestaat 104
Inflation 228f., 231, 235, 243
Innere Mission 119
Italien 40, 65, 69, 74, 77, 81, 85, 151, 167, 199, 234

Jahn, Friedrich Ludwig 69
Jakobiner 24f., 34
Jesuiten(orden) 142
Joséphine (Ksn. d. Franzosen) 46
Julikrise 180
Julirevolution 69

Kahr, Gustav von 219, 229f.
Kaiser(tum) 40f., 130
Kanonade von Valmy s. Valmy
Kant, Immanuel 18
Kap-Kairo-Plan 172
Kapitalismus, Kapitalisten, Kapital 99f., 198f.
Kapp, Wolfgang (Kapp-Putsch) 224f.
Karikaturen 62f., 71
Karlsbader Beschlüsse 69
Katholizismus, Katholiken 41, 69, 119, 138, 142f., 163, 209
Ketteler, Wilhelm Emanuel Freiherr von 120
Kinderarbeit 113ff., 125
Kino 239
Kirche(n) 14, 18, 41, 118ff., 125, 140, 142f.

Kissinger Diktat 148
Klasse 198
Klassenkampf 119
kleindeutsche Lösung 81, 83, 85
Klerus 8f., 13
Koch, Robert 245
Kolonialismus, Kolonien 41, 150, 152, 166-171, 174f., 177, 201, 244
Kolping, Adolph 119
Kommunismus, Kommunisten 119, 121, 125, 192, 197f.
Kommunistische Partei Deutschlands (KPD) 205, 209f., 236
Kommunistisches Manifest 121, 125
Konfessionen 49
Kongress-Partei 171
Kongresspolen 65
Konkordat 41
Konservat(iv)ismus, Konservative 38, 73, 95, 137, 139ff., 143, 163, 209
Kontinentalsperre 46, 52, 56
Konvent 25, 30, 32
Konzerne 105
Kotzebue, August von 68f.
Kriegskredite 184
Kriegsproduktion 188
Kriegsschuldfrage 182, 213
Krupp, Alfred 108, 112, 120, 123
Kulturkampf 142f.

Lafayette, Marquis de 21, 24
Landwirtschaft 12, 90-93, 96, 104, 112, 143, 192
Lange, Helene 158
Lassalle, Ferdinand 118
Legitimität 64f.
Leibeigenschaft 49, 192
Lenin, Wladimir Iljitsch 193, 196-199
Leo XIII. (Papst) 120
Levée en masse 35
Liberalismus, Liberale 38, 68f., 72f., 76, 87, 97, 128, 130, 137, 140-143, 163, 189, 192, 205, 208f.
Liebknecht, Karl 204ff.
Liebknecht, Wilhelm 118, 133
List, Friedrich 97
Lloyd George, David 212
Locke, John 18
Louis Philippe (Kg. v. Frankreich) 69, 76
Ludendorff, Erich 184, 188, 230, 232
Ludwig III. (Kg. v. Bayern) 218
Ludwig XVI. (Kg. v. Frankreich) 21, 24f., 27f., 30, 87
Lüttwitz, Walther von 224f.
Luxemburg, Rosa 205

Maffai, Joseph Anton von 101
Manifest der Kommunistischen Partei s. Kommunistisches Manifest
Manufaktur(en) 91
Marat, Jean Paul 25, 28
Marie Antoinette (Kgn. v. Frankreich) 21, 25
Marokko-Krise 153
Marseillaise 26
Marx, Karl 119, 121, 125, 138
Maschinen 90-93, 98f., 112, 119, 125

Maximilian I. Joseph (Kg. v. Bayern) 48
Maximilian IV. Joseph (Kf. v. Bayern) s. Maximilian I. Joseph
Maximilian Joseph von Montgelas 48
Mazzini, Giuseppe 69
Mediatisierung 45
Medien 239
Menschenrechte 20, 22, 33, 38f., 81, 87
Menschewiki 193, 196
Merkantilismus 12
Metternich, Klemens Wenzel Fürst von 64, 68f., 77, 121
Militarismus 147, 149
Mittelmächte 183f., 189, 197
Monarchie 11, 24f., 30, 48, 52, 77, 87, 189, 218
– absolut(istisch)e M. 18, 20, 38
– konstitutionelle M. 20f., 38, 51, 67, 163, 205
Montagnards 25, 30
Montesquieu, Charles de 18f.
Moskau 57, 197

Napoleon I. Bonaparte (Ks. d. Franzosen) 35, 40-49, 52, 56f., 59-62, 64, 68, 87, 133
Nation 9, 11, 17, 22f., 38f., 55, 67, 74, 133
Nationalismus 68, 147, 166
Nationalkonvent s. Konvent
Nationalsozialismus 219, 224, 230
Nationalstaat 65, 72, 77, 81, 128, 130, 136, 150, 163, 166f.
Nationalversammlung 9, 11, 17, 20ff., 24, 38, 79-83, 87, 193, 204f., 208, 211f., 214, 243
Naturzustand 18
Nelson, Horatio 40
Neue Sachlichkeit 239
Niederlande 65f., 69
Nikolaus II. (russ. Zar) 192f.
Norddeutscher Bund 130, 136
Novemberrevolution 204-207
Nürnberg 160

Oktoberreform 205
Oktoberrevolution 192f., 196f., 199
Osmanisches Reich 151
Österreich 24, 26, 28, 40, 45, 56f., 64, 66, 68f., 74, 77, 81ff., 85, 87, 128ff., 138, 151, 153f., 163, 180, 182f., 213

Paine, Thomas 39
Panslawismus 180, 182
Papst(tum) 41, 121, 142
Paris 8ff., 12ff., 21, 24ff., 30, 36, 38, 40, 52, 57, 76, 244
Parlament 38, 48, 80, 92, 128, 147, 163, 192, 197, 208f., 219, 225, 243
Parteien 80, 118, 137f., 140ff., 158, 192, 205, 209, 212, 219
Passau 50
Passivbürger 20
Paulskirche 77, 80ff., 87
Pauperismus 112
Petersburg(er Blutsonntag) 192, 194, 196
Plebiszit 209
Poincaré, Jules Henri 228

Register

Polen 65, 69, 74, 139, 234
Pressefreiheit 14, 68f., 196
Preußen 28, 36, 45, 52-57, 64ff., 68f., 74, 77, 81, 85, 87, 97, 114, 128ff., 136, 139, 142, 146
Produktionsmittel 112, 119, 198
Proletariat, Proletarier 112, 119, 121, 198
Protestantismus 138
Putsch 224f., 230, 232, 243

Räte (s. auch Sowjets) 193, 205, 218f., 243
Räterepublik 219
Rathenau, Walther 148, 225f., 234, 243
Reformen 20, 48f., 51-55, 87, 97, 147
– preußische R. 52-55
Reich 44f., 49, 87, 137
Reichsdeputationshauptschluss 44
Reichsgründung 130f., 133, 142, 163
Reichstag 136f., 142ff., 146f., 163, 176, 184, 188, 205, 209, 211, 225
Religion 31, 196
Rentenmark 229
Reparationen 213, 225, 228, 234f., 238, 243
Republik 8, 21, 32, 35, 38, 40f., 72, 76f., 193, 206
Restauration 64f., 68
Revision(ismus) 213, 235, 243
Revolution 12, 21, 23ff., 30f., 33ff., 39ff., 48, 54, 60, 65, 73, 77f., 80, 82, 84f., 189, 192, 199, 204, 208, 218, 220, 243
– von 1848/49 76ff., 80, 82, 87, 100, 118, 128, 136, 193
– von 1918/19 204f., 208, 212
Rheinbund 45, 47, 49, 56f., 67, 83
Rhodes, Cecil 172
Robespierre, Maximilien 25, 31f., 40
Rote Armee 197
Rousseau, Jean-Jaques 18f.
Rückversicherungsvertrag 151, 152
Ruhrgebiet 105f., 108f., 125, 235
Rumpfparlament 82
Rundfunk 239
Russland 57, 64f., 69, 74, 82f., 128, 151-154, 180-184, 189, 191ff., 196f., 204, 213
Russlandfeldzug 57f., 87

Sachsen 45, 65, 69, 82, 100, 229f.
Saint-Just, Louis Antoine 25
Säkularisation 45
Sand, Carl Ludwig 68
Sansculotten 30
Sarajewo 180
Scharnhorst, Gerhard Johann David von 53
Scheidemann, Philipp 204, 206, 208, 212, 214
Schiller, Friedrich 33
Schlacht
– bei Jena und Auerstedt 45, 52, 54
– von Königgrätz 130
– an der Marne 184
– am Skagerrak 184
– bei Tannenberg 184
– von Trafalgar 46
– bei Waterloo 57
– von Verdun 185
Schleswig 81, 129
Schleswig-Holstein 81, 129
Schlieffen-Plan 184
Schreckensherrschaft 30f., 33f.
Schule(n) 97, 114, 142, 157, 161, 196
Schutzgebiete 174
Schutzzölle 143
Sedan 132
Serbien 180, 182f.
Siebenpfeiffer, Jakob 72
Siemens, Werner von 104
Sieyès, Émmanuel-Joseph 17
Sklaverei 41
Slawen 180
Solidarität 65
Sowjets 192f.
Sowjetunion s. UdSSR
Sozialdemokratie, Sozialdemokratische Partei Deutschlands (SPD) 118, 122, 133, 138, 140-144, 147, 163, 184, 189, 204f., 208ff., 218, 229, 237f.
Sozialdemokratische Deutsche Arbeiterpartei (SDAP) 118
Soziale Frage 118, 125
Sozialgesetzgebung 120, 125, 143
Sozialismus, Sozialisten 38, 119, 121, 192, 198f.
Sozialistengesetz 143f., 147
Spanien 33, 56, 74, 166, 201
Spartakus-Aufstand 205
Spartakusbund 210
Staatenbund 65, 67
Staatslehren 18
Stalin, Jossif Wissarionowitsch 196
Stand, Stände 8f., 11, 13ff., 17, 21f., 38, 53, 55, 77, 87, 193
Stein, Heinrich Friedrich Karl Reichsfreiherr vom und zum 53
Stellungskrieg 184f.
Stephenson, George 100f.
Steuer(n) 13f., 20, 49
Streiks 118, 122, 146, 192f., 204, 225
Stresemann, Gustav 229, 234ff., 243
Studenten 68ff., 133
Südwestafrika 175

Territorium, Territorien 44, 48f.
Terror (Terreur) 31f., 34, 87, 219
Thüringen 229f.
Tirol 56
Tirpitz, Alfred von 153, 175
Triple-Entente 153
Trotzki, Leo 196f.
Tscheka 196
Tuberkulose 114, 245ff.

U-Boot-Krieg 189
UdSSR 197, 234, 243
Unabhängige Sozialdemokratische Partei Deutschlands (USPD) 204, 209, 218f.
Union der Sozialistischen Sowjetrepubliken s. UdSSR
UNO s. Vereinte Nationen
Unternehmer 13, 92, 97, 118, 120, 122f., 125, 138
USA 20, 101, 104, 167ff., 189, 201, 205, 213, 234

Valmy 35f.
Vendée 30
Vereinigte Staaten von Amerika s. USA
Vereinte Nationen (UNO) 213
Verfassung 9, 11, 20, 24f., 27, 34, 37ff., 41, 46, 49, 51, 67f., 72ff., 77, 80-83, 85, 87, 136, 147, 189, 192f., 205, 208f., 219, 225, 243
Verkehr 96
Versailler Vertrag 212ff., 224, 234f., 243
Versailles 8f., 12, 21, 130, 133, 214, 243
Verstaatlichung 196
Verstädterung 125, 157
Verständigungsfrieden 189
Vertrag
– von Locarno 234, 236f.
– von Rapallo 234
Vierzehn-Punkte-Programm 189, 207
Viktoria (Kgn. von England) 73, 170
Völkerbund 213, 235, 243
Völkerschlacht bei Leipzig 57, 59, 69f.
Volksentscheid 209
Volkssouveränität 14, 18, 38, 72, 87
Vorparlament 77

Waffenstillstand 189, 197, 212
Wahl(recht) 25, 34, 69, 76, 136, 139, 141, 158, 204, 211, 239
Wartburgfest 69f., 133
Watt, James 91, 125
Weberaufstand, schlesischer 73, 75
Wehrpflicht 35, 53
Weimarer Republik 208f., 224f., 234, 238f., 243
Wellington, Arthur Wellesley Herzog von 56
Weltrevolution 119
Weltwirtschaftskrise 238
Westfalen (Königreich) 46, 52
Wichern, Johann Hinrich 119
Wien 64, 77, 81, 180
Wiener Kongress 64f., 72, 87
Wilhelm I. (Kg. v. Preußen, dt. Ks.) 128, 132, 142f., 146
Wilhem II. (dt. Ks.) 132, 143, 146ff., 152f., 163, 175, 180f., 204
Wilhelminismus 146
Wilson, Woodrow 189, 207, 212ff.
Wirth, Johann Georg August 72, 74, 76
Wirtschaft 13, 38, 40, 46, 52, 91f., 97, 105, 111, 138, 188, 192, 198f.
Wirtschaftskrise 225, 228, 238
Wittelsbacher 218
Wohlfahrtsausschuss 24f.
Württemberg 45, 65, 100

Young-Plan 235

Zensur 14, 69, 71, 143, 192
Zentrum (Z) 138-142, 189, 205, 208ff., 212, 229, 237
Zoll, Zölle 41, 46, 83, 96f.
Zunftzwang 53, 97
Zweibund 151

Bildnachweis

Archiv der sozialen Demokratie der Friedrich-Ebert-Stiftung, Bonn: 118 M1
Archiv für Kunst und Geschichte, Berlin: Titel o. r. + u., 7 u., 8 M1, 9 M2, 14 M3, 16 M6, 18 M2, 21 M3 (E. Lessing), 25 M2 + M6 (E. Lessing), 25 M4 + M5, 27 M9 (Nimatallah), 30 M1 li., 31 M4, 40 M1 (E. Lessing), 41 M2, 42 M3, 43 M6 (VISIOARS), 43 M7, 46 M3 (VISIOARS), 46 M4, 48 M2, 53M5 (D. Radzinski), 64 M1 + M2, 69 M2, 70 M3, 74 M5, 88 u., 89 u., 93 M7, 105 M3, 118 M2, 119 M3 + M4, 120 M5, 122 M9, 127 u., 128 M1, 132 M6, 134 M1, 144 M4, 146 M1, 148 M4, 156 M1, 157 M3, 164 u. re., 180 M1, 185 M4, 192 M1, 193 M2, 198 M4, 202 o. li., 205 M3 + M4, 215 M8, 222 M1, 225 M3, 230 M4, 232 M8, 235 M2, 239 M3, 244 M1
Art Institut of Chicago: 115 M6
Artothek, Weilheim: 48 M1
artur architekturbilder GmbH, Köln: 88/89 (T. Riehle)

Baumgärtner, U., Puchheim: 94 M8, 187 M6 (2)
Bayerische Staatsbibliothek, München: 98 M4, 102 M7
Bayerische Verwaltung der Staatlichen Schlösser, Gärten und Seen, München: 49 M3
Bibliothèque nationale de France, Paris: 21 M2, 22 M4, 23 M7
Bildarchiv Preußischer Kulturbesitz, Berlin: 6 u. re., 7 o., 18 M1, 27 M11, 29 M5, 52 M1, 53 M2 + M3, 53 M4 (Freies Deutsches Hochstift, Frankfurt/M.), 54 M6, 62 M1, 73 M2, 75 M6, 77 M2 + M3, 78 M4 – M6, 80 M1, 82 M3, 89 Mi., 91 M2, 92 M5, 112 M1, 114 M3, 116 M7, 127 o., 137 M3, 138 M4, 142 M1, 143 M3, 151 M2, 153 M4, 154 M4, 158 M5, 166 M1, 172 M5, 175 M2, 194 M4, 196 M1, 203 o., 204 M1, 205 M5, 228 M1, 238 M1, 239 M2
Bismarck-Museum, Friedrichsruh: 126 o. + 134 M2 (Carstensen, Hamburg)
Bridgeman Art Library, London: 27 M10, 30 M1 re.
Bundesarchiv Koblenz: 225 M2

Cartoon's Magazine, Chicago 1914: 182 M4
Charmet, J.-L., Paris: 12 M1
Creativ team Friedel & Bertsch, Heilbronn: 72 M1

Deutsches Historisches Museum, Berlin: 113 M2 (A. Psille), 142 M2 (A. Psille), 240 M6 + M7
Deutsches Museum, München: 89 o. 94 M9, 100 M2 + M3, 101 M5

F.A.Z.: 180 M2 (Gregori Ingleright)
f1online, Frankfurt/M.: 6/7 (Schuster/C. Bull)

Germanisches Nationalmuseum, Nürnberg: 71 M5

Heinemann Publishers, Oxford: 91 M3 (R. Stewart)
Hessisches Landesmuseum, Darmstadt: 209 M3 (W. Kumpf)
Historisches Archiv Krupp, Essen: 106 M5, 108 M9, 120 M6
Historisches Museum der Stadt Wien: 65 M3

IFA, Ottobrunn: 126/127 (R. Elsen)
Institut für Stadtgeschichte, Frankfurt/M.: 190 M4
INTERFOTO, München: 57 M3 (Karger/Decker), 59 M7 (Büth)

Jokinen, Hamburg: 164 Mi.re., 178 M1, M3 + M4

Karl Ernst Osthaus-Museum, Hagen: 97 M2
Keystone Pressedienst, Hamburg: 234 M1
Kharbine/Tapabor: 121 M7

Landesarchiv Berlin: 151 M3, 209 M2
Laugner, P., Hemmingen: 145 M6
Lichtbildwerkstätte Alpenland, Wien: 57 M2
Lukan, W., Wien: 184 M1

Mannesmann Demag, Duisburg: 97 M3
Mary Evans Picture Library, London: 88 o., 107 M6 – M 8, 176 M4, 221 M5
mauritius-images, Mittenwald: 126 u. + 130 M3 (G. Rossenbach)
Moy, Graf von, Stepperg: 58 M4
Museo del Prado, Madrid: 56 M1
Musee de la Ville, Paris: 25 M3
Museum der Stadt Nürnberg: 156 M2

National Portrait Gallery, London: 170 M1
Nehru Memorial Museum and Library, Neu Delhi: 164 o. rc., 171 M3

Otto, W., Oberhausen: 202/203

Picture-Alliance. Frankfurt/M.: 6 u. li. + 38 M1 (SIPA/L. Chamussy), 245 M2 (ADN)

Simplicissimus 1897: 149 M7 (J. B. Engl)
Staatliche Münzsammlung, München: 47 M6
Staatsarchiv Windhuk 177 M5
Stadtarchiv Nürnberg: 160 M7 + M8
Stadtarchiv Passau: 50 M5
Stadtmuseum München: 236 M4
Stehle, K., München: 213 M2
Stiftung Deutsches Hygiene-Museum, Dresden: 246 M3 (V. Kreidller)
Straube Verlag, Erlangen: 189 M3
SV Bilderdienst, München: 206 M6, 220 M4

Tonn, D., Bovenden: 86/87, 124/125, 162/163, 200/201, 242/243

ullstein-bild, Berlin: 35 M2 (Granger Collection), 114 M4, 146 M2, 155 M5 (Kujath), 164 o. li. + u. li., 184 M2, 185 M3, 198 M2, 193 M3 (Archiv Gerstenberg), 202 o. re. (AKG Pressebild), 202 u., 204 M2, 219 M2, 224 M1, 229 M3, 241 M8 li. (Granger Collection), 241 M8 re (AKG Pressebild)

Vehrkehrsmuseum, Nürnberg: Titel o.li., 100 M1
© VG Bild-Kunst, Bonn 2006: 112 M1, 188 M1
Visum, Hamburg: 164/165 (G. Krewitt)

Werksarchiv Henkel, Düsseldorf: 104 M2
Westfälisches Landesmuseum für Kunst und Kulturgeschichte, Münster: 214 M3
Wittmann, A., Langenhahn: 158 M4

alle übrigen Schaubilder und Karten: Westermann Kartographie/ Technisch Graphische Abteilung, Braunschweig